职业教育汽车类专业教学改革创新示范教材

汽车营销与服务

谢忠辉 编著

机械工业出版社

本书共分八个学习任务，全书重点讲解了理解汽车市场营销、分析汽车营销环境、分析汽车消费者的购买行为、实施汽车市场的STP策略、实施汽车产品策略、实施汽车产品价格策略、实施汽车产品分销渠道策略、实施汽车产品促销策略等学习任务。每一学习任务都设有学习目标、引入案例、营销理论、本章小结、复习思考题和营销实务等几个环节。在引入案例环节，除了进行案例点评外，还提出了问题与讨论；在营销理论环节，精选了大量的营销案例、营销视野；每一学习任务后都对本学习内容进行了重点内容的小结，并在此基础上提出了复习思考题，还提出了营销实务任务。整体来说，本书在形式和内容上非常重视学生提出问题、分析问题、解决问题能力的培养，具有实用性、启发性和欣赏性。

本书可作为高职高专院校汽车技术服务与营销、汽车工程类相关专业的教材，又可作为汽车营销及相关从业人员提高业务能力的培训教材。

图书在版编目（CIP）数据

汽车营销与服务 / 谢忠辉编著. —北京：机械工业出版社，2012.3（2022.1 重印）

职业教育汽车类专业教学改革创新示范教材

ISBN 978-7-111-37239-4

Ⅰ.①汽… Ⅱ.①谢… Ⅲ.①汽车—服务营销—职业教育—教材 Ⅳ.①F766

中国版本图书馆CIP数据核字（2012）第013503号

机械工业出版社（北京市百万庄大街22号 邮政编码 100037）

策划编辑：赵海青 责任编辑：赵海青 范成欣

版式设计：刘 岚 责任校对：王 欣

封面设计：马精明 责任印制：郜 敏

北京富资园科技发展有限公司印刷

2022年1月第1版第11次印刷

184mm×260mm・15.5印张・379千字

15601—16600册

标准书号：ISBN 978-7-111-37239-4

定价：39.00元

电话服务

客服电话：010-88361066

010-88379833

010-68326294

网络服务

机 工 官 网：www.cmpbook.com

机 工 官 博：weibo.com/cmp1952

金 书 网：www.golden-book.com

机工教育服务网：www.cmpedu.com

前　言

随着我国经济的迅速发展，国际汽车巨头纷纷进入我国汽车市场，并一致看好我国汽车市场的发展前景；我国国民消费能力的不断增强，使我国汽车市场的消费主体正悄悄发生变化，汽车作为提高生活质量和工作效率的交通工具，逐渐进入私车消费阶段，正逐渐走进寻常百姓家。作为汽车营销人员，需要研究我国汽车市场的特征，汽车消费者的消费心理、购车动机，掌握汽车消费者的购车行为模式；汽车相关企业也要对汽车市场进行细分，找到自己的目标市场并进行正确的市场定位，以此不断地提高服务层次，满足消费者的需要，提高消费者的忠诚度，最终提高企业的市场占有率。

企业的竞争就是市场的竞争，市场的竞争离不开市场营销。在多年的教学和为汽车相关企业提供服务的实践中，编者发现许多汽车从业人员对汽车构造、原理有较全面的理解，但缺乏对汽车市场的整体把握，缺少应对汽车市场环境变化的能力，缺乏对汽车消费者消费行为的理解。因此，伴随着商品经济的发展和市场竞争的日益激烈，如何培养一大批既有现代汽车技术作为特长又具备先进营销服务理念的高级技术人才越来越成为社会的迫切要求。如何在较短的期限内培养一批具有现代营销理念，善于捕捉市场机遇，能够灵活掌握市场营销技能和技巧的汽车营销人才是当务之急，是目前许多汽车企业的一个重要课题。

本书编者在广泛借鉴和吸收国内外相关研究成果的基础上，专门针对高职高专学生编写了本书，希望能对高职高专院校汽车类专业的汽车营销课程的教学和研究起到积极的推动作用。在编写本书的过程中，注重了以下几点：

（1）注重理论的全面性。本书具体介绍了汽车营销管理过程中的重要概念，汽车营销环境，中国汽车市场的发展，汽车市场营销环境及其分析方法，汽车消费者的购买行为，汽车市场的 STP 策略，即市场细分、目标市场的选择和市场定位策略，汽车市场的组合策略，即汽车产品、价格、渠道、促销策略。本书较好地体现了营销管理的科学性、知识性和系统性的统一。

（2）注重内容的实用性。本书编者在研究现行营销理论的基础上，走访了大量的汽车相关企业，将营销理论与企业实际相结合，在讲清、讲透基本理论和基本方法的基础上强调实践操作能力的培养，让学生知道“做什么”、“怎样做”，不探究“为什么做”。本书不仅注重汽车营销理论基础的全面性，还有针对性地精选了一批汽车营销案例和营销视野来说明汽车营销理论的应用和扩展营销实务的视野，希望读者在打开视野的同时提高应用能力。

（3）注重结构的合理性。本书每个学习任务都设有学习目标、引入案例、营销理论、本章小结、复习思考题和营销实务等几个环节。在引入案例环节，除了进行点评外，还提出了问题与讨论；在营销理论环节，精选了大量的营销案例、营销视野。以上设计使读者在阅读、学习的过程中不仅拓展了视野，还能够提高分析问题、解决问题的能力。

在编写本书的过程中，编者参阅了诸多相关论著、论文，也得到了众多汽车行业的同仁们很好的建议。在此谨向他们致以诚挚的敬意和谢意。此外，本书所选案例仅供教学时课堂使用，书中所涉及的案例只为说明问题，并无褒贬之意。

虽然编者从事汽车营销理论教学工作数年，也担任了一些企业的营销管理咨询顾问，但编者深知，即使做了许多努力，在编书的过程中仍会有一些方面显得不够成熟，书中可能会有疏漏、错误和不当之处，在此恳请各位专家、学者和广大读者批评指正，以便再版时修正。

编　者

目　　录

学习任务1 理解汽车市场营销

学习目标

知识目标

- 理解市场的概念，掌握市场的三要素及特点
- 掌握市场营销的核心概念
- 了解市场营销哲学的发展，掌握现代市场营销观念的内容
- 了解我国汽车市场的发展阶段以及现状与趋势
- 了解我国汽车市场营销的现状与研究的必要性

能力目标

- 能运用市场概念分析汽车营销市场
- 能运用现代市场营销哲学指导实践工作
- 初步具有市场意识、服务意识以及营销职业情感

引入案例 老福特的悲哀

在世界汽车工业的发展史上，亨利·福特（Henry Ford）是一位叱咤风云的大人物，他对人类的贡献不仅在于他发明的汽车生产流水线使得平常百姓买得起汽车，更在于他的生产实践推动了人们对生产方式和管理科学的研究，使管理从经验走上了科学。然而，就是这样一位在历史上抹不去的世界级人物也只能辉煌一时，未能辉煌一世。福特和他的汽车王国到底发生了什么？

美国汽车大王福特曾先后于1899年、1901年与别人合伙经营汽车公司，但均因产品（高价赛车）不适合市场需要，无法销售而失败。

福特汽车公司创办于1903年，第一批福特汽车因实用、优质和价格合理，生意一开始就非常兴隆。1906年，福特又重蹈覆辙，面向富有阶层推出豪华汽车，结果大众都买不起，福特车的销售量直线下降。1907年，福特总结了过去的经验教训，及时调整了经营指导思想和经营战略，实行“薄利多销”，于是生意又迅速回升。当时，全国经济衰退已露头角，许多企业纷纷倒闭，唯独福特汽车公司生意兴隆，盈利125万美元。到1908年初，福特按照当时大众（尤其是农场主）的需要，作出了明智的战略性决策：从此致力于生产规格统一、品种单一、价格低廉、大众需要而且买得起的“T型车”，并且在实行产品标准化的基础上组织大规模生产。此后十余年，由于福特车适销对路，销售迅速增加，产品供不应求，福特在商业上获得了巨大成功。当时，福特汽车产销量最高一年达100万辆，到1925年10月30日，福特汽车公司一天就能造出9 109辆“T型车”，平均每10秒钟生产一辆。在20世纪20年代前期的几年中，福特汽车公司的纯收入竟高达5亿美元，成为当时世界上最大的汽车公司。

到20世纪20年代中期，随着美国经济的增长和人们收入、生活水平的提高，形势又发生了变化。公路四通八达，路面状况大大改善，马车时代坎坷、泥泞的路面已经消失；消费者也开始追求时髦。可是，简陋而千篇一律的“T型车”虽价廉，但已不能招徕顾客，因此福特“T型车”的销量开始下降。

面对现实，福特仍自以为是，一意孤行，坚持其以生产为中心观念，置顾客需要的变化于不顾，诚如他宣称：“无论你需要什么颜色的汽车，我福特只有黑色的。”1922年，他在公司推销员全国年会上听到关于“T型车”需要根本性改进的呼吁后，静坐了两个小时，然后说：“先生们，据我看，福特车的唯一缺点是我们生产得还不够快。”就在福特固守他那种陈旧观念和廉价战略的时候，通用汽车公司（GM）却时时刻刻注视着市场的动向，并发现了良机，意识到有机可乘，及时地作出了适当的战略性决策：适应市场需要，坚持不断创新，增加一些新的颜色和式样的汽车（即使因此需相应提高销售价格）上市。于是“雪佛兰”车开始排挤“T型车”。1926年，“T型车”销量陡降。到1927年5月，福特不得不停止生产“T型车”，改产“A型车”。这次改产，福特公司不仅耗资1亿美元，而且这期间通用汽车公司乘虚而入，占领了福特汽车市场的大量份额，致使福特汽车公司的生意陷入低谷。后来，福特汽车公司虽力挽狂澜，走出了困境，但福特汽车公司从此失去了车坛霸主地位，让通用汽车公司占据了车坛首席宝座。

点评：

在动态市场上，顾客的需要是不断变化的，正确的经营指导思想是正确经营战略和企业兴旺发展的关键。如果经营观念正确，战略得当，即使具体计划执行得不好，经营管理不善，效率不高，也许尚能盈利；反之，如果经营指导思想失误，具体计划执行得越好，就输钱越多，甚至破产倒闭。

问题与讨论：

1. 从这个案例中，我们可以看出老福特对“T型车”采取了何种市场营销观念？
2. 试讨论老福特的悲哀到底在哪里？

1.1 市场营销学概述

1.1.1 市场

在现代社会经济条件下，几乎所有的经济现象和经济活动都与市场有关，现在每一个经济方面的学科都涉及市场的概念。市场营销在一定意义上可被人们理解为与市场有关的人类活动。

1. 市场的定义

对于“什么是市场”，可以从经济学和市场营销学两个不同的学科角度来进行探讨。

1）经济学认为：市场是“商品买卖的场所”，如集市、物资交流会、交易所、商场、超级市场等。市场是“商品交换关系的总和”，是不同的生产资料所有者之间以及同一生产资料所有者内部相对独立的商品生产者之间经济关系的体现。正所谓哪里有商品生产和交换，哪里就会有市场。它反映了社会生产和社会需求之间、商品可供量与有支付能力的需求之间、生产者和消费者之间、买方和卖方之间、国民经济各部门之间广泛的经济联系。

2）市场营销学认为：市场是现实需求和潜在需求的总和。美国市场营销协会（AMA）1960年定义：“市场是指一种货物或服务的潜在购买者的集合需求。”美国著名市场营销学家菲利普·科特勒（Philip Kotler）指出："市场是指某种货物或服务的所有现实购买者和潜在购买者。"由此看来，市场营销学研究市场与经济学不同，其焦点在买方，因为市场营销学认为，卖方构成行业，买方则构成市场。

市场营销学重点研究买方现实需求和潜在需求，研究现实购买者和潜在购买者。所谓潜在购买者是指那些有潜在兴趣、潜在需求、有可能购买某种商品的任何个人或组织。现代市场营销学认为，企业不仅要关注和满足现实需求，还要去发现和挖掘潜在需求；既要看到现实的购买者是市场，又要认识到潜在的购买者也是市场，因为它可以通过企业的作用转化为现实的购买者。

2. 市场的构成要素

2006年，菲利普·科特勒在他的《市场营销管理》第12版中指出："一个市场是由那些具有特定的需求或欲望，而且愿意并能够通过交换来满足这种需求或欲望的全部潜在顾客所构成的。"

因此，一个市场的大小取决于那些表示有某种需求或欲望，又拥有使他人感兴趣的资源，并愿意以这种资源来换取所需所欲之物的人数。由此可见，市场主要由三个要素构成，即有某种需求和欲望的人，有满足其需求和欲望的支付能力，有满足其需求和欲望的意愿。用公式表示为：

市场=人口+购买力+购买欲望

上述市场的三个要素相互制约，缺一不可，只有三者结合起来才能构成现实的市场，才能决定市场的规模和容量。也就是说，只有人口多，购买力强，购买欲望强，才能构成规模大、有潜力的市场。根据这三个要素不难推测出，中国已成为当今世界上最大的国际市场之一。

3. 市场的特点

为了对市场有正确的理解，下面探讨一下市场的主要特点。

（1）市场的双向选择性

一方面，企业可以选择进入的市场，企业的对象市场应根据企业的政策和进入市场战略来决定。例如，或者集中进入青年人市场，或者进入老年人市场，或者其他市场。另外，现在企业所进入的市场对自己不利或发现了更有发展前景的市场时，企业可以退出现在的市场，改变对象市场。另一方面，市场（顾客）也可以选择企业及其产品。市场具体由顾客构成，形成需求。这不管是个人还是法人、团体，都有很强的自主意识，即对企业及其产品完全可以说"不"。一旦顾客说"不"，交易就无法完成。在产业社会，消费市场的主权者是消费者，是一般大众；生产者市场的主权者是生产者。因此，现代市场营销学认为顾客就是当今产业社会的主权者。

（2）市场的时间推移性变化

市场会因经济、社会、文化等的进步和发展，随时间推移而发生变化。既有量的变化，又有质的变化。这种变化与企业意图没有任何关系。因此，企业对于这种变化必须给予极大的关心，并通过市场调研等对其进行分析，把握现在的状况和未来的动向，以发展的眼光、动态的观点去予以应对。

（3）市场的竞争性

市场是企业竞争的场所，众多的企业在市场上展开着激烈的竞争。市场经济体制的一个重要前提是企业之间在市场中决定优劣。谁能在市场中战胜竞争，就说明他在市场上获得了更多的顾客及其所给予的支持。

（4）市场的导向性

一方面，市场承担着起点和终点的双重职能。市场是企业一切经营活动的出发点。产品的研究开发、生产、销售以及服务的提供都必须以市场为导向，企业决不能想法主观，自以为是。另一方面，市场又是企业一切经营活动的直接目标。企业在市场上展开激烈竞争，并不是为竞争本身，也不是为其他目的，而是为了获得更大的市场和更多的顾客。为此，我们必须时刻考虑：市场需求是什么？顾客最需要我们为他提供什么？对顾客来说，最有价值的产品和服务是什么？

（5）企业对市场的可改变性

市场会随着时间的推移而发生变化，市场也可以通过企业的积极作用加以改变。也就是说，市场可以做大，甚至可以创造，可以开发全新的市场，其关键是看企业是否有这种意识，并为此付出积极努力。因此，企业既要服务于市场，又要创造市场。索尼公司是创造市场的典范，其创业宗旨为："要研究开发还没有任何地方生产、销售的产品"。这就要求企业及企业家要有远见卓识。

4. *消费者市场及其分类*

消费者市场又称最终消费者市场、消费品市场或生活资料市场，是指个人或家庭为满足生活需求而购买或租用商品的市场。

消费者在购买不同的消费品时，有不同的行为特点，企业对每一种消费品类型，应该有与之相适应的营销组合战略和策略。

依据人们购买、消费的习惯分类，消费品可以分为便利品、选购品和特殊品。

（1）便利品

便利品是指消费者经常购买或即刻购买，几乎不做购买比较和购买努力的商品，如肥皂、报纸、食盐等。为消费者提供购买该类产品的便利性很重要。

（2）选购品

选购品是指消费者在选购过程中，对产品的适用性、质量、价格和式样等基本方面要做有针对性比较的产品，如服装、家具、家用电器等。对于选购品，企业必须备有丰富的花色、品种，以满足不同消费者的喜好。同时，要拥有受过良好训练的推销人员，为消费者提供信息和咨询。

（3）特殊品

特殊品是指具有独有特征和（或）品牌标记的产品，有相当多的消费者愿意对这些产品做特殊的购买努力。例如，汽车、高级服装、专业摄影器材等都属于特殊品。对于特殊品的营销，企业不必太多考虑销售地点是否方便，但是要让可能的消费者知道购买地点。

1.1.2 市场营销

（1）市场营销的定义

营销可以说是无处不在的。"营销"这个词，是近十年来使用频率最高的词之一，常常见诸报刊、杂志以及其他新闻媒体。目前，营销已经成为人们生活中常用的词汇。那么什么是营销？"营销学"译自英语 Marketing 一词，它作为一门新兴的学科，20 世纪初产生于美国。

关于市场营销学的定义，各派学者众说纷纭。1960 年，美国市场营销协会（AMA）定义，市场营销是指将货物和劳务从生产者流转到消费者过程中的一切企业活动。很显然，这一定义把“营销”等同于“销售”，强调了销售在生产经营过程中的突出地位。1985 年，美国市场营销协会（AMA）定义，市场营销是指通过对货物、劳务和计谋的构想、定价、分销、促销等方面的计划和实施，实现个人和组织的预期目标的交换过程。根据这一定义，市场营销活动已超越了流通领域，它包括了分析、计划、执行与控制的管理活动。

本教材推荐采用世界著名营销专家菲利普·科特勒在他的《营销管理》第 12 版中从社会角度对营销的定义：“营销是个人和集体通过创造，提供出售，并同别人自由交换产品和价值，以获得其所需所欲之物的社会过程。”这个定义包括的一系列核心概念将在下一小节进行详细阐述。现代营销学学界多以菲利普·科特勒的定义为标准。

（2）对市场营销学概念的理解

从科特勒的市场营销定义可以看出：

1）市场营销必须以“顾客和市场”为导向，是一种具有创新、创造性的行为过程。

2）市场营销强调交换是核心，交换是构成市场营销活动的基础，只有通过交换才能实现买、卖双方的目的。

3）市场营销追求满足消费者的各种需求与欲望，终极目标是服务顾客、满足顾客、赢得顾客。

4）市场营销是连接企业与社会的“桥梁”，通过企业组织内外的协调、沟通来平衡三方利益，即企业利润、顾客需求、社会利益。

5）营销与销售、推销存在本质的区别。市场营销是一种从市场需要出发的管理过程，具有更完整的内涵，它既包括市场需求研究，也包括丰富多彩的营销活动；而销售强调重视销售技巧与推销方法；推销只是市场营销的一个职能。

总之，市场营销研究的对象和主要内容是“识别目前未满足的需要和欲望，估量和确定需要量的大小，选择和决定企业能提供最好服务的目标市场，并且决定适当的产品、劳务和计划（或方案），以便为目标市场服务”。其目的就在于了解消费者的需要，按照消费者的需要来设计和生产适销对路的产品，同时选择销售渠道，做好定价、促销等工作，从而使这些产品可以轻而易举地销售出去，甚至达到美国管理学者德鲁克所说的“使推销成为多余”。

1.1.3 市场营销的核心概念

要正确理解市场营销的定义，需要先了解与它相关的核心概念，它们构成了营销管理和全方位营销导向的基础。市场营销的核心概念包括需要、欲望和需求，交换和交易，产品、价值和满意。

（1）需要、欲望和需求

需要（Needs）是指人类的基本要求，是消费者生理及心理的要求。例如，人们为了生存，需要食物、衣服、房屋等。马斯洛将人类的需要概括为生理的需要、安全的需要、社交的需要、尊重的需要和自我实现的需要。

当需要指向具体的可以满足需要的特定物品时，需要就变成了欲望（Wants）。不同背景下的消费者欲望不同。例如，中国人需要食物时的欲望是大米饭，法国人需要食物时的欲望是面包，美国人需要食物时的欲望是汉堡包。人的欲望受社会因素及机构因素，诸如职业、团体、家庭、教会等影响。

需求（Demands）是经济学的概念，是指有支付能力和愿意购买某种物品的欲望。许多人想购买奥迪轿车，但只有具有支付能力的人才能购买。

人们的需要是稳定的，也是有限的，而欲望却是丰富的，它与无数的产品相联系，会经常在多种产品之间选择。对个人而言，需要和欲望是产生行为的原动力。当具有购买能力时，欲望便转化成需求。

营销视野　需求的类型

营销人员要善于为公司的产品刺激出需求。营销人员应对需求管理负责，就需求的类型而言，有以下八种不同的需求：

1）负需求：消费者对某个产品感到厌恶，甚至愿意出钱回避它。

2）无需求：消费者可能对产品毫无兴趣或者不了解。

3）潜在需求：消费者可能对某物有一种强烈的需求，而现成的产品或服务却又无法满足这一需求。

4）下降需求：消费者逐渐减少购买产品或停止购买。

5）不规则需求：消费者的购买具有每个季节、每月、每周、每天甚至每小时都在变化的需求。

6）充分需求：在市场上，消费者恰如其分地购买市场上所有的产品。

7）过度需求：消费者想要购买产品的数量超过了市场上所能提供的数量。

8）不健康需求：产品能吸引消费者但会对社会产生不良后果。

针对以上情况，营销者必须确定每种需求潜在的原因，然后制订计划使需求水平更接近期望的状态。

综上所述，市场营销者并不创造需要，需要早就存在于市场营销活动出现之前。市场营销者，连同社会上的其他因素，只是影响了人们的欲望，如建议消费者购买某种产品，并试图向人们指出何种特定产品可以满足其特定需要，进而通过使产品富有吸引力、适应消费者的支付能力且使之容易得到，来影响需求。

（2）交换和交易

交换（Exchange）是营销学的核心概念。它是指通过提供某种东西作为回报，从某人那儿取得自己想要的东西的过程。当人们决定以交换的方式来满足需要或欲望时，就存在市场营销了。人们通过自给自足或自我生产方式，或通过偷抢方式，或通过乞求方式获得产品都不是市场营销，只有通过等价交换，买卖双方彼此获得所需的产品，才产生市场营销。企业围绕目标顾客开展的一切营销活动都与商品交换有关，都是为了实现潜在交换，企业生产的产品的价值才能得到体现，企业的再生产过程才能得以继续进行。

营销视野　交换发生必须符合的条件

通过对交换的研究，菲利普·科特勒总结了要发生交换必须符合的五个条件：

1）至少要有两方。

2）每一方都有被对方认为有价值的东西。

3）每一方都能沟通信息和传送货物。

4）每一方都可以自由接受或拒绝对方的产品。

5）每一方都认为与另一方进行交易是适当的或称心如意的。

交换能否真正产生，取决于买卖双方能否找到交换的条件，即交换以后双方都比交换以前好（或至少不比以前差）。交换是一个价值创造过程，即交换通常使双方变得比交换以前更好。

交易（Transaction）是交换的基本组成部分，是买卖双方价值的交换，它是以货币为媒介的，如甲支付 50 800 元给汽车销售商而得到一辆微型轿车；而交换不一定以货币为媒介，它可以是物物交换。交换是一个过程，而不是一种事件。如果双方正在洽谈并逐渐达成协议，称为在交换中。如果双方通过谈判并达成协议，交易便发生。一项交易通常要涉及几方面：至少两件有价值的东西；双方同意的交易条件、时间、地点；有法律法规来维护和迫使交易双方执行的承诺。

（3）产品、价值和满意

产品（Product）是指用来满足顾客需要和欲望的任何东西。产品包括有形与无形的、可触摸与不可触摸的。如汽车是有形的、可触摸到的产品，服务则是无形的特殊"商品"。有形产品是为顾客提供服务的载体。无形产品或服务是通过其他载体，诸如人、地、活动、组织和观念等来提供的。服务也可以通过有形物体和其他载体来传递。无形的服务可涉及在为顾客提供有形产品（如汽车维修）或无形产品（如退税准备）上所完成的活动；有形产品的交付（如在运输业）；无形产品的交付（如知识的传授）或为顾客创造的氛围（如接待业）。产品的真正价值不在于"拥有它"，而在于"它给我们带来的对欲望的满足"。例如，人们购买汽车不是为了观赏，而是它可以提供一种叫做交通工具的服务。企业管理者和市场营销者必须清醒地认识到，企业创造的产品不管形态如何，如果不能满足消费者的需要和欲望，就必将被市场淘汰。

价值（Value）是营销的核心概念。营销被视为识别、创造、传播、传递和监控客户价值的过程。价值反映了顾客对有形和无形利益及成本的认知。价值大部分可以被看做是质量、服务和价格(QSP)的组合，被称为顾客价值三元素。价值随质量和服务的提高而提高，随价格的增加而减少。

满意（Satisfy）是一种心理状态，是客户的需求被满足后的愉悦感，是客户对产品或服务的事前期望与实际使用产品或服务后所得到实际感知价值的相对关系。若实际感知价值超过事前期望，顾客则会十分满意或愉悦；若实际感知价值小于事前期望，顾客则是失望的。

顾客的期望来自于以往的购买经验、朋友的意见以及营销者和竞争者的信息与承诺。营销商必须仔细地设定恰当的期望标准。如果期望设定得太低，虽然也可以满足那些购买产品的人，但却不能招徕足够的购买者；如果期望设定得太高，购买者就会感到失望，从而失去更多的消费者。

1.1.4 营销管理哲学

市场营销是一种综合经营活动，是企业通过一定方式使顾客的需求得到满足，并实现一定利润的商业过程。这种有意识的经营活动是在一定的经营思想指导下进行的，这种指导思想即是营销管理哲学或营销观念。所谓营销哲学，就是企业在开展市场营销活动的过程中，在处理企业、消费者和社会三者利益方面所持的态度、思想和观念。这些观念是随着卖方市场向买方市场转化而形成的。菲利普·科特勒把企业的营销哲学总结为五种，即生产导向、产品导向、推销导向、营销导向和全方位营销导向。其中，生产导向、产品导向和推销导向合称为传统营销观念，是“以企业为中心的观念”；而后两种观念则称为现代营销观念，分别是“以顾客为中心的观念”和“以长远利益为中心的观念”。营销观念的正确与否，对企业经营的成败兴衰具有决定性的意义。

1. 生产观念

生产观念是商业领域最古老的观念之一。这种观念认为消费者喜欢随处可得、价格低廉的产品，因此企业的一切经营活动应以抓生产为中心，企业将注意力主要集中于增加产量和降低成本上，通过大量生产和压缩成本以形成规模经济。因此，组织在市场上的表现就是，生产什么就销售什么。生产导向的核心是一切从生产出发，而不是为消费者的需要服务。生产什么就卖什么，就像美国福特汽车公司创始人说的：“不管顾客需要什么，我的汽车就是黑色的。”因为当时福特汽车供不应求，清一色黑色的汽车照样卖得出去，这是一种典型的生产观念。日本在第二次世界大战后的数年之内，由于物资极其短缺，市场上很多商品供不应求，“生产观念”在工商企业市场营销管理中一度也很流行。

这种观念似乎很有道理，但不能脱离具体条件，如果某种商品确实因生产规模小、价格高而影响销路，企业坚持这种观念一定会取得成功。反之，如果价格不是影响顾客购买的主要因素，产品的用途、功能不能满足顾客的需要，即便是免费派送也没人要。这一导向在公司意图扩张市场时有广泛的使用性。

2. 产品观念

产品观念认为消费者最喜欢高质量、多功能和具有创新特色的产品，因此企业经营的中心工作是抓产品质量，只要产品质量过硬，经久耐用，就会顾客盈门，企业就会立于不败之地。这种观念不能脱离具体条件，如果产品确实有市场，但因质量太差而影响销路，企业坚持这种观念就会大有作为。否则，其他因素不能满足顾客需要，即使质量再好的产品也不会畅销。

以产品为导向的企业致力于生产优质产品，甚至迷恋自身的产品，企业可能患上“营销近视症”，不利于企业的发展。一个新的或改进过的产品，如果没有价格、分销、广告和其他功能的配合，也是不会成功的。

3. 推销观念

推销观念产生于20世纪30年代初期。推销观念认为，消费者通常表现出一种购买惰性或者抗衡心理，故需用好话去劝说他们多买一些。企业这时的经营中心工作不再是生产问题，而是销售问题。他们认为，抓销售就必须大力施展推销和促销技术，激发顾客的购买兴趣，强化购买欲望，努力扩大销售。其促销的基本手段就是广告和人员推销。20世纪30年代，美国的汽车制造商就是突出的例子，当时汽车供过于求，顾客一走进商店的汽车陈列室，推销员就笑脸相迎、热情相待，主动介绍各种汽车的性能，有的甚至使用带有进逼性的销售手段，促成交易。

这种观念出现在生产“过剩”，购买力下降，社会商品数量增加，花色品种增多，市场上某些商品开始供过于求，企业之间竞争加剧，生产和销售矛盾尖锐起来时。其目标就是销售其能够生产的东西，而不是生产市场所需的产品。

推销观念以抓推销为重点，比生产中心观念前进了一大步，但其本质仍然是以“生产什么卖什么”为条件，以销售为中心只是就工作重点而言的，至于顾客需要什么，购买产品后是否满意等问题，则未给予足够的重视，没有从根本上动摇以生产为中心的营销思想。但推销观念为后来市场营销观念的形成奠定了基础，正是由于推销人员和营销管理人员发现只是针对既定产品的推销，其效果越来越有限，从而转入对市场需要予以足够重视和加以研究，并将营销活动视作企业经营的综合活动。

4. 市场营销观念

市场营销观念出现于20世纪50年代中期，它对以前的观念提出了挑战。这种观念是以满足顾客需求为出发点，即“顾客需要什么，就生产什么”。当时社会生产力有了明显的提高，社会产品数量剧增，进一步供过于求，花色品种日新月异，产品市场生命周期不断缩短。市场趋势表现为供过于求的买方市场，同时广大居民的个人收入迅速提高，有可能对产品进行选择，企业之间的竞争加剧，许多企业开始认识到必须转变经营观念，才能求得生存和发展。在这种市场背景条件下，许多企业逐渐用市场营销观念取代了以销售为中心的推销观念。

营销观念认为，实现组织目标的关键在于正确确定目标市场的需要和欲望，并且比竞争对手更有效地向目标市场创造、传递、沟通优越的顾客价值。因此，“顾客至上”、“顾客是上帝”、“顾客永远正确”等口号，成为了现代企业的座右铭。

20世纪80年代初，日本本田汽车公司想在美国推出雅阁新车，在设计新车前，他们派出工程技术人员专程到洛杉矶地区考察高速公路的情况，实地丈量路长、路宽，采集高速公路的柏油，拍摄进出口道路的设计。回到日本后，他们专门修了一条9英里（1英里=1 609.34米）长的高速公路，就连路标和告示牌都与美国公路上的一模一样，在设计行李箱时，设计人员意见有分歧，他们就到停车场看了一个下午，看人们如何取放行李，从而实现意见统一。结果，本田公司的雅阁汽车一到美国就备受欢迎，被称为是全世界都能接受的好车。

营销视野　传统营销观念与现代营销观念的差别

市场营销观念取代传统观念，是企业营销观念发展史上一次质的飞跃，也是市场营销学的一次革命。与传统观念相比，其根本区别有以下四点：

1）起点不同。传统观念是产品生产出来之后才开始经营活动；而市场营销观念则是以市场为出发点来组织生产经营活动。市场营销观念将思考问题的出发点由“企业自身”转向“目标市场”。

2）中心不同。传统观念是以卖方需要为中心，以产定销；而市场营销观念则是以市场需要为中心，以销定产。将工作中心由企业“产品”转向发现“顾客需求”，一切营销努力都在于使消费者（顾客）满意。此思想体现在组织管理体制和组织结构上，要求建立顾客导向和顾客满意的企业文化，使各部门管理者和员工都能自觉地把顾客导向作为行动方针。同时，在企业内部建立以顾客导向为核心，以市场营销为统领，以人事、生产、财务、研究与开发等职能为辅助的企业经营管理新机制，合理分工，协调行动。

3）手段不同。传统观念主要采用广告为促销手段，而市场营销观念则主张通过整体营销（营销组合）的手段，实实在在地为顾客着想。不再只强调产品生产和推销手段，更强调协调的营销，要求从市场的整体出发，运用各种市场营销方法，不断对市场动态进行预测和研究，确定目标市场，并通过产品、定价、促销和分销渠道组合来满足消费者的需要。

4）终点不同。传统观念以将产品售出获取利润为终点；而市场营销观念则将利润看做是顾客的需要得到满足后愿意给出的回报。对利润的取得不再拘泥于每一次交易，而是从市场的全局考虑，着眼于长期的、综合的、最后的利益。将企业目标的达成方式由“扩大销售量来获得利润”转向“通过满足顾客需要来获得利润”。

5. 全面营销观念（Holistic Marketing）

全面营销观念的基础是发展、设计和执行营销计划、过程及活动，它们在这些领域中各自具有宽广度且互相依赖。全面营销理论认为营销应贯穿于“事情的各个方面”，而且要有广阔的、统一的视野。全面营销涉及四个方面：关系营销、整合营销、内部营销和社会责任营销。

（1）关系营销

1985 年，巴巴拉·本德·杰克逊提出了关系营销（Relationship Marketing）的概念，使人们对市场营销理论的研究又迈上了一个新的台阶。所谓关系营销是指把营销活动看成是一个企业与消费者、供应商、分销商、竞争者、政府机构及其他公众发生互动作用的过程，其核心是与利益相关人建立与发展令人满意的长期合作关系以赢得和维持业务，从追求每一笔交易利润最大化转向追求各方利益关系的最大化。利益相关人包括顾客、员工、营销合伙人（渠道、供应商、分销商、经销商、代理商）、金融领域成员（股东、投资者、分析者）等。双方越是增进相互信任和了解，便越有利于互相帮助。关系市场营销还可以节省交易成本和时间，并由过去逐项逐次的谈判交易发展成为例行的程序化交易。土星（SATURN）汽车公司发起了有 70 万的顾客参加的位于田纳西州斯普林山市（SPRING HILL）公司制造厂的“土星回家”聚会。这次聚会持续近五天，会上涉及的一些活动，如家庭车赛、生产车间视察和体能挑战，都是为了建立一种良好客户关系的活动。土星汽车公司联络部经理说：“回家聚会是一种建立客户关系的方式，并且它能表明我们对待顾客的方式不同于其他汽车公司。”

关系营销的本质特征包括以下六个方面的内容：

1）双向沟通。在关系营销中，沟通应该是双向而非单向的。只有广泛的信息交流和信息共享，才可能使企业赢得各个利益相关者的支持与合作。

2）合作。只有通过合作才能实现协同，合作是“双赢”的基础。

3）双赢。关系营销旨在通过合作增加关系各方的利益，而不是通过损害其中一方或多方的利益来增加其他各方的利益。

4）亲密。关系能否得到稳定和发展，情感因素也起着重要的作用。因此，关系营销不只是要实现物质利益的互惠，还必须让参与各方能从关系中获得情感的需求满足。

5）控制。关系营销要求建立专门的部门，用以跟踪顾客、分销商、供应商及营销系统中其他参与者的态度，由此了解关系的动态变化，及时采取措施消除关系中的不稳定因素和不利于关系各方利益共同增长的因素。

6）反馈。通过有效的信息反馈，有利于企业及时改进产品和服务，更好地满足市场的需求。

（2）整合营销

整合营销（Integrated Marketing）是指一种对各种营销工具和手段的系统化结合，根据环境进行即时性的动态修正，以使交换双方在交互中实现价值增值的营销理念与方法。整合就是把各个独立的营销综合成一个整体，以产生协同效应。这些独立的营销工作包括广告、直接营销、销售促进、人员推销、包装、事件、赞助和客户服务等。整合营销是为了建立、维护和传播品牌以及加强客户关系，而对品牌进行计划、实施和监督的一系列营销工作。

1）4P’s 理论。

杰罗姆·麦卡锡（E.Jerome McCarthy）于 1960 年在其《基础营销》一书中第一次将企

业的营销要素归结为四个基本策略的组合，即著名的“4P's”理论：产品（Product）、价格（Price）、渠道（Place）、促销（Promotion）。由于这四个词的英文字头都是 P，再加上策略（Strategy），所以简称为“4P's”。营销组合决策必须考虑渠道和最终消费者。营销组合的 4P，如图 1-1 所示。

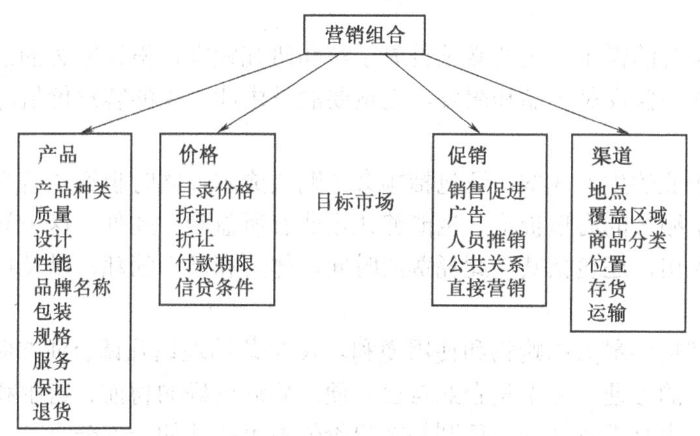

图 1-1 营销组合的 4P

① 产品。

注重开发的功能，要求产品有独特的卖点，把产品的功能诉求放在第一位。

② 价格。

根据不同的市场定位，制订不同的价格策略，产品的定价依据是企业的品牌战略，注重品牌的含金量。

③ 分销。

企业并不直接面对消费者，而是注重经销商的培育和销售网络的建立，企业与消费者的联系是通过分销商来进行的。

④ 促销。

企业注重销售行为的改变来刺激消费者，以短期的行为（如让利、买一送一、营销现场气氛等）促成消费的增长，吸引其他品牌的消费者或导致提前消费来促进销售的增长。

2）4C's 理论。

进入 20 世纪 90 年代之后，美国社会处于高度发达的后工业时代，科技进步威力无穷，尤其是计算机辅助设计生产及机器人的大量使用，使得企业制造手段普遍表现出高度自动化，敏捷制造、弹性生产、准时生产等新型生产方式普遍推行。面对此时市场环境的新变化，罗伯特·劳特伯恩提出了与 4P 相对应的顾客 4C，见表 1-1。

表 1-1 与 4P 相对应的顾客 4C

4P	4C
产品（Product）	顾客（Customer）
价格（Price）	成本（Cost）
渠道（Place）	便利（Convenience）
促销（Promotion）	沟通（Communication）

传统的以4P（产品、价格、渠道、促销）为核心的营销框架，重视的是产品导向而非真正的消费者导向，即制造商决定制造某一产品后，设定一个能够收回成本且达到一定目标利润的价格，经过制造商为主控的销售渠道，然后对企业销售进行适当程度的促销。从买方的角度来看，4C的每一个营销工具都是用来为顾客提供利益的。

① 顾客。

顾客主要指顾客的需求。企业必须首先了解和研究顾客，根据顾客的需求来提供产品。同时，企业提供的不仅仅是产品和服务，更重要的是由此产生的客户价值。

② 成本。

成本不单是企业的生产成本，还包括顾客的购买成本，同时也意味着产品定价的理想情况，应该是既低于顾客的心理价格，也能够让企业有所盈利。此外，这中间的顾客购买成本不仅包括其货币支出，还包括其为此耗费的时间，体力和精力消耗，以及购买风险。

③ 便利。

便利即为顾客提供最大的购物和使用便利。4C's营销理论强调企业在制订分销策略时，要更多地考虑顾客的方便，而不是企业自己方便。要通过好的售前、售中和售后服务来让顾客在购物的同时，也享受到便利。便利是客户价值不可或缺的一部分。

④ 沟通。

沟通则被用以取代4P中对应的促销（Promotion）。4C's营销理论认为，企业应通过同顾客进行积极有效的双向沟通，建立基于共同利益的新型企业/顾客关系。这不再是企业单向的促销和劝导顾客，而是在双方的沟通中找到能同时实现各自目标的通途。

成功的公司必将可以经济方便地满足顾客需要，同时和顾客保持有效的沟通。整合营销的两大主题：一个是传播和传递价值要通过不同的营销活动；另一个是以合作效益最大化来调整不同的营销活动。该过程需整合需求管理、资源管理和网络管理。

（3）内部营销

全面营销包括内部营销，即确保组织中每个人有适当的营销准则，尤其是高管人员。内部营销（Internal Marketing）是指成功地雇佣、训练和尽可能激励员工更好地为顾客服务的工作。也就是说，向内部人员提供良好的服务和加强与内部人员的互动关系，以便一致对外地开展外部的服务营销。聪明的营销人员知道内部营销是同样重要的，有时甚至比公司外部营销更重要。在公司员工没有准备好提供优质服务之前，向顾客的承诺是毫无意义的。

内部营销发生在两个层面。一方面，各种不同的营销职能（销售人员、广告、客户服务、产品管理、市场调研）需协调工作。经常出现的情况是，销售人员认为产品管理者把价格定得太高或定额太高，或广告总监和品牌经理在宣传计划上不能达成一致。所有这些营销职能都应该从顾客的角度来调整。另一方面，营销需要其他部门的支持，其他部门也必须“考虑顾客”，营销部门不是全公司唯一须时时念及顾客的部门。公司上下都应该从市场的角度来思考问题。例如，施乐公司在描述每个职位时总不忘从顾客的角度来看待该职位。

内部营销是一项管理战略，其核心是培养对员工的顾客服务意识，在把产品和服务通过营销活动推向外部市场之前，应先将其对内部员工进行营销。任何一家企业事先都应该意识到，企业中存在着一个内部员工市场，内部营销作为一种管理过程，能以两种方式将企业的各种功能结合起来。首先，内部营销能保证公司所有级别的员工理解并体验公司的业务及各种活动；其次，它能保证所有员工准备并得到足够的激励以服务导向的方式进行工作。内部营销强调的是公司在成功达到与外部市场有关的目标之前、必须有效地进行组织与其员工之间的内部交换过程。施乐公司的内部营销做得很棒，取得了很好的成绩，它使各种在职人员都明白他的工作是如何同顾客有关的。施乐公司的工厂经理懂得，如果工厂是清洁和有效的，采用参观工厂这种方式将有助于向潜在顾客推销产品。施乐公司的会计部门知道顾客态度倾向施乐，得益于他们对账单处理的精确性和回答顾客电话的及时性。

（4）社会责任营销

社会责任营销（Social Responsibility Marketing）出现于20世纪70年代。随着社会经济的发展，大量不可再生资源日益枯竭，生态环境遭到破坏，环境污染日益严重，通货膨胀，忽视社会服务等，严重威胁着社会公众的利益和消费者的长远利益，威胁着人类生活水准和福利的进一步提高，也威胁着经济的可持续发展。单纯的市场营销观念提高了人们对需求满足的期望和敏感，加剧了满足眼前利益和长远利益的矛盾，导致产品过早陈旧，环境污染更加严重，也损害和浪费了一部分物质资源。正是在这样的背景下，人们提出了社会责任营销观念。

社会营销观念的基本要求是：企业生产或提供任何产品和服务时，不仅要满足消费者的需要和欲望，符合本企业的利益，还要符合消费者和社会发展的长远利益。

社会营销观念不是对市场营销观念的否定，而是—种修正和完善。这种观念要求企业将自己的经营活动与满足顾客需求、维护社会公众利益和长远利益作为一个整体来对待，不急功近利，自觉（并不总是依靠政策和法律强行推进）限制和纠正营销活动的副作用，并以此作为企业的根本责任。

综上所述，营销观念具有非常具体的内涵，不是一些空洞的概念。市场营销观念随着生产力的发展、科技的进步和市场环境的变化经历了一个历史演变过程。我国是一个发展中国家，商品经济的发展和市场环境的变化决定了市场营销观念的发展和变化。随着经济的高速发展，汽车市场逐渐由“卖方市场”向“买方市场”过渡，出现了供过于求的现象，企业竞争激烈，从整体上说，市场进入了相对微利阶段，我们在运用营销观念时，要注意不同营销观念间的相互补充、相互作用，以使综合运用。

1.2 中国汽车市场的发展

1.2.1 中国汽车工业的发展阶段

自1953年第一汽车制造厂（现中国第一汽车集团公司）在长春动工兴建至今，中国的汽车工业经过半个世纪的发展，从无到有，已经形成了产品种类较为齐全、相对完备的工业体系。根据汽车产量增长情况、汽车工业发展的外部环境和发展战略基本特征的变化，可以将中国汽车工业的发展历程大致划分为以下四个阶段：

（1）初创阶段（1953～1959年）

中国汽车工业的起步是通过国家集中投资和全方位技术引进的方式实现的，其标志是第一汽车制造厂的建设和投产。1950年，国家重工业部决定聘请前苏联专家承担汽车制造厂的整体设计工作。1953年第一汽车制造厂破土动工，1955年建成投产，成为中国第一个汽车生产基地，先后生产了4吨解放牌、2.5吨越野和红旗轿车等产品，并形成了一定的生产能力。

1958 年以后，各省市纷纷利用汽车配件厂和修理厂仿制和拼装汽车，形成了中国汽车工业发展史上的第一次“热潮”。到了 20 世纪 50 年代末，中国的汽车制造厂迅速增加到 16 家，汽车改装厂增加到 28 家。汽车产量稳步增长，达到两万多辆的水平，但相比之下增幅较小。地方积极发展汽车工业，一方面丰富了中国汽车产品的种类，建立了比较完整的载货汽车生产体系，满足了国民经济的多种需求；另一方面，这一时期的汽车工业投资严重分散和浪费、布局混乱，重复生产的“小而全”畸形格局，为日后汽车工业的发展留下了隐患。另外，中国汽车工业未能形成独立开发和研制汽车新产品的能力，零部件工业也比较薄弱。

（2）成长阶段（1960～1980 年）

这一阶段以第二汽车制造厂、四川汽车制造厂和陕西汽车制造厂的建设为主线，跨越了四个“五年计划”。其中第二汽车制造厂自 1965 年开始筹划，1975 年建成投产，开创了中国汽车工业完全自主设计产品、确定工艺、制造设备、兴建工厂的记录，标志着中国汽车工业上了一个新台阶。第二汽车制造厂建设中所需的 2 万多套设备，100 多条自动化生产线，只有 1%的关键设备是从国外引进的，其他均由国内自行研制生产，所以第二汽车制造厂的建设对促进汽车行业及相关产业技术进步，特别是机床行业的技术开发能力发挥了重要作用。20 世纪 60 年代后期，为满足重型载货汽车的需求，四川汽车制造厂和陕西汽车制造厂以及一大批配套厂先后投入建设。进入 20 世纪 70 年代，在全国汽车供不应求和国家再次下放企业到地方的推动下，中国汽车工业的发展进入第二次高潮。到 1976 年，全国汽车厂家增加到 66 个，专用改装厂增加到 166 个，一批零部件和附配件厂也得到了快速发展。到 1979 年，中国汽车产量已达到 19 万辆，形成了以载货车和越野车为主体的汽车产品体系。这一时期由于计划经济的束缚和中国经济的封闭发展状态，原本低水平重复建设导致的汽车生产厂家规模小、技术水平低的问题进一步恶化。另外，由于多数汽车厂选择在交通不便和无工业基础的山区，专业厂之间的布置也过于分散，不仅增大了建设成本，也制约了企业进一步的发展。

总体来看，我国初创和成长阶段的汽车产业基本沿用前苏联模式，技术大多从前苏联引进，投资方式以国家直接投资为主，产业结构以两大汽车制造厂为代表，产品结构以中型货车为主，甚至有意限制轿车发展，产品品种单一。

（3）快速发展阶段（1980 年～20 世纪 90 年代末）

20 世纪 80 年代初期，为了改变供不应求和“缺重少轻，轿车几乎空白”的不利局面，为适应市场需求的变化，汽车工业开始调整产品结构，注重了微型车、轻型车和重型车的产品开发，先后建立了一系列生产基地，并集中投资建成了上海大众、一汽大众、东风神龙、天津夏利等具备 15 万辆或以上规模的轿车生产点。到 20 世纪 80 年代中后期，中国载货汽车产量和品种基本满足了国内市场的需求，轿车市场的供需矛盾也得到了一定程度的缓解。1994 年，《汽车工业产业政策》出台，明确重点扶持一汽、二汽、上汽、天汽等八大汽车骨干企业，重点发展私人购车市场体系，重点支持汽车技术进步。此后，中国汽车工业产业结构发生了重大改变，市场结构由过去的集团购买转向私人购买为主，产品结构由单一的中型载货车转向以轿车、客车为主。到 1998 年全国商用车（货车加客车）产量的轻（包括微）、中、重型车比例分别为 78.5%、17.8%、3.7%，轻型车和微型车比重大幅度上升；全国载货车产量的轻（包括微）、中、重型车比例分别为 67.0%、27.7%、5.3%；全国载货车与乘用车（轿车加客车）的产量比例分别为 40.6%、59.4%，基本车型形成了六大类 120 多个品种的较完整体系，各类改装汽车、专用汽车 750 多种，基本上扭转了改革开放初期汽车产品结构的不合理局面。

（4）飞速发展阶段（加入 WTO 以来）

中国加入 WTO 之前，专家们曾预测，汽车将会是遭受入世冲击最大的行业之一。而事实上，市场的逐步开放令长期处于高壁垒保护下的汽车行业的竞争更加充分和多元化，在一定程度上促进了行业的发展。由于居民收入提高、加入 WTO 后汽车价格持续下降和国家改善汽车消费环境等三大因素的推动，我国汽车产业出现了井喷式增长，正处于超高速增长阶段，增速之快为世界各国汽车工业发展过程中所罕见。其中，轿车的增长尤其引人瞩目。2002 年年底，乘用车的年产量在总产量中的比例首次超过载货汽车，标志着中国汽车生产进入以消费为主导的新时代。2009 年，中国汽车产销量突破 1 300 万辆。2010 年，中国汽车产、销量增长惊人，再次创出新高。据中国汽车工业协会统计，全年汽车产销量分别增长 32.44%和 32.37%，达到 1 826.47 万辆和 1 806.19 万辆。我国已成为世界上最具成长性和规模最大的汽车消费市场之一。

1.2.2 中国汽车工业的现状与趋势

1. 中国汽车工业的现状

我国汽车工业经过近 50 年的发展，产品从单一的中型载货汽车发展到货车、客车和轿车等多种系列，“缺重少轻、轿车空白”的产品结构基本得到缓解并日趋合理；汽车产品和制造技术水平得以不断提高，汽车工业重组完成，形成了三大（一汽、上汽、东风）六小（广州本田、重庆长安、北京现代、沈阳华晨、南京菲亚特、浙江吉利）的格局；汽车制造业平均每年以 24.5%的速度增长，汽车年产量 300 多万辆，目前的汽车保有量已达 3 000 万辆，2010 年达到 5 600 万辆。汽车车型和技术的更新加快，国外汽车巨头在中国市场的竞争加剧。

2. 中国汽车企业面临的挑战

（1）企业规模较小，自主品牌占有率较低

目前，国内中级车市场自主品牌和合资品牌的市场占有率大概是 1∶9，超过 90%的市场被合资品牌占据，自主品牌的市场占有率不到 10%。这是一个很大的差距，但从积极的方面来看这是自主品牌最大的机会。以 2009 年上半年为例，自主品牌轿车共销售 95.53 万辆，占轿车销售总量的 29.45%，同比增长 41.88%，比上年同期提高了 4.21 个百分点。日本、德国、韩国、美国、法国品牌轿车销量分别为 81.19 万辆、64.04 万辆、40.8 万辆、31.12 万辆和 11.73 万辆，市场占有率分别为 25.03%、19.74%、12.58%、9.59%和 3.62%。2009 年上半年 1.6 升及以下自主品牌轿车销售 84.25 万辆，同比增长 46.83%，占自主品牌轿车的 88.19%，拉动自主品牌轿车增长近 40 个百分点。2009 年度，自主品牌轿车共销售 221.73 万辆，占轿车的份额为 29.67%，在所有国别车型中份额排行第一；自主品牌 A 级车产品品质、造型设计、研发能力都较前几年有较大改变和提高。

（2）汽车市场由卖方市场向买方市场转变

2009 年起，国内二三线城市进入轿车消费能力的爆发期，增速显著超越一线城市，使得居民购车占比上升到一个新的高度上。与此同时，汽车生产企业生产成本增加，产能过剩，原材料的涨价和整车价格的下降“吃”掉了厂家利润，暴利时代已经结束，汽车市场开始由卖方市场向买方市场转变。厂家必须寻求新的利润增长点。价格竞争成为市场主要和最有效的手段。

（3）国外健全的汽车销售服务体系对国内汽车企业形成冲击

加入 WTO 后，我国逐步开放了汽车和零部件的国内销售、汽车进出口和分销服务、经营性运输公司、汽车分期付款和融资租赁、汽车生产性融资等汽车服务贸易领域。这些领域开放后，国外相关汽车产品及服务开始进入中国市场，对服务贸易体系尚不健全的我国汽车工业产生了重大影响。2006 年是加入 WTO 后五年保护期的最后一年，由此，国家发展和改革委员会颁发了《汽车总经销商和品牌经销商资质条件评估实施细则》，这些对汽车生产企业提出了更高的要求，经营理念和管理的落后、服务体系不健全可能使本土企业丧失渠道的优势。

（4）资金投入不足，研发能力弱，核心技术缺乏

目前，我国汽车工业产品开发投入少、手段落后、数据积累少，有经验的汽车开发人才匮乏，尚未形成高水平的汽车产品开发体系和自主开发能力。我国汽车企业的规模较小，规模较大的国外汽车企业拥有诸多品牌，不同品牌的汽车都拥有各自的研发预算，把不同品牌的研发资金放在一起，会得到更大的研发预算，这个总预算远远超过了中国汽车企业的研发开支。

营销视野 **汽车研发费用的差异**

近年来，尽管我国汽车工业总的研发开支每年以 40%的速度增长，但平均到每一辆车的研发费用仍与国外同行业存在较大差距。目前，我国平均每辆车投入的研发费用为 171 欧元，国外为 783 欧元。国外汽车企业每年的技术开发费投入约占年销售额的 3%～5%，数额高达几亿甚至几十亿美元，而我国一些重点骨干企业的这一比例还不到 1%，投入总量与国外差距更大，以致汽车产品品种少，技术水平落后，不能很好地满足市场需求。零部件工业同样缺少具有国际竞争力的产品。

3. 中国汽车工业的趋势

在入世前，曾有不少人认为，加入 WTO 会给弱势的中国汽车产业带来很大的冲击，如外资的大举进入会使一批中小企业倒闭，降低国内生产能力利用率，冲击国产车消费，迫使中国汽车厂家降价，在汽车销售及金融服务领域对国内企业形成很强的竞争压力等。但是，令人始料不及的是，在加入 WTO 后，我国汽车产业不但没有被冲垮，反而在入世带来的竞争压力下获得了发展的新动力，产业规模不断扩大，产业地位得到增强，国际竞争力不断提高。我国汽车产业正孕育着一个新发展阶段的到来，对汽车营销提出了更高的要求。目前，中国汽车市场呈现以下四大趋势：

（1）发展格局国际化

目前，全球最大的 11 家跨国汽车公司都已进入中国，全球最大的 50 家汽车零部件企业绝大多数在中国投资设厂，中国已经成为世界汽车的焦点。中国汽车市场的国内竞争已经演变为国际化竞争，特别是在增长最快的轿车领域，中级以上轿车的竞争主要在各大跨国汽车巨头之间进行。

（2）市场增长持续化

自 2001 年年底中国加入世界贸易组织后，2002 年和 2003 年汽车市场出现爆发式增长，部分潜在的消费需求得到提前释放。2004 年和 2005 年，中国汽车市场增速出现大幅回落，但仍高于全球平均增长水平。2006 年，中国轿车产销增长双双超过 25%。2009 年，我国汽

车销量突破 1 300 万辆大关，2010 年，我国汽车产销量增长惊人，双双突破 1 800 万辆大关。所有这些标志着中国汽车市场增长进入持续化发展。

（3）行业竞争白热化

汽车行业竞争日趋白热化，由于国内汽车整车厂家过多、汽车产能过剩等原因，近年来国内汽车市场的竞争十分激烈，价格战此起彼伏。预计未来几年，汽车价格战还不会终止。但消费者更加注重汽车的质量和售后服务，单纯的价格竞争对消费者的吸引力正在不断弱化。

（4）消费需求个性化

消费需求个性化日益明显。为了满足消费者的这一需求，国内汽车厂家不断推出新车型，近两年每年都超过 100 款，包括全新车型和改款车。

1.2.3 我国汽车营销的现状

近几年，我国汽车市场产销发展迅猛，市场环境急剧变化，使我国汽车产业面临重组和整合压力，企业利润不断下降。这就迫使汽车企业不断地适应市场变化，寻找新的利润增长点，从而获得长足的发展。应该说，我国汽车营销还是取得了一些成功经验：

（1）汽车营销组织进一步规范和完善

我国汽车营销组织模式得到长足的发展，呈现出多元化的发展趋势。营销模式多样化，符合当前汽车市场发展阶段的特点和汽车消费群体的不同需求，适应不同区域市场差异的要求。特许经营的专卖店是目前汽车厂家积极推行的主要营销模式，经营、销售和服务都比较规范，已建成相当数量规模合理、服务齐全的 3S 或 4S 店。这类 3S 或 4S 店，营销服务项目不断扩展，标识都十分醒目，并讲究外在形象的塑造。同时，我国汽车交易市场发展神速，不少厂家也改变了原先态度，同意特许专卖店进场，专卖店的进场在一定程度上改变了人们对市场的认识。另外，外国汽车公司越来越关注我国汽车市场，不少汽车公司的上层亲自进行市场考察，我国汽车市场的管理人员也出访欧美日韩，不断提高管理水平。上海国际汽车城是一个融汽车交易、零配件经营、汽车生产、科研、检测、教育、赛车等为一体的多功能汽车营销组织机构。

（2）汽车营销理念进一步与国际接轨，体现出时代的特征

通过学习和借鉴国外先进的汽车营销理念，结合中国消费者的具体实际情况，经过几代汽车营销人多年的营销实践，形成了诸多各具特色的汽车营销理念。如一汽轿车的“管家式服务”，认为汽车用户是“主人”，汽车生产和销售企业是“管家”，“主人”想不到的，“管家”要替“主人”想到，“主人”想到做不到的，“管家”要替“主人”做到。在企业的营销过程中，一汽大众坚持以客户为中心，以市场为导向，领先的技术、国际水平的质量、有竞争力的成本、最佳的营销服务网络、具吸引力的人才环境和最佳的合作与交流力等六个支撑点，简称“一个中心、六个支撑”营销理念。上海大众在深化实施用户满意工程中，提出“卖产品更卖服务”的理念，并且对营销服务的外延和内涵都有越来越深入的规定，不断向经销商灌输“第一辆车是销售出去的，第二、第三辆车是通过良好的服务实现销售”的营销理念。从中可以清晰地看出，这些营销理念都强调了以人为本、以消费者为中心，注重了社会、企业、消费者三者利益的有机结合，既有个性，又具时代特征。

（3）汽车营销技术和手段进一步丰富且合理

从品牌培育到业务分析、从员工培训到汽车知识普及、从文化渗透到汽车俱乐部经营、

从售后关怀服务到终极跟踪服务、从电子购车到全球零配件供应网络建设、从组织各种文娱活动到举办汽车设计大赛等，都体现了汽车营销技术和手段的丰富性。通过多年的发展，我国汽车营销模式更加注重吸收和推广应用国内外成功的汽车营销经验和技术，如汽车信贷、汽车租赁、二手车交易、新旧车置换、汽车租购等，真正从消费者的需求和本行业的特点入手，注重满足消费者在获得汽车产品及其使用功能这一过程中产品以外的需求，如融资、租赁、以旧换新等，为一批掌握有现代汽车营销技术和手段的企业提供了发展平台。

综上所述，对于我国的汽车企业来讲，现实的可行之路就是必须迎合市场需求变化，提高服务水平，建立自主品牌，选择适合的销售模式，才可以在更加激烈的竞争中寻求自身的发展。

1.2.4 我国汽车营销的特点

经过多年的发展，我国汽车营销呈现如下特点：

（1）营销体系不断完善

1994 年以前，汽车作为“一类物资”由国家按计划生产、定向分配，汽车的产销完全受政府的计划控制，不参与市场竞争，也没有所谓的营销体系。1994 年，国务院颁布了《汽车工业产业政策》，明确指出：“鼓励汽车工业企业按照国际上通行的原则和模式自行建立产品销售系统和售后服务系统”。从此，中国汽车开始参与市场竞争，价格战也在随后的激烈竞争中逐渐拉开帷幕。

经历了多年的市场洗礼，中国汽车产业正茁壮成长，汽车生产企业的营销体系也不断强大。到目前为止，传统的汽车营销模式已逐渐被 4S 店、代理制、汽车有形市场为主和分期付款、租赁、汽车超市、网络销售等多种营销模式所取代。二手车的市场交易也打破垄断格局，引入竞争机制，实现经营主体多元化，汽车配件流通领域也采取了特许、连锁经营的方式，向规模化、品种化、品牌化、网络化的方向发展。另外，汽车企业不断探索后市场诸如信贷、租赁、拆解等领域，汽车营销体系不断完善。

（2）营销方式多样化

近年来，随着消费者需求的个性化，汽车的营销方式也随之变化，展现出多样化特征。一些汽车企业为了谋求竞争优势，取得更多的市场份额，纷纷采取各种营销方式。例如，郑州日产征战达喀尔，借用大赛平台，巧妙地将文化宣传与产品推广相结合，充分展现了其产品的越野能力，舒适性、节油性等特点，完美地演绎了品牌的内涵，成为脍炙人口的营销案例。众多汽车企业也纷纷从折扣降价等简单的促销手段中迅速拓展，公益事业、试乘试驾、汽车赛事、评选活动、时尚概念、品牌顶级技术概念、车主团体等宣传营销手段层出不穷，让人们应接不暇。2005 年，汽车界兴起了娱乐营销，与时尚结合、与娱乐“联姻”等新的营销方式，逐步被一些汽车企业所采用。如一汽丰田在北京东苑戏楼为皇冠量身打造颇具古典风格的品牌主题音乐，恰当地演绎出了言语无法表达的意境，使得皇冠的品牌内涵获得了深刻的诠释。2008 年，东风雪铁龙在成都国际车展上正式启动了“活力车手”选拔赛，该活动与中汽联、新浪网站联手，并在国内最大的娱乐平台湖南卫视上推出。东风雪铁龙的这场大众普及性的汽车赛事娱乐营销，在当今“全民互动”成为时代主旋律的后奥运时代，意义相当深刻，具有一定的探索价值。

（3）发展中存在诸多问题

我国汽车行业经过多年的发展已经取得了丰硕的成果，但是也存在诸多问题。首先是盲目扩张，近几年，集销售、零配件、服务、信息反馈于一体的 4S 汽车店在全国各地如雨后春笋般出现，但是由于市场秩序欠缺规范化、自身专业水平较低等种种原因，导致其运营艰难，4S 店在中国的存在已呈现出弊端；其次是营销水平较低，价格战、产品战、广告战、公关战等营销方式层出不穷，最终导致市场竞争混乱无序，给生产企业和商家带来了很大的利益损失；最后是售后服务不到位、不规范。很多经销商对用户的定期提醒、主动询问和投诉处理都做得不到位，这使得厂家品牌与经销商品牌美誉度受到一定程度的损害。在消费行为越来越理性的现在，售后服务不到位可能会使厂商在市场竞争中处于劣势；另外，由于缺乏售后维修换件收费的统一标准，导致消费者抱怨四起。随着汽车行业的竞争愈加激烈，以及消费者个性化、理性化的消费趋势，汽车企业不得不重新审视自身的营销模式。如何突破传统思维的禁锢，创造出适合市场需求的新营销模式是每个汽车企业的当下课题，而关系导向的营销模式无疑为企业指明了营销创新的方向。

1.2.5 我国汽车营销研究的必要性

汽车营销就是汽车企业为了更好更大限度地满足市场需要而达到企业经营目标的一系列活动。其基本任务有两个：一是寻找市场（需求），二是实施一系列更好地满足需要的活动（营销活动）。在这些方面，西方汽车营销活动比较成熟，有许多可以借鉴的理论和经验，但我国的国情、民情、商情等决定了我们有研究汽车营销的必要性。

（1）市场经济环境变化很大

我国正处于市场经济建立的过程中，旧体制将被彻底打破，新体制将逐步确立，我国汽车营销将面临最重要的营销环境的变化。社会主义市场经济体制的建立，将逐步为企业创造一个公平竞争的营销环境，同时使企业成为市场主体，并享有作为相对独立的商品生产者和经营者应有的各种权利。市场作用的发挥，经营自主权的落实，有利于促进资源的流动和合理配置，增强企业活力。对汽车工业来说，一些长期阻碍其健康发展的因素，随着市场经济体制的逐步到位将在很大程度上得到解决。最终在市场经济规律的作用下，我国汽车工业必然按照自身的特点和世界汽车工业的一般规律，向高度集约化、集团化的方向加速发展。如果企业能够敏锐地洞察并积极、主动地顺应这一历史趋势，抓住营销机会，就可能更多地为自己争取发展的机会。

（2）市场营销活动的特点发生很大变化

我国汽车工业将在产业政策的扶植下，迎来一个发展的黄金时期，并成为支柱产业。以往的营销活动经验在这样的形势下不一定可行了，因此市场营销活动的特点将与以往有很大的不同。

（3）中国汽车工业的竞争实质是市场营销的竞争

中国汽车工业必将走向世界，被迫同国际大公司展开一场竞争。这场竞争实质上是一场市场营销大战。世界汽车工业发展的现状表明，在全球汽车市场不景气的形势下，国际汽车行业之间的竞争加剧。为了提高各自的竞争实力，国外一些汽车公司纷纷改组、合并，世界汽车工业进一步走向集中和垄断，国际汽车工业列强们基于现实的困境和长远战略考虑，早已垂涎中国这个巨大的潜在市场，中国汽车工业面临来自国际竞争对手日趋严峻的挑战。可以预见，一场没有硝烟的世界汽车工业大战将很快围绕争夺中国汽车市场而展开。中国汽车工业将被迫在国际、国内两个汽车市场上同国际汽车工业巨头短兵相接，展开营销大战。

以上分析表明，我国汽车市场营销比以往任何时候的压力都大，当然机会也更多。我们也必须借助科学的营销策略，认识新的营销特点，探索新的营销规律，创造新的营销方法来开展市场营销活动，促进汽车市场及营销活动的发展。

本 章 小 结

1．对市场概念的理解可以从经济学和市场营销学两个不同的学科角度来进行探讨。经济学认为市场是商品买卖的场所。市场营销学认为市场是现实需求和潜在需求的总和。一个完整的营销市场由相互制约，有机结合的人口、购买力和购买欲望等三个要素组成。市场具有双向选择性、时间推移性变化、竞争性、导向性和可改变性等特点。

2．关于市场营销的含义，不同学者有不同的解释。菲利浦·科特勒认为：市场营销是一种社会过程，是个人和团体通过创造以及与别人交换产品和价值来满足其需要和欲望的。市场营销活动的核心是交换。

3．要正确理解市场营销的定义，我们需要了解与它相关的核心概念：需要、欲望和需求，交换和交易，产品、价值与满意。需要是指人类的基本要求，是消费者生理及心理的要求。马斯洛将人类的需要概括为生理的需要、安全的需要、社交的需要、尊重的需要和自我实现的需要。当需要指向具体的可以满足需要的特定物品时，需要就变成了欲望。需求是经济学的概念，是指有支付能力和愿意购买某种物品的欲望。交换是营销学的核心概念，它是通过提供某种东西作为回报，从某人那儿取得自己想要的东西的过程。交换是有条件的。

4．产品是用来满足顾客需要和欲望的任何东西，包括有形与无形的。

5．营销实质为识别、创造、传播、传递和监控客户价值的过程。满意是一种心理状态，是客户的需求被满足后的愉悦感，是客户对产品或服务的事前期望与实际使用产品或服务后所得到实际感知价值的相对关系。

6．企业的经营活动是在营销管理哲学或营销观念指导下进行的。营销观念体现了在处理企业、消费者和社会三者利益方面所持的态度、思想和观念。这些观念是随卖方市场向买方市场转化而形成的。在历史的长河中，营销哲学分为传统营销观念（生产导向、产品导向、推销导向）和现代营销观念（营销导向和全方位营销导向），前者以企业为中心，后者以顾客和长远利益为中心。

7．“顾客需要什么，就生产什么”、“顾客至上”、“顾客是上帝”、“顾客永远正确”等口号是市场营销观念的真实写照。

8．全面营销观念认为营销应贯穿于“事情的各个方面”，而且要有广阔的、统一的视野。全面营销涉及四个方面：关系营销、整合营销、内部营销和社会责任营销。

9．整合营销是为了建立、维护和传播品牌，以及加强客户关系，而对品牌进行计划、实施和监督的一系列营销工作，包括产品（Product）策略、价格（Price）策略、渠道（Place）策略、促销（Promotion）策略，即著名的“4P's”理论。20 世纪 90 年代，罗伯特·劳特伯恩提出了与 4P 相对应的顾客 4C：顾客（Customer）、成本（Cost）、便利（Convenience）、沟通（Communication）。

10．根据汽车产量增长情况、汽车工业发展的外部环境和发展战略基本特征的变化，可以将中国汽车工业的发展历程大致划分为四个阶段：1）初创阶段（1953～1959 年）；2）成长阶段（1960～1980 年）；3）快速发展阶段（1980 年～20 世纪 90 年代末）；4）飞速发展阶段（加入 WTO 以来）。

11. 加入 WTO 后，我国汽车产业在入世带来的竞争压力下迅猛发展，呈现以下四大趋势：1）发展格局国际化；2）市场增长持续化；3）行业竞争白热化；4）消费需求个性化。而我国的汽车营销在这几年也取得了一些成功经验：1）汽车营销组织进一步规范和完善；2）汽车营销理念进一步与国际接轨，体现出时代的特征；3）汽车营销技术和手段进一步丰富且合理。我国汽车营销呈现如下特点：1）营销体系不断完善；2）营销方式多样化；3）发展中存在诸多问题。所有这些给汽车营销提出了研究课题，使得汽车营销研究具有一定的必要性。在我国，研究汽车营销的必要性表现在以下几个方面：1）市场经济环境变化很大；2）市场营销活动的特点发生很大变化；3）中国汽车工业的竞争实质是市场营销的竞争。

复习思考题

1. 什么叫市场和市场营销？如何理解市场营销的含义？
2. 如何理解营销与价值的关系？
3. 市场营销观念的演变经历了哪几个阶段？每个阶段各有什么特点？
4. 我国汽车产业在未来十年的发展趋势是什么？汽车企业应如何利用营销管理理论进行应对？

营 销 实 务

以某一企业为背景，通过调查，判断其市场营销观念，并分析其市场营销观念是否符合现代市场经济的发展要求，进一步说明树立正确的市场营销观念对于企业开展市场营销活动的重要性。

学习任务2 分析汽车营销环境

学习目标

知识目标

- 了解市场营销环境的含义及其构成
- 了解环境与市场营销间的辩证关系
- 掌握市场营销环境的分析方法——SWOT 分析法

能力目标

- 初步具有环境意识、服务意识以及营销职业情感
- 能应用 SWOT 分析法分析我国汽车市场的营销环境

引入案例　丰田汽车成功进入美国市场

1970 年，美国发布了限制汽车排放废气的“马斯基法”，而丰田早在 1964 年就把省油和净化技术列为自己的技术发展战略，并一直进行相应的技术研究。为了研制废气再循环装置和催化转化器，丰田在当时的 7 年间投入了 1 万亿日元的资金和 1 万人的力量。仅废气处理系统就开发出丰田催化方式、丰田稀薄燃烧方式、丰田触媒方式三种，并很快在“追击者”高级轿车上安装了这些装置，从而在这一技术领域把美国人远远甩在了后边。同时，丰田还与其他日本汽车厂家一起开发了节约燃料 25%～30%的省油车，以后又开发出了防止事故发生和发生事故后保证驾驶人员安全的装置。这对受石油危机冲击后，渴望开上既经济又安全轿车的美国人来说，无异于久旱逢甘露。5 年间，在其他厂家的汽车销售直线下滑的情况下，丰田在美国的销售量却增加了两倍。

点评：

在 20 世纪 70 年代，世界汽车市场营销环境发生了很大的变化，阿以战争之后又出现了石油危机，再加上美国发布了限制汽车排放废气的“马斯基法”，使得小型的、节油的、前轮驱动的汽车得到美国市场的热捧，在通用、福特等厂家的汽车销售直线下滑的情况下，丰田在美国的销售量却增加了两倍。丰田汽车正是抓住了市场营销环境变化的契机，开发出适合美国市场的小型的、节油的汽车，一举成功进入美国市场。

问题与讨论：

1. 企业为什么要进行营销环境分析？
2. 如何分析企业的营销宏观环境？它由哪些要素组成？
3. 如何分析企业的营销微观环境？它由哪些要素组成？

企业作为社会的经济细胞，总是在一定的环境条件下开展市场营销活动的，而这些环境条件是不断变化的，它既可能给企业造成新的市场机会，又可能给企业带来某种威胁。企业

为了更好地生存和发展，必须顺应市场环境的变化，分析研究市场环境变化的趋势，捕捉市场机遇，发现和避免市场环境的威胁，及时调整营销策略，从而实现自己的市场营销目标。

2.1 汽车营销环境

2.1.1 营销环境的含义

市场营销环境（Environment）是指能对企业营销活动产生影响的外部的和内部的力量因素。企业在一定的市场环境中进行营销活动，并受外界环境的制约，因此企业必须重视对环境的调查预测与分析，以发现市场机会，避免环境威胁，及时对环境中不利于企业营销的趋势采取应变措施，使营销决策具有科学依据。

根据营销环境中各种力量对企业市场营销的影响，可以把市场营销环境分为微观环境和宏观环境两大类。

1）微观环境（Micro-environment）是指与企业紧密相连，直接影响企业为目标市场顾客服务的能力和效率的各种参与者，包括企业内部环境、供应商、中间商、竞争者、公众和目标顾客。通过对市场营销环境的分析，企业可以识别由于环境变化而造成的主要机会和威胁，及时采取适当的措施，使其经营管理与市场营销环境的发展变化相适应。

2）宏观环境（Macro-environment）是指作用于直接营销环境，并因而创造市场机会或造成环境威胁的主要社会力量，包括人口、自然、经济、科学技术、政治法律和社会文化等企业不可控的宏观因素。宏观环境的影响虽然是间接的，但是它反映的是社会和经济发展的大趋势，是不可阻挡的和轻易改变的潮流，能顺应潮流并能抓住机会的企业就能够得到发展，否则将遭受毁灭性的打击。市场营销环境，如图2-1所示。

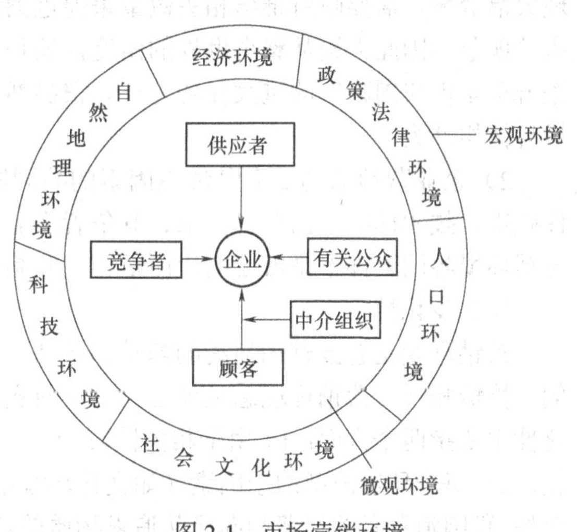

图2-1 市场营销环境

2.1.2 汽车营销环境的特点

汽车市场营销环境是一个多因素、多层次而且不断变化的综合体，其特点主要表现在以下几个方面：

（1）客观性

营销环境是外界的、客观的，不以消费者的意志为转移而客观地存在着，有着自己的运行规律和发展趋势，单个企业不能控制它，只能适应它。例如，一个国家的政治法律制度、人口增长以及一些社会文化习俗等，企业不可能随意改变。企业总是在特定的社会经济和其他外界环境条件下生存、发展的，不管承认与否，企业只要从事市场营销活动，就不可能不面对着这样或那样的环境条件，也不可能不受到各种各样环境因素的影响和制约。

企业的营销活动应该主动适应和利用客观环境，但不能改变或违背。主观臆断营销环境及发展趋势，必然会导致营销决策的盲目与失误，造成营销活动的失败。因此，企业决策者必须清醒地认识到这一点，要及早做好充分的思想准备，随时应对企业面临的各种环境的挑战。

（2）差异性

市场营销环境的差异性表现在两个方面：1）不同的企业受不同环境的影响；2）一个环境因素的变化对不同企业的影响是不同的。不同的国家或地区，人口、经济、政治、文化存在很大差异性，这些差异性对企业营销活动的影响显然是很不相同的。如海湾危机造成国际石油市场极大的波动，对石化行业来说是带来巨大利润的机会，对被动消费石油产品的企业来说却是增加成本减少利润的灾难，而对那些与石油关系不大的企业影响则较小。由于外界环境因素的差异性，企业必须采取不同的营销策略才能应对和适应这种情况。

（3）相关性

营销环境的相关性是指在市场营销环境这个系统中，各环境因素间的相互依存、相互影响和相互制约。这种相关性表现在两个方面：

1）某一环境因素是与其他环境因素紧密相连的。例如，中国汽车市场需求在 2008 年出现大幅滑坡，需要政府推出相关政策来促进消费。但是，世界环境又存在气候恶化和资源紧张等现象，因此无论从整个世界的角度，还是从中国自身的可持续发展考虑，节能减排是未来若干年内我国政府的重大任务之一。很显然，我国汽车行业的发展在某种程度上与节能减排目标相冲突。

2）企业营销活动受多种环境因素的共同制约。如企业的产品开发，就要受制于国家环保政策、技术标准、消费者需求、竞争者产品、替代品等多种因素的制约。相关性表明市场营销环境各因素都不是孤立的，而是相互联系、相互渗透、相互作用的。

（4）变化性

营销环境是企业营销活动的基础和条件，但这并不意味着营销环境是一成不变的、静止的。恰恰相反，营销环境总是处在一个不断变化的过程中，它是一个动态的概念。环境的变化性主要指两个方面：1）由于相关性影响，一种环境因素的变化会导致另一环境因素随之变化；2）每个环境内部的子因素（如文化环境中的宗教文化）变化也会导致环境因素的变化。例如，我国消费者的消费倾向已从追求物质的数量化为主流向追求物质的质量及个性化转变，也就是说，消费者的消费心理正趋于成熟。当然，市场营销环境的变化是有快慢大小之分的，有的变化快一些，有的则变化慢一些；有的变化大一些，有的则变化小一些。例如，科技、经济等因素的变化相对快而大，因而对企业营销活动的影响相对短且跳跃性大；而人口、社会文化、自然因素等相对变化较慢较小，对企业营销活动的影响相对长而稳定。因此，企业的营销活动必须适应环境的变化，不断地调整和修正自己的营销策略，否则将会使其丧失市场机会。

2.1.3 分析市场营销环境的重要性

不断变化的市场环境，既会给企业的市场营销提供机会，也可能带来威胁。营销管理者的任务就在于了解和把握营销环境的变化趋势，适应环境的变化，提高市场应变能力，趋利避害地开展市场营销活动，使企业更好地生存和发展。分析市场营销环境的重要性具体表现在以下几个方面：

（1）市场营销环境分析是企业市场营销活动的立足点和根本前提

市场营销环境分析是企业市场营销活动的立足点和根本前提。企业营销活动所需的各种资源，如资金、信息、人才等都是由环境来提供的。企业生产经营的产品或服务需要哪些资源、需要多少资源、从哪里获取资源，必须分析研究营销环境因素，以获取最优的营销资源来满足企业经营的需要，实现营销目标。开展市场营销活动，一方面是为了更好地满足人们不断增长的物质和文化生活需要，另一方面是为了使企业获得最好的经济效益和社会效益。只有深入细致地对企业市场营销环境进行调查研究和分析，才能准确而及时地把握消费者需求，才能认清本企业所处环境中的优势和劣势，扬长补短。否则，企业便不可能很好地实现其满足社会需求和创造好的经济效益和社会效益的目的，甚至陷入困境，被兼并或被淘汰。许多企业的实践都充分证明，市场营销环境分析是企业市场营销活动的立足点和根本前提，成功的企业无一不是十分重视市场营销环境分析的。

（2）市场营销环境分析有利于企业发现新的市场机会

同一环境的变化，对某些企业是机会，对另一些企业则可能是威胁。大量的营销实践说明：即使在经济衰退时期，企业也常常可以捕获到一些新的市场机会，其中还有相当一部分企业通过自己出色的营销活动，创造了不同寻常的业绩。在经济繁荣时期，市场环境也可能给企业带来一些新的威胁，使一些企业难以摆脱倒闭的厄运。新的经营机会可以使企业取得竞争优势和差别利益或扭转所处的不利地位。好的机会如没有把握住，优势就可能变成劣势，而威胁即不利因素也可能转化为有利因素，从而使企业获得新生。企业要善于细致地分析市场营销环境，善于抓住机会，及时预见环境威胁，将危机减小到最低程度，甚至化解威胁，使企业在竞争中求生存、在变化中谋稳定、在经营中创效益，充分把握未来。对于汽车制造、销售企业来说，油价的飞速高涨会导致汽车消费门槛的提高。危机产生了，研究节油技术、增加对刺激需求的营销投入都是应对的方法。同样，油价高涨的威胁对长期从事汽车混合动力研究的企业是难得的机会。

（3）市场营销环境分析是企业制订营销策略的依据

企业营销活动受制于客观环境因素，必须与所处的市场营销环境相适应。但是，企业在环境面前绝不是无能为力、束手无策的。它能够发挥主观能动性，制订有效的营销策略去影响环境，在市场竞争中处于主动，占领更大的市场。企业经营决策的前提是市场调查，市场调查的主要内容是要对企业的市场营销环境进行调查、整理分类、研究和分析，并提出初步结论和建议，以供决策者进行经营决策时作为依据。市场营销环境分析的正确与否，直接关系到企业决策层对企业投资方向、投资规模、技术改造、产品组合、广告策略、公共关系等一系列生产经营活动的成败。对企业来讲，环境机会是开拓经营新局面的重要基础。

营销案例	他们到底穿不穿鞋?

一个著名的营销案例说明了这一道理。美国有两名推销员到南太平洋某岛国去推销企业生产的鞋子，他们到达后却发现这里的居民没有穿鞋的习惯。于是，一名推销员给公司拍了一份电报，称

岛上居民不穿鞋子，这里没有市场，随后打道回府。而另一位推销员则给公司的电报称，这里的居民不穿鞋子，但市场潜力很大，只是需要开发。他让公司运了一批鞋来免费赠给当地的居民，并告诉他们穿鞋的好处。渐渐地，人们发现穿鞋确实既实用又舒适而且美观，穿鞋的人越来越多。这样，该推销员通过自己的努力，改变了当地居民的传统习俗，改变了企业的营销环境，获得了成功。

2.2 汽车市场营销的微观环境

微观营销环境对企业的经营活动直接产生影响，微观强调的是企业与合作的组织或个人之间的关系以及控制这种关系的措施。市场营销的微观环境包括企业本身及其市场营销渠道企业、市场、竞争者和各种公众，这些都会影响企业为其目标市场服务的能力，它们构成了企业的价值传递系统。营销部门的业绩，建立在整个价值传递系统运行效率的基础之上。

2.2.1 汽车企业内部环境

企业内部环境是指企业内部的物质、文化环境的总和。它由企业资源、企业组织结构、企业文化三部分构成，这三者相互联系、相互影响、相互作用，形成一个整体。其中，企业资源和组织结构构成了企业内部硬环境，企业文化是企业内部软环境。

（1）企业资源包括企业的管理制度和人财物资源

企业管理水平高低、规章制度的优劣决定着企业营销机制的工作效率；企业人员是企业营销策略的确定者与执行者，是企业最重要的资源。资金状况与厂房设备等条件是企业进行一切营销活动的物质基础，这些物质条件的状况决定了企业营销活动的规模。

（2）企业组织机构是企业内部环境最重要的因素

企业组织机构是指企业职能分配、部门设置及各部门之间的关系，是企业内部环境最重要的因素，包括高层管理部门、财务部门、研究与发展部门、采购部门、生产部门、销售部门。企业的各管理层次之间分工是否科学，协作是否和谐，都会影响营销管理决策和方案的实施。一般而言，企业的营销部门必须与其他部门密切合作：营销计划必须经高层管理层同意方可实施；财务部门负责寻找和使用实施营销计划所需的资金；研究与开发部门研制适销对路的产品；会计部门核算收入与成本，以便管理部门了解是否实现了预期目标。用营销的概念来说，就是所有这些部门都必须“想顾客所想”，并协调一致地提供上乘的顾客价值和满意度。

（3）企业文化是近年来日益受到重视的企业内部要素

所谓企业文化是指企业的管理人员与职工共同拥有的一系列思想、观念和企业的管理风貌，包括价值观、经营理念、管理制度、思想教育、行为准则、典礼仪式以及企业形象等。企业文化在调动企业员工的积极性，发挥员工的主动创造力，提高企业的凝聚力等方面有重要的作用。

企业内部环境是企业提高市场营销的工作效率和效果的基础。因此，企业管理者应强化企业管理，为市场营销创造良好的营销内部环境。

2.2.2 供应商

供应商是指向企业及其竞争者提供生产产品和服务所需资源的组织或个人。供应商所提供的资源主要包括原材料、设备、能源、劳务、资金等，它是影响企业营销的微观环境的重要因素之一。供应商的供应能力包括供应成本的高低和供应的及时性，这些因素对企业的市场营销有实质性的影响，直接关系企业产品的质量、数量和成本，短期将影响销售的数额，长期将影响顾客的满意度。例如，在20世纪90年代世界汽车市场普遍不景气的情况下，世界各大汽车公司纷纷将降低生产成本作为渡过难关的灵丹妙药。

营销案例　罗佩茨先生

1992年，通用汽车公司只有其德国子公司欧宝（Opel）公司盈利。该公司盈利的原因就在于其供应部最高经理罗佩茨先生出色的采购才能，使得欧宝公司从价格低廉的配套零部件中受益。大众汽车公司为摆脱不景气局面，不惜重金于1993年将罗佩茨“挖走”，任命其担任供应董事，希望借此扭转大众公司的亏损状况。就连大众公司董事长也说：“就大众公司而言，罗佩茨的重要性比我还高。”所以，企业应处理好同生产供应者之间的关系，为企业的市场营销营造较为有利的“小气候”。

我国不少的汽车企业为了获得原材料或者其他物料的稳定供应，维持质量的一致性，保持与供应商长期而灵活的关系，对其生产供应者采取“货比三家”的政策，既与生产供应者保持大体稳定的配套协作关系，又让生产供应者之间形成适度的竞争，从而使本企业的汽车产品达到质量和成本的相对统一。实践表明，这种做法对企业的生产经营活动具有较好的效果。

汽车企业不仅要选择和规划好自己的零部件供应者，而且还应从维护本企业市场营销的长远利益出发，配合国家有关部门对汽车零部件工业和相关工业的发展施加积极影响，促其发展，以改变目前我国的汽车零部件工业和相关产业发展相对滞后的状况，满足本企业生产经营及未来发展的配套要求。特别是现代企业管理理论非常强调供应链管理，汽车企业应认真规划自己的供应链体系，将供应商视为战略伙伴，不要过分牺牲供应商的利益，而应按照“双盈”的原则实现共同发展。

营销视野　精益生产中企业对供应商的要求

为了降低生产成本，减少库存，节约作业时间，提高产品质量，美国通用汽车公司与上海汽车集团合资生产别克和赛欧汽车的工程中，体现了精益生产观念。精益生产使企业与供应商的关系体现了下面一些要求：

1）正点生产：正点生产的目标是质量100%合格和零库存。它意味着原材料送达用户工厂的时刻与该用户需要这种材料的时刻正好衔接。它强调供应商与用户的生产同步。这样一来，作为缓冲作用的库存就没有任何必要。有效地实施正点生产将可以降低库存，提高产品质量、生产能力及应变能力。

2）严格的质量控制：如果买方从供应商处接收到优质商品并无需检验时，就更能发挥正点生产最大的成本节约。这意味着供应商应实行严格的质量控制，如统计过程控制和全面质量控制。

3）稳定的生产计划：为了让原材料在需要时正点运到，工业用户必须向供应商提供自己的生产计划。

4）单一供货来源与供应商的前期合作：正点生产是指买卖双方的组织机构密切合作，以便减少各种费用。企业认识到供货方是这方面的专家并请他们设计生产程序。这意味着企业买主把长期的订货合同仅仅给予一家可以信赖的供应商。只要供应商可以按时交货并且能够保证质量，合同几乎是自动续订的。

5）频繁和准时的交货：每天固定时间交货也是唯一防止库存增加的办法。现在越来越多的工业用户开始强调交货期，而不再强调装运期，不再强调如果不能按时装运，则要给予惩罚。

这些特征帮助企业买方与企业售方的关系日趋密切。由于买卖双方在投资的时间、厂址的选择和通信的连接的转换成本很高，其主要目标是谋求整个合作的最大效果，而不是追求某一次交易的最大效益。

2.2.3 营销中间商

营销中间商又称营销中介，是指协助企业促销、销售和配销其产品给最终购买者的组织或个人。它包括中间商、实体分配公司、营销服务机构和财务中间机构等。

（1）中间商

中间商是指销售渠道公司，它能帮助公司找到顾客或把产品卖出去的，从而完成产品从生产者向顾客的转移。中间商包括批发商和零售商，能解决生产集中与消费分散的矛盾。企业应该保持与中间商的良好关系，互相协调。协调的目的是把中间商的活动纳入到企业整体营销活动体系中去，这也是企业营销渠道的主要内容。关于中间商的类型、作用和如何选择中间商，我们将在以后的章节中讨论。

营销视野　奇瑞的营销中间商

从 2001 年奇瑞汽车正式上市销售，经过多年的发展，目前奇瑞公司已有各类销售服务商 530 家。其中，标准 4S 店 250 家，4S 销售服务店 100 家，3S 服务站 180 家，覆盖除香港、台湾、澳门以外 31 个省份的 190 个城市，占全国 304 个地级城市的 65.1%。公司计划通过实施“奇瑞汽车城”项目，做大做强现有销售服务网络，同时加快直营店建设进度，完成对现有销售服务空白点的完全覆盖，全面深入三线城市，建立中国销售服务半径最小的客户服务网络，使广大消费者享受更加周到细致的服务体验。

（2）实体分配公司

实体分配公司帮助企业在从原产地至目的地之间存储和移送商品。在与仓库、运输公司打交道的过程中，企业必须综合考虑成本、运输方式、速度及安全性等因素，从而决定运输和存储商品的最佳方式。

（3）营销服务公司

营销服务公司包括市场调查公司、广告公司、传媒机构、营销咨询机构，它们帮助公司正确地定位和促销产品。由于这些公司在资质、服务及价格方面变化较大，公司在选择时必须认真。

（4）财务中间机构

财务中间机构包括银行、信贷公司、保险公司及其他金融机构，它们能够为交易提供金融支持，解决资金周转不灵等问题，或对货物买卖中的风险进行保险。而大多数公司和客户都需要借助金融机构为交易提供资金。

（5）营销中介

营销中介对企业市场营销的影响很大，关系到企业的市场覆盖面、营销效率、经营风险、资金融通等方面。因而企业应重视营销中介的作用，以获得他们的帮助，弥补企业市场营销能力的不足并不断地改善企业的财务状况。

2.2.4 目标顾客

顾客是企业服务的对象，是企业的市场目标，是营销活动的出发点和归宿。顾客是企业最重要的环境因素，企业的营销活动都是以满足顾客的需要为中心的，企业必须认真研究为之服务的不同顾客群。一般来说，顾客市场可以分为五类：消费者市场、企业市场、经销商市场、政府市场和国际市场。消费者市场由个人和家庭组成，他们仅为自身消费而购买商品和服务。企业市场购买商品和服务是为了深加工或在生产过程中使用。经销商市场购买产品和服务是为了转卖，以获取利润。政府市场由政府机构组成，购买产品和服务用以服务公众，或作为救济物资发放。国际市场由其他国家的购买者组成。每个市场都有各自的特点，销售人员需要对此做出仔细分析，研究其类别、需求特点、购买动机等，充分了解顾客的需要及其变化，使企业的营销活动能针对顾客的需要，符合顾客的愿望。

2.2.5 竞争者

任何企业的市场营销活动都要受到其竞争者的挑战，这是市场营销的又一重要微观环境。当今世界上竞争战略和竞争力方面公认的第一权威是迈克尔·波特（M.E.Potter）。

迈克尔·波特是哈佛大学商学研究院著名教授，是当今世界上少数最有影响的管理学家之一。迈克尔·波特获得的崇高地位缘于他于1980年在其著作《竞争战略》中所提出的“五种竞争力量”和“三种竞争战略”的理论观点。波特的竞争五力模型，真正将竞争战略理论提升到了一个新的高度。波特的竞争五力模型，如图2-2所示。

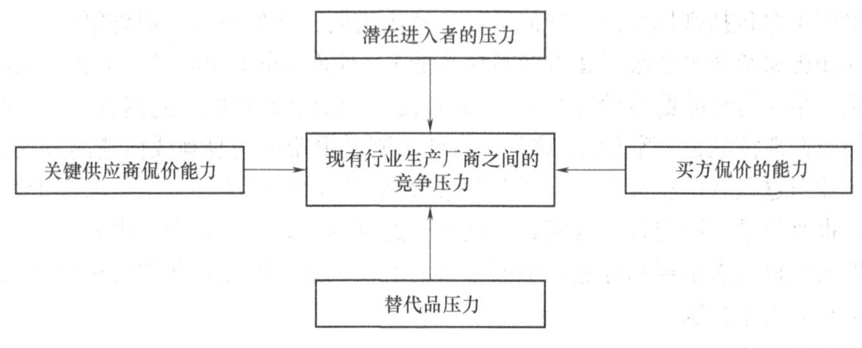

图2-2 波特的竞争五力模型

决定企业获利能力的首要因素是“产业吸引力”。企业在拟定竞争战略时，必须要深入了解决定产业吸引力的竞争法则。波特认为一个产业内部的竞争状态取决于五种基本竞争力的相互作用，即潜在的新进入者的压力、替代品的压力、购买者的议价能力、供应商的议价能力和行业内现有竞争者的竞争。

（1）供应商的议价能力

供方主要通过其提高投入要素价格与降低单位价值质量的能力，来影响行业中现有企业的盈利能力与产品竞争力。供方力量的强弱主要取决于他们所提供给买主的是什么投入要素，当供方所提供的投入要素价值构成了买主产品总成本的较大比例、对买主产品生产过程非常重要或者严重影响买主产品的质量时，供方对于买主的潜在讨价还价力量就大大增强。一般来说，满足以下条件的供方集团会具有比较强大的议价力量：

1）供方行业为一些具有比较稳固市场地位而不受市场激烈竞争困挠的企业所控制，其产品的买主很多，以致每一单个买主都不可能成为供方的重要客户。

2）供方各企业的产品各具有一定特色，以致买主难以转换或转换成本太高，或者很难找到可与供方企业产品相竞争的替代品。

3）供方能够方便地实行前向联合或一体化，而买主难以进行后向联合或一体化。

（2）购买者的议价能力

购买者主要通过压价与要求提供较高的产品或服务质量的能力，来影响行业中现有企业的盈利能力。一般来说，满足以下条件的购买者可能具有较强的议价力量：

1）购买者的总数较少，而每个购买者的购买量较大，占了卖方销售量的很大比例。

2）卖方行业由大量相对来说规模较小的企业所组成。

3）购买者所购买的基本上是一种标准化产品，同时向多个卖主购买产品在经济上也完全可行。

4）购买者有能力实现后向一体化，而卖主不可能前向一体化。

（3）潜在的新进入者的压力

潜在的新进入者在给行业带来新生产能力、新资源的同时，希望在已被现有企业瓜分完毕的市场中获得一席之地，这就有可能会与现有企业发生原材料与市场份额的竞争，最终导致行业中现有企业盈利水平降低，严重的话还有可能危及这些企业的生存。竞争性进入威胁的严重程度取决于两方面的因素，即进入新领域的障碍大小与预期现有企业对于进入者的反应情况。

进入障碍主要包括规模经济、产品差异、资本需要、转换成本、销售渠道开拓、政府行为与政策（如国家综合平衡统一建设的石化企业）、不受规模支配的成本劣势（如商业秘密、产供销关系、学习与经验曲线效应等）、自然资源（如冶金业对矿产的拥有）、地理环境（如造船厂只能建在海滨城市）等方面，这其中有些障碍是很难借助复制或仿造的方式来突破的。预期现有企业对进入者的反应情况，主要是采取报复行动的可能性大小，取决于有关厂商的财力情况、报复记录、固定资产规模、行业增长速度等。总之，新企业进入一个行业的可能性大小，取决于进入者主观估计进入所能带来的潜在利益、所需花费的代价与所要承担的风险这三者的相对大小情况。

（4）替代品的压力

两个处于不同行业中的企业，可能会由于所生产的产品是互为替代品，从而在它们之间产生相互竞争行为，这种源自于替代品的竞争会以各种形式影响行业中现有企业的竞争战略。首先，现有企业产品售价以及获利潜力的提高，将由于存在着能被用户方便接受的替代品而受到限制；第二，由于替代品生产者的进入，使得现有企业必须提高产品质量，或者通过降低成本来降低售价，或者使其产品具有特色，否则其销量与利润增长的目标就有可能受挫；第三，源自替代品生产者的竞争强度，受产品买主转换成本高低的影响。总之，替代品价格越低，质量越好，用户转换成本越低，其所能产生的竞争压力就越强；而这种来自替代品生产者的竞争压力，可以具体通过考察替代品销售增长率、替代品厂家生产能力与盈利扩张情况来加以描述。

（5）行业内现有竞争者的竞争

大部分行业中的企业，相互之间的利益都是紧密联系在一起的，作为企业整体战略一部分的各企业竞争战略，其目标都在于使得自己的企业获得相对于竞争对手的优势，所以在实施中就必然会产生冲突与对抗现象，这些冲突与对抗就构成了现有企业之间的竞争。现有企业之间的竞争常常表现在价格、广告、产品介绍、售后服务等方面，其竞争强度与许多因素有关。

一般来说，出现下述情况将意味着行业中现有企业之间竞争的加剧：行业进入障碍较低，势均力敌竞争对手较多，竞争参与者范围广泛；市场趋于成熟，产品需求增长缓慢；竞争者企图采用降价等手段促销；竞争者提供几乎相同的产品或服务，用户转换成本很低；一个战略行动如果取得成功，其收入相当可观；行业外部实力强大的公司在接收了行业中实力薄弱企业后，发起进攻性行动，结果使得刚被接收的企业成为市场的主要竞争者；退出障碍较高，即退出竞争要比继续参与竞争代价更高。在这里，退出障碍主要受经济、战略、感情以及社会政治关系等方面的影响，具体包括资产的专用性、退出的固定费用、战略上的相互牵制、情绪上的难以接受、政府和社会的各种限制等。

行业中的每一个企业或多或少都必须应付以上各种力量构成的威胁，而且客户必须面对行业中的每一个竞争者的举动。除非认为正面交锋有必要而且有益处，如要求得到很大的市场份额，否则客户可以通过设置进入壁垒，包括差异化和转换成本来保护自己。当一个客户确定了其优势和劣势时（参见后述的 SWOT 分析），客户必须进行定位，以便因势利导，而不是被预料到的环境因素变化所损害，如产品生命周期、行业增长速度等，然后保护自己并做好准备，以有效地对其他企业的举动作出反应。

根据上面对于五种竞争力量的讨论，企业可以采取尽可能地将自身的经营与竞争力量隔绝开来、努力从自身利益需要出发影响行业竞争规则、先占领有利的市场地位再发起进攻性竞争行动等手段来对付这五种竞争力量，以增强自己的市场地位与竞争实力。

营销视野　**波特的竞争战略**

波特在竞争五力模型的基础上，还提出了三种基本竞争战略：总成本领先战略、差别化战略和目标集聚战略。实施这三种战略不仅需要不同的资源和技能，同时还存在着不同程度的风险。波特强调指出：一般而言，一个企业保持采用其中一种战略作为首要目标对赢得成功通常是十分必要的，否则如果一个企业未能沿着三个方向中至少一个方向制订自己的竞争战略，即一个企业被夹在中间，那么这种企业的利润注定是低下的，因为一个企业对三种基本战略均适宜的情况绝无仅有。

营销视野	科特勒的企业竞争战略
著名营销学家科特勒将企业竞争战略分为以下三类： 1）密集型发展战略，企业在现有业务中寻找更进一步的发展机会，如通过市场渗透、市场开发谋求发展。 2）整体发展战略，探求与企业目前业务相关的发展机会，如可通过前向一体化、后向一体化或横向一体化寻求发展。 3）多角化发展战略是指利用与企业目前业务无关却有吸引力的业务发展机会。	

2.2.6 公众

公众是指对企业的营销活动有实际和潜在利害关系影响力的团体和个人，包括媒介公众、金融公众、政府公众、公民行动公众、地方公众。公众对企业市场营销的活动规范、产品的信念有实质性影响。这就要求企业采取有效措施与公众保持良好的关系，树立企业形象。

（1）媒介公众

媒介公众是指那些联系企业和外界的大众媒介，包括报纸、杂志、电视台、电台等，他们对消费者具有导向作用。

（2）金融公众

金融公众是指那些关心和影响企业取得资金能力的集团，包括银行、投资公司、证券公司、保险公司等，他们影响一个公司获得资金的能力。

（3）政府公众

政府公众是指负责企业的业务、经营活动的政府机构和企业的主管部门，如主管有关经济立法及经济政策、产品设计、定价、广告及销售方法的机构；国家经委及各级经委、工商行政管理局、税务局、各级物价局等。政府机关决定有关政策的动态。

（4）公民行动公众

公民行动公众是指有权指责企业经营活动破坏环境质量、企业生产的产品损害消费者利益、企业经营的产品不符合民族需求特点的团体和组织，包括消费者协会、保护环境团体等。

（5）地方公众

地方公众主要指企业周围居民和团体组织，他们对企业的态度会影响企业的营销活动。

公众对企业的生存和发展产生巨大的影响，公众可能有增强企业实现其目标的能力，也可能会产生妨碍企业实现其目标的能力。所以，企业必须采取积极适当的措施，主动处理好同公众的关系，树立企业的良好形象，促进市场营销活动的顺利开展。

2.3 汽车市场营销的宏观环境

宏观环境是指能够影响整个微观环境和企业营销活动的广泛性因素——人口环境、自然环境、经济环境、科技环境、政策法律环境以及社会文化环境。一般来说，企业对宏观环境因素只能适应，不能改变。宏观环境因素对企业的营销活动具有强制性、不确定性和不可控制性等特点。

2.3.1 人口环境

人口环境（Demography Environment）是指一个国家和地区的人口数量、人口质量、家庭结构、人口年龄分布及地域分布等因素的现状及其变化趋势。

人口是构成市场的第一因素，因为市场是由那些想购买商品同时又具有购买力的人构成的。人口的多少直接决定市场的潜在容量，人口越多，市场规模就越大。此外，人口环境也对产品的品种结构、档次以及用户购买行为等市场特征具有决定性影响。例如，供老年人使用的汽车就应在安全、方便、舒适等方面满足老年人的需求，而不必过于强调汽车的最高车速和设计上的标新立异。同时，如果出现人口老龄化现象，将意味着适合老年人消费的大型车的市场规模扩大。

对我国乘用车市场而言，由于汽车尚未广泛进入家庭，营销者在进行乘用车市场的人口环境分析时，应着重分析高收入阶层的人口数量、职业特点、地理分布等因素的现状及其发展变化。同时，营销者还必须注意到我国人口众多，生活水平日益提高，乘用车作为耐用消费品广泛进入中国家庭已经起步，人们对交通的需要迅速增加的事实。因而，汽车企业应加强对我国人口环境因素具体特点的研究，密切注视人口特性及其发展动向，不失时机抓住市场机会，当出现威胁时，应及时、果断调整营销策略以适应人口环境的变化。

2.3.2 自然环境

自然环境（Natural Environment）是指影响社会生产的自然因素，主要包括自然资源、地理环境。

（1）自然资源

自然资源是指人类可以从自然界得到的各种形式的物质财富，如矿产资源、森林资源、土地资源、水力资源等。自然资源是进行商品生产和实现经济繁荣的基础，与人类社会的经济活动有密切的关系。自然资源的分布具有偶然性，企业在营销过程中，必须了解当地具体的状况。自然资源对汽车企业市场营销的影响主要有两点：自然资源的减少和生态环境的恶化。

1）自然资源的减少将对汽车企业的市场营销活动构成一个长期的约束条件。自然资源短缺是不可回避的事实，它将使企业生产成本大幅度上升。由于汽车生产和使用需要消耗大量的自然资源，汽车工业越发达，汽车普及程度越高，汽车生产消耗的自然资源也就越多，而自然资源总的变化趋势是日益短缺。因此，企业必须积极从事研究开发，尽力寻求新的资源替代品。

2）生态环境的恶化对汽车的性能提出了更高的要求。环境污染一方面限制了汽车行业的发展，另一方面也为汽车企业造成了两种营销机会：一是为治理污染的技术和设备提供了一个大市场；二是为不破坏生态环境的新的技术创造了营销机会。因此，生态环境的恶化既给企业带来了危机，也提供了新产品开发的机会。

（2）地理环境

地理环境就是指一个国家或地区的地形地貌和气候，它对市场营销有一系列影响。气候（温度、湿度等）与地形地貌（山地、丘陵等）特点，都会影响产品和设备的性能和使用。例如，气候对汽车使用时的冷却、润滑、起动、充气效率、制动等性能以及对汽车机件的正常工作和使用寿命都会产生直接影响。因而汽车企业在市场营销的过程中，应向目标市场推出适合当地气候特点的汽车，并作好相应的技术服务，以使用户科学地使用本企业的产品和及时解除用户的使用困难。企业要避免由自然地理环境带来的威胁，最大限度利用环境变化可能带来的市场营销机会，就应不断地分析和认识自然地理环境变化的趋势，根据不同的环境情况来设计、生产和销售产品。

汽车企业要想适应自然环境的变化，应该依靠科技进步，发展新材料，提高资源的综合利用率，节约自然资源；积极主动地开发汽车新产品，加强对汽车节能、改进排放等新技术的研究与应用。

2.3.3 科技环境

科技环境（Science-technological Environment）是指一个国家和地区整体科技水平的现状及其变化。科学与技术的发展对国家的经济发展具有非常重要的作用。科技环境对市场营销的影响如下：

1）科技进步提高了国家的综合实力和经济实力，带来了国民购买能力的提高，而经济实力的增长又会为企业创造更多的市场机会。

2）科学技术在汽车生产中的应用，改善了产品的性能，降低了产品的成本，使得汽车产品的市场竞争能力提高。从汽车产品来看，汽车在科技进步的作用下，已经经历了原始、初级和完善提高等几个发展阶段，汽车产品在性能、质量和外观设计等方面获得了长足的发展。

3）科技进步促进了汽车企业市场营销手段的现代化，引发市场营销手段和营销方式的变革，极大地提高了汽车企业的市场营销能力。企业市场营销信息系统、营销环境监测系统以及预警系统等手段的应用，提高了汽车企业把握市场变化的能力，加快了汽车新产品开发的步伐，提高了企业市场营销的工作效率和效果等。

当今世界汽车市场的竞争日趋激烈，各大汽车公司十分注重高新技术的研究和应用，以赢得未来市场竞争的主动。相对世界汽车工业而言，我国汽车工业科技水平的落后状况尚很明显，科技进步的潜力十分巨大。我国汽车企业应不断地加强科技研究和加大科技投入，缩小与世界汽车工业先进水平的差距，以谋求更多的营销机会。

2.3.4 经济环境

经济环境（Economic Environment）是指影响企业市场营销方式与规模的经济因素，市场不仅需要人口，而且还需要购买力。消费者的实际经济购买力取决于消费者的收入、消费者储蓄与信贷状况以及消费者的支出模式与消费结构等。

1. 消费者收入

消费者收入是产生市场和影响市场大小的主要因素。消费者收入低，直接导致购买力低下。

（1）人均国民生产总值

研究消费者收入，常用的指标之一是人均国民生产总值，即人均 GDP。它是指一个国家或地区的常住人口在一定时期内，按人口平均所生产的全部货物和服务的价值超出同期投入的全部非固定资产货物和服务价值的差额。一个地区的人均 GDP，从总体上影响着该地区的消费结构和消费水平。2009年，中国人均GDP达到3 000美元，总体上已经进入小康居民消费阶段，住房和汽车等大额家庭消费开始进入普及阶段。

（2）个人收入

个人收入是指城乡居民从各种来源所得的收入。一般而言，个人收入是以工资、红利、租金形式以及从其他来源所获得的总收入。个人收入决定了消费者个人和家庭购买力的总量。在个人收入这个指标上，我国城乡居民的差距不断扩大，城乡消费者的购买力也显现出高低不等的态势。

（3）个人可支配收入

个人可支配收入是指扣除由消费者个人直接缴纳的各种税款（所得税、遗产税）和其他非商业性开支（学费、罚款等）后，用于个人消费和储蓄的那部分个人收入，这是影响消费者购买力和消费者支出的决定性因素。在许多国家，少部分人的收入大大高于全国平均数，而大部分人则低于这个平均数。在这些国家中，人均收入会引起一定的误解。在这种情况下，营销人员就必须做具体分析，而不能过分依赖人均收入这个指标。我国的个人可支配收入，城乡差距就非常明显。我国最高10%收入户与最低10%收入户人均可支配收入之比，虽然由2005年的10.7∶1缩小到2010年的9.18∶1，但贫富悬殊依然很大，其中10%的家庭占有45%的社会财富。这为高档汽车市场提供了很好的市场空间。

（4）可任意支配收入

可任意支配收入是指在个人可支配收入中去除维持生活必需的支出（食物、衣服等）和固定支出（房租、保险费、分期付款、抵押借款等）外的那部分剩余的收入。这部分收入才是消费者真正可任意支配的。这部分的收入高低直接影响了消费者的生活质量和储蓄的多少。消费者用来购买车辆的货币就是这一部分收入。

营销视野 **收入分配的五种类型**

营销人员把各国的收入分配分为五种类型：1）家庭收入极低；2）大多数家庭是低收入；3）家庭收入极低与家庭收入极高同时存在；4）低、中、高收入同时存在；5）大多数家庭属中等收入。如果像兰博基尼（Lamborghinis）这种每辆价值15万美元的汽车要寻找市场，那么在第1）种和第2）种收入分配类型的国家里，市场是极小的。然而，兰博基尼汽车的最大出口市场却是葡萄牙（属第3）种收入分配类型），虽然葡萄牙是西欧最穷的国家，但那里却有足够富裕的家庭买得起这种汽车。

2. 消费者储蓄与信贷状况

消费者储蓄来源于消费者的货币收入，在现代市场经济中，消费者的储蓄形式有银行存款、债券、股票、不动产等，它往往被视为现代家庭的“流动资产”，因为它们大都可以随时转化为现实的购买力，其最终目的还是为了消费。

营销视野 **消费者的储蓄状况**

反映一个国家、地区或家庭的储蓄状况通常有三个指标：储蓄额、储蓄率和储蓄增长率。储蓄额是指消费者储蓄的绝对数量，反映一定时期的储蓄水平；储蓄率是指储蓄额对消费者收入的比例；储蓄增长率则反映某一时期的储蓄增长速度。通过这三个指标，可以分析一定时期消费与储蓄、消费者收入与支出的变化趋势。从动态的观点来看，消费者储蓄是一种潜在的购买力。很明显，消费者储蓄将受到收入水平、储蓄存款利率、物价变动趋势、生产商品供应状况、消费者偏好和消费者对未来预期等因素的影响。在正常状况下，居民储蓄同国民收入成正比变动，但在超过一定限度的通货膨胀的情况下，消费者储蓄向实际购买力的转变就极易成为现实。

消费者信贷就是消费者凭信用先取得商品使用权，然后按期归还贷款的商品购买行为。它广泛存在于西方发达国家，是影响消费者购买力和消费支出的另一个重要因素。消费者信贷主要有四种形式：①短期赊销；②购买住宅，分期付款；③购买昂贵的消费品，分期付款；④信用卡信贷。因此，研究消费者信贷状况与了解消费者储蓄状况一样，都是现代企业市场营销的重要环节。

3. 消费者支出模式与消费结构

消费者支出模式主要受消费者收入的影响。随着消费者收入的变化，消费者支出模式就会发生相应的变化。用于考察消费支出和消费收入之间关系的最著名的定律就是恩格尔定律。恩格尔定律的表述如下：①随着家庭收入增加，用于购买食品的支出占家庭收入的比重就会下降；②随着家庭收入增加，用于住宅建筑和家务经营的支出占家庭收入的比重大体不变；③随着家庭收入的增加，用于其他方面的支出和储蓄占家庭收入的比重就会上升。

营销视野　近年来世界各国恩格尔系数等的特点

近几年，世界各国恩格尔系数以及与此有关的消费支出和消费结构，表现出以下特点：

1）西欧、北欧、南欧、北美、日本、澳大利亚和中东石油富国的恩格尔系数显著下降，许多国家降到25%以下，而发展中国家的恩格尔系数几乎都超过45%，其购买力仍集中于食物消费。

2）发达国家消费者新建改建住房，逐步加强室内现代化，这方面开支比重增加，发展中国家的住房建设、衣着开支也有所增加。

3）用于小汽车、奢侈品、旅游、娱乐等方面的支出，发达国家的增速高于发展中国家。

4）居民消费支出占国民生产总值和国民收入的比重上升，许多国家的消费者甚至大量提取个人存款或举债购物，多层次的消费风潮在世界范围内流行。研究表明，消费者支出模式和消费结构除了受到收入因素的影响外，还受到家庭生命周期所处的阶段、家庭居住地的城市化水平、生活地区的消费品供应状况、劳务社会化水平、社会保障系统的完善等因素的影响。

消费者支出模式还受以下两个因素的影响：①家庭生命周期的阶段；②消费者家庭所在地点。显然，同样的年轻人，没有孩子的家庭与普通家庭的消费方式差异较大。家庭所处的位置也会构成家庭支出结构的差异，居住在农村与居住在城市的家庭，其各自用于住宅、交通以及食品等方面的支出情况也必然不同。从经济学的角度来看，居民收入、生活费用、利率、储蓄和借贷形式都是经济发展中的主要变量，它们直接影响着市场运行的具体情况。因此，注意研究消费者支出模式的变动走势，对于企业市场营销来说，具有重大意义，它不仅有助于企业未来时期内避免经营上的被动，而且还便于企业制订适当的发展战略。

企业市场营销的重要任务之一就是要把握市场的动态变化。因而了解购买力的分布、发展和投向是企业宏观营销环境的重要内容。

2.3.5 政治环境

政治环境（Politics Environment）是汽车企业经营环境中带有战略意义的重要因素。它首先表现在国际形势和各国的对外政策上，其次是一个国家实行的制度和体制，以及政局是否稳定，法律是否健全，社会是否安定和人民生活是否不断得到改善等方面。

政治与法律环境的改变会显著地影响企业的营销活动和利益。企业的一切营销活动都应遵守国家的法律，政府的方针、政策和法令；都要符合 WTO 所规定的运行规则。在遵纪守法的基础上，企业可以充分利用法律、法令、规则中有利于企业发展的因素，规避或控制其不利因素，从而能在其保障下取得发展。

（1）政治局势

政治局势是指企业营销所处的同家或地区的政治稳定状况。汽车经销商必须关注一个国家的政治局势、社会矛盾及与邻国的关系等现状及其变化。国家政局稳定，经济发展，人民才能安居乐业，才能使企业置于良好的营销环境之中。相反，政局不稳，社会矛盾尖锐，秩序混乱，就难免会出现内战、暴乱、罢工、政权更替等政治事件，这些都会影响经济发展和人民的购买力，而且对消费心理产生极大的负面影响。中东地区的一些国家，虽然有较大的市场潜力，但由于政局不稳定，国内经常发生宗教冲突、派系冲突，恐怖活动猖獗，国家间战事频繁，这样的市场风险太大。

（2）方针政策

各个国家在不同时期，根据不同需要颁布一些经济政策，制定经济发展方针，这些方针、政策不仅要影响本国企业的营销活动，而且还要影响外国企业在本国市场的营销活动。汽车营销商的营销活动应符合政策规定，并注意其倾向性、稳定性和连续性。诸如人口政策、能源政策、物价政策、财政政策、金融与货币政策等，都给企业研究经济环境、调整自身的营销目标和产品构成提供了依据。目前，世界资源日趋紧张，石油价格时高时低，各个国家都在出台相关政策鼓励开发石油替代能源。这些都会作为政策环境的重要因素影响企业的经营决策。

营销视野　近年来我国颁布的有关汽车的经济政策

经国务院批准，2004 年 6 月 1 日，国家发改委正式发布《汽车产业发展政策》，1994 年颁发实施的《汽车工业产业政策》废止。

新的《汽车产业发展政策》共 13 章，78 条。它贯彻以人为本，全面、协调、可持续的科学发展观，力图营造公平竞争的市场环境，努力做到管理制度公开透明，体现宏观调控和市场竞争相结合，并提出培育以私人消费为主体的汽车市场。为了将新《汽车产业发展政策》的各项规范落到实处，国家有关部委又相继颁布了一系列的配套文件与政策，内容涉及进出口管理、服务贸易、二手车、售后服务及金融信贷等各个方面，主要内容如下：

2004 年出台的《关于消费者购买机动车辆保险注意事项公告》提出在全国范围内实施新的机动车辆保险条款费率管理制度。新制度要求各保险公司自行制订机动车辆保险条款费率，报经中国保监会审批后公布实施。新的机动车辆保险条款、费率为广大消费者提供了更广的选择空间。

中国人民银行和中国银监会 2004 年 8 月 17 日联合发布了《汽车贷款管理办法》。该办法扩大了贷款人的范围，对不同借款人申请汽车贷款规定了不同的资质条件，并针对不同类型的汽车贷款，规定了不同的贷款期限、贷款最高限额和相应的风险防范措施。

2004年10月1日实施的《缺陷汽车产品召回管理规定》，使汽车产品“修了又修、不退不换”的现状得到改良，解决了车主的后顾之忧，体现了对消费者权益的重视，而私人汽车的消费环境也得以改善。

商务部2005年16号令《汽车贸易政策》的颁布和实施，是加强汽车市场流通管理的重要举措，将对建立统一、开放、竞争、有序的汽车市场，维护汽车消费者合法权益，推进我国汽车产业健康发展起到积极的促进作用。

商务部2005年8月29日颁布的《二手车流通管理办法》与2006年4月4日出台的《二手车交易规范》使二手车市场得以进一步完善，在方便旧车交易的同时也对新车的消费产生一定刺激。

2006年3月25日，国家发改委宣布提高成品油的价格。油价上涨导致汽车使用成本上升，消费者对车型的偏好将有所改变。

2006年4月1日，实行新的消费税政策。调整内容：将消费税对小汽车的分类与国家新的汽车分类标准统一起来，将小汽车税目分为乘用车和中轻型商用客车两个子目。调整小汽车税率结构，提高大排量汽车的税率。对混合动力汽车等具有节能、环保特点的汽车将实行一定的税收优惠。

《汽车产业发展政策》的出台与相关法律法规的完善，初步建立了一套较为科学的汽车行业管理法规体系，在有利于我国汽车行业的良性发展的同时也对轿车产业的健康发展起到了引导与规范作用。

（3）法律环境

法律是体现统治阶级意志、由国家制定或认可，并以国家强制力保证实施的行为规范的总和。各个国家对企业营销活动的管理和控制主要是通过法律手段，商务立法的目的有三个：一是保护各企业的利益，相互间不容侵犯，支持公平竞争，反对独家垄断；二是保护消费者权益，对于制造伪劣产品、进行虚假广告等损害消费者利益的企业，必须予以严厉制裁和处罚；三是保护社会公众和消费者的整体利益和长远利益，防止对环境的污染和破坏。

无论法律的具体类型如何，都会对企业的市场营销活动构成某种约束。一般来说，早期的法律重心多为保护竞争，而现代法律的重点则已经转移到了保护消费者。对企业来说，法律是评判企业营销活动的准则，只有依法进行的各种营销活动，才能受到国家法律的有效保护。把握这一点对于企业开展市场营销业务尤为重要。因此，企业的市场营销人员必须掌握关于环境保护、消费者利益和社会利益方面的法律。

中国在加入WTO以后，在承担相应开放市场义务的同时，对国内某些幼稚产业和战略性产业在一定时期内必将实行适当保护。在立法方面，反倾销法、反补贴法、进口保障法、维护公平竞争法、反垄断法等都将逐步出台。

营销视野 **国家对幼稚产业的保护政策**

我国加入WTO以后，出台了对幼稚产业的保护政策。

所谓对幼稚产业的保护政策是指对经济发展后起步的国家，选择某些具有潜在比较优势和发展前景的产业（幼稚产业）给予适当的、暂时的关税保护，以便逐步扶持其参与国际竞争的能力。我国在加入WTO的有关条例中，农业、汽车产业、金融服务业等被国家定为幼稚产业。

以汽车产业为例，加入WTO以后，我国在2006年，汽车整车的进口关税降至25%，汽车零部件的平均进口关税降至10%，汽车进口配额取消。时至今日，我们可以看到，国产汽车的价格优势已荡然无存。另外，在银行业方面，外国银行进入中国两年后可与中国企业开展人民币业务，进入五年后可从事银行零售业务，地域限制和客户限制都将彻底消除；在保险业方面，人寿保险外国保险机构可占50%的股权，非人寿保险外国机构可占51%的股权，再保险业务经同意可完全放开；在证券业方面，少数合资公司可从事和中国公司一样的基金管理业务，也可从事国内证券业务的发行和以外币计价的证券交易，包括债券和股票。

总而言之，在这些领域，国家将在近期实行一定的保护政策。

2.3.6 社会文化环境

社会文化环境（Social-culture Environment）主要是指一个国家或地区的民族特征、价值观念、生活方式、风俗习惯、宗教信仰、伦理道德、教育水平、语言文字等因素的总和。它是一个社会经过长久的岁月，沉淀在这个社会人们“骨子”里的很难抹去的烙印。它包括核心文化和亚文化。核心文化是指人们持久不变的核心信仰和价值观。它具有世代相传，并由社会机构（如学校、教会、社团等组织）予以强化和不易改变等特点。亚文化是指按民族、经济、年龄、职业、性别、地理、受教育程度等因素划分的特定群体所具有的文化现象。它根植于核心文化，但比核心文化容易改变。

社会文化环境对市场营销具有多层次、全方位、渗透性的影响，这些影响牵扯到营销的各个方面，并且在很大程度上是通过间接、潜移默化的方式来进行及表现的。它决定了人们独特的生活方式和行为规范；它深刻地影响着人们的思想观念、需求态度、行为取向和消费习惯。我国现阶段存在追求豪华、“大气”、大排量、大尺寸，城市出租车追求高档化以及私车市场存在的攀比消费、跟风消费和炫耀消费等现象，这些势必影响汽车消费的发展。

（1）价值观念

价值观念是指人们对社会生活中各种事物的态度、评价和看法。在不同的文化背景下，人们的价值观念差别是很大的，而消费者对商品的需求和购买行为深受其价值观念的影响。不同的价值观念在很大程度上决定着人们的生活方式，从而也决定着人们的消费行为。

营销案例　消费观念决定消费方式

不同的价值观念在很大程度上决定着人们的生活方式，从而也决定着人们的消费行为。在西方一些发达资本主义国家，大多数人比较追求生活上的享受，超前消费是司空见惯的事情，采用分期付款、赊销等形式进行消费，甚至大举借债。而在我国，虽然目前有少数消费者也采用分期付款、赊销等形式进行消费，但大多数消费者还是觉得勤俭节约是民族的传统美德，借钱买东西这种消费行为是不会过日子的表现，所以大多还是攒钱购买商品，而且大多局限在货币的支付能力范围内，量入为出。

对于不同的价值观念，企业营销人员应采取不同的策略：对于乐于变化，喜欢猎奇，富有冒险精神的那些较激进的消费者，应重点强调产品的新颖和奇特；而对一些注重传统，喜欢沿袭传统消费习惯的消费者，企业在制订促销策略时应把产品与目标市场的文化传统联系起来。例如，东方人将群体、团结放在首位，所以广告宣传往往突出人们对产品的共性认识；而西方人则注重个体和个人的创造精神，所以其产品包装装潢也显示出醒目或标新立异的特点。

（2）教育水平

教育水平是指消费者受教育的程度。一个国家、一个地区的教育水平与经济发展水平往往是一致的。不同的文化修养表现出不同的审美观，购买商品的选择原则和方式也就不同。一般来讲，教育水平高的地区，消费者对商品的鉴别力强，容易接受广告宣传和接受新产品，购买的理性程度高。因此，教育水平高低影响着消费者心理、消费结构，影响着企业营销组织策略的选取，以及销售推广方式方法的差别。

例如，在文盲率高的地区，用文字形式做广告，难以收到好效果，而用电视、广播和当场示范表演形式，才容易为人们所接受。又如在教育水平低的地区，适合采用操作使用、维修保养都较简单的产品；而教育水平高的地区，则需要先进、精密、功能多、品质好的产品。因此，企业在进行产品设计和制订产品策略时，应考虑当地的教育水平，使产品的复杂程度、技术性能与之相适应。另外，企业的分销机构和分销人员受教育的程度等，也会对企业的市场营销产生一定的影响。

（3）语言文字

不同国家、不同民族往往都有自己独特的语言文字；即使同一国家，也可能有多种不同的语言文字；即使语言文字相同，也可能表达和交流的方式不同。语言文字的不同对企业的营销活动有巨大的影响。企业在开展市场营销时，应尽量了解市场国的文化背景，掌握其语言文字的差异，这样才能使营销活动顺利进行。

营销案例　语言文字对营销活动的影响

一些企业由于其产品命名与产品销售地区的语言等相悖，给企业带来了巨大损失。例如，美国一家汽车公司生产了一种牌子叫“Cricket”（奎克脱）的小型汽车，这种汽车在美国很畅销，但在英国却不受欢迎，其原因就在于语言文字上的差异。“Cricket”一词有蟋蟀、板球的意思，美国人喜欢打板球，所以一提到“Cricket”想到板球，汽车牌子叫“Cricket”，意思是个头小，跑得快，所以很受欢迎；但在英国，人们不喜欢玩板球，所以一说“Cricket”就认为是蟋蟀，人们不喜欢牌子叫蟋蟀的汽车。后来，美国公司把其在英国的产品改为“Avengex”，意思是复仇者，因为这个名称说明它很有力量，结果很受欢迎，销量大增。同样，美国汽车公司的“Matador”（马塔多）牌汽车，通常是刚强、有力的象征，但在波多黎各，这个名称意为“杀手”，在交通事故死亡率较高的地区，这种含义的汽车肯定不受欢迎。可见，语言文字的差异对企业的营销活动是有很重大的影响。

（4）宗教信仰

不同的宗教信仰有不同的文化倾向和禁忌，从而影响人们认识事物的方式、价值观念和行为准则，影响着人们的消费行为，带来特殊的市场需求，与企业的营销活动有密切的关系，特别是在一些信奉宗教的国家和地区，宗教信仰对市场营销的影响力更大。教徒信教不一样，信仰和禁忌也不一样。这些信仰和禁忌限制了教徒的消费行为。因此，汽车企业应充分了解不同地区、不同民族、不同消费者的宗教信仰，提倡适合其要求的产品，制订适合其特点的营销策略，否则就会触犯宗教禁忌，失去市场机会。了解和尊重消费者的宗教信仰，对汽车企业营销活动具有重要意义。

（5）审美观

审美观通常是指人们对事物的好坏、美丑、善恶的评价，不同的国家、民族、宗教、阶层和个人，往往因社会文化背景不同，其审美标准也不尽一致，有的以“胖”为美，有的以“瘦”为美，有的以“高”为美，有的则以“矮”为美，不一而足。不同的审美观对消费的影响是不同的，汽车企业应针对不同的审美观所引起的不同消费需求，开展自己的营销活动，特别是要把握不同文化背景下的汽车消费者审美观念及其变化趋势，制订良好的市场营销策略以适应市场需求的变化。

营销案例　审美观的不同形成消费差异

因审美观的不同而形成的消费差异更是多种多样。例如，在欧美，妇女结婚时喜欢穿白色的婚礼服，因为她们认为白色象征着纯洁、美丽；在我国，妇女结婚时喜欢穿红色的婚礼服，因为红色象征吉祥如意、幸福美满。又如，中国妇女喜欢把装饰物品佩戴在耳朵、脖子、手指上，而印度妇女却喜欢在鼻子上、脚踝上配以各种饰物。

（6）风俗习惯

风俗习惯是指人们根据自己的生活内容、生活方式和自然环境，在一定的社会物质生产条件下长期形成并世代相袭而成的一种风尚，以及由于重复、练习而巩固下来并变成需要的行动方式等的总称。它在饮食、服饰、居住、婚丧、信仰、节日、人际关系直至汽车购买等方面，都表现出独特的心理特征、伦理道德、行为方式和生活习惯。不同的国家、不同的民族有着不同的风俗习惯，它对消费者的消费嗜好、消费模式、消费行为等具有重要的影响。汽车企业营销者应了解和注意不同国家、民族的消费习惯和爱好，做到“入境随俗”。

营销案例　汽车消费风俗习惯

20 世纪 60 年代，第二次世界大战后人们的心理比较沉重、严肃，汽车颜色多以深色为主（如黑色）。后来，由于日本汽车工业的崛起，追求自由自在的生活成为时尚，汽车流行色变得以轻快、明亮为主（日本人喜欢白色）。再如，中国汽车消费者一般不喜欢两厢车，认为两厢车“有头无尾”，而喜欢选择“大气”的三厢车。

消费者对汽车购买的普遍心理倾向是主导汽车销售市场走势的“风向标”。企业在作出市场营销决策时，必须重视并研究当地的社会文化环境以及当地的图腾崇拜与市场营销禁忌。

综上所述，微观环境直接影响和制约企业的市场营销活动，而宏观环境主要以微观营销环境为媒介间接影响和制约企业的市场营销活动。因此，前者可称为直接营销环境，后者则称为间接营销环境。两者之间并非并列关系，而是主从关系，即直接营销环境受制于间接营销环境。

2.4　正确处理汽车企业与营销环境的关系

汽车企业生存在复杂多变的环境之中，各种环境因素对企业的经营管理活动虽然都有一定的影响，但它们不是同时、均等地发生作用。在不同的时期、不同的条件下，环境因素对企业经营管理活动的影响是有区别的，有时甚至会有较大的差异。因此，在研究环境时，要根据不同的情况，作不同的分析。只有区别对待，才能更有效地利用环境因素。

2.4.1 汽车企业对营销环境的处理

（1）认识环境

在认识环境的过程中，汽车企业应当做到以下几点：

1）在了解主环境（如经济、政治环境）的同时，对其他环境的任何微小影响都不要遗漏，而且要注意分析其发展趋势，提高识别能力。

2）建立可靠的信息沟通渠道。信息是企业认识和研究环境的基础，建立必要的环境信息网络和信息库，多方面收集、储备有关的环境资料，及时、全面、准确地掌握信息及其变化，才能对环境作出恰当的分析判断。

3）善于运用调查资料。了解和认识环境主要靠企业自身的努力，由于企业的具体情况不同，对环境分析研究所需要的资料也不同，调查研究的对象及使用的方法也会有较大的差异。

（2）适应环境

汽车企业的一切经营活动都必须同客观环境相适应，才能达到预期的目的。汽车企业应树立随环境变化而随时应变的思想观念，不断提高企业的素质，提高对环境的认识能力和应变能力，适应新环境。在新的形势下，要不断认识新环境，研究新问题，制订新决策，及时、积极、主动、有效地采取新措施，改变汽车企业的经营方法。

（3）控制环境

汽车企业为了有效地控制环境，必须做到以下几点：

1）掌握环境发展变化的规律，并采取相应的措施给以影响。

2）对于可控环境，应制订出具体的控制目标和标准，并采用科学的方法和设施加以监控。对于已发现的运行偏差要及时研究，并采取相应的措施予以纠正，以确保控制目标的实现。

3）做好信息反馈工作，对存在的问题应及时加以解决。

4）对环境的控制不仅要依靠汽车企业内部广大职工的共同努力，而且要广泛运用社会的力量，甚至全人类的力量。

（4）利用环境

环境是影响汽车企业经营活动的重要因素。汽车企业在掌握了认识环境、适应环境和控制环境的基本技能之后，还要积极主动地去利用环境，使环境能够为企业的经营活动产生更好的影响，发挥更大的作用。

（5）改造环境

环境是客观存在的，有些环境因素是人们无法抗拒的，只能通过提高预测能力加以预防，以使损失降到最低限度，如水灾、地震等自然灾害。但是，这并不意味着所有的环境因素都不能进行改造，相反，许多环境条件是可以通过人们的努力加以改造的，从而创造一种有利于企业生存和发展的环境条件。

2.4.2 汽车企业适应营销环境变化的策略

营销者必须善于分析营销环境的变化，研究相应的对策，提高企业市场营销的应变能力。只有如此，企业才能在“商战如兵战”、“市场无常势”中立于不败之地。对企业市场营销来说，最大的挑战莫过于环境变化对企业造成的威胁。而这些威胁的来临，一般又不为企业所控制，因此企业应做到冷静分析、沉着应付。面对环境威胁，企业可以采取以下三种策略：

（1）对抗策略

对抗策略要求尽量限制或扭转不利因素的发展。例如，企业通过各种方式促使或阻止政府或立法机关通过或不通过某项政策或法律，从而赢得较好的政策法律环境。显然企业采用此种策略时必须要以企业具备足够的影响力为基础，一般只有大型企业才具有采用此种策略的条件。此外，企业在采取此种策略时，其主张和所作所为不能倒行逆施，而应同潮流趋势一致。例如，长期以来日美两国贸易摩擦激烈。日本生产的汽车、家用电器以其轻便、省油、质量可靠源源不断地打入美国市场，而美国的农产品却遭到日本贸易保护主义的威胁，不能自由进入日本。美国政府为了冲破这种环境威胁，向有关国际组织提出诉讼，迫使日本取消对美国农产品的限制，最终实现了农产品对日本出口的自由化。

（2）减轻策略

减轻策略适宜于企业不能控制不利因素发展时采用。它是一种尽量减轻营销损失程度的策略。一般而言，环境威胁只是对企业市场营销的现状或现行做法构成威胁，并不意味着企业就别无他途，俗话说“天无绝人之路”、“东方不亮西方亮”。企业只要认真分析环境变化的特点，找到新的营销机会，及时调整营销策略，不仅减轻营销损失是可能的，而且谋求更大的发展也是可能的。美国的列维斯特劳斯公司在20世纪70年代末花费了1 200～1 400万美元，想通过奥运会将列维服装作为“美国的国服”，并做了大量的广告宣传。但由于美国在前苏联出兵阿富汗后拒绝参加1980年在莫斯科举行的奥运会，给列维公司造成了很大的环境威胁。在这种情况下，列维公司及时改变了营销策略，把大量的费用用于国内市场广告宣传，并改变了广告内容，结果使公司将环境威胁转化为环境机会。

（3）转移策略

转移策略要求企业将面临环境威胁的产品转移到其他市场上去，或者将投资转移到其他更为有利的产业上去，实行多角经营。例如，KD方式转移生产、产品技术转移等都是转移市场的做法。但转移市场要以地区技术差异为基础，即在甲地受到威胁的产品，在乙地市场仍有发展前景。企业在决定多角经营（跨行业经营）时，必须要对企业是否在新的产业上具有经营能力作审慎分析，不可贸然闯入。闻名世界的美国杜邦公司最早生产经营的只是炸药。但随着市场的发展，单一的炸药生产给杜邦公司造成了严重的市场环境威胁。杜邦公司认真地分析了市场情况后，在维持原有炸药生产的基础上，逐渐将生产范围扩大到了化工、电子、医药、精密仪器等领域，产品多达1 800多种，使杜邦公司跻身于美国十大跨国公司行列。

总之，当企业在遇到威胁和挑战时，营销人员尤其是管理者，应积极寻找对策，率领全体职工努力克服困难，创出光明前景才是企业家的风采。

2.5 市场营销环境的分析

分析市场营销环境是营销战略计划制订工作的起始环节，是一项重要的基础工作。通过分析营销环境，企业可以知道当前和未来环境中，存在哪些营销机会和威胁。充分利用机会，有效应对威胁，才能保证企业的生存和持续发展。

2.5.1 环境分析的基本策略

由于市场营销环境的特性，使企业在不同时期面临着不同的市场营销环境，而不同的市场营销环境，既可能给企业带来机会，也可能给企业带来威胁。对企业营销环境的分析和评价，始终是营销者制订营销战略、策略和计划的依据。高明的营销者总是严密地监视和及时预测相关环境的发展变化，善于分析、评价和鉴别由于环境变化造成的机会与威胁，以便采取相应的态度和行为。一般来说，企业营销者对环境分析的基本态度有以下两种：

（1）消极适应

此种态度认为环境是客观存在、变幻莫测、无规律可循的，企业只能被动地适应而不能主动地利用。因此，企业只能根据变化了的环境来制订或调整营销策略。持这种态度的营销者忽视人和组织在营销环境变化中的主观能动性，而始终跟在环境变化的后面走，维持或保守经营，缺乏开拓创新精神，故而难以创造显著的营销业绩，容易被竞争激烈的市场所淘汰。

（2）积极适应

此种态度认为在企业与环境的对立统一中，企业既依赖于客观环境，同时又能够主动地认识、适应和改造环境。营销者积极能动地适应环境，主要表现在三个方面：一是认为不可控的营销环境的发展变化是有规律可循的，企业可以借助科学的方法和现代营销研究手段，揭示环境发展变化规律，预测其趋势，及时调整营销计划与策略；二是把适应环境的重点放在研究环境发展的变化趋势上，根据环境变化趋势制订营销战略，使得环境发生实际变化时，企业不至于措手不及，也不会跟在变化了的环境后头而被动挨打；三是通过各种宣传手段，如广告、公共关系等来创造需求、引导需求，以影响环境、创造环境，促使某些环境因素向有利于企业实现其营销目标的方向发展变化。

2.5.2 SWOT 环境分析方法

1. SWOT 分析法概述

SWOT 分析法又称为态势分析法，最早是由美国旧金山大学的管理学教授在 20 世纪 80 年代初提出来的，是当前最实用、最流行的一种市场环境分析法。所谓 SWOT 分析法，就是通过综合分析企业内部的强项（Strengths）和弱项（Weaknesses），以及外部环境的机遇（Opportunities）和威胁（Threats），将它们罗列出来，并依照一定的次序按矩阵形式排列起来，然后运用系统分析的思想，把各种因素相互匹配起来加以分析，从中得出一系列相应的结论（如对策等）。该方法的基本点是：企业市场营销策略的制订必须使其内部能力（强项和弱项）与外部环境（机遇和威胁）相适应，以获得市场营销策略的成功。SWOT 分析法具有显著的结构化和系统性的特征。

SWOT 分析方法主要从内部和外部两个方面对企业进行分析。企业内部分析是对生产、财务、营销、人力资源、组织和信誉等影响企业发展的因素进行分析，从而找出企业的优势和劣势。企业外部分析涉及行业分析和宏观环境分析：行业分析主要分析行业规模、吸引力、细分市场、竞争者、替代者、潜在入侵者、顾客以及供应商等方面；宏观环境分析影响行业发展的政治、经济、社会、技术等各个方面。通过对企业的内外部环境分析，从而制订出适合企业发展的战略。

2. SWOT 分析主要步骤

（1）分析环境因素

运用各种调查研究方法，分析出公司所处的各种环境因素，即外部环境因素和内部环境因素。外部环境因素包括机会因素和威胁因素，它们是外部环境对公司的发展有直接影响的有利和不利因素，属于客观因素，一般归属为经济的、政治的、社会的、人口的、产品和服务的、技术的、市场的、竞争的等不同范畴；内部环境因素包括优势因素和弱势因素，它们是公司在其发展中自身存在的积极和消极因素，属主动因素，一般归类为管理的、组织的、经营的、财务的、销售的、人力资源的等不同范畴。在调查分析这些因素时，不仅要考虑到公司的历史与现状，而且更要考虑公司的未来发展。

优势是组织机构的内部因素，具体包括有利的竞争态势，充足的财政来源，良好的企业形象，技术力量，规模经济，产品质量，市场份额，成本优势，广告攻势等。

劣势也是组织机构的内部因素，具体包括设备老化，管理混乱，缺少关键技术，研究开发落后，资金短缺，经营不善，产品积压，竞争力差等。

机会是组织机构的外部因素，具体包括新产品，新市场，新需求，外国市场壁垒解除，竞争对手失误等。

威胁也是组织机构的外部因素，具体包括新的竞争对手，替代产品增多，市场紧缩，行业政策变化，经济衰退，客户偏好改变，突发事件等。

SWOT 方法的优点在于考虑问题全面，是一种系统思维，而且可以把对问式的“诊断”和“开处方”紧密结合在一起，条理清楚，便于检验。

营销视野

市场模式

一般来说，大多数企业都是在竞争的市场环境下从事生产和经营活动的。企业应当完全了解自己生产和经营活动所处的外部市场环境和类型。在分析市场环境时，必须详尽地考查市场的类型，也就是需要认真地去研究市场的基本模式。

市场的基本模式可以分为纯粹垄断、寡头垄断、垄断性竞争和纯粹竞争四大类。

（1）纯粹垄断

纯粹垄断是指某种产品或服务只有一个销售者或经营者，在同一个地区没有别的替代者，用户如果想要购买这些汽车产品或服务，只能找这个独有的企业。

（2）寡头垄断

寡头垄断是指在有大量买主的情况下，由少数几家企业控制着市场。这几家企业通常能控制该产品市场销售量的 70%～80%，剩下的一小部分由其他许多小公司去经营。

（3）垄断性竞争

垄断性竞争是指在行业中有许多企业生产同一种产品，每一个企业只能生产市场总需求量的一小部分。各个企业为了夺得尽可能大的市场份额，都力图使自己的产品与其他竞争产品区别开来。为此，每个企业都非常重视采用诸如派员销售、广告、信用条件以及公司信誉等服务办法。在垄断性竞争的市场模式下，整个市场竞争十分激烈，而且具有非价格竞争的特点。

（4）纯粹竞争

纯粹竞争是指非常多的独立销售者，用相同的方式向市场提供各自的产品。在纯粹竞争的市场模式中，全部产品都是标准化的，也就是说，它们的品质、性能等完全相同，用户不管购买谁家的产品都无所谓。此外，由于各个企业只供应市场需求总量中的很少一部分产品，所以，任何企业都控制不了产品的价格，企业可以毫无障碍地自由加入或退出行业。

（2）构造 SWOT 矩阵

将调查得出的各种因素根据轻重缓急或影响程度等排序方式，构造 SWOT 矩阵。在此过程中，将那些对公司发展有直接的、重要的、大量的、迫切的、久远的影响因素优先排列出来，而将那些间接的、次要的、少许的、不急的、短暂的影响因素排列在后面。SWOT 分析矩阵图，如图 2-3 所示。

	内部条件		
外部条件		优势（S） S1 S2 S3	弱势（W） W1 W2 W3
	机会（O） O1 O2 O3	SO组合	WO组合
	威胁（T） T1 T2 T3	ST组合	WT组合

图 2-3　SWOT 分析矩阵图

营销视野　SWOT 矩阵图涉及的四种战略

SWOT 矩阵图涉及的四种战略——SO 战略、ST 战略、WO 战略和 WT 战略

SO 战略为积极进取的战略。即以企业的优势去把握与之相应的市场机会。在企业的优势与所出现的市场机会相一致时，SO 战略的胜算把握会较大。

ST 战略为积极防御战略。即以企业的优势去应对可能出现的市场风险。在这种风险出现时，其他企业有可能无力承受，而被淘汰；企业如果在这方面具有优势，则可能因此而获得成功。

WO 战略为谨慎进入战略。面对某种市场机会，企业可能并不具有相应的竞争优势，但如果机会的吸引力足够大，企业也可能要去把握。只不过通过 SWOT 分析，了解自身在面对机会时所存在的弱点，就能够对此引起足够重视，并能以适应的策略予以防护。只要准备充分，策略得当，也可能取得成功。

WT 战略即谨慎防御战略。企业高度重视在业务发展中所可能出现的各种风险，并注意到在面对风险时所存在的不足之处，从而能使企业在事先就能做好充分的应对准备，在风险出现时，能从容面对。

企业的各业务单位通过 SWOT 分析，在四种基本战略中有所选择，就能根据基本战略去制订其业务战略计划。

（3）制订战略计划

在完成环境因素分析和 SWOT 矩阵的构造后，便可以制订出相应的战略计划。制订计划的基本思路是：发挥优势因素，克服弱势因素，利用机会因素，化解威胁因素；考虑过去，立足当前，着眼未来。运用系统分析的综合分析方法，将排列与考虑的各种环境因素相互匹

配起来加以组合，得出一系列公司未来发展的可选择对策。

本章小结

1．企业作为社会的经济细胞，总是在一定的环境条件下开展市场营销活动的，而这些环境条件是不断变化的，它既可能给企业造成新的市场机会，又可能给企业带来某种威胁。

2．市场营销环境是指能对企业营销活动产生影响的外部的和内部的力量因素。根据营销环境中各种力量对企业市场营销的影响，可以把市场营销环境分为微观环境和宏观环境两大类。微观环境是指与企业紧密相连，直接影响企业为目标市场顾客服务的能力和效率的各种参与者，包括企业内部环境、供应商、中间商、竞争者、公众和目标顾客。宏观环境是指作用于直接营销环境，并因而创造市场机会或造成环境威胁的主要社会力量，包括人口、自然、经济、科技、政治法律和社会文化等企业不可控的宏观因素。

3．汽车市场营销环境具有客观性、差异性、相关性、变化性的特点。

分析市场营销环境具有一定的重要性，具体表现在以下几个方面：1）市场营销环境分析是企业市场营销活动的立足点和根本前提；2）市场营销环境分析有利于企业发现新的市场机会；3）市场营销环境分析是企业制订营销策略的依据。

4．微观营销环境对企业的经营活动直接产生影响，微观强调的是企业与合作的组织或个人之间的关系以及控制这种关系的措施。企业内部环境是指企业内部的物质、文化环境的总和。它由企业资源、企业组织结构、企业文化三部分构成。其中，企业资源和组织结构构成企业内部硬环境；企业文化是企业内部软环境。供应商是指向企业及其竞争者提供生产产品和服务所需资源的组织或个人。供应商的供应能力包括供应成本的高低和供应的及时性，供应商的供应能力直接关系到企业产品的质量、数量和成本，短期将影响销售的数额，长期将影响顾客的满意度。营销中间商又称营销中介，是指协助企业促销、销售和配销其产品给最终购买者的组织或个人，包括中间商、实体分配公司、营销服务机构和财务中间机构等。顾客是企业服务的对象，是企业的市场目标，是营销活动的出发点和归宿。一般来说，顾客市场可以分为五类：消费者市场、企业市场、经销商市场、政府市场和国际市场。任何企业的市场营销活动都要受到其竞争者的挑战。公众是指对企业的营销活动有实际和潜在利害关系影响力的团体和个人，包括媒介公众、金融公众、政府公众、公民行动公众、地方公众。

5．迈克尔·波特于1980年在其著作《竞争战略》中提出了“五种竞争力量”和“三种竞争战略”的理论观点。波特认为一个产业内部的竞争状态取决于五种基本竞争力的相互作用，即潜在的新进入者的威胁、替代品的威胁、购买者的议价能力、供应商的议价能力和行业内现有竞争者的竞争。

6．宏观环境是指能够影响整个微观环境和企业营销活动的广泛性因素。人口环境是指一个国家和地区的人口数量、人口质量、家庭结构、人口年龄分布及地域分布等因素的现状及其变化趋势。自然环境是指影响社会生产的自然因素，主要包括自然资源和地理环境。科技环境是指一个国家和地区整体科技水平的现状及其变化。经济环境是指影响企业市场营销方式与规模的经济因素。消费者的实际经济购买力取决于消费者的收入、消费者储蓄与信贷状况以及消费者的支出模式与消费结构等。政治环境包括政治局势、方针政策、法律环境。社会文化环境主要是指一个国家或地区的民族特征、价值观念、生活方式、风俗习惯、宗教信仰、伦理道德、教育水平、语言文字等因素的总和，包括核心文化和亚文化。

7．汽车企业生存在复杂多变的环境之中，对各种环境因素应做到认识、适应、控制、利用、改造。面对环境威胁，企业可以采取对抗策略、减轻策略和转移策略。

8．一般来说，企业营销者对环境分析可能持消极适应或积极适应态度。

9．SWOT 分析法又称为态势分析法，就是通过综合分析企业内部的强项（Strengths）和弱项（Weaknesses），以及外部环境的机遇（Opportunities）和威胁（Threats），将它们罗列出来，并依照一定的次序按矩阵形式排列起来，然后运用系统分析的思想，把各种因素相互匹配起来加以分析，从中得出一系列相应的结论（如对策等）。SWOT 分析的主要步骤：1）分析环境因素；2）构造 SWOT 矩阵；3）制订战略计划。

复习思考题

1．什么是市场营销环境？它主要由哪些因素构成？

2．简述汽车市场营销环境的特点。

3．分析市场营销环境具有哪些重要性。

4．如何理解迈克尔·波特的竞争五力模型。

5．面对环境威胁，企业应采取什么策略？

6．什么是 SWOT 市场营销环境分析法？利用 SWOT 分析法分析营销环境的主要步骤是什么？

营 销 实 务

调查你所在的地区影响乘用车营销的外部营销环境，并分析所选定的乘用车的内部营销环境。在实践调查和 SWOT 分析的基础上写出调查报告，选择获得市场机会的战略。

学习任务3 分析汽车消费者的购买行为

学习目标

知识目标

- 掌握消费者需要的概念及特征
- 掌握马斯洛的需要层次理论
- 了解汽车消费者购买动机的内涵及分类
- 掌握汽车购买行为的模式及其主要影响因素
- 了解汽车消费者购买行为的类型
- 掌握汽车消费者购买决策的内容与过程

能力目标

- 能运用马斯洛的需要层次理论分析汽车消费者的购买行为
- 能利用汽车购买行为的主要影响因素及购买决策的内容与过程分析如何做好汽车营销工作

引入案例　阿雯买车

阿雯是上海购车潮中的一位普通的上班族，35岁，月收入万元。以下真实地记录了在2004年4～7月期间，她在购车决策过程中如何受到各种信息的影响。

阿雯周边的朋友与同事纷纷加入了购车者的队伍，看他们在私家车里享受美妙的音乐而不必用力抗拒公车的拥挤与嘈杂，阿雯不觉开始动心。另外，她工作的地点离家较远，加上交通拥挤，来回花在路上的时间要近三个小时，她的购车动机越来越强烈。只是这时候的阿雯对车一无所知，除了坐车的体验，除了直觉上喜欢漂亮的白色、流畅的车型和几盏大而亮的灯。

（1）初识爱车

阿雯是在上司的鼓动下上驾校学车的。在驾校学车时，将来购什么样的车不知不觉成为了几位学车者的共同话题。

“我拿到驾照，就去买一部1.4自排的波罗。”一位MBA同学对波罗情有独钟。虽然阿雯也蛮喜欢这一款小车的外形，但她怎么也接受不了自己会同样购一款波罗，因为阿雯有坐波罗1.4的体验。那一次是4个女生（在读MBA同学）上完课，一起坐辆小波罗出去吃中午饭，回校时车从徐家汇南金广场的地下车库开出，上坡时不得不关闭了空调才爬上高高的坡，想起爬个坡还要关上空调实实在在地阻碍了阿雯对波罗的热情，虽然有不少人认为波罗是女性的首选车型。

问问驾校的师傅吧。师傅总归是驾车方面的专家，“宝来，是不错的车”，问周边人的用车体会，包括朋友的朋友，都反馈过来这样的信息：在差不多的价位上，开一段时间，还是德国车不错，宝来好。阿雯的上司恰恰是宝来车主，阿雯尚无体验驾驶宝来的乐趣，但后排的拥挤却已先入为主了。想到自己的先生人高马大，宝来的后座不觉成了胸口的痛。如果有别的合适的车，宝来仅会成为候选吧。

不久，一位与阿雯差不多年龄的女邻居，在小区门口新开的一家海南马自达专卖店里买了一辆福美来，便自然地向阿雯做了“详细介绍”。阿雯很快去了家门口的专卖店，她被展厅里的车所吸引，销售员热情有加，特别是有这么一句话深深地打动了她：“福美来各个方面都很周全，反正在这个价位里别的车有的配置福美来都会有，只会更多。”此时的阿雯还不会在意动力、排量、油箱容量等抽象的数据，直觉上清清爽爽的配置，配合营销人员正对阿雯心怀的介绍，令阿雯在这一刻已锁定海南马自达了。阿雯乐颠颠地拿着一堆资料回去，福美来成了她心目中的首选。银色而端正的车体在阿雯的心中晃啊晃。

（2）亲密接触

阿雯回家征求先生的意见。先生说，为什么放着那么多上海大众和通用公司的品牌不买，偏偏要买“海南货”？它在上海的维修和服务网点是否完善？两个问题马上动摇了阿雯当初的方案。

阿雯不死心，便想问问周边驾车的同事对福美来的看法。“福美来还可以，但是日本车的车壳太薄”，有多年驾车经验的宝来车主的一番话还是对阿雯有说服力的。阿雯有种无所适从的感觉。好在一介书生的直觉让阿雯关心起了精致的汽车杂志，随着阅读的试车报告越来越多，阿雯开始明确了自己的目标，8 万～15 万的价位，众多品牌的车都开始进入阿雯的视野。此时的阿雯对各个车的生产厂家，每个生产厂家生产哪几种品牌，同一品牌的不同的发动机的排量与车的配置，基本的价格都已如数家珍。上海通用的别克凯越与别克赛欧，上海大众的超越者，一汽大众的宝来，北京现代的伊兰特，广州本田的飞度 1.5，神龙汽车的爱丽舍，东风日产的尼桑阳光，海南马自达的福美来，天津丰田的威驰，各款车携着各自的风情，在马路上或飞驰、或被拥堵的时时刻刻，向阿雯展示着自己的风采，阿雯常用的文件夹开始附上了各款车的排量、最大功率、最大扭矩、极速、市场参考价等一行行数据，甚至于 4S 店的配件价格。经过反复比较，阿雯开始锁定别克凯越和本田飞度。

特别是别克凯越，简直是一款无懈可击的靓车啊！同事 A 此阶段也正准备买车，别克凯越也是首选。阿雯开始频频地进入别克凯越的车友论坛，并与在上海通用汽车集团工作的同学 B 联系。从同学的口里，阿雯增强了对别克凯越的信心，也知道了近期已有两位同学拿到了牌照。但不幸的是，随着对别克凯越论坛的熟悉，阿雯很快发现，费油是别克凯越的最大缺陷，想着几乎是飞度两倍的油耗，在将来拥有车的时时刻刻要为这油耗花钱，阿雯的心思便又活了。还有飞度呢，精巧、独特、省油，新推出 1.5VTEC 发动机的强劲动力，活灵活现的试车报告，令人忍不住想说就是它了。何况在论坛里发现飞度除了因是日本车系而受到抨击外没有明显的缺陷。正巧这一阶段广州本田推出了广本飞度的广告，阿雯精心地收集着有关广本飞度的每一个文字，甚至致电广本飞度的上海 4S 店，追问其配件价格。维修成员极耐心的回答令阿雯对飞度的印象分又一次得到了增加。

到此时，阿雯对电视里各种煽情的汽车广告却没有多少印象。由于工作、读书和家务的关系，她实在没有多少时间坐在电视机前。而地铁里的各式广告，按道理是天天看得到的，但受上下班拥挤的人群的影响，阿雯实在是没有心情去欣赏。

只是纸上得来终觉浅，周边各款车的直接用车体验对阿雯有着很强的说服力，阿雯开始致电各款车的车主了。

朋友C已购了别克凯越，问及行车感受，说很好，凯越是款好车，值得购买。

同学D已购了别克赛欧，是阿雯曾经心仪的SRV（小型休闲车），质朴而舒适的感觉，阿雯常常觉得宛如一件居家舒适的棉质T恤衫，同学说空调很好，但空调开后感觉动力不足。

朋友E已购了飞度（1.3），她说飞度轻巧、省油，但好像车身太薄，不小心用钥匙一划便是一道印痕，有一次去装点东西感觉像“小人搬大东西”。

周边桑塔纳的车主、波罗的车主等，都成为了阿雯的“采访”对象。

阿雯的梦中有一辆车，漂亮的白色，流畅的车型，大而亮的灯，安静地停在阿雯的面前，等着阿雯坐进去。但究竟花落谁家呢？阿雯自己的心里知道，她已有了一个缩小了的备选品牌范围。但究竟要买哪一辆车，这个“谜底”不再遥远……

点评：

汽车消费者的行为好似复杂的DNA，消费者行为分析就是为了解读或者破解消费者行为的潜在密码。阿雯在购车过程中的思考也是广大汽车消费者在进行汽车购买决策时的思考。市场营销管理不仅要研究消费需求，还必须从消费者的视角出发，研究影响消费需求的经济、社会、文化、心理等内外影响因素，在此基础上进行汽车消费者购买行为及决策分析，从而制订出可行的营销策划，实现企业的营销目标。

问题与讨论：

1. 根据消费者购买决策理论，阿雯选车属于哪一类购买决策，为什么？
2. 试运用消费者决策过程的五阶段模型分析阿雯选车所经历的相关阶段。

拥有一辆小汽车是当前许多中国人的愿望和追求，而汽车消费者从需求的产生到得以满足，其间要经历一个复杂的购买过程，其购买行为会受到诸多因素的影响。汽车市场营销的核心就是满足购车者的需要和欲望，企业如果重视对购买者购买过程的研究，了解消费者购车行为的产生、形成过程和影响因素，把握消费者购车行为的规律和特点，将有利于企业实施有效的营销组合策略，提高市场营销的效率，在满足各类用户需要的前提下实现企业的发展目标。

3.1 汽车消费者需要

汽车消费者是指为了消费而购买和使用汽车商品的人，我们把汽车消费者所组成的市场称为汽车消费者市场。汽车消费者市场大体上可以分为汽车个人消费者市场、汽车集团消费用户市场、经营用户市场和其他直接或间接用户市场。本书以下所分析的是汽车个人消费者的购买行为和模式。

行为科学认为，消费者行为都有一定的消费动机，而消费动机又产生于消费者需要。汽车企业只有在对汽车消费者需要有充分认识的基础上，才有可能制订出与消费者需要相一致的营销策略，使企业的营销活动满足消费者需要，并在其满足的过程中取得良好的营销绩效。

3.1.1 消费者需要的概念及特征

1. 消费者需要的概念

消费者需要是指消费者在一定的社会经济条件下，为了自身生存与发展而对商品的需求和欲望。消费者需要通常以消费者对商品的愿望、意向、兴趣、理想等形式表现出来。

企业的营销活动对消费者个体的影响，首先表现在需要既是营销活动的出发点，又是营销活动转化为购买活动的中介。当某种主观需要形成后，在其他相关因素的刺激下，就会激起购买动机，从而产生购买行为的一种内驱力。所以，需要在营销活动转化为行为动机的过程中起了基础和中介的作用。没有消费者，营销活动与消费者购买的内在动机之间就没有必然的直接联系。

2. 汽车消费者需要的特征

消费者由于不同的主观原因和客观条件，对商品或劳务的需要，呈现出千差万别、纷繁复杂的形态，而且这些需要随着人们物质文化生活水平的不断提高而日益多样化。但是，无论消费者需要如何千变万化，它们都有如下共同特征：

（1）多样性

汽车消费者处在一定的社会经济与社会文化环境中，其民族传统、宗教信仰、生活方式、文化素质、经济条件、社会地位、兴趣爱好、情感意志、年龄性别、职业特点、地理位置等方面存在着不同程度的差异，决定了每个消费者消费需求的对象、结构和方式也千差万别、纷繁复杂。例如，年轻人喜爱运动型的车辆，而老年人喜爱舒适型的车辆。再如，经常在道路条件较差的地区活动的人，所选择的车辆主要是要求通过性要好（如越野车）；而主要是在城市范围道路条件较好地区活动的人，所选择的车辆主要是要求舒适性要好（如轿车等）。汽车企业如果能够为消费者提供多种多样的汽车产品，满足消费者多样化的需求，无疑会为企业争取更多的营销机会。

（2）层次性

消费者的生活环境、经济收入、兴趣爱好、社会地位、职业等条件决定了消费者需要的先后次序与轻重缓急，于是产生了需要的层次性。此外，由于人类社会的发展是一个历史的发展过程，这种发展是由低级向高级发展的过程，当人的低层次需要得到满足之后，必然会产生较高层次的需要，以致形成一个由低级到高级逐级发展的层次。例如，一个参加工作不久的年轻人购买汽车的目的主要是作为代步工具，其所选购的汽车大多为经济型的，而当他收入增加了，社会地位提高了之后，其购买的汽车则须体现其身份和地位，所选购的车型大多为豪华型的。

（3）伸缩性

消费者需要的伸缩性，集中表现为消费者对消费者需要追求的高低层次、多寡项目和强弱程度。消费者的消费需要受到消费者自身条件和外部环境的制约。自身条件主要是指消费者需求欲望的大小和货币支付能力；外部环境包括企业所提供的商品、广告宣传、销售服务等。两者都会促进或抑制消费者的需要，这就表现为市场需求的伸缩性。

（4）发展性

在现代社会中，各类消费方式、消费观念、消费结构的变化总是与需求的发展性和时代性息息相关的。消费者的市场需求不会静止在一个水平上，随着经济的发展和时代的进步，汽车消费者的购买需求会从简单到复杂、由低级向高级、由数量上的满足到要求质量的提高。在原有的需求满足以后，又会产生新的消费者市场需求，因此汽车消费需求也是永无止境的，在不过分增加购买负担的前提下，消费者对汽车的安全、节能、舒适、功能以及豪华程度等方面的要求总是越来越高。

(5) 可诱导性

消费者消费需要的产生和发展，与客观现实的刺激有着很大的关联。对于大多数汽车消费者而言，由于他们缺乏足够的汽车知识，所以周围环境、企业经营战略的调整、消费风尚、人际关系、宣传报道等因素的变化等，都有可能诱发消费者的需求发生变化和转移，使潜在的欲望和要求转变为明显的行为，使未来的消费需求变成现实的消费需求，使微弱的需求变成强烈的要求。

例如，某学校的教师，由于最初有人购买了某款轿车，使用后感到该款轿车售价低、油耗低、质量好、方便灵活，是很实用的代步工具，受其影响，后来这个学校的教师，先后有10多人购买了该款轿车。

正因为消费者需要具有可诱导性，企业或营销者不仅能够充分发挥自身的优势，组织开发适销对路、价质相宜的商品来满足消费者的需要，而且能够通过组织一定的商品，并采取适当的营销组合策略来引导和调节消费者的需要，指导人们的消费朝着健康的方向发展，进而促进市场经济的发展和社会精神文明的提高。

(6) 关联性

消费者的需要是多种多样的，各种消费需要之间往往具有一定的关联性。消费者为满足需要在购买某一商品时往往顺便购买相关的商品，如消费者购买一辆汽车，可能顺便购买汽车保险、汽车座垫、汽车专用香水等，因此企业在确定经营商品的范围和结构时应充分考虑消费需求的关联性，甚至店址的选择都要考虑到毗邻企业的经营品种和服务项目。

(7) 可替代性

消费者在购买汽车时会面临多种选择，这时他会对能够满足自己需要的汽车进行比较、鉴别，也就是俗话所说的“货比三家”，只有那些吸引力强、引起的需求强度高、各种服务较好的商家的汽车产品才会实现消费者的最终购买。也就是说，同时能够满足消费者需要的不同品牌或不同商家之间具有竞争性，消费者的需求表现出相互替代的特性。

以上分析了汽车消费者需求的一些主要特点，企业应认真研究和掌握这些特点，并以此作为市场营销决策的依据，更好地满足消费者需求，增加商品销售金额，提高经济效益。

3. 消费者需要产生的起因

消费者需要的产生，有赖于消费者个人当时的生理状态、社会情景以及个人的认识。

(1) 消费者需要产生的生理状态起因

消费者的机体存在着某种欠缺而未获得满足是消费者生理需要产生的根本原因，如饥饿的产生，依赖于味觉、胃的收缩、血液含糖程度、荷尔蒙（激素）状态以及神经活动等。脑及神经系统与需要的产生有关，特别是与某些欲望的产生系统更是密切相关。

(2) 消费者需要产生的社会情景起因

社会环境的因素容易产生或增加已产生需要的强度。在社会情景中产生需要的最强有力者是目标对象。如嗅到或者看到食物，最容易产生进食的需要。爱国主义的民族英雄事迹，可以使人产生追求崇高理想的需要，激发消费者购买有关爱国英雄的书籍、资料等。社会环境的构成因素是复杂的，所以作为社会主义市场经济条件下的消费者，应该压抑不良的社会环境影响下所产生的某些需要，慎重地处理和选择有益的社会影响，以形成健康向上的需要系统。

(3) 消费者需要产生的认识起因

消费者对客观世界的认识和评价是需要产生的重要起因。思想，特别是想象和幻想，可以使一个人不断地产生某些愿望。一个消费者想象他置身于某一社会情景之中，就能加强他某一方面的欲望。因此，有些消费者就会将其中的某些欲望付诸实现，以求满足他们的需要。幻想的产生，有时并非直接由外来的刺激所引起，但一旦形成，需要也随之产生。

3.1.2 马斯洛需要层次理论

人的需要是多种多样的，心理学界对需要进行了多种形式的划分，具有代表性的主要是马斯洛的需要层次理论。

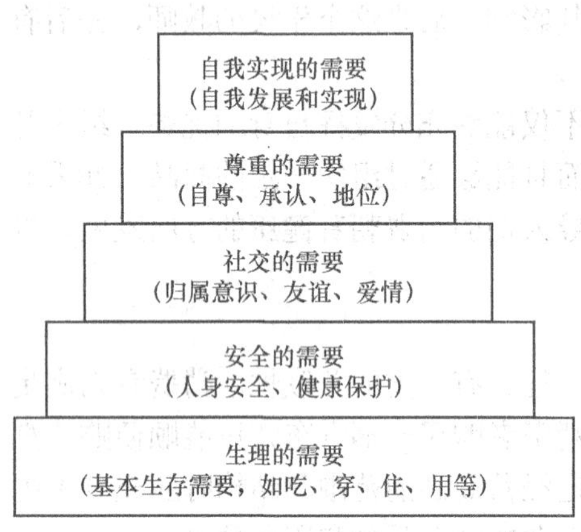

图 3-1 马斯洛的需要层次理论

美国心理学家马斯洛，经过 20 多年的潜心研究，于 1960 年在其著作《人类动机的理论》、《动机与人格》中提出：人的行为是由动机驱使的，而动机又是由需要引起的，此外还提出了著名的“需要层次理论”。根据需要层次理论，人的基本需要可以分为生理的需要、安全的需要、社交的需要、尊重的需要和自我实现的需要（见图 3-1），这些需要相互联系，由低级到高级依次发展。

（1）生理的需要

生理的需要是人类最基本的需要，是人类为维持和延续生命而产生的对外界条件不可缺少的需要。如因饥饿、口渴、寒冷、遮蔽等而产生衣、食、住的需要。在人的一切需要中，生理需要是最基本的、最优先满足的需要。生理需要是人类最低层次的需要，也是最基本、最原始的需要。根据马斯洛的需要层次理论，在生理需要未得到满足之前，其他的需要都会处于次要地位。

（2）安全的需要

安全的需要是指人类在社会生活中，希望自己的身体不受伤害，摆脱病痛，确保其平安的需要。安全的需要主要表现在以下几个方面：物质上，如操作安全、劳动保护和保健待遇等；经济上，如失业、养老等；心理上，希望解除严酷监督的威胁，希望免受不公平的待遇。如果安全需要得不到满足，人们就会产生威胁感和恐惧感。

安全需要是人类较低层次的基本需要之一。当人的生理需要相对得到满足时，安全需要就成了个人行为的第二推动力。

（3）社交的需要（归属与爱的需要）

社交的需要是人与人之间感情交流、保持友谊与忠诚，渴望得到爱情，得到重视和容纳等方面的需要。它主要包括愿意参加社会交往，与他人保持良好的关系，彼此之间得到友谊、关怀与爱护；希望得到爱情，即异性之间相互倾慕，坚贞相爱，满意结合；希望自己有所归属，即成为某个团体被人承认的成员，参与其中活动，相互关心，互相照顾。

社交的需要是人们在生理的需要、安全的需要得到基本满足以后所产生和追求的第三层次的需要，也是更精致、更难捉摸、对大多数人来讲很强烈的需要。它同样是人的行为十分重要的推动力。

（4）尊重的需要

尊重的需要是指人类在社会生活中希望有一定的社会地位和自我表现的机会，获得相应的荣誉，受到别人的尊重，享有较高的威望等需要。它包括相互尊重和自我尊重两个方面：第一，希望有实力、有成就、有自信心，胜任本职工作，要求独立和自由；第二，要求有名誉、有威望，受人赏识、关心、重视和高度评价。尊重的需要一般来说是与人们受教育的程度和经济、社会地位密切联系的，人们受教育的程度和社会地位越高，尊重的需要就越强烈；反之就相应较弱。

尊重的需要是人的高层次的发展需要。现实中，尊重的需要如果得到满足，他会感到自信；否则，就会产生失落感、软弱感和自卑感。当然，对于社会的任何一名成员来说，尊重的需要都是难以得到完全满足的，因为它是无止境的。

（5）自我实现的需要

自我实现的需要是指人们希望充分发挥自己的才能，干一番事业，获得相应的成就，实现理想目标，成为自己所期望的人的需要。满足这类需要就要求完成与自己能力相称的工作，最充分地发挥自己的潜在能力，成为自己所期望的人。如音乐家必须搞音乐，画家必须画画，诗人必须写诗，以便发挥他最大的潜力。可见，希望成为自己所期望的人，能够完成与自己能力相应的一切事情，追求自己所能达到的目标，这些就是人的自我实现的需要。

自我实现的需要是最高层次的需要，它是人们在以上四种需要得到一定程度上的满足之后所追求的需要。

总之，马斯洛认为人类的上述五种需要是相互联系的，前两种需要是低层次的基本需要，后三种需要是较高层次的发展需要。人们行为的动力是没有得到满足的需要，人类的需要是一个由低级向高级发展的阶梯，只有当低层次需要得到基本满足之后，才会产生并开始追求新的、高一层次的需要。如果某一层次的需要没有得到满足，那么这种需要就会强烈驱使人们进行各种努力去满足这类需要，在此需要没有得到满足之前，满足这种需要的驱动力会一直保持下去，一旦这种需要得到满足，它就失去了对行为的刺激作用，而被下一个更高层次的需要所取代，成为人的行为的新的刺激动力。

虽然马斯洛的需要层次理论把人类千差万别的需要归结为了逐级上升的五个层次，这在一定程度上揭示了人类需要的发展规律，已经成为西方行为科学和管理科学的理论基础，但并不是说不同级别的需要不能在同一时间内发挥作用。事实上，上述各种需要相互影响，同时作用，不过在一定时期总有某一级别的需要位居优势，成为人的行为的主要推动力，而优势需要的形成亦不是在低层次需要必须得到完全的满足以后。因此，营销人员在借鉴马斯洛的这一理论时，必须与我国的国情和具体实际结合起来。

3.2 汽车消费者购买动机

购买动机是在消费需求的基础上产生的，是促进消费行为发生并为消费行为提供目的和方向的动力。

3.2.1 消费者购买动机的内涵

1. 消费者购买动机的概念

动机，原意是引起动作。心理学认为，动机是人们一切行为的内在动力，是人们从事某种活动的直接原因。所谓消费者购买动机是指消费者为了满足自己一定的需要而引起购买行为的愿望或意念。它是能够引起消费者购买某一商品和劳务的内在动力。它反映了消费者生理上和心理上的需要，是消费者为达到某些愿望而采取购买行为的推动力。

2. 消费者购买动机的特征

消费者购买动机是一个复杂的体系，虽然这一体系随着消费者需要的变化和外部环境的刺激而不断变化，但也有一些共同的特征。

（1）复杂性

消费者的购买动机是很复杂的，一种购买行为往往包含着若干个购买动机，相同的购买动机也可能表现出不同的购买行为。消费者复杂而多样的购买动机往往以其特定的相互联系构成动机体系。在消费者的购买动机体系中，各种动机所占的地位和所起的作用是不同的。较强烈而稳定的动机称为优势动机，其余的则称为劣势动机。一般说来，优势动机具有较大的激活作用，在其他因素相同的情况下，消费者个人的行为是同优势动机相符合的。

（2）转化性

消费者的优势动机和劣势动机不仅相互联系，而且相互转化，一个消费者的购买行为在多种购买动机驱使形成的过程中，优势动机往往起关键作用。但是，如果在决策或选购商品的过程中，出现了较强的外部刺激，如购买现场的广告宣传，或发现钱不够，或近期某种商品的价格调整，或售货员态度恶劣使人难以忍受等，迫使消费者购买的优势动机被压抑，则优势动机就可能向劣势动机转化。

（3）公开与内隐的并存性

在消费者多种多样的购买动机中，有些是有意识的公开的动机，即完全知道行为背后的动机，而有些则是无意识的内在隐藏着的动机。消费者的购买行为来源于有目的的决策。其中，购买动机十分明确，并可公开表达，是有意识的公开的动机；当一个消费者无论如何也不能说清楚某一特定行为的真正动机，或者出于某种原因，以劣势（或次要）动机或其他动机掩盖其优势动机或真正动机的，就是内隐性动机。由于消费者的有些购买行为是在潜意识的支配下进行的，或者是许多动机交织在一起的，因此优势动机与劣势动机往往不易辨认，有时连消费者本人也说不清楚。

（4）冲突性

消费者多种多样的购买动机有时也会出现相互冲突或抵触，使消费者在购买商品时出现左右为难的情形。当消费者的购买动机发生冲突和斗争时，消费者应该理智地对待。在消费者动机互相冲突的情况下，企业营销人员应该抓住这种机会及时指导和引导，促使消费者做出购买决策。

（5）指向性

消费者的购买动机具有指向性，即方向性、目的性，它能使购买行为保持一定的方向和目的，因此动机从总体上来说是自觉的。同时，由于动机是一个内在的心理过程，属于主观范畴，这种心理过程本身是看不见、摸不着的，只能从动机所推动的行为来分析它的内容和特征，因此动机与实践有着密切的关系。消费者的任何行为或活动总是由动机所支配的，研究消费者动机，就是要把握消费者购买动机发展变化的规律，根据其指向性的特征，组织企业营销活动。

营销视野 **消费者购买动机理论**

动机是消费者行为的直接推动力。在现代心理学中，关于动机问题，不同的心理学家从不同的角度提出了不同的动机理论，而且都在不断发展和变化。

（1）认知和期望理论

认知理论认为，人类的动机行为是以一系列的预期、判断、选择为基础的。主张认知论的早期代表是托尔曼和勒温，他们认为行为的动机是期望得到某些东西或企图避开某些东西。认知理论着重强调人的较高级心理过程对行为的影响作用，即强调人的思维对行为的调控作用。

1964年，弗鲁姆提出了期望理论，他认为，人行为的激发力量，即积极性的高低取决于目标效价和期望实现概率的乘积。

（2）内驱力理论

内驱力理论认为，动机作用是过去的满足感的函数。这种理论认为，人对现在行为的决策，大部分以过去的行为所获得的结果或报酬进行衡量，也就是人的现在行为动机要以过去的行为结果为依据。过去的行为如果导致好的结果，人们就有反复进行这种行为的倾向。如果过去的行为没有导致好的结果，人们就有回避进行这种行为的倾向。

从该理论可以看出，人的行为是习惯强度、内驱力、精神动力、诱因动机的乘积。消费者面对某种品牌的商品，如果其习惯强度、内驱力、精神动力、诱因动机各因素越强烈，购买这种品牌的商品的可能性就越大。

（3）精神分析的动机理论

精神分析的动机理论是由弗洛伊德提出的。弗洛伊德认为，人的行为可以看做是人格的几部分相互作用的产物，与人的心理相对应。人格主要有三部分组成：本我、自我和超我。

精神分析的动机理论认为，人们可能会因为种种原因而压制隐藏一些原始的本能冲动。具体到消费行为，很多时候消费者对商品的选择，可以说是消费者本人没有意识到的动力因素决定的。20世纪40年代速溶咖啡刚问世时，并不受消费者的欢迎，厂家进行市场调查探明原因，消费者反映说速溶咖啡的味道不好，但是让消费者当面就传统制作的咖啡和速溶咖啡的味道进行对比时，他们发现两者并没有明显的区别。事实上消费者拒绝速溶咖啡的真正原因是，他们不愿被看成是不会生活的、懒惰的、生活没有情趣的人。

3.2.2 消费者购买动机的作用

动机与需要是行为的两个内在因素。动机是建立在需要的基础上的，它受到需要的制约和支配。动机是激励人们行为的直接原因，是个体基于某种欲望所引起的心理冲动。购买动机在购买行为中起着十分重要的作用，如果说消费者需要是消费者购买活动的基本动力和源泉，那么购买动机就是消费者需要的具体表现或内在动力体系。具体而言，购买动机有以下的作用：

（1）引起和驱动作用

购买动机能够唤起人们的行为，引起和促使消费者产生购买行为，因此购买动机是购买行为的根本动力。消费行为的驱动力反映了消费者在心理上、精神上和情感上的需要。从每次消费实践中消费者都能感知：任何购买行为，都受一定的购买动机支配，甚至受多种动机共同支配。事实上，由于消费者的生理需要和心理需要密切联系、复杂多样，他们的购买活动往往不是单纯为了适应一种购买动机，更多的是适应多种相互联系并同时起作用的购买动机。

企业充分搞清楚顾客的购买动机，可以引发其购买行为。只有千方百计激发消费者的购买动机，才能使更多的消费者购买本企业所营销的商品。

（2）指引和诱导作用

消费者的购买动机具有指引和诱导作用，购买动机可以指引着购买行为的方向，诱导消费者的购买行为沿着某种特定的方向进行。在某些情况下，购买动机与目的具有完全一致性。例如，饥饿时就会产生购买食品的动机，而购买行为的目的就是要得到食品，于是消费者在此动机和目的驱动下，径直走向食品商店去购买食品。

企业应研究消费者为什么购买某种特定商品，而不购买其他类似的商品；研究消费者为什么愿意经常到某一类型或某一特定的商店购买，而不到另一类型、另一家商店购买。只有加强对消费者动机的研究，才能掌握其中的规律性，并据此改善经营管理，不断提高服务质量。

（3）维持和加强作用

动机对行为具有维持和加强作用。消费者购买动机的性质与强弱程度必然影响到购买行为效能。在消费者购买过程中，消费者动机将始终贯穿行为的始终，不断激励消费者排除各种因素的干扰，直至实现购买目标，满足需求，实现动机。购买动机稳定而持久，则购买行为积极而坚定，这样的消费者能够克服困难、排除干扰去实现购买目标。

企业要重视对消费者购买动机的研究，科学地分析影响消费者购买动机的因素，揭示对消费者购买行为具有决定性作用的优势动机和真实动机，从而采取有效的营销策略，维持和强化对企业和社会健康发展起积极作用的购买动机，达到企业营销的目的。

综上所述，消费者的购买行为是由购买动机支配的，消费者购买动机不但能激起购买行为，而且能使行为朝着特定的方向、预期的目标行进。购买目的是消费者采取行为要达到的结果，购买动机则是为什么要达到这一结果的主观原因。因此，要了解一个消费者为什么追求这个目的而不追求其他目的，要判断一个消费者购买行为的实质，首先要揭示其追求这种目的的主要购买动机。

3.2.3 我国汽车消费者购买动机的分类

消费者需要与刺激因素的多样性，决定了消费者购买动机的复杂性。各种动机按照不同的方式组合和交织在一起，相互联系、相互制约，推动着人们沿着一定的方向行动。本书根据马斯洛的需要层次理论和麦古尼的心理学动机理论将我国汽车消费的动机分为以下 9 类：

（1）情感动机

情感动机就是由人的情感需要而引发的购买欲望。目前，越来越多的父母将汽车作为生日礼物、嫁妆等送给孩子。

营销案例	为了我太太

有一位先生参加大型车展，他在一部车前徘徊许久，始终没有决定是否要买。第二天，他又来了，这一次没有任何犹豫，直接找到负责车展销售的人员，签合同，付定金，购买了这辆豪华汽车。销售人员问他是什么原因使他在第二天下决心购买这部车的时候，他的回答非常简单：为了我太太。

（2）求实购买动机

求实购买动机是指消费者以追求商品或服务的使用价值为主导倾向的购买动机。消费者是出于“实惠”、“实用”等动机产生购车欲望，在这种动机驱使下，消费者选购汽车时特别注重功能、质量和实际效用，不过分强调车辆的型号、配置等，并且几乎不考虑商品的品牌、外形及内饰等非实用价值因素。这类消费者利用汽车装货或家庭外出旅游等，就会选择空间大、性能稳定、故障率低的汽车，而不会选择高档豪华汽车。

（3）求新购买动机

求新购买动机是指消费者以追求商品或服务的时尚、奇特、新颖为主导倾向的购买动机。消费者以追求汽车的新潮为主要特征，这类消费者的动机核心是“时髦”和“奇特”。如车型时髦的 Cross POLO 深受消费者的青睐，能满足一部分追求时尚、新潮的消费者的心理需求，就是因为它的设计融合了多种类型汽车的特征，并成为了一种时尚。

（4）求名购买动机

求名购买动机是指消费者以追求名牌、高档商品，借以显示或提高自己的身份、地位而形成的购买动机。具有求名购买动机的消费者比较重视商品的商标、品牌、档次及象征意义，几乎不考虑车辆的价格和实际使用价值，只是通过消费来显示自己的生活水平和社会地位，以达到宣传自我，甚至是夸耀自己的目的。

（5）求优购买动机

具有求优购买动机的消费者以追求车辆的质量优良为主要特征。这类消费者选购汽车时注重内在质量，对外观式样及价格等不会过多考虑。

（6）求美购买动机

求美购买动机是指消费者以追求商品的美感和艺术价值为主导倾向的购买动机。这类消费者在选购汽车时最为关注的是汽车的审美价值和装饰效果，注重汽车的造型、色彩、图案等，汽车的实际使用价值是次要的。女性，尤其是年轻女性就是典型的这类消费者，她们对时尚都有很敏感的触觉。类似大众甲壳虫这样的汽车融入了时尚元素，且具有靓丽鲜艳的颜色、灵巧可爱的造型、温馨的内饰，会引发她们强烈的购买欲望。

（7）求廉购买动机

求廉购买动机是指消费者以追求商品价格低廉为主导倾向的购买动机。这类消费者在选购车辆时最注重的是价格，对汽车的式样、外观及质量等不过分计较，喜欢购买由于某种特殊原因而折价处理的车辆。当汽车价格连续下降时，此类消费者就会因车价相对低廉而迅速行动。2005 年的车市连续降价，引起全国汽车销量出现突涨。

（8）嗜好购买动机

少数消费者选购汽车是为了满足个人的兴趣爱好。例如，有的消费者喜爱收藏赛车，而有的消费者则钟情于某一款汽车。

（9）从众购买动机

从众购买动机是指消费者以效仿他人、追求社会潮流为主要特征的购买动机。具有从众购买动机的消费者，在选购商品时，以相关群体大多数成员的行为为准则，自觉不自觉地模仿他人的购买行为。

以上消费者的具体购买动机并不是彼此孤立地存在于汽车消费者的购买行为中的，而是相互交错、相互制约的。在汽车消费者的购买活动中，起作用的通常不只是一种购买动机，而是多种购买动机同时起作用。因此，了解汽车消费者的购买动机，有助于企业生产出适应消费者的需求的产品。

3.3 汽车消费者购买行为

消费者的购买行为总是以购买动机为先导，没有动机，就不会产生行为。研究消费者动机，主要是解决消费者为何购买的问题；而研究消费者的购买行为，则是为了明确消费者的分类、购买习惯和购买过程，目的在于揭示消费者购买行为的规律。

3.3.1 消费者购买行为

行为就是有机体在外界环境的影响和刺激下，所引起的内在生理和心理变化的外在反应。消费者购买行为是指消费者个人或家庭为了满足自己物质和精神生活的需要，在某种动机的驱使和支配下，用货币换取商品或劳务的实际活动。其含义包含以下两个方面的内容：

（1）消费者行为是个过程

购买者行为，强调的是在购买过程中消费者和出售者之间的相互影响，是个持续的过程，包括购买前、购买中和购买后等几个阶段。

（2）消费者行为是交换行为

消费者行为是由两个或两个以上的人或组织互相提供和取得价值的交换行为，是营销活动不可缺少的一部分。消费者行为记录的是整个消费过程，包括在购买前、购买中和购买后影响消费者所有行为的全部因素。

营销视野　不同领域对消费者的购买行为的解释

消费者的购买行为是多种因素综合作用的结果，长期以来，人们从不同的角度和方向分析研究消费者的购买行为，对消费者购买行为作出不同的解释和说明。

（1）从经济学的角度分析

经济学家把人的需求同效用联系起来，提出了有效行为论，认为消费者购买商品遵循“最大效用”原则，即设法从有限的收入中谋求最大效用，获得最大满足。经济学家认为，消费者由于受边际效用递减规律的影响，不愿把过多的收入花费在一种商品的购买上，而不管这种商品对他有多大的吸引力。这是因为，一种商品的购买量越多，其边际效用越小，而任何消费者的收入都是有限的，在无法做到广购博采的情况下，又想谋求最大效用和最大满足，因此价格对消费者购买行为的影响举足轻重，由此便形成了以下购买行为规律：价格越低购买者越多；代用品价格低，原产品购买者就少；互补品价格越低，原产品购买者越多；工资收入水平越高，价格作用就越小；经济收入越多，经济因素对购买行为的作用就越小。

（2）从社会学的角度分析

在社会学家看来，经济学遵循“最大效用”原则，把影响和决定消费者购买行为的因素归结为收入与价格两个变量，而没有考虑到其他因素，这显然与客观事实不符，存在着简单化的倾向，因而无法揭示消费者购买行为规律。社会学家据此认为：人们的购买行为除了受经济因素的影响和制约外，在很大程度上还受社会群体、社会环境、社会地位的影响，即消费者所处的社会地位、相关群体都决定着他们的欲望和要求，支配着他们的购买行为。因此，研究消费者的购买行为，主要是确定影响购买行为的诸种社会因素，准确地分析购买行为与各种社会因素之间的必然联系。

（3）从心理学的角度分析

在心理学家看来，消费者购买行为不是纯经济因素和社会因素的产物，而是生理需要和后天经验相互作用的结果。其中，消费者个性心理和社会心理因素是购买行为过程不可缺少的重要环节和内在动力。研究消费者购买行为，就要研究消费者的个性、态度、兴趣、感觉、知觉、理智、后天经验等心理因素及其相互作用，运用心理学的理论和方法揭示购买行为发生的奥秘，指导企业的市场营销行为。

综上所述，尽管不同的学科对消费者购买行为作出了各种不相同的解释，但是他们的解释说明了一个问题，即消费者购买行为的产生与发展不是一个简单的、孤立的过程，而是受到经济、政治、社会、心理等各种因素的影响和制约，并具有一定的规律性。企业在现代市场营销条件下研究购买行为，只有运用系统论的观点，遵循顾客让渡价值和顾客满意度理论，从经济学、社会学、心理学、行为学等学科进行多角度透视、立体性观察、全方位分析，才能真正掌握消费者的购买行为的规律。

3.3.2 消费者购买行为的模式

消费者购买行为模式是指用以表述消费者消费过程中的全部或局部变量之间的因果关系的理论描述。它主要有以下几种模式：

1. 刺激—反应模式

刺激—反应模式认为，购买者的购买决策行为来自于其对外界刺激的积极心理反应。这种反应产生的原因是受到某种刺激，而购买行为是对这种刺激的反应，外部刺激被消费者接受后经过一定的心理过程，进而产生消费行为。消费者购买行为的形成要经过三个阶段：投入刺激、“黑箱”作业和消费者行为，如图 3-2 所示。面对庞大的消费用户市场的汽车企业，实际上所面对的是许多个人购买需求和动机，汽车企业要想正确地判断和引导用户的购买动机，满足他们的各种需求，就必须进行消费者购买行为研究，研究他们如何作出花费自己可支配的资源（时间、金钱和精力）于有关消费品上的决策，即要对消费用户对营销刺激和其他刺激的反应、消费者购买行为模式有一个较为全面的认识。

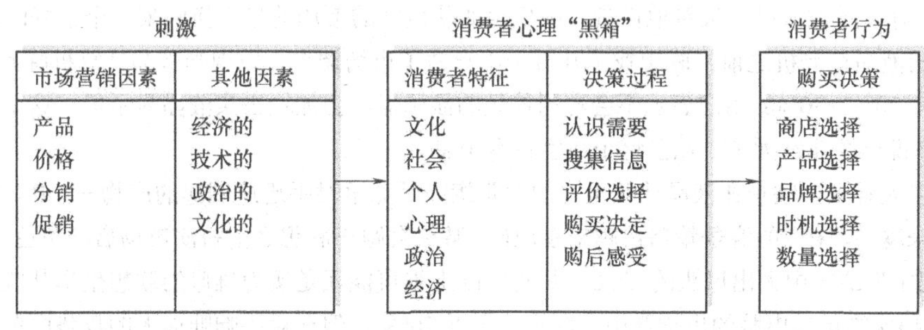

图 3-2 消费用户购买行为的“刺激—反应”模式

（1）投入刺激

该模式中外界的投入刺激主要产生于两个方面：一是环境的影响，具体有经济、技术、政治、文化等各种宏观环境因素的刺激，即“大气候”对“黑箱”发生显著的影响。二是企业的营销活动所形成的影响，具体通过企业的产品、价格、分销、促销等营销策略，同时这些因素的变化和不同组合形式，又成为影响消费者“黑箱”的具体而又直接的“小环境”。

（2）“黑箱”作业

首先是消费者的心理活动，它们会影响购买者对刺激的理解和反应，产生对各种事物的认识、情绪和意志，并制约着消费者对刺激的反应。然后是消费者的购买决策过程。它从消费者认识需要开始，经购后使用、消费完毕告一段落，往复循环又不断变化。在这个过程中，消费者必须作出一系列的判断和决定。

（3）消费者行为

在诸多因素的共同作用下，消费者最终将作出一定的反应，决定如何满足需要和欲望。消费者行为由此开始，由观念形态进入现实之中，决定购买什么、为何购买、由谁购买、何时购买、何地购买、如何购买等。

消费者购买行为模式表明，可以通过可控的市场营销因素和不可控的环境因素刺激消费者。消费者根据自己的特性处理这些信息，经过一定的决策过程产生一系列的购买决定。所以，通过对消费者购买行为的研究分析，一个企业既要善于利用“大气候”，营建利于自己市场营销的“小环境”，也要善于分析消费者“消化”外部刺激和“产出”的规律性，这样才能制订出有效的市场营销战略。

营销案例　联想液晶一体机

2001 年 7 月 7 日，联想宣布与液晶六巨头 LG-PHILPS、中华映管、瀚宇彩晶、冠捷电子、PHILPS 及唯冠集团达成策略联盟，在技术开发和供货上全面合作，共同启动中国的液晶计算机市场。为此，联想签订了一笔“超重量级”的单项采购意向：未来半年内，联想向各巨头购置 60 多万套超 A 级液晶显示器。这些显示器的总价值达 18 亿元人民币，一共占去下半年几家液晶厂家在中国出口量的 80%。

联想很早就想推出液晶一体机，做了很多技术准备，一直和液晶显示器厂家保持着良好的联系，以便了解到最新的技术动态，知道价格降到什么程度会有利润可赚，这十分重要。联想在 2001 年 5 月 21 日推出的液晶显示器的价格不到 4 000 元，而当时的市场价是 6 000 多元，一下子降低了近一半。联想敢如此杀价，就是因为当时与液晶供应商达成默契：先把价格降下来，看市场反应，如果市场反应良好，对方可以大批量地供货，联想也能从巨大的市场前景中换回来一个很好的回报。

在推出液晶计算机之前，联想找了几百个用户做了市场调查，发现当液晶计算机降到 4 000 元以下时，有 20%～30%的用户表示不会再用传统的显示器，会加钱去买液晶显示器，这个数据对液晶计算机来说已经非常大了，以前这个数字只有 1%。

在很多人看来，联想在液晶计算机上的大张旗鼓是竞争对手迅速崛起的产物——PC 领域里的“黑马”越来越多，采取的竞争策略也越来越理性，甚至会跑在联想之前扮演市场启动角色，如在“万元 P4 笔记本”战役中大出风头的 TCL。尽管实际上很可能还是实力雄厚的联想坐享其成（有消息报道，国内 P4 笔记本电脑的出货量中，联想占了近 70%），但在对手咄咄逼人的攻势面前，联想还是感到了压力。

2001 年 6 月 22 日～8 月 31 日，联想在全国范围内推出主题为“联想 1+1 奔腾 4，液晶计算机夏日优惠 go！”的大型暑期促销活动，推出三款在价位和性能上极具竞争力的产品：8 999 元的天禧二 5110P4 计算机主打价格牌，以图成为市场主流；同禧 520 和未来先锋 711 都把诉求点聚集于液晶，市场反应强烈。

可以看出，联想计算机之所以成功，是因为遵循了消费者购买行为的“刺激—反应”模式。

没有内驱力和诱因，就没有购买行为，更谈不上强化。在“联想液晶一体机”案例中，最主要的问题并不是购买力，而是缺乏刺激，很多消费者都没有为自己添置新计算机找到有足够说服力的理由，这才是联想最大的压力。而计算机市场迫切需要刺激，液晶计算机就起到了这个作用，打破了原本一潭死水的市场，使得计算机市场反应强烈。

2. 恩格尔模式

恩格尔模式是由美国教授恩格尔、科拉特、布莱克威尔所提出的。这种模式强调购买者进行购买决策的过程。在这个模式里，消费者心理成为“中央控制器”。在“控制器”中，“输入内容”与“输入变量”相结合，便得出了“中央控制器”的输出结果——购买决定，由此完成一次购买行为。

恩格尔模式可以说是一个购买决策模式。它详细地表述了消费者的购买决策过程，强调了购买决策的系列化。

3. 维布雷宁模式

维布雷宁模式认为，消费者的购买行为通常受到社会文化和亚文化的影响，消费者会遵从于他所处的相关群体、社会阶层和家庭等特定的行为规范。

根据维布雷宁模式，文化和亚文化对消费者消费行为的影响是总体的和方向性的，除此之外，相关群体也影响着消费者对某种产品或品牌的态度，影响其消费内容和消费方式，从而影响消费者的购买行为。

4. 马歇尔模式

英国经济学家马歇尔认为，消费者都根据自己的需求偏好、产品的效用和相对价格来决定自己的购买行为，也就是说，消费者的购买行为是理性的判断和经济的计算。

根据马歇尔模式，产品的价格越低，消费者的购买量就越大；边际效用递减，消费者购买行为减弱；消费者的收入越高，购买量就越大；消费者的购买额越大，购买行为就越慎重。

这种模式侧重于对消费者购买行为的经济因素的研究，而忽视了其他因素。

3.3.3 影响汽车消费者购买行为的主要因素

消费者的购买行为是在消费者内在因素的直接作用下发展的，同时也受到一系列外部环境因素，特别是企业市场营销活动的很大影响。消费者的购买行为，实际上就是这些错综复杂的内、外部因素相互制约和相互作用的结果。因此，研究消费者的购买行为，就要注意了解支配和影响消费者购买行为的各种因素，并将这些因素与消费者在购买过程中的各种活动结合起来进行分析，这是企业有的放矢地开展营销活动，在满足市场需要的竞争中取得优势的基础。影响消费者购买行为的因素，如图 3-3 所示。

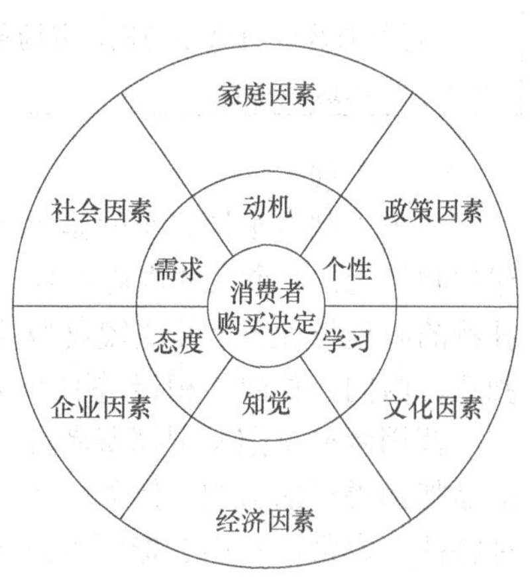

图 3-3 影响消费者购买行为的因素

1. 影响汽车消费者购买行为的内在因素

内在决定因素也可称为基本决定因素，包括消费者的需求、动机、个性、知觉、学习、态度等。

（1）需求

需求是人类行为和消费者行为之母，是人类所具有的生理或心理上的欠缺和不满足。人的需求可以通过对产品、服务的使用来得到满足。按美国著名心理学家亚伯拉罕·马斯洛（Abraham Maslow）的需要层次论，人类是有需要和欲望的，而且人的需要是分层次的，只有当低级的需要得到满足后，才会产生更高级的需要，而需要程度的大小则与需要层次的高低成反比。此外，人的需求还有对知识的需求，好奇心、实现欲、自我完成相关的需求和审美性需求，即追求美、协调和秩序的需求。

营销案例　购车者需求的多样性和层次性

消费者的需求具有多样性和层次性的特点。假如有顾客说想买一辆“不贵”的汽车。我们可以通过调查发现，其中至少有以下五种需求存在：

① 表明了的需求：一辆不贵的汽车。

② 真正的需求：低廉的总购买成本和运营成本。

③ 未表明的需求：期望从销售处得到好的服务。

④ 令人愉悦的需求：购买汽车时意外地获得相关地区或国家的交通地图册。

⑤ 秘密的需求：想找到一个以价值为导向的理解顾客心思的朋友。

（2）动机

动机是所有消费者行为的原因。动机是激励一个人的行动朝一定目标迈进的一种内部动力。已满足的需要不会形成动机，只有那些未满足的需要才构成动机。当个人的某种需要未得到满足或受到外界刺激时，就会引发某种动机，再由动机而导致行为。弄清个人购买者动机生成的原因，对于企业市场营销具有重要意义。

营销视野　惠顾动机

影响人们在习惯性地点购买商品的动机被称为惠顾动机。某个购买者可能因为此动机在某一特殊商店购买商品。例如，商品的价格、服务态度、地点、信誉、产品的多样性甚至售货员的服务态度等，使消费者形成习惯消费行为。

利用消费者的惠顾动机，市场营销人员应该设法了解为什么习惯性顾客惠顾一个商店并在销售组合中突出这些特点。

（3）个性

每个人都有个性。个性是和人们的经验与行为联系在一起的内在本质特征，源于不同的遗传和经历。每个人的内心世界、知识结构、成长过程都不同，所以个性是一种与众不同的、独特的心理特性。个性比较典型地表现为以下一种或几种特征，如冲动、野心、灵活、死板、独裁、内向、外向、积极进取和富有竞争心等。

营销者要试图发现消费者的这些特点和购买行为之间的关系，分析人的个性对所购商品的品牌和类型的影响。例如，人们所购买的服装、首饰、汽车等类型也反映了一种或几种个性特征。通常，营销者把广告宣传瞄准在某些一般人都有的个性特点上，通过运用那些积极的有价值的个性特征来进行促销。

（4）知觉

消费者被激发起动机后，随时准备行动。然而，如何行动则受他对相关情况的知觉程度的影响。知觉是指个人因受到外在环境的刺激后创造一定意义或从自身的内在因素中引发出一定意义的过程。知觉不但取决于刺激物的特征，而且还依赖于刺激物同周围环境的关系以及个人所处的状况。人们要经历三种知觉过程，即选择性注意、选择性曲解和选择性记忆，所以即使对同一刺激物，其知觉也会因人而异。

1）选择性注意。人们感觉到的刺激，只有少数引起注意形成知觉，多数会被有选择地忽略。一般来说，以下情况容易引起注意并形成知觉：

① 与最近的需要有关的事物。

② 正在等待的信息。

③ 大于正常、出乎预料的变动。

2）选择性曲解。人们对注意到的事物，往往喜欢按自己的经历、偏好、当时的情绪、情境等因素作出解释。这种解释可能与企业的想法、意图一致，也可能相差很大。

3）选择性记忆。人们容易忘掉大多数信息，却总是能记住与自己的态度、信念一致的东西。企业的信息是否能留存于顾客记忆中，对其购买决策影响甚大。

由于上述三种知觉加工处理程序的存在，使得同样数量和内容的信息，对不同的购买者会产生不同的反应，而且都会在一定程度上阻碍购买者对信息的接收。这就要求市场营销人员必须采取相应的市场营销策略，如大力加强广告宣传，不断提高和改善商品的质量和外观造型等，以扫除各种感觉障碍，使本公司的汽车产品信息更易为消费者所注意、了解和接收。

（5）学习

学习也称“习得”，是指人会自觉、不自觉从很多渠道、通过各种方式获得后天经验。通常情况下，学习并非一次性全部完成，而是随经验和试行不断加强。学习曲线告诉我们：假设购买特定品牌产品，消费者在购买三次后，第四次购买同一品牌的概率约为62%，第六次重复购买该品牌的概率达76%。

学习会引起个人行为的改变。在消费者的学习过程中，以下几点需要特别关注：

1）加强：购后非常满意，会加强信念，以致重复购买。

2）保留：称心如意或非常不满，会念念不忘。

3）概括：感到满意会爱屋及乌，对有关的一切也产生好感；反之，则会殃及池鱼。

4）辨别：一旦形成偏好，需要时会百般寻求。

消费者购买汽车这类昂贵耐用品的学习过程是从搜集有关汽车方面的资料开始的，了解品牌、分析判断、提出方案、实物对比、询问解疑，直至最后采取购买行动。在这个过程中消费者必然会细致地听取营销人员介绍各种车型及其性能等。因此，营销人员就需要将学习和购买动机联系起来，运用汽车展销会、广告等刺激性暗示及强化等手段来形成消费者对推销产品的强烈反应，既给消费者一个学习机会，又促进了消费者对产品的需求，从而帮助潜在的顾客完成学习过程，成为现实的顾客。

（6）态度

态度是人们对某个事物所持的持久性和一致性的评价和反映，它体现着一个人对某一事物的喜好和厌恶的内部心理倾向。它包括三个互相联系的成分：信念，情感与倾向。态度的形成是逐渐的，产生于与产品、企业的接触，其他消费者的影响，个人的生活经历、家庭环境的熏陶。态度一旦形成，就不会轻易改变。消费者对公司和产品的态度，对于公司营销战略的成功或失败至关重要。当消费者对公司营销实践的一个或几个方面持否定的态度时，他们不仅自己会停止使用公司的产品，还会要求亲戚和朋友也这样。

因此，作为企业，应注意研究消费者态度的形成过程，或者强化现有的喜好态度；或者让消费者喜欢上新产品和不了解的品牌；或者让其改变现有态度，提高喜欢的程度。

营销案例　改变态度需要强大的促销手段

在需要改变消费者的态度时，企业必须有强大的广告宣传手段和有力的促销方式。

日本本田汽车公司的摩托车在进军美国市场时，一开始就面临公众对摩托车持否定态度的不利信念。由于受影视剧的影响，美国人常把摩托车同流氓犯罪活动联系在一起，本田公司为了扩大市场，便设法改变美国公众的态度。该公司以“你可以在本田车上发现最温雅的人”为主题，大力开展促销活动。通过广告画面上的骑车人都是神父、教授、美女等策略，逐渐改变了公众对摩托车的态度。

2. 影响汽车消费者购买行为的外在因素

影响汽车消费者购买行为的内在因素与消费者的购买决定直接相关，而外在因素只是对内在因素施加影响而间接地影响消费者的购买决定。外在决定因素主要有文化因素、社会因素、家庭因素、政策因素、经济因素和企业因素。

（1）文化因素

文化因素对个人需求和购买行为的影响极其深远。文化因素之所以影响购买者行为，其原因有三：一是文化的存在可以指导购买者的学习和社会行为，从而为购买行为提供目标、方向和选择标准；二是文化的渗透性可以在新的区域中创造出新的需求；三是文化自身所具有的广泛性和普及性使消费者个人的购买行为具有攀比性和模仿性。所以，营销者在选择目标市场和制订营销方案时，必须了解各种不同的文化对于企业产品的影响，了解购买者对企业产品的实际兴趣阶段。文化因素主要包括文化、亚文化两个方面。

1）文化。文化是人类欲望和行为最基本的决定因素。低等动物的行为主要受本能支配，人类的行为大部分通过学习得来。一个人在社会中成长，受到家庭、环境及社会潜移默化的影响，学到一套基本的价值观、风俗习惯和审美观，形成一定的偏好和行为模式。

营销视野　汽车消费贷款未能掀起购车热潮的原因

鉴于汽车价格对普通百姓来说仍较高，我国各金融部门陆续推出汽车消费信贷业务，以缓解汽车消费者的资金压力，促进合理消费。

但是，自从 1998 年推出汽车消费贷款以来，并未掀起购车热潮。人们不愿对贷款买车付诸实际行动，主要存在以下四方面的原因：

① 认为贷款利率较高，不如一次付清划算。

② 认为首期付款金额太高，贷款人支付现金的压力较大（按照目前政策的规定，汽车消费贷款的年限是三年，汽车消费贷款的首期付款不得低于所购车辆价格的 30%。

③ 认为目前贷款期限短，每月偿还本息金额太高。

④ 认为贷款购车手续比较繁琐，而且找担保也难。

价值观：人们对社会生活中各种事物的态度和看法。不同的文化背景下，人们的价值观念相差很大。在现代城市中，汽车可能是司空见惯的商品；而在边远落后的地区，汽车对人们就毫无意义可言。

风俗习惯：人们根据自己的生活内容、生活方式和自然环境，在一定的社会物质生产条件下长期形成、世代相传，成为约束人们思想、行为的规范。在饮食、服饰、居住、婚丧、信仰、节日、人际交往各个方面，都表现出独特的心理特征并影响购买行为。

审美观：通常指人们对事物的好坏、美丑、善恶的评价，受社会舆论、思想观念等影响，并制约欲望和需求取向。不同的消费者往往有不同的审美观。审美观不是一成不变的，往往受到社会舆论、社会观念等多种因素的影响，并制约着消费者的欲望和需求。

2）亚文化。一种文化内部，也许会因为各种因素的影响，使人们的价值观念、风俗习惯及审美观表现出不同的特征，这就是亚文化。亚文化又被视作“文化中的文化”，亚文化群体的成员不仅具有与主流文化共同的价值观念，还具有自己独特的生活方式和行为规范。就汽车消费者购买行为而言，亚文化直接影响着不同国家汽车的设计风格和消费者的购车偏好，所以它的影响更为直接和重要，有时甚至是根深蒂固的。这些亚文化主要表现在以下几个方面：

民族亚文化：各个民族在宗教信仰、节日、崇尚爱好、图腾禁忌和生活习惯方面有其独特之处，并对消费行为产生深刻影响。

宗教亚文化：不同宗教有不同的文化倾向和戒律，影响人们认识事物的方式、对客观生活的态度、行为准则和价值观，从而影响消费行为。每种宗教都有其主要流行地区和鲜明的特点。

地理亚文化：不同的地区有不同的风俗习惯和爱好，使消费行为带有明显的地方色彩。

（2）社会因素

消费者购买行为会受到一系列社会因素的影响，如消费者相关群体、社会阶层等。

1）相关群体。相关群体又称参考群体、榜样群体。相关群体是指那些直接（面对面）或间接影响消费者的个人态度、意见和价值观的群体。相关群体可以是实际存在的社会团体组织，如党派、单位、教会、协会等，也可以是无具体组织的虚拟榜样的一群人，如明星、名人效应影响形成的追星族。

相关群体对个人购买者购买行为的影响是潜移默化的。因为人类天生就具有趋同性和归属感，消费者往往要根据相关群体的标准来评价自我行为，力图使自己在消费、工作、娱乐方面同一定的团体保持一致。在这种意义上，相关群体对汽车产品个人购买行为的影响主要表现在：第一，为团体成员提供某一特定的生活方式和消费模式，促使群体内的成员根据特有的消费模式采取购买行为；第二，运用团体力量影响个人购买者的购买态度，改变已有的观念；第三，影响个人购买者对产品及品牌的选择。研究表明，汽车购买者的购买行为易受到关联群体的影响。

营销视野　消费者相关群体

人们的消费方式和偏好不是天生的，而是后天形成的，特别是购买汽车这样的大件，在消费的过程中会受到以下消费者相关群体的影响：

① 亲戚朋友。亲戚朋友构成的群体是一种非正式群体，它对消费者的影响仅次于家庭。在某些情况下，由于具有共同的价值取向，朋友的看法在消费者看来要比父母和爱人的意见更为重要。

追求和维持与朋友的友谊，对大多数人来说是非常重要的。个体可以从朋友那里获得友谊、安全，还可以与朋友互诉衷肠，与朋友讨论那些不愿向家人倾诉的问题，总之，它可以满足人的很多需要。不仅如此，结交朋友还是一种独立、成熟的标志，因为与朋友交往意味着个人与外部世界建立联系，同时也标志着个人开始摆脱家庭的单一影响。朋友的意见和建议，对消费者选择何种产品和品牌，对于怎样评价所购买的产品均有重要影响。这种影响随个体与朋友的相似程度的增加而增强。某人越是觉得其朋友在某些方面与自己相似，他在作购买决策时受朋友的影响越大。

② 左邻右舍。在我国，由于传统风俗的影响，人们比较注重邻里关系，尤其是居住较为拥挤的地区，邻里来往更加频繁。“远亲不如近邻”的俗语说明了邻里之间的亲密关系。由于居住相邻近，信息观念能及时交流，消费倾向、选择标准、价值评价等往往成为人们重要的消费参考。

③ 同学同事。由于较长时间一起学习或同在一个单位共事，相互接触频繁，同学、同事之间都会互相交流消费信息，自然会出现互相模仿、攀比，所以消费者的消费行为受同学、同事的影响是很正常的。

④ 名人、专家。影视明星、体育明星、歌唱家及政界要人、专家、学者，由于在社会上有一定的影响力，受人崇拜和爱戴，他们的消费选择和消费方式都可能成为消费者的参照。

⑤ 社会团体。机关、学校、党团组织、学会、协会、俱乐部等，无论是正式的还是非正式的社会团体，它们所提倡的道德观、价值观、审美观和消费观都在一定程度上影响着消费者的购买行为和消费心理。

2）社会阶层。社会阶层是国外营销学普遍使用的一个概念。社会阶层是指具有类似的价值观，兴趣和生活方式的社会性集团。一个人的社会阶层，通常是职业、收入、教育和价值观等多种因素作用的结果。同一社会阶层的人，要比来自两个社会阶层的人的行为更加相似，不同的社会阶层有不同的生活方式和购买行为，尤其是在那些社会阶层明显的国家或地区，在其购买行为上会反映出显著的差异性。因此，社会阶层不仅是影响消费者行为的重要因素，而且还被用做细分消费者市场的重要依据。

营销视野　社会阶层的特点

美国管理学家菲利普·科特勒在《行销管理》一书中指出：几乎所有的人类社会都呈现出某种阶层性，其特点是：

① 在同一阶层内有较为一致的生活方式、价值观。

② 阶层不能以单一的指标来划分，而是需要综合职业、收入、教育水平、价值观等因素来确定。

③ 社会的阶层是连续的，不存在不可逾越的界限，因此对个人来说，可以从一个阶层进入另一个阶层。从研究市场的角度来看，社会的阶层性具有重大的经济意义。

社会阶层不受单一因素的影响，而是同时受职业、收入、教育、财富等多种因素的影响。社会阶层的划分一般要考虑以下几个方面的因素：

- 职业。职业是社会阶层划分中普遍使用的一个变量，许多国家都有职业排行榜的资料，即对不同职业的评分。在日常生活中，人们也常以职业为线索来评价一个人的地位和背景。
- 收入水平。个人或家庭的收入是评定社会阶层的一个重要依据，而且有关收入的数据容易获得，评价方法比较简便。
- 受教育程度。在发达国家，职业类型和收入高低与所受教育的程度密切相关。我国随着知识经济的到来，由于技术的复杂化和职业的专门化，受过高等教育的各类专业人才越来越被重用。如今，受教育的程度已经成为划分社会阶层的一个重要因素。

- 财产。财产包括不动产和一些具有地位象征的物品（如汽车等）。随着我国住房改革和房地产事业的发展，住房情况将成为社会阶层划分中的重要因素。一些代表或象征社会地位的物品是现阶段一般公民所支付不起的高档商品，有的人便以拥有此类商品来标榜自身地位的优越。

视野拓展

十大社会阶层与五个社会等级

由陆学艺教授担任组长的中国社会科学院的重大研究项目——《当代中国社会阶层研究》课题，经过数十位社会学专家三年的调查研究，于2001年年底公布了研究成果。

专家们通过大量翔实的调查数据，以职业分类为基础，以资源（包括经济资源、文化资源和组织资源）的占有状况为标准，划分出了十大社会阶层：1）国家与社会管理阶层；2）经理人员阶层；3）私营企业主阶层；4）专业技术人员阶层；5）办事人员阶层；6）个体工商户阶层；7）商业服务业员工阶层；8）产业工人阶层；9）农业劳动者阶层；10）城乡无业、失业、半失业阶层。他们又分属五个社会等级：1）社会上层——高层领导干部、大企业经理人员、高级专业人员及大私营企业主；2）中上层——中低层领导干部、大企业中层领导人员、中小企业经理人员、中级专业技术人员及中等企业主；3）中中层——初级专业技术人员、小企业主、办事人员、个体工商户；4）中下层——个体劳动者、一般商业服务人员、工人、农民；5）底层——生活处于贫困状态并缺乏就业保障的工人、农民和无业、失业、半失业者。

研究指出，凡是现代化国家所具备的社会阶层现在都已在中国出现。今后，中国社会阶层结构在构成成分上不会有大的变化，发生变化的将是各阶层的规模。传统的社会阶层结构是顶尖底宽的“金字塔结构”，而现代社会阶层结构是两头小中间大的“橄榄型结构”。中国当前的社会阶层结构还只是“洋葱头型”，并没有形成成熟的“橄榄型”。例如，像深圳这样经济发达的城市，其社会阶层结构最接近“橄榄型”。在这些城市中，中间阶层比其他城市壮大。中间阶层职业稳定，收入较高，消费能力较强，是社会稳定、市场繁荣的重要基础。

（3）家庭因素

每个人从幼年起就受家庭的影响，而且这种影响会终其一生。人的价值观、生活习惯、审美观、自我价值等方面的观念和意识多数是从家庭中获得的。所以，家庭对个人的消费行为的影响最大也最直接。家庭因素包括家庭生命周期和家庭购买决策类型。

1）家庭生命周期。家庭生命周期是指一个以家长为代表的家庭生活的全过程，从青年独立生活开始，到年老后并入子女的家庭或死亡时为止。在不同的阶段，同一消费者及家庭的购买力、兴趣和对产品的偏好会有较大差别。西方学术界通常把家庭生命周期划分为以下九个阶段：

单身期：离开父母后独居的青年时期。处于这一时期的年轻人几乎没有经济负担，消费观念紧跟潮流，注重娱乐产品和基本的生活必需品的消费。

新婚期：新婚的年轻夫妇，无子女阶段。他们经济状况较好，具有比较大的需求量和比较强的购买力。

“满巢”I期：子女在6岁以下，处于学龄前儿童阶段。处于这一阶段的消费者往往需要购买住房和大量的生活必需品，常常感到购买力不足，对新产品感兴趣并且倾向于购买有广告的产品。

“满巢”Ⅱ期：子女在 6 岁以上，处于已经入学的阶段。处于这一阶段的消费者一般经济状况较好但消费慎重，已经形成比较稳定的购买习惯，极少受广告的影响，倾向于购买大规格包装的产品。

“满巢”Ⅲ期：结婚已久，子女已长成，但仍需抚养阶段。处于这一阶段的消费者经济状况尚可，消费习惯稳定，可能购买富余的耐用消费品。

“空巢”Ⅰ期：子女业已成人分居，夫妻仍有工作能力的阶段。处于这一阶段的消费者经济状况最好，可能购买娱乐品和奢侈品，对新产品不感兴趣，也很少受到广告的影响。

“空巢”Ⅱ期：已退休的老年夫妻，子女离家分居的阶段。处于这一阶段的消费者收入大幅度减少，消费更趋谨慎，倾向于购买有益健康的产品。

鳏寡就业期：独居老人，但尚有工作能力的阶段。尚有收入，但是经济状况不好，消费量减少，集中于生活必需品的消费。

鳏寡退休期：独居老人，已经退休的阶段。收入很少，消费量很小，主要需要医疗产品。

一般说来，处于不同阶段的家庭，其需求特点是不同的，企业在进行营销时只有明确目标顾客所处的生命周期阶段，才能拟定适当的营销计划。对汽车营销而言，面临的家庭阶段主要是处于“满巢”期和“空巢”Ⅰ期的各类顾客。

视野拓展 中国家庭层次

在我国，从职业和收入状况来看，大致可以将家庭划分为下面五个层次，并且不同层次的家庭在消费上必然存在一些明显的差异。

1）上富阶层家庭。上富阶层家庭的组成大致分为两个部分：一部分是由于各种原因而继承了家族的大量财富；另一部分是家庭成员在生意上或职业上取得了非凡的成就，收入非常可观。他们是高档汽车、高级住宅、豪华度假及其他高档次、高品质消费品的主要市场。

2）富裕阶层家庭。属于富裕阶层家庭的有高级干部，具有较好业绩的厂长、经理以及各界社会名流等。这部分家庭有较高和较稳定的收入，生活条件非常优越，进出有汽车，经常出入高级饭店，他们以及他们的子女都有较好的住宅。和上富阶层的家庭相似，他们的衣、食、住、用、行都是比较讲究的，是高档次、高品质消费品的主要消费者。

3）一般工薪阶层家庭。属于该阶层的有工人、一般干部、教师和技术人员等。家庭成员的收入主要来自工资收入以及各种补贴和奖金，较少有额外收入。该阶层的家庭通常有比较充裕的食品、服装和其他基本生活用品。他们是电视机、冰箱等家用电器，一般服装的主要市场。他们重视子女的教育，追求时尚，他们为数众多，是目前中国社会的小康家庭。

4）略贫阶层家庭。这个阶层的家庭主要是那些受教育程度不高的非熟练工人，以及一般农村家庭。这部分家庭的生活略显拮据，他们的消费开支主要用于维持全家吃、穿、用等各项基本生活。他们常常处于困难之中，需要得到亲朋好友的帮助。他们是档次稍低的家用电器、一般食品和服装等消费品的购买者。

5）贫困阶层家庭。目前我国社会仍然有为数不少的相对贫困的家庭，他们主要分布在边远贫穷地区，少数是一些因企业破产而失业的工人。这部分家庭成员受教育程度低，生活相当贫困，甚至缺衣少食，靠救济、补助才能维持家庭基本生活。他们将微薄收入的绝大部分用于购买食品、衣服和其他生活必需品。

2）家庭购买决策类型。在现代家庭中，丈夫、妻子往往是商品购买的主要决策者。而夫妻各自的购买决策方式对家庭消费的影响是有着很大差别的。总体上，家庭消费行为决策类型可以分为四类：独立支配型、丈夫权威型、妻子权威型和共同决策型。

独立支配型——夫妻双方都能为自己的购物做出决策。这种类型多属开放型家庭，一般在经济收入较宽裕，层次较高的家庭中较为常见。这类消费者在购买中的自主性和随意性都比较强，因为其购买行为既不受经济收入的限制，也不受家庭成员的约束。

丈夫权威型——丈夫在家庭购买决策中居主导地位。这种家庭的主要经济来源以丈夫为主，男性的购买心理与行为在很大程度上代表了家庭的购买行为。同时，还有另一类丈夫权威型家庭，即丈夫的生活能力大大高于妻子，有较高的持家购物能力。在我国广大农村地区，这种模式仍是家庭决策的主要形式。

妻子权威型——妻子在家庭购买决策中居主导地位。这种类型的家庭又分为三种可能的情况：一是家庭收入很高，消费支出的决策已不再成为家庭生活的主要话题，生活内容才是家庭成员关心的对象；二是由于丈夫忙于工作和事业，家庭事务从决策到具体购买都由妻子承担；三是妻子的独立生活、购物、理家能力大大超过丈夫。前两类妻子决策型家庭在购买行为上比较随意，机动性较大，是产品销售中较易吸引的对象；而后者则往往是市场上的挑剔购买者。

共同决策型——夫妻双方通过民主协商来决定购物。这种家庭的主要特点是：夫妻双方关系融洽，有良好的教育基础，思想较为开放，适应时代潮流，家庭中有良好的沟通环境。购买决策的分工不会很明确，以两方相互商量、相互参谋的决策形式为主，因此购买决策往往较为慎重和全面，较少发生冲动。

私人汽车的购买，在买与不买的决策上，一般是协商决策型或丈夫决策型，但在款式或颜色的选择上，妻子的意见影响较大。从营销观点来看，认识家庭的购买行为类型，有利于营销者明确自己的促销对象。

（4）政策因素

一个国家的政策会对消费者的购买行为产生间接的影响。随着私人购车比例的增加，汽车消费政策对汽车市场的影响越来越大。

据有关专家分析，1998 年 10 月以前的购车方式主要还是局限于现款购车。1998 年 10 月汽车消费贷款由建设银行首先推出，汽车信贷消费成为了拉动汽车消费的重要手段。特别是 2009 年中央针对金融危机的影响而推出的 1.6L 以下乘用车购置税减半的政策，极大地促进了 1.6L 中级汽车的销量，实现 2009 年我国汽车销量突破 1 360 万台，较上年 40%以上的增长，成为全球第一大汽车销售市场。仅仅一项购置税减半政策产生的拉动效益如此之高，由此可见如果政府在其他汽车消费政策方面做出相应调整，将对我国汽车消费产生巨大的影响，并将对我国汽车行业的发展产生极大的推动作用。

（5）经济因素

影响汽车市场购买行为的经济因素主要表现在社会购买力水平和消费者可支配收入两个方面。

1）社会购买力水平。社会购买力水平是指在一定时期内用于购买商品的货币总额，它反映该时期全社会市场容量的大小。社会购买力的大小客观上制约了人们能够消费什么、消费多少。例如，在 20 世纪 70 年代，手表、自行车和电视机被称为高档耐用消费品，而进入

21世纪后，汽车则作为新一代的高档耐用消费品走进了千家万户。

2）消费者可支配收入。消费者可支配收入是反映居民家庭全部现金收入中能用于安排家庭日常生活的那部分收入，即用家庭中得到的全部现金收入减去个人所得税、记账花费及家庭从事副业生产支出的费用。尤其是个人可支配收入，它是消费需求变化中最活跃的因素，对汽车这种高档产品的销售具有很大的影响。所以，社会购买力水平和消费者可支配收入的高低决定了消费者的购买能力，进而影响着他们的购买行为。

（6）企业因素

企业因素是指企业提供的产品、企业本身的形象、企业的广告宣传等对消费者购买行为形成的刺激和影响。

3.3.4 消费者购买行为的类型

研究汽车的消费者购买行为时，通常以购买态度为基本标准。因为购买态度是影响个人购买行为的主要因素。按照这种标准划分，汽车的消费者购买行为可以分为理智型、冲动型、习惯型、选价型和情感型等几种。

（1）理智型

具有理智型消费行为的消费者购买的思维方式比较冷静，在需求转化为现实之前，他们通常要做广泛的信息收集和比较，充分了解商品的相关知识，在不同的品牌之间进行充分的调查，慎重挑选，反复权衡比较。也就是说，这类消费者的购买过程比较复杂，通常要经历信息收集、产品和品牌评估、慎重决策和购后评价等各个阶段，属于一个完整的购买过程。因而，其购买决策速度慢、时间长。现阶段，我国的私人汽车消费者的购买行为多属于这种类型。因为他们多数是初次购买私人轿车的用户，购买汽车要花费他们较多的资金，且汽车结构复杂，专业性较强，普通消费者的汽车知识较少。对于这类顾客，营销者应制订策略帮助顾客掌握产品知识，借助多种渠道宣传产品优点，发动营销人员乃至顾客的亲朋好友对顾客施加影响，简化购买过程。

（2）冲动型

具有冲动型消费行为的消费者容易受别人的诱导和影响而迅速作出购买决策。冲动型的购买者，通常是情感较为外向，个性心理反应敏捷，情绪容易冲动，随意性较强的顾客。他们一般较为年轻（30多岁者居多），具有较强的资金实力。对于冲动型购买者来说，易受广告宣传、营销方式、产品特色，购买氛围、介绍服务等因素的影响和刺激，进而诱发出冲动性购买行为。这种需求的实现过程较短，顾客较少进行反复比较挑选。但是，这类顾客常常在购买后会认为自己所买的产品具有某些缺陷或其他同类产品有更多的优点而产生失落感，怀疑自己购买决策的正确性。针对这类消费者，企业在组织市场营销时，要讲究商品的造型和款式，强化广告宣传等促销措施，充分发挥环境的刺激作用，促使消费者作出购买决策。此外，营销者还要提供较好的售后服务，通过各种途径经常向顾客提供有利于本企业和产品的信息，使顾客相信自己的购买决定是正确的。

（3）习惯型

具有习惯型消费行为的消费者，通常会根据过去的购买经验、使用习惯和自己的品牌偏好作出购买决策。这类购买者的购买决策较少受广告宣传和时尚的影响，其需求的形成多是由于长期使用某种特定品牌的产品并对其产生了信赖感，从而按习惯重复购买，这种购买决策实际上是一种“品牌认同”的购买决策。因此，他们在购买时一般不假思索，不经过挑选，购买决策快、时间短，购买行为比较容易实现。对这类购买者，营销人员应尽量简化购买手续，缩短消费者的购买时间。

（4）选价型

选价型消费行为是指对商品价格变化较为敏感的购买决策。具有这类购买态度的消费者，往往以价格作为购买决策的首要标准。其中，该类购买决策又有两种截然相反的表现形式：一种是选高价决策，即个人消费者更乐意选择购买优质高价的商品，如那些豪华轿车的消费者多采用这种购买决策；另一种是选低价决策，即个人消费者更注重选低价商品，多数工薪阶层的消费者以及二手车的消费者主要采用这种购买决策。

（5）情感型

情感型消费行为是指容易受感情支配作出购买决策的行为。持有这类购买态度的顾客，具有个性心理特征，兴奋性比较强，其情感体验较为深刻，想象力特别丰富，审美感觉灵敏。在情感型购买的实现过程中，他们较易受促销宣传和情感的诱导，对商品的选型、色彩及知名度都极为敏感，多以商品是否符合个人的情感需要作为研究购买决策的标准。但他们的注意力容易转移，兴趣容易变换，多属于情感的反映者。国外家庭以女性成员为使用者的汽车用户多属于这种购买行为。企业在组织商品时，应根据这类消费者购买行为的特点，注意商品造型、色彩和命名，所采取的各种营销策略都要有利于引起消费者的想象。对情感型购买者来说，只要商品的品质符合其感情需要，他们就会作出购买决策。

总体上讲，我国现阶段的汽车个人消费者，其购买行为类型以理智型占主导，其余类型只是在西方经济发达国家才经常见到，因此汽车营销者在开发国内、国外两个市场时，应采取不同的营销模式。

3.4 汽车消费者购买决策

决策是指人们为了达到某一预定的目标在可供选择的若干个方案中选择最优方案的过程。汽车购买决策是指汽车消费者作为决策主体，为了满足自己的对汽车的需求，合理地支配有限的财力和精力，在购买过程中进行的评价、选择、判断、决定等一系列活动。

3.4.1 汽车消费者购买决策的内容

消费者的购买决策是多种多样的。不同的消费者其购买决策会存在着差异，即使是同一个消费者在不同的条件下，其购买决策也会存在着区别。虽然消费者购买决策所包括的内容很多，但不管是哪位消费者的哪种购买决策，概括起来不外乎购买何种车、何时购买、何处购买、由谁去买、为何购买、如何购买等问题，也就是5W2H。所谓5W2H，即Which、When、Where、Who、Why、How、How often。

营销案例	鲜花与白色汽车
著名的汽车推销员乔·吉拉德，以12年来推销13 000多辆小汽车的惊人业绩，被《吉尼斯世界纪录大全》收录，并荣获“世界上最伟大的推销员”的称号。	

有一天，一位中年妇女从对面的福特汽车销售商行出来，走进了吉拉德的汽车展销室。她说自己很想买一辆白色的福特车，就像她表姐开的那辆，但是福特车行的经销商让她过一个小时之后再去，所以先过这儿来瞧一瞧。

“夫人，欢迎您来看我的车。”吉拉德微笑着说。妇女兴奋地告诉他：“今天是我55岁的生日，想买一辆白色的福特车送给自己作为生日的礼物。”“夫人，祝您生日快乐！”吉拉德热情地祝贺道。随后，他轻声地向身边的助手交代了几句话。

吉拉德领着夫人从一辆辆新车面前慢慢走过，边看边介绍。在来到一辆雪佛兰车前时，他说：“夫人，你对白色情有独钟，瞧这辆双门式轿车，也是白色的。”就在这时，助手走了过来，把一束鲜花交给了吉拉德。他把这束漂亮的鲜花送给了夫人，再次对她的生日表示祝贺。

那位夫人感动得热泪盈眶，非常激动地说：“先生，太感谢您了，已经很久没有人给我送过礼物了。刚才那位福特车的推销商看到我开一辆旧车，一定以为我买不起新车，所以在我提出要看一看车时，他就推辞说需要出去收一笔钱，我只好上您这儿来等他。现在想一想，也不一定非要买福特车不可。”就这样，这位妇女就在吉拉德这儿买了一辆白色的雪佛兰轿车。

（1）购买何种车（Which）

买哪种车即确定购买对象，是购买决策的核心和首要问题。汽车营销者可以通过市场调查，研究了解汽车消费者市场需要什么样的汽车，尽量在外观、品种、质量、性能、价格等方面满足消费者的需求。一般情况下，汽车购买者总是喜欢物美价廉、式样新颖、富有个性的汽车。

（2）何时购车（When）

何时购车，即确定购买时间。购买时间的选择取决于消费者对汽车需要的迫切性、交通情况和消费者自己可控制的空闲时间等因素。其中，消费者对汽车需要的迫切性是决定购买时间的决定性因素。从表面上看，汽车消费者购买汽车没有时间规律性，但是从深层来分析，还是有一定的规律可循的。一般情况下，购车者都是喜欢工作之余或是在周末的时间去看车。此外，还有季节性购车，所以车行有“金九银十”之说。

（3）何处购车（Where）

何处购车，即确定购买地点。汽车消费者对购买地点的选择取决于汽车经销单位的信誉、购买地点的交通状况、价格以及售后服务质量等因素。随着商品流通体制改革的深化，多种经济成分、多条流通渠道、多种经营方式并存的流通体制格局已经形成，市场上出现了激烈竞争的局面，所以汽车经销企业应当加强管理，从服务质量、选址等方面提升顾客的满意度，以便成为顾客购车的首选地。

（4）由谁购车（Who）

由谁购车是分析汽车购买主体，也就是汽车由谁购买的问题。汽车消费者并非都是自己亲自购买，同样汽车消费者购买的汽车并非都是自己使用。在汽车消费者市场中，消费者的购买行为虽然是以一个家庭为单位，但参与购买决策的通常并非只有这个家庭成员，很多时候是这个家庭的某个成员或某几个成员以及与家庭成员相关的其他相关群体，他们在购买决策中各自扮演着不同的角色。在购买决策过程中，可能出现以下角色：

- 发起者——首先提议或想到购买汽车的人。
- 影响者——对最终购买汽车有直接或间接影响的人。

- 决策者——对整个或部分购买决策有最后决定权的人。
- 购买者——实际从事购买行为的购买者。
- 使用者——实际驾驶汽车者。

在汽车消费决策中，可能出现一人充当几种角色的现象，也有可能出现一种角色由多人充当的现象。总之，在汽车消费决策过程中，五种角色地位不同，心理状态也不相同，满足他们需要的方法也不相同。因此，企业营销人员必须有自主性地制订与汽车营销工作相关的营销策略和方法。

（5）为何购买（Why）

为何购买是对汽车购买者购买欲望和动机的原因分析，即权衡购买动机和原因。它是消费者购买汽车的初始原因和原动力，当购车的欲望强烈到一定程度，就会产生购买的动机。因此，分析“为何购买汽车”的关键是对欲望和动机的分析。企业应通过对消费者的调查和预测，准确地把握和弄清楚消费者为何购车这一问题。

（6）如何购车（How）

如何购车，即购买方式决策。这是对消费者购买方式和付款方式的分析。购车者采取什么方式购车，是一次性付款还是分期付款，是现金支付还是贷款支付，这会影响到企业营销计划的制订。企业应根据汽车消费者的不同要求，制订出相应的汽车销售策略。

（7）购买的频率如何（How often）

购买的频率对于汽车这种昂贵的商品而言，主要是了解客户在什么时候可能有购买新车的需要以及什么时候出现更新换代的要求，这是对消费者购买汽车能力的分析。一般情况下，汽车购买者总是喜欢性价比较高的汽车，用有限的金钱买到满意的汽车。企业应根据汽车消费者的不同要求，制订出相应的汽车价格策略。

从以上对汽车消费者决策内容的分析可以看出，购买决策具有以下特点：

1）购买决策是购买行为不可缺少的准备阶段。

2）该阶段是一个脑力活动的过程，因而是一个心理活动的过程，也是一个思维过程。

3）这个心理过程是在一定思想指导下进行的，目的在于实现购买行为。因此，购买决策是一个自觉的心理过程。它属于消费者心理活动的意志范畴。

3.4.2 汽车消费者购买决策的过程

消费者在购买某一商品时，均会有一个决策过程。消费者购买行为过程是确认需要、收集信息、购买评估、购买决策、购后感受五个阶段的统一。当然，在现实的购买活动中，并非所有的购买行为都依次经过这五个阶段（见图3-4）。事实上，有时消费者购买行为很简单，从唤起需要到决定购买，几乎同时进行；有时候，消费者购买过程又比较复杂，不仅要经过每个阶段，而且会出现反复。

图3-4 消费者购买决策的五个阶段

1. 确认需要

确认需要是消费者购买决策过程的起点。当消费者面对内部或外部的刺激时，就会有确认的需求。如生活的变化产生了新的需要，上下班不方便，对正在使用的汽车或服务不太满意，看到周围与其条件相仿的人大都有车，广告诱导等都可能成为消费者购买汽车的刺激因素。这时只要条件许可，消费者都会由此开始确认自己的需要，找出自己到底需要的是什么，需要解决什么问题，并设想结果是怎样的。当这种需要上升到某种程度时就成为一种动力，驱使人们去购买某种物品来获得满足，购买过程就开始了。因此，汽车企业应有意识地安排一些诱因（如广告、展销会等），激发消费者对本企业汽车产品的需要。

2. 收集信息

汽车消费者在确定自己的需要之后，并不马上作出购买决策，而是先寻找有关产品或服务的多方面信息，以便找到满足自己的消费需要的最佳目标对象。汽车购买行为是一种典型的较为复杂的购买行为，而且在我国目前的购车群体里面，绝大多数都是第一次购车。他们并不了解市场上众多的汽车的分类、规格、性能、适用性以及厂家和经销商的信誉、实力、能提供的服务等，所以他们在作出最终购车决策之前一般都会经历一个漫长的认识学习的过程，通过各种途径来广泛地收集自己意向内的各种相关的汽车的信息，进行综合考虑，最后做出选择。一般来说，消费者传统的信息来源主要有四个方面：人际来源、营销来源、公共来源、经验来源。

（1）人际来源

人际来源主要包括来自家人、朋友、同事等周边人们提供的信息，对消费者的购买决策影响很大。有效的人际来源，对购买决策能起到认同或评价的作用。在汽车消费的信息收集过程中，向亲朋好友的咨询是其中重要的一个环节。值得一提的是，中高档汽车消费中，炫耀和身份表征的需求，更加重了亲朋好友对汽车评价在消费过程的作用。

（2）营销来源

营销来源一般是指广告、经销商、展览以及其他的营销活动等。这部分的信息由于其商业色彩较浓，消费者往往怀有戒备心理，对其接受程度不如来自人际来源的信息。但是，营销作为厂商、经销商与消费者沟通的重要手段，也是商家所能够直接控制的消费者信息渠道，因此营销成为厂商、经销商在购买行为实际发生之前，向消费者传递信息的重要渠道。为增强品牌的市场声音、提高消费者认知度，各类企业无不倾尽全力选择最有效的渠道、有效配置营销活动的类别和预算，使其达到信息传递功能最大化。

（3）公共来源

公共来源的信息主要是大众传播媒体、消费者评审组织提供的相对客观性和权威性的信息，如评测、调查等。此类信息是很多消费者决策的有利参考依据。如何获取公共信息、从哪方面获取公共信息，是为消费者决策行为提供参考的重要依据。对这一方面进行调查研究，也可以有效地辅助企业更有针对性地渗透产品信息，提高品牌认知度。

（4）经验来源

经验来源是指消费者根据自己的知识或者以往消费对该汽车的经验，对记忆中原有信息进行回忆的过程。例如，购买时，你遇到以前曾经熟悉的某种汽车，通过搜寻你的记忆，你很可能记起它是否好用，是否受欢迎以及驾驶性能是否良好。

汽车消费者的主要信息来源是商业来源，但是互联网逐渐成为消费者了解汽车的主要渠道，互联网上各种观点、信息掺杂其中，而且传统媒体也经常从互联网上获取信息。汽车企业应了解和掌握消费者的信息来源并对不同来源的重要性予以评价，在此基础上，设计有效的传播途径，使企业与目标消费者更好地进行沟通。

3. 购买评估

在购买评估阶段，汽车消费者会将需求同获取的信息相结合，形成一套由产品、消费者价值观等因素决定的决策评价标准，然后根据评价标准对相对杂乱无章的信息加以筛选，进行“去粗取精、去伪存真、由此及彼、由表及里”的分析比较，权衡各自的优劣，确定对某商品应持的态度和购买意向，以便作出最佳选择。

（1）评价标准

购车者对汽车的评价标准是指根据自身对汽车的特定需求或者期望从汽车中获得的利益而寻求的一些相关的产品特征或属性。一般来讲，购车者在对一辆汽车评价时，往往会从安全性、舒适性、品牌、经济性、动力性、可靠性、适用性、操作性、美观性、价格、售后服务等方面来进行。每一个购车者对汽车性能的要求是不一样的，因此他们所采用的评价标准也是不一样的。同样，他们对每种评价标准在重要性上也有差异。

（2）评价方法

常用的评价方法是加权评分法。也就是把确定的评价标准的各方面确定下来，并根据各自不同的重要性赋予各自的重要性权数，然后将评价标准各个量的表现与重要性权数相乘，得到其总体评价。根据总体评价得分选择最后的购买对象。

营销案例

A先生选车

A先生想买一辆汽车，他把选择组局限于四种车型（飞度、捷达、伊兰特、比亚迪F3），且把安全性、操作性、美观性和售后服务作为他的评价标准并赋予每个标准不同的重要性（见表3-1）。

表3-1 评价标准及重要性权数

车型	评价标准及重要性权数			
	安全性40%	操作性30%	美观性20%	售后服务10%
飞度	10	8	6	4
捷达	8	9	8	3
伊兰特	6	8	10	5
比亚迪F3	4	3	7	8

由表3-1可以得出A先生对各车型评价的总分值：

飞度=0.4×10+0.3×8+0.2×6+0.1×4=8.0

捷达=0.4×8+0.3×9+0.2×8+0.1×3=7.8

伊兰特=0.4×6+0.3×8+0.2×10+0.1×5=7.3

比亚迪F3=0.4×4+0.3×3+0.2×7+0.1×8=4.7

如果汽车生产厂商能充分地了解消费者的评价行为与偏好，那么就可以据此来调整自己的竞争战略，进而影响购买者的决策。

营销视野	购买评估注意事项

在消费者对备选方案进行评估选择过程中，有以下几点值得营销者注意：

1）产品性能是购买者所考虑的首要问题。

2）不同消费者对产品的各种性能给予的重视程度不同，或评估标准不同。

3）多数消费者的评选过程是将实际产品同自己理想中的产品相比较。

4. 购买决策

购买决策是购买过程的关键阶段，这是因为消费者只有作出购买决策后，才会产生实际的购买行为。

在评价阶段，消费者经过对可供选择的汽车产品及品牌的分析比较，初步形成了对某一产品的偏好或购买意向，但购买意向并不等同于真正的购买。在意图和决策之间，还有他人的态度和未预期的情况发生这两个因素可能导致购买不能形成。

营销视野	使购买不能形成的两个因素

购买意向并不等同于真正的购买，在意图和决策之间，他人的态度和未预期的情况可能导致购买不能形成。

1）他人的态度。他人的态度对消费者购买决策的影响程度，取决于他人的反对态度的强度和消费者遵从他人愿望的程度。消费者的购买意图，会因他人的态度而增强或减弱。

2）未预期的情况发生。消费者购买意向的形成，总是与预期收入、预期价格和期望从产品中得到的好处等因素密切相关的。但是，当他欲采取购买行动时，发生了一些意外的情况，诸如因失业而收入减少，因产品涨价而无力购买，或者有其他更需要购买的东西等，这一切都将会使他改变或放弃原有的购买意图。

这两个因素的存在都可能会使消费者不能最终形成购买。

5. 购后感受

消费者购买商品后，一般通过自己的使用和他人的评判，对所购买的产品进行再次评估，并把他所观察的产品的实际性能与对产品的期待进行比较，进而产生一定的购后感受，如满意、一般或不满意等，这些感受最终会通过各种各样的行动表现出来。

消费者购后的满意程度取决于消费者对产品的预期性能与产品使用中的实际性能之间的对比。如果汽车产品的实际表现达到了消费者的期望，就会令消费者满意；反之，就会使消费者不满意。购买后的满意程度还决定了消费者的购后活动，如果他们对产品满意的话，很可能在今后会再次购买该种品牌的汽车，并向其他人宣传该汽车的优点。如果不满意，消费者的反应则截然相反，他们会通过各种行为来减少不平衡的感受。如通过放弃或退货来减少不和谐，或向熟人和亲友抱怨、在互联网上发布信息、向消费者协会投诉等，消费者的购后感受会影响到其他消费者，形成连锁效应。有调查数据显示，企业的业务水平约有65%来自其固有的、满足的顾客，而失望的顾客中有91%的人绝不会再买令他们失望的那家企业的产品。

汽车企业营销的目标是通过满足顾客的需求来使顾客满意。实现顾客满意是汽车企业与消费者保持长久关系的关键，它能使汽车企业获得信誉。实现顾客满意的最好方法是提供优质的汽车产品和售后服务。与此同时，企业还应该研究对待消费者不满意的方法，采取有效措施尽可能降低消费者的不满意程度，提供良好的沟通渠道供消费者投诉，尽量减少购买者买后不满意的程度，并通过加强售后服务、保持与顾客的联系、提供使他们从积极方面认识产品的特性等方式增加消费者的满意感。

上面的购买决策过程表明，汽车购买过程实际上在实施实际购买行为之前就已经开始，并且要延伸到购买之后的很长一段时间才会结束。因此，企业营销人员必须研究汽车购买者的整个购买过程，而不能只是单纯注意购买环节本身。研究和了解消费者的需要及其购买过程，是市场营销成功的基础。只有这样，才能获得有助于满足消费者需要的有用线索。通过了解购买过程的各种参与者及其对购买行为的影响，才能为目标市场设计有效的市场营销策划。

营销视野

顾客满意度调查表

对于营销者来说，很需要在一次购买活动完成之后，了解购买者的满意程度。这就需要设计一张顾客满意度调查表，但在这个调查过程中，不能花费顾客过多的时间，不能让顾客产生厌烦的感觉，所以调查表应该简单、简洁。某企业的顾客满意度调查表，见表3-2。

表3-2　某企业的顾客满意度调查表

一、顾客信息			
顾客姓名		地址	
电话		传真	
购买地点		产品型号	
二、顾客满意度			
1. 产品质量			
（1）提供了国家专业产品质量监督检验机构的检验合格报告（产品执行相应的国家、部级规范）			□是□否
（2）产品性能恰好满足您的购买需求			□是□否
2. 消耗时间与精力			
与您预期的时间和精力相比			□提前□按时□延期
3. 价格方面			
与当地相同层次的产品相比			□性价比更高□无差别□性价比低
4. 营销人员			
营销人员的专业程度高			□是□否
三、顾客对本公司服务的满意程度			
公司人员对顾客咨询回应及时，接受投诉态度端正并积极处理			□是□否
售前咨询：	□很满意（100）□满意（80）□一般（60）□不满意（0分）		
售中服务：	□很满意（100）□满意（80）□一般（60）□不满意（0分）		
售后服务：	□很满意（100）□满意（80）□一般（60）□不满意（0分）		
四、其他意见、要求或建议（如与其他厂家同类产品的差距、市场信息、改进的建议等）（建议一经采纳，本公司将对顾客给予奖励）（可另附纸）			
填表日期：　　年　　月　　日			

本章小结

1．汽车市场营销的核心就是满足购车者的需要和欲望。行为科学认为，消费者行为都有一定的消费动机，而消费动机又产生于消费者需要。

2．消费者需要是指消费者在一定的社会经济条件下，为了自身生存与发展而对商品的需求和欲望。汽车消费者需要具有多样性、层次性、伸缩性、发展性、可诱导性、关联性、可替代性等特征。消费者需要的产生，有赖于消费者个人当时的生理状态、社会情景以及个人的认识。

3．人的需要是多种多样的，心理学界对需要进行了多种形式的划分，具有代表性的是马斯洛的需要层次理论。他认为人的基本需要可以分为生理的需要、安全的需要、社交的需要、尊重的需要和自我实现的需要。其中，生理的需要是人类最基本的需要，是人类为维持和延续生命而产生的对外界条件不可缺少的需要；安全的需要是指人类在社会生活中，希望自己的身体不受伤害，摆脱病痛，确保其平安的需要；社交的需要是人与人之间感情交流、保持友谊与忠诚，渴望得到爱情，得到重视和容纳等方面的需要；尊重的需要是指人类在社会生活中希望有一定的社会地位和自我表现的机会，获得相应的荣誉，受到别人的尊重，享有较高的威望等需要；自我实现的需要是指人们希望充分发挥自己的才能，干一番事业，获得相应的成就，实现理想目标，成为自己所期望的人的需要。人类的上述五种需要是相互联系的，前两种需要是低层次的基本需要，后三种需要是较高层次的发展需要。人类的需要是一个由低级向高级发展的阶梯，只有当低层次需要得到基本满足之后，才会产生并开始追求新的、高一层次的需要。

4．消费者购买动机是指消费者为了满足自己一定的需要而引起购买行为的愿望或意念。它是能够引起消费者购买某一商品和劳务的内在动力。消费者购买动机具有复杂性、转化性、公开与内隐的并存性、冲突性、指向性。

5．消费者的购买动机有如下的作用：1）引起和驱动作用；2）指引和诱导作用；3）维持和加强作用。

6．根据马斯洛的需要层次理论和麦古尼的心理学动机理论，可以将我国汽车消费的动机分为情感动机、求实购买动机、求新购买动机、求名购买动机、求优购买动机、求美购买动机、求廉购买动机、嗜好购买动机、从众购买动机等九类。

7．消费者购买行为是指消费者个人或家庭为了满足自己物质和精神生活的需要，在某种动机的驱使和支配下，用货币换取商品或劳务的实际活动。其含义包含两个方面的内容：1）消费者行为是个过程；2）消费者行为是交换行为。

8．消费者购买行为模式是指用以表述消费者消费过程中的全部或局部变量之间的因果关系的理论描述。它主要有刺激—反应模式、恩格尔模式、维布雷宁模式和马歇尔模式等四种模式。其中刺激—反应模式包括投入刺激、“黑箱”作业、消费者行为三个阶段。

9．消费者的购买行为是在消费者内在因素的直接作用下发展的，同时也受到一系列外部环境因素的影响。内在决定因素也可称为基本决定因素，包括消费者的需求、动机、个性、知觉、学习、态度等。外在因素对内在因素施加影响而间接地影响消费者的购买决定。外在决定因素包括文化因素、社会因素、家庭因素、政策因素、经济因素和企业因素。

10. 以购买态度为基本标准，将汽车的消费者购买行为分为理智型、冲动型、习惯型。选价型和情感型等几种类型。

11. 汽车购买决策是指汽车消费者作为决策主体，为了满足自己的对汽车的需求，合理地支配有限的财力和精力，在购买过程中进行的评价、选择、判断、决定等一系列活动。其内容包括 5W2H——Which、When、Where、Who、Why、How、How often。在购买决策过程中，可能出现发起者、影响者、决策者、购买者、使用者等角色。这些角色都可能影响购买决策。

12. 消费者在购买某一商品时，均会有一个决策过程，消费者购买行为过程是确认需要、收集信息、购买评估、购买决策、购后感受五个阶段的统一。一般来说，消费者传统的信息来源主要有四个方面：人际来源、营销来源、公共来源、经验来源。

复习思考题

1. 消费者需要的特征是什么？其产生的起因包括哪些方面？
2. 如何理解马斯洛的需要层次理论。
3. 我国汽车消费者购买动机的分类对汽车营销人员有什么意义？
4. 汽车消费者购买行为的影响因素提示汽车营销人员在汽车销售过程中应注意什么问题？
5. 举例说明影响汽车消费者购买行为的因素主要有哪些。
6. 汽车消费者购买决策的内容对汽车营销者的启示是什么？
7. 如何理解汽车消费者购买决策过程的每一阶段。

营 销 实 务

制作汽车消费者购车行为分析市场调研表，并进行市场调查。分析汽车购买行为的主要影响因素、购买决策的影响人与影响力，并写出调查报告。

学习任务4 实施汽车市场的STP策略

学习目标

知识目标

- 了解市场细分的概念与作用
- 掌握汽车市场细分的条件与标准
- 掌握选择汽车目标市场的标准以及要考虑的因素
- 掌握选择汽车目标市场的策略
- 理解进行汽车市场定位的依据与策略
- 了解汽车目标市场定位的类型，掌握汽车市场定位的步骤

能力目标

- 能根据汽车市场细分的依据和标准对汽车市场进行细分
- 能在汽车细分市场的基础上进行汽车目标市场的选择
- 能运用市场定位策略，针对目标市场进行汽车产品的定位

引入案例　“奇瑞 QQ 卖疯了”

奇瑞 QQ——年轻人的第一辆车。“奇瑞 QQ 卖疯了!”在北京亚运村汽车交易市场 2003 年 9 月 8 日～14 日的单一品牌每周销售量排行榜上，奇瑞 QQ 以 227 辆的绝对优势荣登榜首!奇瑞 QQ 能在这么短的时间内拔得头筹，归结为一句话：这车太酷了，讨人喜欢。

现在，在北京街头会时不时地看到奇瑞 QQ 的靓丽身影。虽然只是价格约为 4 万元的小车，但是奇瑞 QQ 那艳丽的颜色、玲珑的身段、俏皮的大眼睛、邻家小女儿般可人的笑脸，在滚滚车流中是那么的显眼，仿佛街道就是她一个人表演的 T 型台。

（1）开发背景

奇瑞公司成立于 1997 年，其全称是上汽集团奇瑞汽车有限公司。公司拥有整车外形等十多项专利技术，先后推出了 SQR 系列发动机和奇瑞风云系列轿车，2003 年 5 月推出奇瑞 QQ 系列和奇瑞东方之子系列轿车。

微型客车曾在 20 世纪 90 年代初持续高速增长，但是自 90 年代中期以来，各大城市纷纷取消“面的”，限制微型客车。在这种情况下，奇瑞公司经过认真的市场调查，精心选择微型轿车打入市场。它的新产品不同于一般的微型客车，其是微型客车的尺寸，轿车的配置。QQ 微型轿车在 2003 年 5 月推出，6 月就获得了良好的市场反应，到 2003 年 12 月，已经售出 28 000 多辆，同时获得多个奖项。

奇瑞 QQ 令人惊喜的外观、内饰、配置和价格是奇瑞公司占领微型轿车这个细分市场成功的关键。

（2）目标市场

奇瑞 QQ 的目标客户是收入并不高但有知识、有品位的年轻人，同时也兼顾有一定的事业基础、心态年轻、追求时尚的中年人。一般，大学毕业两三年的白领阶层都是奇瑞 QQ 潜在的客户。月均收入 2 000 元即可轻松地拥有这款轿车。

为了吸引年轻人，奇瑞 QQ 除了轿车应有的配置以外，还装载了独有的“I-say”数码听系统，成为了“会说话的 QQ”。据介绍，“I-say”数码听系统是奇瑞公司为用户专门开发的一款车载数码装备，集文本朗读、MP3 音乐播放、U 盘存储多种时尚数码功能于一身。让奇瑞 QQ 与计算机和互联网紧密联系起来，完全迎合了离开网络就像鱼儿离开水一样的年轻一代的需求。

奇瑞 QQ 的目标客户是对新生事物比较感兴趣、富于想象力、崇尚个性、思维活跃、追求时尚的年轻群体。虽然由于资金的原因，他们注重实际，对品牌的忠诚度较低，但是对汽车的性价比、外观和配置十分关注，是容易互相影响的消费群体。从整体的需求来看，他们对微型轿车的使用范围要求较宽。奇瑞公司把奇瑞 QQ 定位于“年轻人的第一辆车”，从使用性能和价格比上满足他们通过驾驶奇瑞 QQ 所实现的工作、娱乐、休闲、社交的需求。

（3）整合市场营销策略

奇瑞 QQ 作为一个崭新的品牌，在进行完市场细分与品牌定位后，采用了立体化的整合市场营销传播策略。以大型互动活动为主线，具体的活动包括“QQ 价格网络竞猜”、“QQ 秀个性装饰大赛”、“QQ 网络 Flash 大赛”等，为 2003 年的市场营销传播大造声势。

相关信息的立体传播：通过目标群体关注的报刊、电视、网络、户外、杂志等媒介，将奇瑞 QQ 的品牌形象、品牌诉求等信息迅速传达给目标消费群体和广大受众。

各种活动点、面结合：从新闻发布会到传媒的评选活动，形成全国市场的互动，并为市场形成了良好的市场营销氛围。在所有的市场营销传播活动中，让目标消费群体参与进来，在体验之中将品牌潜移默化地融入消费群体的内心，与消费者产生情感共鸣，起到了良好的营销效果。

奇瑞 QQ 作为奇瑞公司诸多品牌战略中的一环，抓住了微型轿车这个细分市场的目标用户。但关键在于要用更好的产品质量去支撑品牌，在市场营销推广中注意客户的真实反应，及时反馈并主动解决客户提出的问题会更加突出品牌的公信力。

据奇瑞公司总经理金弋波介绍说：“因为广大用户的厚爱，奇瑞 QQ 现在供不应求。作为独立自主的企业，奇瑞公司什么时候推出什么样的产品完全取决于市场需求。对于一个受到市场热烈欢迎的产品，奇瑞公司的使命就是多生产出质量过硬的产品，让广大用户能早一天开上自己中意的时尚个性的奇瑞 QQ”。

奇瑞 QQ 的成功，引起了其他微型车厂商的关注，竞争必将日益激烈。2004 年 3 月，奇瑞公司推出 0.8L 的奇瑞 QQ。该车具有全自锁式安全保障系统、遥控中控门锁、四门电动车窗等功能，排量更小、燃油更经济、价格更低。新的奇瑞 QQ 车选取了“炫酷派”、“先锋派”等前卫名称，希望能够再掀市场热潮。

点评：

企业无法在整个市场上为所有用户服务，只能在市场细分的基础上选择对本企业最有吸引力并能有效占领的那部分市场为目标，并制订相应的产品计划和营销计划为其服务。这样企业就可以把有限的资源、人力、财力用到能产生最大效益的地方上，确定目标市场。选择那些与企业任务、目标、资源条件等一致，与竞争者相比本身有较大优势，能产生最大利益的细分市场作为企业的目标市场，并做出合理的市场和产品定位是 STP 营销的主要任务。

> 问题与讨论：
> 1．奇瑞 QQ 的目标市场是什么？
> 2．奇瑞 QQ 成功的原因是什么？

汽车企业在市场营销过程中，面临许多营销机会，在对市场调查和预测的基础上，需要作出选择，确定自己的目标市场。在选择目标市场时，需对市场机会进行认真的分析比较，从中选出最有吸引力的细分市场，从而确定正确的营销策略。因此，汽车企业应实行 STP 营销策略（见图 4-1），即市场细分化（Segmentation）、选择目标市场（Targeting）、产品定位（Positioning）。该策略需采取三个步骤：一是按照一定的标准对市场进行细分；二是评估选择对本企业最有吸引力的细分部分作为自己为之服务的目标市场，实行目标营销；三是确定自己在汽车市场上的竞争地位，搞好产品的市场定位。STP 营销策略是企业营销战略的核心，是决定营销成败的关键。

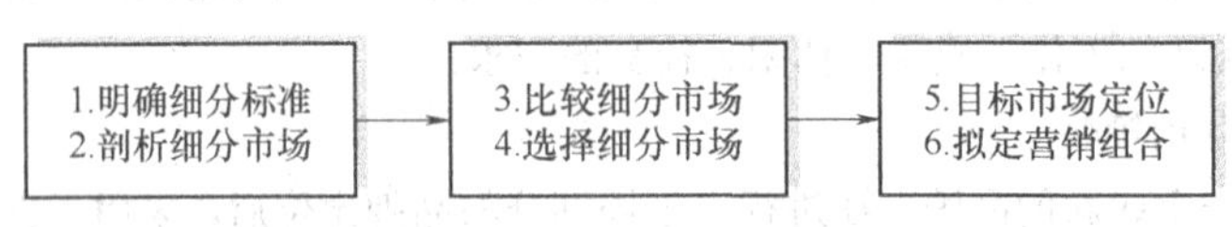

图 4-1　目标市场营销流程图

4.1　汽车市场细分

汽车企业不可能为所有用户提供有效服务，也不可能满足所有用户的需求。国际著名营销学专家、营销工程学创始人美国的盖瑞·利连安（Gary Lilien）博士在上海交通大学讲演时说："正确的市场细分是企业生存发展的战略基础。"只有正确细分了市场，找准了营销对象，有针对性地展开营销，才能使企业达到利润最大化。

4.1.1　市场细分的含义

1．市场细分的概念

市场细分是营销者通过市场调研，根据消费者需求的不同，把整个市场划分成不同的消费者群的过程。每一个细分市场都是由需求倾向类似的消费者构成的群体，不同细分市场的消费者之间则有着明显的需求差别。例如，奇瑞 QQ 就是以消费者的年龄、收入等因素为依据，将汽车市场划分为不同的消费群的；而奥迪的 A6、A8 主要是以公商务市场为目标；而宝马的 5 系和 7 系，则主要面对时尚、充满活力的商务人士，他们更加强调驾驶的乐趣。所有细分市场之总和便是整体市场。

市场细分的客观基础是消费者需求的异质性。进行市场细分的主要依据是在异质市场中需求一致的顾客群，其实质就是在异质市场中求同质。市场细分的目标是为了聚合，即在需求不同的市场中把需求相同的消费者聚合到一起。因此，市场细分实际上是一种求大同、存小异的市场分类方法。它不是对商品进行分类，而是对需求各异的消费者进行分类，是识别具有不同需求和欲望的购买者或用户群的活动过程。

市场细分这个概念是由美国市场营销学家温德尔·史密斯（Wendel R.Smith）于 1956 年

总结了企业的实践活动之后首先提出来的一个新概念。它的提出顺应了第二次世界大战后美国众多商品市场由卖方市场转化为买方市场这一新的市场形势，是一些企业市场营销实践经验的概括和总结，是企业市场营销观念的新发展，也是企业营销贯彻以市场为导向的营销原则合乎逻辑的产物。这一概念的提出，对于企业的发展具有重要的促进作用。

2. 市场细分的作用

市场细分在企业确定目标市场、有效制订营销组合策略、确定企业经营方向、了解消费者需求和提高企业综合效益上有着显著的作用。

（1）有利于选择目标市场和制定市场营销策略

市场细分比较具体，比较容易了解消费者的需求，企业可以根据自己的经营思想、方针及生产技术和营销力量，确定自己的服务对象，即目标市场。针对着较小的目标市场，便于制订特殊的营销策略。同时，在细分市场上，信息容易了解和反馈，一旦消费者的需求发生变化，企业可以迅速改变营销策略，制订相应的对策，以适应市场需求的变化，提高企业的应变能力和竞争力。

丰田的产品细分策略，正是基于产品的明确区分，打破了传统的同一品牌的方案，制订了雷克萨斯、皇冠、凯美瑞等品牌面向不同的用户群需求。

（2）有利于发掘市场机会，开拓新市场

通过市场细分，企业可以对每一个细分市场的购买潜力、满足程度、竞争情况等进行分析对比，探索出有利于本企业的市场机会，使企业及时作出投产、移地销售决策或根据本企业的生产技术条件编制新产品开拓计划，进行必要的产品技术储备，掌握产品更新换代的主动权，开拓新市场，以更好地适应市场的需要。

（3）有利于集中人力、物力投入目标市场

任何一个企业的资源、人力、物力、资金都是有限的。通过细分市场，选择了适合自己的目标市场，企业可以集中人、财、物及资源，去争取局部市场上的优势，然后再占领自己的目标市场。

（4）有利于企业提高经济效益

前面三个方面的作用都能使企业提高经济效益。除此之外，企业通过市场细分后，可以面对自己的目标市场，生产出适销对路的产品，既能满足市场需要，又可增加企业的收入；产品适销对路可以加速商品流转，加大生产批量，降低企业的生产销售成本，提高生产工人的劳动熟练程度，提高产品质量，全面提高企业的经济效益。

4.1.2 汽车市场细分的条件与标准

1. 汽车市场细分的条件

众所周知，产品的差异化必然导致生产成本和推销费用的相应增长，所以企业必须在市场细分所得收益与市场细分所增成本之间做一权衡。为了使细分市场有实用价值，使之能为汽车企业选择目标市场提供有价值的依据，我们得出有效的细分市场必须具备以下特征：

（1）差异性

差异性是指在某种汽车产品的整个市场中确实存在着购买与消费上明显的差异性，并且对不同的营销组合因素和方案有不同的反应，足以成为细分的依据。

（2）可衡量性

可衡量性是指根据汽车的某种特性因素划分出的每个细分市场，其规模、购买力和特性应该是能够加以衡量的。细分市场的规模必须使汽车企业有利可图，有一定的现实需求量和潜在需求量。如果某些细分变数或购买者的需求和特点很难衡量，细分市场后无法界定，难以描述，那么市场细分就失去了意义。一般来说，一些带有客观性的变量，如年龄、性别、收入、地理位置、民族等，都易于确定，并且有关的信息和统计数据也比较容易获得；而一些带有主观性的变量，如心理和性格方面的变量，就比较难以确定。

（3）可进入性

可进入性是指汽车企业对该细分市场能有效地接近和为之服务的程度，也就是能进行有效的促销和分销，即考虑营销活动的可行性。一是企业能够通过一定的广告媒体把产品的信息传递到该市场众多的消费者中去；二是产品能通过一定的销售渠道抵达该市场。一个市场可进入，说明该市场的竞争不激烈，竞争者相对较少，或本企业在该市场的竞争中有绝对或相对的优势。汽车市场细分必须是汽车企业能够进入并占有一定的份额，否则没有现实意义。

（4）足量性

足量性是指细分市场的规模应大到足够获利的程度。一个细分市场应该是值得为之设计一套营销规划方案的尽可能大的同质群体。它包括两个内容：①该市场有充足的现实需求量，其需求水平能符合企业当前的销售期望水平。②该市场有潜在需求，有较好的潜在发展前途，能为企业获得较大利润，有利于企业持续地开拓该市场。细分市场规模的大小，应考虑其包含的人和购买力要达到值得企业设立一套独立的营销方案。

2. 汽车市场细分的标准

市场细分的依据很多，造成消费者需求特征多样化的所有因素，几乎都可以视为市场细分化的依据或标准，称为细分变量。一般认为主要细分依据是地理因素、人口因素、心理因素和行为因素等四大类，每一大类又包括一系列的细分变量，见表 4-1。

表 4-1　汽车市场的细分标准

细分标准	细分变量
地理因素	地理位置、城镇大小、地形、地貌、气候、交通状况、人口密集度等
人口因素	年龄、性别、职业、收入、民族、宗教、教育状况、家庭人口、家庭生命周期等
心理因素	生活方式、性格、购买动机、态度等
行为因素	购买时间，购买数量，购买频率，购买习惯（品牌忠诚度），对服务、价格、渠道、广告的敏感程度等

（1）按地理因素细分

按地理因素细分，就是按照消费者所处的区域以及地理环境、气候特点、人口密度、城市乡村等内容来细分市场。这既是一种传统的细分方法，又是相对稳定的细分标准。地理位置不同的消费者，在购买习惯、购买力水平、购买方式等方面都会有很大的差异性。由于地理环境的差异，国际汽车制造商在把国际上畅销的车型输入中国的时候，都要根据我国的路况特点进行改装、调试甚至十几万公里的实际测试。因此，对汽车市场进行地理细分是非常必要的。

① 地理位置。可以按照行政区划来进行细分，如在我国可以划分为东北、华北、西北、

西南、华东和华南几个地区；也可以按照地理区域来进行细分，如划分为省、自治区，市、县等，或内地、沿海、城市、农村等。在不同的地区，消费者的需求显然存在较大的差异。

② 城镇大小。城镇按大小划分，可划分为大城市、中等城市、小城市和乡镇。处在不同规模城镇的消费者，在消费结构方面存在较大的差异。

③ 地形和气候。按地形可划分为平原、丘陵、山区、沙漠地带等；按气候可分为热带、亚热带、温带、寒带等。不同自然环境下的消费者对轿车质量、动力性能和操控性能的要求会有不同。

（2）按人口因素细分

人口是构成消费者市场的基本要素之一，有人的地方就会有衣、食、住、行的消费需求。按人口因素细分就是按年龄、性别、职业、收入、家庭人口、家庭生命周期、民族、宗教、国籍等变量，将市场划分为不同的群体。由于人口变量比其他变量更容易测量，且适用范围比较广，因而人口变量一直是细分汽车市场的重要依据。

① 年龄。不同年龄段的消费者，由于生理、性格、爱好、经济状况的不同，对汽车的需求往往存在很大的差异。因此，可按年龄将市场划分为许多各具特色的消费者群。

② 性别。按性别可将市场划分为男性市场和女性市场。汽车在用途上有明显的性别特征。在购买行为、购买动机等方面，男女之间也有很大的差异。

③ 收入。市场上的消费者需求是以消费者的货币支付能力为前提的。人们的需求会随着收入水平的高低呈等级型差异。根据平均收入水平的高低，可将消费者划分为高收入、次高收入、中等收入、次低收入、低收入五个群体。收入不同，人们的消费结构以及购买商品的习惯、爱好、方式都会有所不同。它将直接影响消费者的需求欲望和支出模式。例如，普通工薪阶层和私营企业老板在购买轿车的价格、要求和目的上会有很大不同。

④ 职业。不同职业的消费者，由于知识水平、工作条件和生活方式等不同，其消费需求也存在很大的差异。

⑤ 教育状况。受教育程度不同的消费者，在志趣、生活方式、文化素养、价值观念等方面都会有所不同，因而会影响他们的购买种类、购买行为、购买习惯。

⑥ 家庭人口。据此可分为单身家庭（1人）、单亲家庭（2人）、小家庭（2～3人）、大家庭（4～6人，或6人以上）。家庭人口数量不同也会出现需求差异。

（3）按心理因素细分

很多收入水平相当、地理位置相同、同一文化影响下的消费者却有着截然不同的消费习惯和特点，这是消费者的心理因素在起作用。心理因素包括消费者的购买动机、生活方式、性格等内容。

① 生活方式。生活方式是人们对工作、消费、娱乐的特定习惯和模式，不同的生活方式会产生不同的需求偏好，如“传统型”、“新潮型”、“节俭型”、“奢侈型”等。这种细分方法能显示出不同群体对汽车商品在心理需求方面的差异性。

② 性格。消费者的性格与对产品的偏好有很大的关系。性格可以用外向与内向、乐观与悲观、自信、顺从、保守、急进、热情、老成等词句来描述。性格外向、容易感情冲动的消费者往往好表现自己，因而他们喜欢购买能表现自己个性的产品；性格内向的消费者则喜欢大众化，往往购买比较平常的产品；富于创造性和冒险心理的消费者，则对新奇、刺激性强的商品特别感兴趣。

③ 购买动机。按消费者追求的利益来进行细分。消费者对所购产品追求的利益主要有求实、求廉、求新、求美、求名、求安等，这些都可作为细分的变量。例如，有人购买汽车是为了代步，有人是为了显富。因此，企业可对市场按利益变量进行细分，确定目标市场。

（4）按行为因素细分

按行为因素细分就是根据人们的知识、态度及对产品的反应和使用情况，将购买者分为不同的群体。许多市场营销人员认为行为因素是进行市场细分的最佳起点。这些因素包括购买时机、寻求的利益、使用者情况、使用率、品牌崇信度等。对于汽车市场，其行为因素主要考虑购买时间。企业可以根据消费者产生需要、购买或使用产品的时间进行市场细分，在适当的时候加大促销力度，采取优惠价格，以促进产品的销售。

4.1.3 汽车市场细分的方法和程序

1. 市场细分的方法

市场细分的方法有多种，通行的主要有单一变量法、主导因素排列法、综合因素细分法、系列因素细分法等。

（1）单一变量法

所谓单一变量法是指根据市场营销调研结果，把影响消费者或用户需求最主要的因素作为细分变量，从而达到市场细分的目的。这种细分法以公司的经营实践、行业经验和对组织客户的了解为基础，在宏观变量或微观变量间，找到一种能有效区分客户并使公司的营销组合产生有效对应的变量而进行的细分。

（2）主导因素排列法

所谓主导因素排列法是指用一个因素对市场进行细分，如按排量大小将乘用车市场进行细分。这种方法简便易行，但难以反映复杂多变的顾客需求。

（3）综合因素细分法

所谓综合因素细分法是指用影响消费需求的两种或两种以上的因素进行综合细分。例如，用生活方式、收入水平、年龄三个因素将乘用车市场进行细分。

（4）系列因素细分法

所谓系列因素细分法是指当细分市场所涉及的因素是多项的，并且各因素是按一定的顺序逐步进行，可由粗到细、由浅入深，逐步进行的细分。采用系列因素细分法，目标市场将会变得越来越具体。

2. 市场细分的程序

市场细分作为一个比较、分类、选择的过程，应该按照一定的程序来进行，通常有以下几步：

（1）正确选择市场范围

企业根据自身的经营条件和经营能力确定进入市场的范围，如进入什么行业，生产什么产品，提供什么服务。产品市场范围应以消费者的需求以及产品本身的特性来确定。

（2）列举潜在顾客的基本需求

选定产品市场范围以后，企业可以从地理、人口、心理和行为等变量入手，通过访问或其他方式，向一组有代表性的消费者了解他们内在的购买动机、态度、行为模式等，然后找出影响消费者购买决策最重要的几个变量，比较全面地列出潜在顾客的基本需求，并排序。这一步能掌握的情况可能不太全面，但却为以后的深入分析提供了基本资料和依据。

（3）分析潜在顾客的不同需求，初步划分市场

企业将所列出的各种需求通过抽样调查进一步搜集有关市场信息与顾客背景资料，运用因素分析法将高度相关的变量剔除。因为这些变量是顾客群的共同需求，虽然在市场营销组合设计时不应该忽视，但不能作为市场细分的依据；然后对存在不同需求特点的变量，利用综合分析进行差异比较。通过这种差异的比较，划分出几个相对统一的顾客群，即初步的细分市场。

（4）筛选

根据有效市场细分的条件，进一步认识每一个细分市场的顾客需求及行为特点，考虑各子市场有没有必要再做细分，或重新合并。

（5）为细分市场定名

根据潜在顾客基本需求上的差异，将其划分为不同的群体或子市场，并赋予每一子市场一定的名称。为便于操作，可结合各细分市场上顾客的特点，用形象化、直观化的方法为细分市场定名，例如，某旅游市场分为商人型、舒适型、好奇型、冒险型、享受型、经常外出型等。

（6）评估与选定目标市场

通过前面几步，企业基本确定了市场细分。在调查的基础上，企业要测量各个细分市场的潜量，即估计每一细分市场的顾客数量、购买频率、平均每次的购买数量等；对细分市场的产品竞争状况及其发展趋势作出分析，评价其吸引力；寻找可能的获利机会，选择与本企业经营优势和特色相一致的子市场，作为目标市场。没有这一步，就没有达到细分市场的目的。

经过以上六个步骤，企业便完成了市场细分的工作，就可以根据自身的实际情况确定目标市场并采取相应的目标市场策略。

营销视野

汽车市场细分需避免的四大误区

误区一：市场细分不是越细越好

市场细分的前提是建立在差异化的基础上，企业只有做好市场细分，才能有效选择目标市场，从而为不同目标市场提供差异化、个性化的产品和服务。因此，现在有一种观念，认为市场细分越细越好，市场细分越细表示对客户就越了解，就越能推进差异化营销，营销效率就越高。然而市场细分是有成本的，市场细分越细，必将增加相应的人员、机构为其进行服务，为诸多子市场开发量身定制的产品、服务和制订差异化营销策略。由于目标市场过细，市场规模较小，必然会增加市场细分成本，不利于提高规模效益。

误区二：市场细分不等于渠道全覆盖

要真正做到资源优化配置、营造竞争优势，需要进一步对不同客户群进行市场细分，需要立体式、多维度的市场细分，发现市场机会并寻找最有价值的客户。简单地以渠道全覆盖是不可取的，而且渠道全覆盖还会增加企业人力和营销成本。

误区三：盲目追求细分

我们已进入客户导向的时代，加强市场细分是大势所趋。实际中有一种倾向就是盲目照搬国外先进模式，强调从各个方面对市场进行细分，进而选择有效目标市场。然而一味地追求细分而不讲

究细分质量和效果是不可取的，必须摒弃无价值的市场细分。市场细分是必要的，一定要建立与自身企业发展相适应的市场细分体系。

误区四：不要为细分而细分

市场细分的目的就是发现市场机会，针对不同市场制订差异化的策略和开发差异化的产品。如果目标市场营销策略跟不上，不能有效执行，市场细分就只能停留在市场细分阶段，不能为企业创造更高的客户价值。

4.2 汽车目标市场的选择

目标市场是企业产品的消费对象，即企业打算去占领、准备去征服的细分市场。在对市场进行细分之后，就有了多个市场机会，但并不是每个机会企业都得去经营和获取，企业必须根据每个子市场的潜力、竞争状况、企业的实力、长远目标等进行分析、判断，然后决定把一个或几个细分市场作为目标市场。

4.2.1 选择汽车目标市场的标准

一般而言，企业考虑进入的目标市场，应符合以下标准或条件：

（1）有一定的规模和发展潜力

企业进入某一市场是期望能够有利可图，对企业欲提供的产品或服务，目标市场应具有足够的潜在购买力。如果市场规模狭小或者趋于萎缩状态，企业进入后难以获得发展。此时，应审慎考虑，不宜轻易进入。当然，企业也不宜以市场吸引力作为唯一取舍，特别是应力求避免"多数谬误"，即与竞争企业遵循同一思维逻辑，将规模最大、吸引力最大的市场作为目标市场。大家共同争夺同一个顾客群的结果是造成过度竞争和社会资源的无端浪费，同时使消费者的一些本应得到满足的需求遭受冷落和忽视。

目标市场的需求变化的方向，应和企业的产品开发能力或方向一致，以使企业能够随市场需要或购买方向的变化而保持经营能力。

（2）细分市场结构的吸引力

细分市场可能具备理想的规模和发展特征，然而从盈利的观点来看，它未必有吸引力。美国著名学者波特认为有五种力量决定整个市场或其中任何一个细分市场的长期的内在吸引力。这五种力量是：同行业竞争者、潜在的新参加的竞争者、替代产品企业的竞争、购买者的议价能力和供应商的议价能力。通过分析这五种竞争力量，汽车企业可以评判哪些细分市场对企业具有强有力的吸引力。通常情况下，进入壁垒高而退出壁垒低的细分市场对企业有更强的吸引力。

（3）符合企业目标和能力

某些细分市场虽然有较大的吸引力，但不能推动企业实现发展目标，甚至会分散企业的精力，使之无法完成其主要目标，这样的市场应考虑放弃。另外，还应考虑企业的资源条件是否适合于某一细分市场。只有选择那些企业有条件进入、能充分发挥其资源优势的市场作为目标市场，企业才会立于不败之地。

此外，企业在选择进入目标市场时，还必须要考虑在该细分市场中，企业可以有效地获取市场的信息或建立市场信息系统。同时，企业营销活动所需资源的取得，应当相对容易。

4.2.2 选择汽车目标市场的策略

所谓目标市场策略是指企业对客观存在的不同消费者群体，根据不同商品和劳务的特点，采取不同的市场营销组合的总称。企业选择的目标市场不同，提供的商品和劳务就不同，采用的市场营销策略也不一样。一般来说，有三种目标市场策略可供选择：无差异市场策略、差异性市场策略和密集（集中）性市场策略。三种目标市场策略，如图4-2所示。除第一种策略外，后两种策略都是确定在细分市场的基础上的。

（1）无差异市场策略

无差异市场营销策略是指企业将产品的整个市场视为一个目标市场，用单一的市场营销策略开拓市场，即用一种产品和一套市场营销方案吸引尽可能多的消费者，如图4-2a所示。如果各个分市场之间对某种产品的需求共性大于个性，企业可将各种子市场之间的差异忽略不计，而采用无差异市场策略。一般来说，这种策略适用于那些有着广泛需求，从而能够大量生产和销售的产品。例如，当年的福特汽车公司生产黑色T型车时就是采用的这种策略。

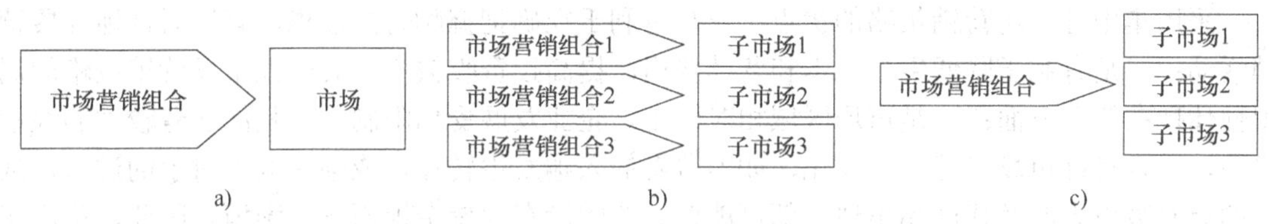

图4-2 三种目标市场策略

a）无差异市场策略 b）差异性市场策略 c）集中性市场策略

无差异市场策略的特点是忽略细分市场之间的差别，只提供一种产品在整个市场上销售，只注意消费者在需求方面的共同点，而不管他们之间的差别，只推出一种产品。采用这一策略的优点：一是企业可以依赖大量的生产、储运和销售来降低单位产品的成本；二是可以利用无差异的广告宣传以及其他促销手段，从而节约大量的营销费用；三是不做市场细分，减少了市场调研、产品开发等方面的费用。但是，事实上除极少数产品外，消费者对绝大多数产品的需求是不完全相同的。

（2）差异性市场策略

差异性市场策略是指企业把整个大市场细分为若干个不同的市场群体，依据每个小市场在需求上的差异性，有针对性地分别组织经销商品和制订营销策略，即组织不同的商品，根据不同的商品制订不同的价格，采用不同的分销渠道，应用多种广告设计和广告宣传，去满足不同顾客的需求，如图4-2b所示。通用汽车公司针对不同财力、目的和个性的消费者，设计和生产出了不同类型、型号的汽车，并采用不同的市场营销组合方式应对不同的消费者。

差异性市场策略的依据是市场消费需求的多样化特性。不同的消费者具有不同的爱好、不同的个性、不同的价值取向、不同的收入水平和不同的消费理念等，从而决定了他们对产品有不同的需求侧重。实行差异性策略的优点：一是企业可以采用小批量、多品种的生产方式，并在各细分市场上采用不同的营销组合，以满足不同的消费者需要，从而扩大企业的销售；二是企业具有较大的经营灵活性，不只依赖一个市场、一个产品，从而可以降低经营风险；三是一旦企业在几个细分市场上获得成功，有助于提高企业的形象，提高产品的市场占有率。差异性市场营销策略的不足之处主要体现在两个方面：一是增加市场营销成本。由于产品品种多，管理和储运成本将增加；由于企业必须针对不同的细分市场制订不同的营销计划，会增加企业在市场营销调研、促销和渠道管理等方面的营销成本。二是可能使企业的资源配置不能有效地进行集中，有可能会顾此失彼，甚至在企业内部出现彼此争夺资源的现象，使拳头产品难以形成优势。因此，差异性市场策略适合于实力强大的、资源丰富的集团企业。

（3）集中性市场策略

集中性市场策略也称密集性市场策略。它是指企业把整个市场进行细分后，选择一个或少数几个细分市场作为目标市场，实行专业化经营，即企业集中力量向一个或少数几个细分市场推出商品，占领一个或少数几个细分市场的策略，如图 4-2c 所示。集中性市场营销策略的依据是：与其在整体市场占有很小的份额，不如集中企业的营销优势在少数细分市场上占有较大的、甚至是居于支配地位的份额。这一策略特别适合于资源力量有限的中小企业。中小企业由于受财力、技术等方面因素的制约，在整体市场上可能无力与大型企业抗衡，但如果集中资源优势在大型企业尚未顾及或尚未建立绝对优势的某个或某几个细分市场上进行竞争，成功的可能性会更大。

采用集中性市场营销策略的优点：一是有利于准确把握顾客的需求，有针对性地开展营销活动；二是有利于降低生产成本和营销费用，提高投资收益率。集中性市场营销策略的局限性体现在两个方面：一是市场区域相对较小，企业发展受到限制。二是潜伏着较大的经营风险，一旦目标市场突然发生变化，如消费者的兴趣发生转移，或强大竞争对手的进入，或新的更有吸引力的替代产品出现，都可能使企业因没有回旋余地而陷入困境。因此，采用集中策略的企业必须密切注意目标市场的动向，做好充分的应变准备。

4.2.3 选择汽车目标市场策略应考虑的因素

前述三种目标市场策略各有利弊，在营销实践中，企业究竟选择哪种目标市场策略，主要取决于所经营的商品、市场状况及企业自身条件，具体来说，需考虑以下因素：

（1）企业资源

如果企业资源条件好，经济实力和营销能力强，可以采取差异性目标市场策略。如果企业资源有限，无力把整体市场或几个市场作为自己的经营范围，则应该考虑选择密集型市场策略，以取得在小市场上的优势地位。

（2）商品特点

同质性强的产品，消费者不加以严格区别和过多挑剔，竞争将主要集中在价格上，这类产品适合采用无差异市场营销策略；如果产品的质量特性因制造者的不同而存在较为明显的差别，而消费者选购产品时主要以产品特性的差异作为根据，如汽车、家电等，这类产品则适宜采用差异性或集中性市场营销策略。

（3）商品的市场生命周期

一般来说，商品从进入市场到退出市场要经过四个阶段，商品处在不同的阶段，应采取不同的市场营销策略。企业应随着商品所处的市场生命周期阶段的变化而变换市场营销策略。当产品处于投入期时，同类竞争产品不多，市场竞争不激烈，企业主要是探测市场需求和潜在顾客，企业可采用无差异市场营销策略。当产品进入成长期或成熟期时，同类产品增多，市场竞争日益激烈，为确立竞争优势企业可考虑采用差异性市场营销策略。当产品步入衰退期时，为保持市场地位，延长产品的生命周期，全力对付竞争者，可考虑采用集中性市场营销策略。

（4）市场特点

市场特点是指各细分市场间的区别程度。当市场上的消费者需求比较接近，偏好及其特点大致相似，对市场营销策略的刺激反应大致相同，对营销方式的要求无太大差别时，企业可采用无差异性市场策略；若市场上的消费者需求的同质性较小，明显地对同一商品在花色、品种、规格、价格、服务方式等方面有不同的要求时，则宜采用差异性市场策略或密集型市场策略。

（5）竞争状况

竞争是市场经济的必然产物，是价值规律强制作用的结果，企业普遍存在于激烈竞争的市场环境中。企业进行目标市场策略选择时，还要充分考虑竞争者尤其是主要竞争对手的市场营销策略。企业采用哪种目标市场策略，需要针对竞争对手的实力和采取的市场营销策略而定。当竞争者采取差异性市场策略时，企业就应当采用差异性市场策略或密集型市场策略；若竞争对手力量较弱，则可采用无差异性市场策略或差异性市场策略。此外，还要考虑竞争者的数目，当市场上同类产品的竞争者较少，市场竞争不激烈时，可采用无差异性市场营销策略。当竞争者比较多，市场竞争激烈时，可采用差异性或集中性市场营销策略。

企业选择目标市场策略时应综合考虑上述诸因素，权衡利弊方可作出选择。目标市场策略应相对稳定，但当市场形势或企业实力发生重大变化时则应及时转换。

4.3 汽车市场定位

4.3.1 市场定位概述

1. 市场定位的定义

企业选择了目标市场后，往往会有其他企业的同类产品出现，也就是说，竞争者已在这个市场上捷足先登，并占据了有利的市场地位。因此，企业为了出奇制胜就必须着手进行竞争分析，辨明市场竞争者处于什么地位，其实力和经营特色如何，在此基础上确定本企业的市场营销组合，进入目标市场相应的市场定位。这也是企业实施市场定位的前提。

市场定位是指企业针对潜在顾客的心理进行营销设计，创立产品、品牌或企业在目标客户心目中的某种形象或某种个性特征，保留深刻的印象和独特的位置，并把这种形象或个性特征生动有力地传递给目标顾客，使该产品在市场上确定强有力的竞争位置。市场定位的实质是使本企业与其他企业严格区分开来，使顾客明显感觉和认识到这种差别，从而在顾客心目中占有特殊的位置。因此，企业的市场定位并非随心所欲，而是必须对竞争者所处的市场位置，消费者的实际需求和本企业经营商品的特性作出正确的评估，然后确定适合自己的市场位置。

营销视野　学者对市场定位的描述

市场定位是20世纪70年代由美国学者艾·里斯提出的。此外，营销界对市场定位进行了各种研究，以下介绍几位学者对市场定位的阐述。

（1）定位的提出者——艾·里斯和杰克·特劳特对定位的阐述

定位是对现有事物的一项创造性工作，其以产品为出发点，针对一种商品、一项服务、一家企业、一所机构、甚至一个人……但定位的对象不是这些，而是针对潜在顾客的思想。也就是说，要为产品或其他对象在潜在顾客的大脑中确定一个合适的位置。具体讲，就是要与竞争者的产品显示出与众不同的特色。这就要求企业从各个方面为产品打造特定的市场形象，从而在目标顾客心中形成特殊的偏爱。

（2）菲利普·科特勒对定位的阐述

定位就是对公司的产品进行设计，从而使其能在顾客心目中占有一个独特的、有价值的位置的行动。为了突出定位的重点，要求公司决定向目标顾客推出多少差异以及推出哪些差异。

（3）麦卡锡对定位的阐述

市场定位要建立在顾客观点的基础上，定位是指顾客对市场中现有的或将要提供的品牌的看法。但竞争对手在市场中的表现相似的时候，定位问题尤其重要，一旦认识到顾客的想法，就可以来决定是让产品或营销组合顺其自然还是应该对其重新定位。

2. 市场定位的作用

（1）市场定位有利于建立企业及产品的市场特色，是参与现代市场竞争的有力武器

市场定位是参与现代市场竞争的有力武器，有利于建立企业及产品的市场特色。现代社会很多产品处于买方市场，而同类产品无论在技术还是质量上差异都不是很大，市场却是有限的，为争夺这有限的市场，各个企业进行了激烈而残酷的竞争。有效的市场定位可以在一定程度上使产品区别于其他企业的产品，在目标顾客心目中形成独特的形象，产生偏爱，从而防止被其他企业的产品所替代，形成有效的竞争优势。

（2）市场定位决策是企业制订市场营销组合策略的基础

市场定位决策是企业制订市场营销组合策略的基础。企业的市场营销组合要受到企业市场定位的制约。例如，如果某企业决定生产销售优质低价的产品，那么广告宣传的内容就要突出强调企业产品质优价廉的特点，要让目标顾客相信货真价实，低价也能买到好产品，因此这就要求分销储运效率要高，保证低价出售仍能获利。也就是说，企业的市场定位决定了企业必须设计和发展与之相适应的市场营销组合。

4.3.2 汽车市场定位的依据

市场定位的根本目的就是要在目标市场上建立本企业产品的竞争优势，并使目标顾客充分认识自己的这种优势。各个企业经营的产品不同，面对的顾客不同，所处的竞争环境也不同，因而市场定位的依据也不同。总体来说，市场定位有根据产品本身的特色进行定位、根据顾客得到的利益定位、根据消费者的特色进行定位等几种。

（1）根据具体的产品特色定位

产品的特色，如外形、所含成分、材料、质量、价格、油耗等，都可以作为市场定位所依据的原则。例如，比亚迪 F3 较大的外形和空间，兼经济与舒适于一体，使 F3 成为该细分市场的畅销车型。F3 定位于二、三线城市私人消费者和中小企业主的公商务用车，这些消费者希望买的车能满足外观、空间、经济和舒适的诉求，所以比亚迪聪明地借鉴了知名品牌成功车型的特点，从外形到内饰都借鉴得淋漓尽致。这恰好满足了一部分人希望能花更少的钱开大车、开名牌车的愿望。

（2）根据顾客得到的利益定位

产品提供给顾客的利益是顾客最能切实体验到的，也可以用作定位的依据。同样是家用

轿车，一厂家的产品可以强调稳重大方，安全系数高；另一厂家可能会强调耗油低，外观新颖等。一款车的与众不同之处也即消费者的兴趣之所在。例如，奇瑞 QQ 以“2000 年最佳性价比，外观一见倾情，动力十足”的卖点宣传掀起了一股小旋风。

（3）根据消费者的特色定位

不同子市场的消费者有不同的需求，企业常常试图将其产品指向某一类特定的使用者，以便根据这些顾客的需求塑造恰当的形象。例如，帕萨特（PASSAT）原本是一种季风的名字，而帕萨特轿车从诞生之日起，就被烙上了商务与休闲合二为一的标签。它的消费主体是不断获取更大成功的中产阶级，城市中高档收入人士，25～45 岁，男性为主，成功企业家，合资或外企的高级管理人员，拥有家庭和自己的住宅。他们充满自信和智慧，奋斗的艰辛成就了他们务实的作风。帕萨特既可商用，是一种身份的象征；又适用于生活，折射出自己的价值观与品位。

营销视野　　进行市场定位的三问

科学而准确的市场定位是建立在对竞争对手所经营的商品具有何种特色，顾客对该商品各种属性的重视程度等进行全面分析的基础上的。为此，企业进行市场定位时应问以下三个问题：

① 目标市场上的竞争者提供何种商品给顾客？

② 顾客确实需要什么？

③ 目标市场上的新顾客是谁？

事实上，许多企业进行市场定位的依据的原则往往不止一个，而是多个原则同时使用。因为要体现企业及其产品的形象，市场定位必须是多维度的、多侧面的。

4.3.3 目标市场定位策略

目标市场定位实质是一种竞争策略，它显示了一种商品或一家企业同类似的商品或企业之间的竞争关系。定位方式不同，竞争态势也不同，下面分析四种主要的定位策略。

（1）市场领先者定位策略

市场领先者定位策略是指企业选择的目标市场尚未被竞争者所发现，企业率先进入市场，抢先占领市场的策略。企业采用这种定位策略，必须符合以下几个条件：①该市场符合消费发展趋势，具有强大的市场潜力；②本企业具备领先进入的条件和能力；③进入的市场必须有利于创造企业的营销特色；④提高市场占有率，使本企业的销售额在未来市场的份额中占 40%左右。

（2）市场挑战者定位策略

市场挑战者定位策略是指企业把市场位置定在竞争者的附近，与在市场上占据支配地位的，即最强的竞争对手“对着干”，并最终把对方赶下现居的市场位置，让本企业取而代之的市场定位策略。企业采取这种定位策略，必须具备以下条件：①要有足够的市场潜量；②本企业具有比竞争对手更丰富的资源和更强的营销能力；③本企业能够向目标市场提供更好的商品和服务。

（3）跟随竞争者定位策略

跟随竞争者定位策略是指企业发现目标市场竞争者充斥，已“座无虚席”，而该市场需求潜力又很大，企业跟随竞争者挤入市场，与竞争者处在一个位置上的策略。企业采用这种策略，必须具备以下条件：①目标市场还有很大的需求潜力；②目标市场未被竞争者完全垄断；③企业具备挤入市场的条件和与竞争对手“平分秋色”的营销能力。

（4）市场补缺者定位策略

市场补缺者定位策略是指企业把自己的市场位置定在竞争者没有注意到和没有占领的市场位置上的策略。当企业对竞争者的市场位置、消费者的实际需求和自己经营的商品属性进行评估分析后，如果发现企业所面临的目标市场并非竞争者充斥，存在一定的市场缝隙或空间，而且自身所经营的商品又难以正面抗衡，这时企业就应该把自己定在目标市场的空当位置，与竞争者成鼎足之势。采用这种市场定位策略，必须具备以下条件：①本企业有满足这个市场所需要的货源；②该市场有足够数量的潜在购买者；③企业具有进入该市场的特殊条件和技能；④经营必须盈利。

当然，企业的市场定位并不是一劳永逸的，而是随着目标市场竞争者状况和企业内部条件的变化而变化的。

营销视野　重新定位

当目标市场发生下列变化时，企业需要考虑重新定位：

1）当竞争者的销售额上升，使企业的市场占有率下降，企业出现困境时。

2）企业经营的商品意外地扩大了销售范围，在新的市场上可以获得更大的市场占有率和较高的商品销售额时。

3）新的消费趋势出现和消费者群的形成，使本企业销售的商品失去吸引力时。

4）本企业的经营战略和策略做重大调整时等。

总之，当企业和市场情况发生变化时，都需要对目标市场定位的方向进行调整，使企业的市场定位策略符合创立企业特色、发挥企业优势的原则，从而取得良好的营销利润。

营销视野　汽车市场微观定位策略

汽车市场有自己的特色，在四大定位策略的基础上，汽车企业也可以从以下六个微观方面进行定位策略选择。

（1）比附定位

比附定位就是攀附名牌，比照名牌来给自己的产品定位，以借名牌之光而使自己的品牌生辉。例如，沈阳金杯客车制造公司金杯海狮车的“金杯海狮，丰田品质”的定位就属此类。

（2）属性定位

属性定位是指根据特定的产品属性来定位。例如，“猎豹汽车，越野先锋”就属此类。

（3）利益定位

利益定位是指根据产品所能满足的需求或所提供的利益、解决问题的程度来定位。

（4）与竞争者划定界线的定位

与竞争者划定界线的定位是指对某些知名而又属司空见惯类型的产品做出明显的区分，给自己的产品定一个相反的位置。

（5）市场空当定位

市场空当定位是指企业寻找市场尚无人重视或未被竞争对手控制的位置，使自己推出的产品能适应这一潜在目标市场的需要的定位策略。如国内推出MPV（多用途）车时在定位上就采用了这一策略。把MPV车定位在“工作+生活”这个市场空当，获得了较好的效果。

（6）质量/价格定位

质量/价格定位是指结合对照质量和价格来定位。如物有所值、高质高价或物美价廉等定位。例如，一汽轿车的红旗明仕18的市场定位“新品质、低价值、高享受”即属此类。

4.3.4 汽车目标市场定位的类型

市场定位也可以看做是在进行目标市场选择，在设计出一种产品或一项服务后，为该产品和服务选择可以进入的细分市场。只要汽车企业采用的不是完全市场覆盖的策略，就需要为汽车产品进行市场定位类型选择，通常的选择类型可分为以下几种：

1. 产品差异化

并不是每一种产品都有明显的差异化，但几乎所有的产品都可以找到一些可以实现差异化的特点。汽车是一种可以高度差异化的产品，其差异化可以表现在特色、性能、一致性、耐用性、可靠性、可维修性风格和设计上。

（1）特色

特色是指产品的基本功能的某些增补。汽车的基本功能就是代步和运输，汽车产品的特色就是在基本功能上的增加，如电动窗、ABS系统、保险带、安全气囊和空调等。由于汽车可以提供的差异化项目很多，因此汽车制造商需要确定哪些特色应该标准化，哪些是可以任意选择的。

产品的特色体现了制造商的创造力，一个新特色的产生可能为产品带来意想不到的生命力。例如，汽车安全气囊发明后，引起了业界的极大关注，并且很快在各大汽车制造商中被广泛运用，虽然到目前为止，该产品的安全性和实用性仍然备受争议，但安全气囊依然成为中高档汽车中不可或缺的一个标配零件。

营销案例　顾客价值的有效性

在体现汽车产品的特色方面，并不是每一个特色都值得企业去推行，特色必须是有价值的。汽车制造商在为自己的产品添加一个新特色时，应该估算顾客价值和成本。例如，一家企业正考虑两项可能的改进，表4-2显示了顾客价值的估算方法。

表4-2　顾客价值的估算方法

	成本增加 （1）	顾客价值 （2）	顾客效益 （3）=（2）/（1）
后窗除霜	80元	160元	2
省油控制	480元	480元	1
电动驾驶	480元	1440元	3

很明显，电动驾驶这一特色可以产生最高的顾客满意，顾客愿意为此特色付出比成本高得多的价钱。

（2）性能质量

性能质量是指产品主要特点在运用中的水平。性能高的产品可以产生较高的利润，但是当性能超过一定的界限后，由于价格因素的影响，愿意购买的人会越来越少，回报反而会下降。

（3）一致性质量

一致性质量是指产品的设计和使用与预定标准的吻合程度。一致性质量是制造商信誉的表现，高度一致性可以增强消费者对该产品的信任。

（4）耐用性

耐用性是衡量一个产品在自然条件下的预期寿命。由于汽车自身的特性，耐用性是反映该产品优劣的一个重要指标，生产商完全可以将耐用性作为差异化因素加以宣传。

（5）可靠性

购买者一般愿意为产品的可靠性付出溢价。由于汽车属于耐用商品，因此可靠性和耐用性一样，是受汽车消费者重视的指标。

（6）风格

风格是指产品给予顾客的视觉和感觉效果。许多消费者愿意出高价购买一辆车就是因为被该车的外表所吸引。本田公司为“铃木武士”所进行的市场调研显示，有29%的消费者是为了该车的外观和设计而购买的。

（7）可维修性

可维修性是指产品出故障后可以进行维修的难易程度。一辆用标准化零件组装起来的汽车容易更换零件，可维修性也高。除了汽车设计水平和生产质量决定了该汽车的可维修性以外，为该汽车提供的售后服务也可看做是可维修性的衡量标准之一。

（8）设计

设计是指从顾客的要求出发，能影响一个产品外观和性能的全部特征的组合。所有产品差异化下讨论的内容都是设计参数。从公司的角度来看，设计良好的产品应该是容易生产和分销的；从顾客的角度来看，设计良好的产品看上去应该是令人愉快的，同时又容易使用、修理和处置。

（9）运行费用

在运行费用中，耗油量是一个重要指标。消费者在购车时，耗油量是其考虑的一个重要因素。但最省油的轿车并不一定是消费者最欢迎的。

2. 服务差异化

在汽车营销中，服务差异化主要体现在以下几个方面：

（1）订货方便

订货方便是指如何使顾客以最为便利的方式向公司订货。网络的普及和电子商务的产生为顾客提供了一种随时随地可以订货的购物方式，这种便利的订货方式已经开始被广泛使用。

（2）客户培训

客户培训是指对客户单位的雇员进行培训。特许经营是当今汽车销售行业中比较常见的渠道策略，大多数汽车公司都会对它的特许经销商进行培训。此外，客户培训也可以看做是教会顾客如何使用他们的新汽车，这项工作不一定要靠售货员来进行，一本详细的使用说明书也可以起到客户培训的作用。

（3）客户咨询

客户咨询是指买卖双方无偿或有偿地提供有关资料、信息系统和提出建议等服务。例如，雪佛兰助理式服务中要求销售人员为客户提供提醒服务，其中包括提醒消费者按时享受生产商或经销商的承诺服务（如5 000千米的免费保养），提醒消费者注意某些使用常规，如年检、购置保险等。

（4）维修

维修是指消费者所能获得的修理服务的水准。在中国，由于受收入水平的影响，人们对耐用消费品的售后修理服务的质量与方便性格外重视。

（5）多种服务

公司还可以找到许多其他方法，如提高各种服务来增加价值，也可以将上述差异化因素融合起来。如果将企业提供的服务和产品融合一体，那么企业可以根据提供的服务的差异性为产品定位。在汽车营销过程中，中高档汽车面对的消费者的价格弹性相对较低，对这些消费者来说，服务可能比价格更具有吸引力。例如，助理式服务是一种全方位、全过程的服务，对消费者在整个购车过程，乃至从第一次购买新车到旧车置换，再到第二次购车的整个生命周期的服务。同时，这也是一种个性化的服务。

3. 形象差异化

即使竞争产品和服务看上去与其他产品一样，顾客也能从公司和品牌形象上得到一种与众不同的印象。形象差异是一项不可忽视的定位指标。树立汽车品牌形象可利用标志、文字、视听媒体、气氛和特殊事例来完成。

（1）标志

汽车的标志和品牌是密不可分的一个整体，它们共同作用来体现汽车的形象。标志将品牌视觉化和形象化，并通过其设计和造型来传达出某种文化、精神和追求。标志容易建立起品牌与消费者之间的沟通与认知，通过标志，人们可以轻而易举地辨认出不同类型的汽车品牌。例如，英国著名品牌劳斯莱斯除了用两个R字叠合而成作为商标外，还在车头放置了一个展翅欲飞的女神雕塑，象征“速度之神”和“狂喜之神”。现在，人们一想起劳斯莱斯车，就会想起这个女神塑像。

（2）气氛

一个组织生产或传送其产品或服务的场所是另一个产生有利形象的途径。采取特许经营模式的汽车销售商会要求所有特许经销商都采用同样的外观和内部装潢，甚至要求办公用品的摆放、墙面装饰画的样式都要完全相同，这些都是该企业CI形象的体现。例如，雪佛兰助理式服务中要求业务员每天进入销售场地时，要检查个人物件是否摆放妥当，环境是否整洁悦目，因为整洁的环境可以体现雪佛兰汽车的质量，以及公司一丝不苟的生产作风。

（3）事件

企业可以通过由其赞助的各类活动营造某个形象。这一点在汽车营销中表现最明显的就是每年举行的一级方程式赛车。世界著名的赛车生产厂商不但为该赛事提供用车，有的还自己组队参加，在比赛中展示本企业产品的卓越质量，也可以通过赛车手的出色表演赋予赛车不同的精神面貌。另外，企业还可以通过一些特殊事件来展示自己的形象，如公司纪念日、开创者诞辰日等。

4.3.5 汽车市场定位的步骤

市场定位的关键是企业要设法在自己的产品上找出比竞争者更具有竞争优势的特性，这就要求企业在产品特色上下工夫。因此，企业市场定位的全过程可以通过以下四大步骤来完成：

（1）分析目标市场的现状，确认潜在的竞争优势

这一步骤的中心任务是要回答以下三个问题：一是竞争对手产品定位如何？二是目标市场上顾客欲望满足程度如何以及确实还需要什么？三是针对竞争者的市场定位和潜在顾客真正需要的利益要求，企业应该及能够做什么？要回答这三个问题，企业市场营销人员必须通过一些调研手段，系统地设计、搜索、分析并报告有关上述问题的资料和研究结果。企业从而就可以从中把握和确定自己的潜在竞争优势在哪里。

（2）准确选择竞争优势，对目标市场初步定位

一个企业的竞争优势是本企业能够胜过竞争者的能力。这种能力既可以是现有的，也可以是潜在的；既可以是竞争者不具备的能力，也可以是竞争者虽然具备，但本企业能够胜其一筹的能力。真正具有开发价值的优势应该是较强的、开发成本较低的优势。选择竞争优势实际上就是一个企业与竞争者各方面实力相比较的过程。通过比较，选出最适合本企业的优势项目，以初步确定企业在目标市场上所处的位置。

（3）显示独特的竞争优势

这一步骤的主要任务是企业要通过一系列的宣传促销活动，将其独特的竞争优势准确传播给潜在顾客，并在顾客心目中留下深刻印象。为此，企业首先应使目标顾客了解、知道、熟悉、认同、喜欢和偏爱本企业的市场定位，在顾客心目中建立与该定位相一致的形象。其次，企业通过各种努力强化目标顾客形象，保持目标顾客的了解，稳定目标顾客的态度和加深目标顾客的感情来巩固与市场相一致的形象。最后，企业应注意目标顾客对其市场定位理解出现的偏差或由于企业市场定位宣传上的失误而造成的目标顾客模糊、混乱和误会，及时纠正与市场定位不一致的形象。

（4）制订市场营销组合

为了具体实现所确定的市场定位战略，企业必须创造性地制订市场营销组合，即 4P 组合策略，而市场定位策略又要明确产品或品牌需特地诉求的核心利益。

本 章 小 结

1．汽车企业在市场营销过程中，面临许多营销机会，在对市场调查和预测的基础上，实行 STP 营销策略，即市场细分化（Segmentation）、选择目标市场（Targeting）、产品定位（Positioning）。该策略需采取三个步骤：一是按照一定的标准对市场进行细分；二是评估选择对本企业最有吸引力的细分部分作为自己为之服务的目标市场，实行目标营销；三是确定自己在汽车市场上的竞争地位，搞好产品的市场定位。STP 营销策略是企业营销策略的核心，是决定营销成败的关键。

2．市场细分是营销者通过市场调研，根据消费者需求的不同，把整个市场划分成不同的消费者群——细分市场的过程。市场细分是一种求大同、存小异的市场分类方法。市场细

分有利于选择目标市场和制定市场营销策略；有利于发掘市场机会，开拓新市场；有利于集中人力、物力投入目标市场；有利于企业提高经济效益。

3．有效的细分市场必须具备差异性、可衡量性、可进入性、足量性等特征。汽车市场细分的标准很多，一般认为主要细分依据是地理因素、人口因素、心理因素和行为因素等四大类。其中，地理因素包括地理位置、城镇大小、地形、地貌、气候、交通状况、人口密集度等；人口因素包括年龄、性别、职业、收入、民族、宗教、教育状况、家庭人口、家庭生命周期等；心理因素包括生活方式、性格、购买动机、态度等；行为因素包括购买时间，购买数量，购买频率，购买习惯（品牌忠诚度），对服务、价格、渠道、广告的敏感程度等；行为因素包括购买时机、寻求的利益、使用者情况、使用率、品牌崇信度等。

4．市场细分的方法主要有单一变量法、主导因素排列法、综合因素细分法、系列因素细分法等。市场细分的程序包括正确选择市场范围；列举潜在顾客的基本需求；分析潜在顾客的不同需求，初步划分市场；筛选；为细分市场定名、评估与选定目标市场等六个步骤。

5．目标市场是企业产品的消费对象，即企业打算去占领、准备去征服的细分市场。一般而言，企业考虑进入的目标市场，应符合有一定的规模和发展潜力、细分市场结构有吸引力且符合企业目标和能力等标准或条件。

6．所谓目标市场策略是指企业对客观存在的不同消费者群体，根据不同商品和劳务的特点，采取不同的市场营销组合的总称。企业选择的目标市场不同，提供的商品和劳务就不同，采用的市场营销策略也不一样。一般来说，有三种目标市场策略可供选择：无差异市场策略、差异性市场策略和密集（集中）性市场策略。

7．目标市场策略的选择主要取决于企业资源、商品特点、商品的市场生命周期、市场特点、竞争状况等因素。企业选择目标市场策略时应综合考虑上述诸因素，权衡利弊方可作出选择。目标市场策略应相对稳定，但当市场形势或企业实力发生重大变化时则应及时转换。

8．市场定位是指企业针对潜在顾客的心理进行营销设计，创立产品、品牌或企业在目标客户心目中的某种形象或某种个性特征，保留深刻的印象和独特的位置，并把这种形象或个性特征生动有力地传递给目标顾客，使该产品在市场上确定强有力的竞争位置。市场定位可根据具体的产品特点定位、根据顾客得到的利益定位、根据消费者的特色定位。市场定位具有两大作用：1）市场定位有利于建立企业及产品的市场特色，是参与现代市场竞争的有力武器；2）市场定位决策是企业制订市场营销组合策略的基础。

9．汽车市场可根据产品本身的特色、顾客得到的利益、消费者的特色等几方面进行定位。根据与竞争对手的情况比较，其市场定位的策略有：市场领先者定位策略、市场挑战者定位策略、跟随竞争者定位策略、市场补缺者定位策略四种。

10．汽车企业在设计出一种产品或一项服务后，为该产品和服务进入细分市场，可通过产品差异化、服务差异化、形象差异化等三方面进行市场定位类型的选择。其中，产品差异化表现在特色、性能、一致性、耐用性、可靠性、可维修性风格和设计上；服务差异化体现在订货方便、客户培训、客户咨询、维修、多种服务上；形象差异化则可利用标志、文字、视听媒体、气氛和特殊事例来完成。

11．企业市场定位的全过程可以通过以下四大步骤来完成：1）分析目标市场的现状，确认潜在的竞争优势；2）准确选择竞争优势，对目标市场初步定位；3）显示独特的竞争优势；4）制订市场营销组合。

复习思考题

1. 为什么要进行市场细分？
2. 汽车市场细分的条件与标准是什么？如何进行汽车市场细分？
3. 针对某一汽车企业，进行目标市场策略的选择。
4. 不同目标市场策略各有何优缺点？汽车企业应如何选择目标市场？
5. 结合实际说明目标市场选择和市场细分有什么关系。
6. 汽车目标市场定位的类型有哪些？
7. 试分析某汽车产品的 STP 策略。

营 销 实 务

选择某一汽车品牌系列，对其进行汽车市场细分、目标市场的选择、汽车产品的定位分析，写出分析报告，并对其定位进行评价。

学习任务5 实施汽车产品策略

学习目标

知识目标

- 汽车产品的整体概念
- 汽车产品组合策略
- 新产品概念
- 汽车新产品开发过程及新产品开发策略
- 汽车产品的生命周期及策略
- 汽车产品品牌及品牌策略

能力目标

- 能在掌握产品整体概念的基础上，针对不同的产品层内容实现顾客价值
- 能运用品牌策略进行汽车产品品牌策划
- 能根据汽车企业的实际情况进行产品组合策略的分析与选择

引入案例　上海通用：新老产品结合，扩大市场份额

据 2009 年中国市场学会汽车营销专家委员会对中国汽车产品调研统计数据显示，上海通用汽车 11 月份销售达到了 78 777 辆，继 9 月份成功闯关 7 万辆之后，再次刷新单月销售纪录。而在 11 月份，上海通用汽车的年累计销量也历史性地突破 60 万辆，跃上一个新台阶。上海通用如此神速地发展，一个根本的原因是战略性营销。具体来说，就是不断推出强势性价比产品，新商品溢价，老产品上量，新老结合，寻求有盈利基础上的品牌份额稳步上升策略。

其中雪佛兰品牌，11 月份以 35 789 辆的优异业绩，历史性地大步跨上月销 3 万的台阶，环比增长高达 28.3%，成为上海通用汽车刷新单月销售纪录的重要驱动力。

雪佛兰科鲁兹上市后迅速跻身万辆俱乐部，此后市场销量更是连拉阳线。这款新一代性能中级车在 11 月份以 13 880 辆的销售成绩实现环比增长 29.9%，市场锐势不可阻挡。

雪佛兰乐风、乐骋销售也再创新高，当月销售 15 501 辆，环比增长 28.5%，“精品家轿”的活力形象得到越来越多年轻购车族的追捧。

2010 款景程自 9 月上市以来，以升级换代的动力科技和中级车理性价值标杆的定位深受市场青睐，11 月份以 5 906 辆的月销业绩，取得环比 27.1%的显著增长，展露出雪佛兰中级车的全新魅力。

未来预计，上海通用仍然会不断推出新产品，老产品降价，逐步扩大市场份额。

点评：

上海通用是典型的战略优势营销，针对消费者需求与竞争对手推出优势性价比产品，再依托丰

富资源与产品线，根据产品线特点，将市场组合起来，稳定推广，不断挤压竞争对手生存空间。正是这一策略，奠定了通用这一品牌的位置。

问题与讨论：

1. 试从该案例中分析上海通用是如何扩大市场份额的？
2. 上海通用在扩大市场份额方面运用了哪些营销策略？

伟大品牌的核心是伟大的产品，产品是市场供应品的关键元素。产品策略是企业最重要的市场营销要素，是汽车企业市场营销活动的支柱和基石。企业的市场营销活动总是要以一定的产品去占领市场，产品是市场营销的物质条件；产品也是市场营销组合因素中的核心因素，是其他营销组合策略的基石；价格、渠道、促销等组合因素是因产品的存在而存在的，也会因产品的变化而随之变化，进而决定着企业的生存和发展。因此企业必须针对目标市场的需要，加强产品开发和产品投放决策。本章主要介绍汽车产品组合策略、汽车新产品开发策略、汽车产品生命周期策略以及汽车品牌策略等。

5.1 汽车产品组合策略

为了制订切实可行的汽车产品的组合策略，首先必须对汽车产品的整体概念和汽车产品组合的基本含义有清楚的理解。

5.1.1 汽车产品的整体概念

传统的观念认为，产品只是实物，其实不然。产品不仅包含有形的实物，而且还包括无形的信息、知识、版权、实施过程以及劳动服务等内容。产品是指能够提供给市场以满足需要和欲望的任何东西。产品在市场中包括实体商品、服务、体验事件、人物、地点、财产、组织、信息和观念。

对产品的思考必须超越有形产品或服务本身，应从顾客的角度来认识和理解产品概念。消费者购买的是“实惠”，而不是产品本身，某一行业是让顾客满意的过程，而不是产品生产过程。对汽车产品来讲，顾客需要的是汽车能够满足自己运输或交通的需要，以及满足自己心理和精神上的需要，如身份、地位、舒适等。此外，汽车产品的用户还希望汽车厂家能够提供优质的售后服务，如备件充裕、维修网点多、上门服务、“三包”（即包修、包退、包换）等。

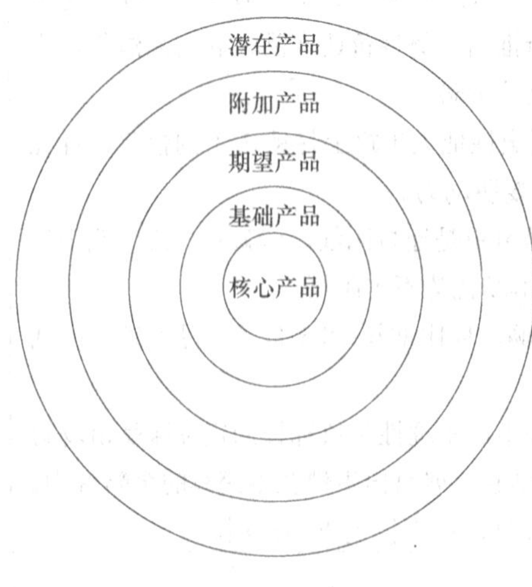

图 5-1　汽车产品的五个层次

由此可见，现代市场营销产品的概念是一个包含多层次内容的整体概念，产品的不同层次可以体现不同的顾客价值，作为营销者需要考虑组成产品整体概念的五个层次，如图 5-1 所示。每个层次都增加了更多的顾客价值，它们构成了顾客价值体系。

（1）核心产品

汽车核心产品（Core Product）又称为汽车实质

产品，是最基本的层次。它是指向汽车消费者提供能够满足其需要的基本效用或利益，即汽车产品在使用价值方面的基本功能，同时这也是汽车购买者的需求中心。汽车消费者购买某种品牌汽车产品并不是为了占有或获得汽车产品本身，而是为了满足某种需要。例如，为了能运输货物或代替步行，这就是汽车产品的核心内容。在这个营销活动中，汽车产品实体只是产品效用或利益的载体，消费者购买汽车产品的目的不是载体本身，而是通过载体达到的某种功效。离开了功效，汽车产品就失去了存在的价值。作为一个汽车营销者，必须认识到自己是利益的提供者。

（2）基础产品

汽车基础产品（Basic Product）又称为汽车形式产品，是指汽车核心产品借以实现的基本形式，即汽车产品的外观和特色。汽车产品的外观是指汽车产品出现于市场时具有可触摸的实体和可识别的面貌，包括产品的品质、款式、形状、品牌、包装以及说明书等。汽车市场营销学将汽车形式产品归结为由四个标志所构成，即质量水平、外观特色、汽车造型、汽车品牌。例如，奔驰轿车就是由其著名的品牌名、精美造型、高质量、合理结构、乘坐舒适感及其他属性巧妙地构成的，从而给予消费者一种作为核心利益的满足感受和高地位象征。作为一个汽车营销者，应该首先着眼于汽车消费者购买汽车产品时所追求的实际利益，以求更好地满足汽车消费者的需要，然后再去寻求实际利益得以实现的形式，进行汽车产品设计。

（3）期望产品

汽车期望产品（Expected Product）是汽车购买者购买汽车时希望和默认得到的与产品密切相关的一组属性和条件。例如，汽车消费者期望得到舒适的车厢、良好的操控、导航设施、安全保障设备等。汽车期望产品主要是消费者购买汽车前对汽车的一种期望，这种期望是否能够得到满足，将影响消费者的购买决策。作为一个汽车营销者，不能仅仅从实质产品出发去进行市场营销，还必须完整地了解消费者的期望。

（4）附加产品

汽车附加产品（Augmented Product）又称为汽车延伸产品，是指汽车消费者购买汽车形式产品和汽车期望产品时所能得到的增加的汽车附加服务和利益，如服务、装饰、信贷、承诺、保养、维修等。产品的品牌定位和竞争发生在附加产品层次。附加产品表面上和汽车实体产品没有多大关系，但却是顾客购买商品后的一种现实需求，在核心价值和形式都极为相似的情况下，其附加产品对于消费者的影响是极为重要的。只有向汽车消费者提供具有更多实际利益、能更完美地满足其需求的汽车延伸产品，才能在竞争中获胜。随着经济的发展，消费者的购买需求会从物质越来越偏向于精神方面的需求，消费者的需求是一个整体系统，附加产品使得营销人员必须正视购买者的整体消费系统，汽车产品的附加产品所带给消费者的核心利益就会越来越突出。

作为营销者，对汽车附加产品的设计应该注意三点：第一，每个附加利益都会增加成本。营销者设计汽车延伸产品时，应考虑是否有汽车消费者愿意承担由此而产生的额外费用。第二，附加利益马上会变成期望利益。为了提高竞争力，吸引汽车消费者，竞争者会向汽车消费者提供越来越多的汽车延伸产品，营销者应该根据汽车消费者的需要和竞争者的动向，不断改进。第三，竞争者可能反其道而行之。当公司为其附加产品提高价格时，某些竞争者可能会大幅度降低价格，用一个很低的价格为顾客提供一个期望产品，吸引其他细分市场的汽车消费者。例如，与豪华型轿车同时存在的也有经济型轿车，后者以低廉的价格满足汽车消费者最基本的代步需要。

（5）潜在产品

汽车潜在产品（Potential Product）是指所有延伸产品在内的现有产品中，可能发展成为未来最终产品的潜在状态的产品。它指出了现有产品可能的演变趋势和前景。如普通汽车可以发展为水陆两用的汽车等。汽车延伸产品主要是针对今天的汽车产品，而汽车潜在产品则代表着今天的汽车产品可能的演变。

综上所述，汽车企业必须以核心产品为中心，不断开发出适合消费者需求的新品种，并提高产品质量，以更好地满足消费者的需求；形式产品可以为顾客获得的感官印象，对激发消费者的购买欲望具有促进作用；延伸产品可以说是解决了消费者的后顾之忧。企业若能很好地提供形式产品和延伸产品，消费者就会放心地购买，安心地使用该产品，对其他顾客也能起到一种示范和广告的作用。期望产品为企业检查其形式产品或延伸产品是否很好地满足了消费者的期望提供了参考，而潜在产品为企业不断地改进产品，开发新产品提供了方向。目前，发达国家企业的产品竞争多集中在附加产品层次，而发展中国家企业的产品竞争则主要集中在期望产品层次。在产品的核心功能趋同的情况下，谁能更快、更多、更好地满足消费者的复杂利益整合的需要，谁就能拥有消费者，占领市场，取得竞争优势。如果对产品整体策划得好，就会让企业从起跑线开始领先于竞争对手，企业可以在相当长的一段时间里处于市场的“无竞争”状态。

5.1.2 汽车产品的组合决策

企业为了实现营销目标，充分有效地满足目标市场的需求，必须有一个优化的产品组合。企业产品的广度、深度和相关性的组合与变化，能使企业不断地适应市场，满足不同的顾客需求。

1. 产品组合的概念

汽车产品组合也称为产品品种配备，是指汽车企业生产和销售的所有汽车产品线和汽车产品品种的有机组合或搭配。它包括所有的产品线和产品项目。所谓汽车产品线是指密切相关的汽车产品的系列，这些汽车产品有类似的功能，能满足顾客类似的需要，只是在规格、档次、款式等方面有所不同。如一汽奥迪汽车分为 A 系列轿车、Q 系列越野车、S 系列运动车、RS 系列高性能运动车、TT 系列跑车等多个产品系列。汽车产品线（产品系列）又由若干汽车产品项目组成。产品项目是可以依据规格、档次、款式或其他属性加以区分的明确的产品单位，如奥迪的 A 系列轿车包括 A1、A3、A4、A5、A6、A8 等。

2. 汽车产品组合的变数

产品组合的衡量，通常可以采取四个变数：产品的宽度、产品的长度、产品的深度和产品的一致性。奥迪产品组合，见表 5-1。

（1）产品组合的宽度

产品组合的宽度（Width）是指该公司拥有多少条不同的产品线。表 5-1 表明，该产品组合的宽度是 5 条产品线（实际上，该公司还有许多另外增加的产品线）。

（2）产品组合的长度

产品组合的长度（Length）是指该公司产品组合中的产品项目总数。在表 5-1 中，产品项目总数是15个。产品线的平均长度就是总长度（这里是15）除以产品线数（这里是5），结果为3。

表5-1 奥迪产品组合（部分）

	汽车产品的宽度				
	A系列轿车	Q系列越野车	S系列运动车	RS系列高性能运动车	TT系列跑车
汽车产品的长度	A1 A3 A4 A5 A6 A8	Q5 Q7	S5 S8 S-range	RS5 RS6	TT Coupe TT Roadster

（3）产品组合的深度

产品组合的深度（Depth）是指产品线中的每一产品有多少品种，多者为深，少者为浅。如奥迪A6有四种排量（2.0T，2.4T，2.8T，3.0T），两种形式（手动和手自一体），六种款型（豪华型、舒适娱乐型、技术型、舒适型、标准型、基本型等），两种颜色，共22种类别（在产的）。通过计算每一系列的产品品种数目，就可以计算出奥迪公司产品组合的平均深度。一个企业各个产品线的平均深度，即为该企业产品组合的深度。

（4）产品组合的一致性

产品组合的一致性（Consistency）是指各条产品线在最终用途、生产条件、分销渠道或者其他方面相互关联的程度。最终用途是指各个产品线的产品所提供的实用价值，也就是产品的核心内容。生产技术是指产品的生产、工艺流程、加工技术等；分销方面是指产品的分销渠道、仓储运输等。由于奥迪公司的产品都是通过同样的分销渠道出售的，因此可以说该公司的产品线具有一致性；就这些产品对消费者的消费目的不一样而言，又可以说该公司的产品线缺乏一致性。研究产品组合关联性强弱，可以有效地降低企业经营的风险性。

3. 产品组合策略

产品组合策略是指企业根据市场环境、企业能力和企业目标，对产品组合的宽度、深度和一致性进行不同组合的过程。尽管产品组合的宽度、深度和一致性，与企业的销售量和利润大小不存在必然的比例关系，但是一个汽车企业为了获得最大的销售量和利润，确定一个最佳的汽车产品组合是十分重要的。

汽车产品组合具有宽度性组合和深度性组合两种类型。汽车超市和汽车专卖店所体现的就是这两种不同的组合类型，见表5-2。

表5-2 汽车产品组合类型

	组合宽度	组合深度	组合长度	组合相容度
汽车超市	宽	浅	长	差
汽车专卖店	窄	深	短	好

产品组合策略对企业的营销决策具有非常重要的意义：增加产品组合宽度，扩大经营范围，可以减少车型单一的风险，同时也可以提高企业的竞争能力与适应能力；增加产品组合的长度，可使产品线丰满，同时给每种产品增加更多的变化因素，有利于企业细分市场，满足不同的客户需要，从而提高产品的市场占有率和用户满意度。常见的汽车产品组合策略如下：

（1）扩大汽车产品组合策略

扩大汽车产品组合策略是指企业为了增加汽车产品的经营范围，满足消费者的需要，从而扩大汽车产品组合的长度和宽度，或者扩展汽车产品组合的深度和一致性的策略。

营销案例　产品组合扩展

企业的生产能力过剩会促使产品线经理开发新的产品项目；推销队伍和分销商也希望产品线更为全面，以满足顾客的需求，因而也向公司施加压力。基于这样的原因，很多企业就会选择产品组合扩展策略。例如，上海大众在普桑打下市场后，成功推出桑塔纳2000、帕萨特，又开发出经济型轿车；广州本田在本田雅阁成功的基础上，迅速推出低价位的飞度；上海通用在别克热销之后又成功地将赛欧推向市场，都是成功的产品组合扩展的典范。

1）产品线扩展策略也称全线全面型策略。所谓产品线扩展策略是指企业将产品线加长，增加企业的经营档次和范围的策略。当企业发展到一定规模和较成熟的阶段，想继续做强做大，攫取更多的市场份额，或是为了阻止、反击竞争对手时，往往会采用产品延伸策略，利用消费者对现有产品的认知度和认可度，推出新产品，以期通过较短的时间、较低的风险来快速盈利，迅速占领市场。产品线扩展策略具体有以下三种形式：向下延伸策略、向上延伸策略和双向延伸策略。

① 向上延伸策略。向上延伸策略是指企业在原来中低档汽车产品的基础上，开始生产高档汽车产品。一般来讲，向上扩展可以有效地提升品牌资产价值，改善品牌形象。如浙江吉利集团于2009年7月在吉利自由舰、金刚金鹰、远景为代表的吉利“新三样”产品线基础上开发出的吉利帝豪，成功进入B级车市场，一举获得成功，实现了企业的战略转型；领先的日本汽车公司也在导入高档汽车：丰田推出雷克萨斯（Lexus），日产推出英菲尼迪（Infinity），本田推出讴歌（Accura）。因此，采用向上延伸策略拓展市场会使企业的经营安全性得到加强。

但由于企业并不是独立于其他企业之外，因此向上延伸策略也存在着一定的局限性。首先在企业品牌的定位过程中，消费者往往在企业经营的过程中就已经给企业品牌定位了，这时如果企业进入高档产品市场，消费者不一定会很快地接受，这个认知的改变过程也许会有相当长的一段时间，这段时间对于企业是具有很大的风险的；其次，由于企业是初次进入高档产品市场，无论是在技术上，还是经营管理以及后勤保障上都会存在着很大的不足，不利于发挥企业的一贯优势。

② 向下延伸策略。向下延伸策略是指企业在原来高档汽车产品的基础上，通过运用自己品牌价值的优势，而进入中低档汽车产品市场。叱咤风云的广州本田雅阁是一款中高档车，为了实现从中高档轿车向经济型轿车的跨越，2003年9月广州本田推出了三厢飞度，采用的就是产品向下延伸策略。

采用向下策略很明显的特点是，由于产品的中低档化，这些中低档汽车产品也就会具有相应的中低档价格。但我们知道，价格是一把双刃剑。企业在完善产品线的同时，也会因为向下延伸策略而带来负面影响，首先，不利于企业品牌形象的建立。“奔驰”给消费者的感受是永远生产高档车的品牌，给购买者传达的是一种尊贵的身份，如果有一天，该品牌也开始生产家用经济型轿车，那么“奔驰”品牌的原有价值就很有可能会消失。其次，由于中低档汽车的生产厂家过于集中，会导致企业的竞争压力加大。最后，对于一些原先经营高档汽车产品的经销商来说，也会由于中低档车的利润下降，而不愿意合作。

营销视野　企业选择向下扩展的理由

企业采用向下扩展产品线的理由有以下两方面：

1）企业注意到低档市场中巨大的成长机会。由于高档市场的消费群比较少，企业的销售量也就会比较小；相反，中低档市场拥有庞大的消费个体，有利于企业占领整个市场。

2）企业可以有效地阻止竞争对手的攻击。生产高档汽车产品的企业进入中低档市场，能使企业填补产品线的空隙，拖住在低档产品市场的竞争者，使它不进入高档市场，从而有效地阻止其他竞争对手的攻击，扩大企业的市场份额。

③ 双向延伸策略。双向延伸策略，即企业在取得中档汽车产品市场优势以后，决定向上、向下两个方向延伸，一方面增加高档汽车产品，提高企业的整体形象；另一方面进入低档汽车产品市场，扩大企业的市场占有率。采用该策略可以填补自身产品线的空白，扩大产品覆盖面，扩大企业的消费者领域，防止竞争对手的攻击性行为。事实上，很多汽车企业进入市场都定位于中档汽车市场，等迅速占领市场后，则快速采用双向延伸策略来提高销售量以及提升企业整体形象。

2）加深汽车产品组合深度。从总体来看，每个汽车公司的汽车产品线只是该行业整个范围的一部分。例如，宝马公司的汽车在整个汽车市场上的定价属于中高档范围。加深汽车产品组合的深度，可以占领该行业同类汽车产品更多的细分市场，迎合更广泛的消费者的不同需要和爱好。上海帕萨特将在帕萨特轿车基本型的基础上，研制开发豪华型车和变型车，就是上海大众加深汽车产品组合深度的例子。

3）加强汽车产品组合相容度。一个汽车企业的汽车产品尽可能地相关配套，如汽车和汽车内饰、汽车涂料等。加强汽车产品组合的相容度，可以提高汽车企业在某一地区某一行业的声誉。

综上所述，产品组合策略的成功机会是由消费者的认知或理解所控制的。任何事物的发展都是辩证的。总体来说，扩大产品组合的优点在于：首先，有利于企业充分利用其资源优势，扩大经营规模，降低经营成本，提高企业竞争能力；其次，有利于满足客户的多种需求，进入和占领多个细分市场；最后，有利于企业分散风险。但扩大汽车产品组合往往会分散经销商及销售人员的精力，增加管理困难，有时会使边际成本增加，还会相应地削弱企业的市场主打产品的威力，甚至由于新产品的质量性能等问题，而影响本企业原有产品的信誉，进而对企业的经营带来一定的风险。对于我国汽车企业来说，在正确地运用产品组合策略上，一定要有清醒的认识，从企业自身实际出发，不盲目运用产品组合策略。

营销案例	江西江铃的产品延伸策略
近年来，江西江铃为了建立公司的可持续发展战略，在原有江西五十铃产品的基础上，开始扩大汽车产品组合，一方面着手把全顺轻客延伸到中高端市场；另一方面通过自己的研发，快速开发了热销的江铃陆风以及覆盖细分市场的皮卡。此外，江铃陆风于 2010 年 12 月 5 日宣布上市，由此正式进入中型轿车制造领域。	

（2）缩减汽车产品组合策略

缩减汽车产品组合策略也称为市场专业型策略，是指企业为降低经营风险，缩减或取消那些获利小的生产线或产品项目，集中资源生产那些获利多的产品线或产品项目的策略。该策略也同样有缩减汽车产品组合宽度、深度、相容度三种情况。采取缩减策略有以下好处：首先，企业可以集中力量对某些能带来较大利润的产品进行改制，提高专业化水平，降低生产经营成本，对留存的汽车产品可以进一步改进设计、提高质量，从而增强竞争力，以求从经营较少的产品中获得较多的利润；其次，有利于企业减少资金占用，加速资金周转；最后，有利于广告促销、分销渠道等的目标集中，提高营销效率，提高企业在某领域的知名度。但缩减产品组合策略会相应地减少企业汽车产品的市场覆盖率，丧失部分市场，增加汽车企业的经营风险。因此，一个汽车企业对于某种汽车产品，在决定是否淘汰之前，应慎之又慎。

营销案例	宝马（BMW）的产品组合策略
宝马在四年内从单一品牌、五个车型的汽车制造商发展到拥有三个品牌、十个车型的汽车制造商。宝马减少它的迷你 Cooper 和 1 系列车型的生产，增产了劳斯莱斯车型，弥补 X3 越野车和 6 系列车型间的空缺。	

产品组合策略的成功取决于消费者的认知或理解。任何事物的发展都是辩证的，对于我国汽车企业来说，在如何正确地运用产品组合策略上，一定要有清醒的认识，要从企业自身实际出发，不能盲目地运用产品组合策略，若处理不好，则必然给企业乃至国家造成很大的损失。

5.2 汽车新产品开发策略

企业没有创新就等于坐以待毙，新产品开发是企业创新的主要表现。新产品开发要坚持“生产一代，试制一代，研究一代和构思一代”的思路，保持产品的持续升级换代，这对企业保持产品优势、开拓新市场、提高经济效益都起着决定性的作用，是企业在激烈竞争中生存和发展的命脉。新产品开发流程的目标是将创新的产品尽快地推向市场。

5.2.1 新产品开发概述

1. 新产品的含义

所谓汽车新产品是指在一定地域内从未试制生产过的，具有一定新质的产品。新质是指结构、性能、材质、技术特征等方面有所改进或独创。它包括以下四种类型：

（1）全新产品

全新产品主要是指采用新原理、新技术、新材料、新设计、新工艺而研制成的具有新结构、新功能的前所未有的汽车产品。这种新产品一般需要经历相当长的开发时间才会出现，是第一次进入市场，它们的出现往往会改变人们的生产方式和生活方式。

（2）革新产品

革新产品是指采用各种科学技术，对现有汽车产品进行较大的革新，使产品的性能有较大的突破，从而给使用者带来新的利益的产品。例如，将普通型桑塔纳轿车改进为LPG双燃料轿车等。

（3）改进新产品

改进新产品是指使用各种改进技术，对现有汽车产品，改良其性能、结构和外形，提高其质量，以求得规格型号的多样性，款式花色的翻新。例如，在汽车上安装ABS系统或全球定位系统等。一般来说，这类汽车新产品与原有的汽车产品差别不大，开发比较容易，而且进入市场后，比较容易为汽车消费者接受，但是较易仿效，竞争激烈。

（4）新牌号产品

新牌号产品是指企业对现有汽车产品只做很小改变，或突出汽车产品某一方面的特点，使用一种新牌号，就可成为一种新产品。有时，这种新产品是仿制市场上某种畅销的产品，只是标出新牌号，便于竞争。例如，1985年铃木公司将SJ413取掉后座，稍加改进后命名为铃木武士，推入美国市场。这种新产品进入市场，只要具有某一特色，很容易被使用者接受。

综上所述，汽车新产品的“新”是由汽车消费者所确认的，只要汽车消费者认为某种汽车产品具有其他汽车产品所没有的特点，能给自己带来某种新的效用或利益，这种汽车就是“新产品”。

2. 新产品开发的方式

企业根据自身的特点和环境条件可以选择不同的新产品开发方式，一般有以下四种方式可供企业选择：

（1）独立研制

独立研制是指企业完全依靠自己的科研、技术力量研究开发新产品。它是新产品开发的基本形式。这种方式可以密切结合企业的优势和特点，形成一定的产品系列，使企业在某一方面具有领先地位，但需投入大量的人力、财力、物力，有很大的风险。因为企业掌握的信息有限，开发能力有限，风险由企业独自承担，加上现代技术发展变化快，市场风云多变，所以采用这种方式应当慎重，注意取他人之长，集众家智慧，力求新产品开发成功。

（2）技术引进

技术引进是指通过与外商进行技术合作，引进先进技术、购买专利来开发新产品。引进有两种形式：一是引进样品进行仿制；二是引进先进的工艺技术，用于新产品的设计生产。这种方式可以缩短开发时间，节约研制费用，风险也较小，而且可以促进企业技术水平和生产效率乃至产品质量的提高。在企业科研、技术能力有限的情况下，是一种有效的方式，可以通过加快开发速度，尽快将产品推向市场而获利。但企业引进的技术，通常是已经开发出来的技术，因此有必要对其新的程度和市场容量进行分析，估计自身的竞争能力。从国外引进的技术，要对技术的成熟程度、先进性、适应性及经济性进行充分论证，防止某一方面考虑不周给企业造成不利影响。

（3）研制与引进相结合

研制与引进相结合是指企业把引进技术与本企业的开发研究结合起来，在引进技术的基础上，根据本国国情和企业技术特点，将引进技术加以消化、吸收再创新，研制出适合本国的具有特色的新产品，来满足消费者的需求。这种方式采取“两条腿走路”的方针，投资少、见效快，产品有一定的先进性和特色，并能促进企业的技术改造和创新，是一种较好的开发方式。

（4）协作研制

协作研制是指企业之间以及企业和科研、教学单位之间协作进行新产品开发。它有利于充分利用社会的科研能力，弥补企业力量不足，把科技成果转化为生产力，促使其商品化，比较符合建立市场经济体制过程中我国企业和科研、教学单位的实际需要。

营销视野　市场开拓者失败的弱点和模仿者成功的理由

斯蒂文·施纳拉斯（Steven Schnaars）研究了 28 个行业中模仿者超过创新者的例子。他发现：

失败的开拓者的弱点是：新产品过于粗糙，定位不恰当或太超前于需求高峰；产品开发成本耗尽了创新者的资源；缺少与后进入的大公司的竞争资源；管理不完善或不健康，且骄傲自大。

模仿者的成功在于：提供低价格，不断改进产品，或使用了战胜开拓者的残酷商战。

3. 新产品开发的意义

在经济社会迅速发展的今天，企业面临的各种环境条件也在不断发生变化，如不及时开发新产品适应环境，企业就会面临被淘汰的境地，如今创新已经成为时代发展的主旋律。对企业而言，开发新产品具有十分重要的战略意义，它是企业生存与发展的重要支柱。

（1）新产品开发是企业发展的生命线

在激烈的市场竞争中，不论是哪家企业，成功或失败都取决于企业能不能用性能更好、质量更高、成本更低、款式更新的产品赢得市场。产品的市场生命周期规律告诉我们，任何产品都有投入期、成长期、成熟期和衰退期，因此企业要成长、要发展，就必须不断地进行新产品的开发。在新知识经济时代，新技术转化为新产品的速度不断加快，产品的市场生命周期越来越短，40 年前平均周期是 8 年，20 年前为 5 年，10 年前为 3 年，所以只有不断开发适合市场需要的新产品才能确保企业的持续发展。

（2）新产品开发是企业保持其市场竞争优势的重要条件

随着新技术的发展和市场竞争的白热化，产品的生命周期变得越来越短。一个产品、一种型号在市场上畅销几年的时代一去不复返了。因此，只有不断创造出适应市场需要的新产品并持续地强化研究开发能力，才是企业生产力的源泉，才能保持企业竞争的优势。谁开发产品快，谁就能掌握市场的主动权，就能在竞争中处于有利地位。反之，则处于不利地位，面临丧失市场的危险。研究表明，市场先入者凭借先入为主的优势占有市场份额，相对于从竞争对手中抢夺市场份额要容易得多。因此，企业必须重视科研投入，注重新产品的开发，以新产品占领市场、巩固市场，不断提高市场竞争力。

（3）新产品开发是充分利用企业资源，增强企业活力的条件

开发新产品，打开新的经营领域是企业竞争力的要素之一。企业在单一产品方向上开发新产品和系列产品虽然可以扩大生产规模，但是单一产品的市场容量毕竟有限，这样就会限制企业的发展。因此，需要企业通过开发新的产品进入新的领域，寻求新的发展空间。世界

上规模巨大的跨国公司几乎多涉足许多行业。开拓新的经营领域还可以提高企业抵御市场风险的能力。在市场经济中，各种商品的发展程度是不平衡的，并且具有很大的不确定性，有的产品可以有较长时间的稳定需求，而有的产品的市场需求却十分短暂。开发新的产品，进入新的领域，拓宽经营范围，可以降低经营风险。同时，企业不断创造新产品，才会有压力，才需要新人才、新技术、新工艺、新设备，职工积极性、创造性才能充分发挥，从而激发企业的生机和活力。

（4）新产品开发是提高企业经济效益的重要途径

一个成功的企业，各种产品在其生命周期的各个阶段上应该平衡发展，即当某些产品处在成熟期时，另一些新产品已开始被推向市场；当某些产品开始出现衰退时，另一些产品进入快速成长期，这样的状态能够保持企业经济效益的稳步上升。实现这一目标的保证就是新产品的不断开发。而且，对于创新型的产品来说，先进入市场的企业可以享有制订本行业标准的特权。这样的做法等于为竞争对手制造了进入壁垒，延迟业内竞争的到来，使企业获得很大的利益。

综上所述，开发新产品不仅有利于企业的成长、进步和竞争能力的提高，而且也将使企业与社会、自然环境的适应能力大大提高。因此，要把握未来就要把握先机开发出好的新产品并且尽快占领市场，只有这样，企业才会在激烈的竞争中永远立于不败之地。

5.2.2 新产品开发的过程

新产品开发是一项复杂的系统工程，它涉及面广，科学性强，费用支出大，有时延续的时间还较长，并且对企业的发展有着十分重要的影响。从汽车市场营销观点出发，一个完整的汽车新产品的开发要经历提出创意、创意筛选、概念发展、商业分析、制订营销战略规划、产品研制、市场试销、商品化等八个阶段，如图 5-2 所示。

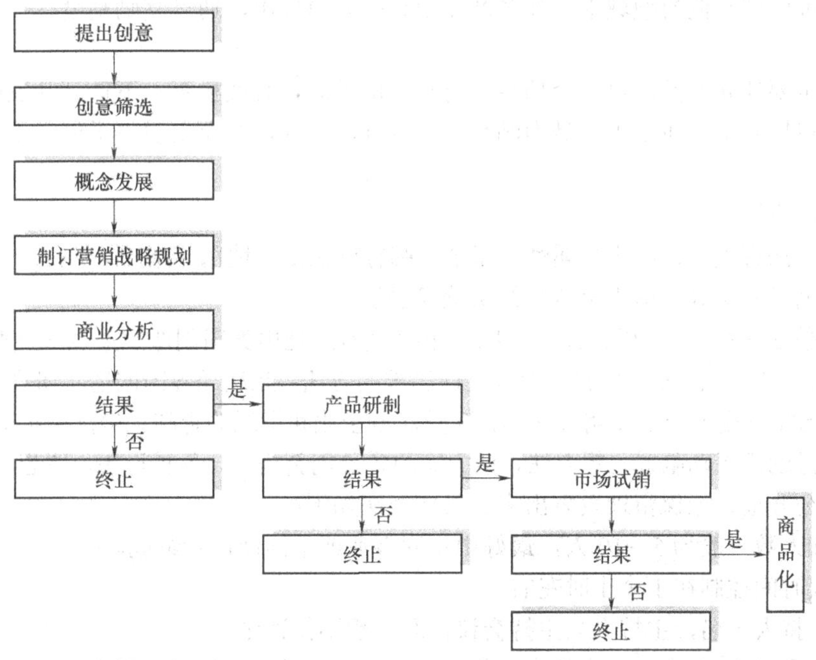

图 5-2 新产品开发管理过程

1．提出创意阶段

汽车新产品始于构思，构思贵在创新，汽车产品构思是汽车新产品诞生的开始。创新构思必须源于实际的调研。这一阶段主要解决应该去发展什么样的产品，向顾客提供什么样的消费利益等消费问题。

（1）创意来源

现代企业越来越感到“闭门造车”的苦思冥想式的发明创造，已不适应社会经济发展和市场需要的要求。一个汽车新产品应当适应汽车市场的需要，因此汽车企业在进行汽车新产品开发前应当进行充分的市场调查，在实际调研的基础上进行创新性的构思。创意的来源如下：

1）消费者。顾客是产品的满足对象，汽车消费者的需求是开发汽车新产品的起点和归宿，因此汽车消费者的需求是汽车产品创新构思的重要来源。汽车企业可以通过直接调查、用户座谈会、电话咨询、信函调查等多种途径，搜索收集汽车消费者的希望和要求。例如，克莱斯勒汽车公司就曾询问汽车购买者对汽车喜欢与不喜欢的意见，应该做什么改进以及对每个改进他们愿意花费的费用等。这种调查将会对产品今后的改进提供大量的创意。

2）竞争产品。采用逆向思维，从产品出发来研究分析产品的原理，根据竞争对手成品的成功和失败之处，克服其缺点，发扬该产品优势，生产出更优秀的产品。日本通常采用此方法，如本田摩托车的开发。

3）销售者。销售者包括推销员和中间商。他们直接联系广大汽车消费者，最先感受到汽车消费者的不满与抱怨，也最早感到竞争的压力。他们一方面了解企业，另一方面又了解顾客，所以提出的设想成功率较高。他们在 20 世纪 50 年代后越来越受到重视，现在许多高层决策部门人员都出身于推销员。

4）科技人员。新开发产品本身是在其开发过程中产生的，但在开发过程中产生辅产品，若可行，再推广到其他的领域中。许多产品由科技人员提出，通过奖励制度、一定的科研项目等来实现。

公司一定要使新产品的每一个项目具有显著的差异，且要检查一下计划开发的产品项目是否有某种市场需求，而不单单是为满足公司内部的需要，避免出现由于创意不准而带来的不利影响。

（2）创新方法

创新的方法有很多，如产品属性列举法、强行联系法（地毯-指南针-麦加）、消费者问题分析法、头脑风暴法等，这里重点介绍头脑风暴法。

头脑风暴法又称智力激励法、BS 法、自由思考法，是由美国创造学家 A.F.奥斯本于 1939 年首次提出、1953 年正式发表的一种激发性思维的方法。此法经各国创造学研究者的实践和发展，至今已经形成了一个发明技法群，深受众多企业和组织的青睐。其目的在于广开言路，充分鼓励和激励职工动脑筋，想办法，使大家的各种创新构思，各种设想、联想，甚至空想、幻想等都能公开地、无保留地发表出来。具体做法如下：

1）参加人数一般为 5～10 人，最好由不同专业或不同岗位者组成。

2）会议时间控制在 1 个小时左右。

3）设主持人一名，主持人只主持会议，对设想不作评论。

4）设记录员 1～2 人，要求认真地将与会者的每一设想不论好坏都完整地记录下来。

5）开会时，让一切设想自由发表，众多的设想被收进录音带。

营销视野　运用头脑风暴法的原则

在运用头脑风暴法得到新产品创意时，为使与会者畅所欲言，互相启发和激励，达到较高效率，必须严格遵守下列原则：

① 禁止批评和评论，也不要自谦。

② 目标集中，设想数量越多越好。

③ 鼓励巧妙地利用和改善他人的设想。

④ 与会人员一律平等，各种设想全部记录下来。

⑤ 主张独立思考，不允许私下交谈，以免干扰别人思维。

⑥ 提倡自由发言，畅所欲言，任意思考。

⑦ 不强调个人的成绩，应以小组的整体利益为重，注意和理解别人的贡献，人人创造民主环境，不以多数人的意见阻碍个人新的观点的产生，激发个人追求更多更好的主意。

2. 创意筛选

新产品创意筛选是指用一系列评价标准对各种新产品创意构思进行甄别比较，从中把最符合评价标准的创意构思挑选出来的一种过滤过程。筛选的方法很多，重点介绍多设想加权评分法和经验比较选择法。

（1）多设想加权评分法

多设想加权评分法从市场吸引力和企业开发实力与专长两大项对各创意进行评分赋值，经过计算得分最高的那个创意即为选择项，其赋值见表 5-3。

表 5-3　多设想加权评分法的赋值表

评价项目		权重	新产品创意											
			创意 1		创意 2		创意 3		创意 4		创意 5		创意 6	
			评分	分值	评分	分值	评分	分值	评分	分值	评分	分值	评分	分值
市场吸引力	1. 需求规模													
	2. 需求增长潜力													
	3. 需求弹性													
	4. 需求季节波动													
	5. 现有竞争地位													
	6. 竞争程度													
	7. 潜在进入者													
	8. 替代品威胁													
	9. 政治因素													
	10. 法律法规													
	小计													
开发实力与专长	1. 技术可行性													
	2. 技术专有性													
	小计													

（2）经验比较选择法

经验比较选择法的做法包括以下三个步骤：第一，找出各创意的“不利点”与“有利点”；第二，将各个“不利点”与“有利点”按由较差到很差、较好到很好的顺序进行排列；最后，将各项的“不利点”与“有利点”进行比较，选择有利点明显强于不利点的创意。

注意：这一阶段必须尽量避免两种失误：一种是误舍，即将有希望的汽车新产品构思设想放弃；另一种是误用，即将一个没有前途的汽车产品设想付诸实现，结果惨遭失败。

营销视野　**开发新产品失败的原因**

开发新产品具有很大的风险，一项调查表明新产品在美国市场上遭到失败的比例很高：消费品40%，工业品20%，服务行业18%。其失败原因在于：

1）由于事先的市场调查失误，过高地估计新产品的潜在需求量。

2）很多新产品的失败是由于产品设计决策不当，新产品不能很好地符合顾客的需求。

3）新产品成本高于预期成本，最终售价过高，但又存在替代产品且价格较低。

4）广告宣传不当，不能正确树立新产品的形象。

5）政府及社会的限制。

从新产品失败的原因中可以得到启示，将新产品开发看成一个程序，可以分成几个阶段，把握每个阶段的管理点，则其成功率会得到提高。

3．概念发展

产品创意是公司本身希望提供给市场的一个可能产品的设想，它只是为新产品开发指明了方向，必须把新产品构思转化为新产品概念才能真正指导新产品开发。产品概念是用有意义的消费者术语精确阐述的产品创意，即将新产品创意具体化，描述出新产品的性能、具体用途、形状、优点、外形、价格、名称、提供给消费者的利益等，让消费者能一目了然地识别出新产品的特征。一个产品创意通过思考诸如谁使用该产品，产品提供的主要功能是什么，该产品提供的主要利益是什么，该产品适用于什么场合等问题可能转化为若干产品概念，公司通常会从中选择一个最有发展潜力的概念，并根据这个概念制订营销战略规划。

4．制订营销战略规划

对已经形成的新产品概念制订营销战略规划是新产品开发过程的一个重要阶段。该规划将在以后的开发阶段中不断完善。营销战略规划包括三个部分：第一部分是描述目标市场的规模、结构和消费者行为，新产品在目标市场上的定位、市场占有率及前几年的销售额和利润目标等。第二部分是对新产品的价格策略、营销策略和第一年的营销预算进行规划。第三部分是描述预期的长期销售量和利润目标，以及不同时期的营销组合。

5．商业分析

产品概念一旦形成，就可以对产品进行商业分析。在商业分析中，管理层必须复审产品的销售量、成本和利润预计，以确定它们是否满足公司的目标。如果它们能符合，那么产品概念就能进入产品开发阶段。若不成功，再回到创意阶段。随着新信息的到来，该商业分析也可作进一步的修订和扩充。

6．产品研制

产品研制主要解决新产品概念能否转化为在技术上和商业上可行的产品这一问题。它是将目标顾客的要求转化为工作原型，再通过一系列的功能测试、顾客测试以及鉴定来完成的。根据美国科学基金会调查，新产品研制过程中的产品实体开发阶段所需的投资和时间分别占开发总费用的30%、总时间的40%，且技术要求很高，是最具挑战性的一个阶段。

7. 产品试销

新产品试销的目的是了解市场规模以及消费者和经销商处理、使用、再购买该产品的方式。这是对新产品正式上市前所做的最后一次测试，且该次测试的评价主要是通过消费者的货币来反映。市场试销是对新产品的全面检验，可为新产品是否全面上市提供全面、系统的决策依据，也可为新产品的改进和市场营销策略的完善提供启示，有许多新产品都是通过试销改进后才取得成功的。

营销视野　市场试销决策时应明确的事项

为对新产品进行全面检验，获得新产品是否全面上市的决策依据，最终取得成功，市场试销决策应明确以下几点：

1）确定试销的地区和范围。

2）确定具体的试销点。

3）试销时间的长短，与产品的技术性能有关，而且时间是很敏感的因素。试销时间过长，会使竞争者有充分的时间来仿造，为其所利用而打入市场；但试销时间过短，则顾客对该产品的了解不够。

4）需要收集哪些资料和数据，试销结束后应采取什么行动。收集到的主要数据包括试用率（第一次购买人数占该地区消费者人数的比例，反映产品的外观对消费者的刺激情况）和再购率（消费第二次再来购买产品的人数比例，反映产品的内在价值及满足需求能力）。

当然，并不是所有的汽车产品都必须经过市场试销，有些选择性不大的汽车产品，而且汽车企业对之又抱有成功的信心，就无需进行市场试销。采用试销与否及采用程度如何，一方面取决于投资成本和风险，另一方面取决于时间压力和研究成本。

8. 商品化

汽车新产品一旦定型，就应当不失时机地立刻将其推向市场。汽车产品投产之后，企业应在以下几方面慎重决策：①何时推出新产品？②何地推出新产品？③如何推出新产品？汽车企业必须考虑为之建立完善的营销计划，建设销售网络。需要训练并激励销售人员，安排好广告与促销，所有这些都必须支付庞大的费用。许多正式上市的新产品，其第一年的销售费用有时高达销售收入的一半以上。

通常，汽车产品并不是从开始便向全国市场推出，而是先向主要的地区与市场推出。如果试销的结果充满希望，汽车企业可能尝试以激进的方式全速促销该产品，尤其在竞争者将跃入同一市场时，更应如此。如果缺乏足够的信心，以渐进的方式较缓慢地进入市场，固然可以避免损失，但会失去许多机会。

5.3　汽车产品的生命周期及策略

市场营销学认为产品和人类一样有生命，也就是产品具有生命周期。本节将讨论产品生命周期的概念和在产品生命周期的各个阶段如何选择策略。

营销视野	产品生命周期说到的四件事

纵观产品生命周期，它具有以下四个含义：

1）产品有一个有限的生命。

2）产品销售经过不同的阶段，每一阶段都对销售者提出了不同的挑战。

3）在产品生命周期不同的阶段，产品利润有高有低。

4）在产品生命周期不同的阶段，产品需要不同的营销、财务、制造、购买和人力资源战略。

5.3.1 汽车产品的生命周期理论概述

产品生命周期（Product Life Cycle，PLC）是现代市场营销的一个重要概念。企业对自己产品生命周期发展变化的研究，有助于掌握其市场地位和竞争动态，为制订产品策略提供依据，对增强企业的竞争能力和应变能力也有重要意义。

汽车产品生命周期是指从汽车产品试制成功进入市场开始，在市场上由弱到强，又由盛转衰，再到被市场淘汰为止所经历的全部时间过程。从理论上分析，完整的汽车产品的生命周期分为四个阶段，即市场导入期、市场成长期、市场成熟期和市场衰退期。销售额和利润额随产品进入市场时间的长短而发生变化，通常表现为类似S形近似正态分布的曲线，被称为产品市场生命周期曲线，如图5-3所示。汽车产品生命周期的各阶段在市场营销中所处的地位不同，具有不同的特点。

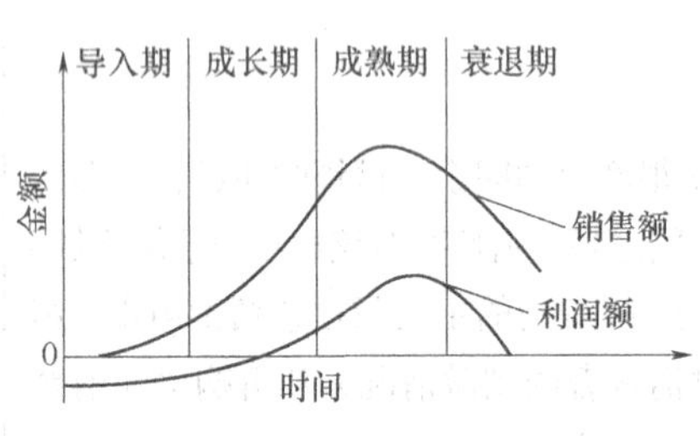

图5-3 汽车产品的生命周期曲线

营销视野	产品生命周期与产品使用寿命

产品生命周期与产品使用寿命两者之间存在本质的不同。

现代市场营销所指的产品生命周期是指市场寿命（又称为经济寿命），其长短取决于汽车消费者需求变化、市场竞争的激烈程度、汽车产品更新换代的速度和科技进步的快慢等多种市场因素。

而汽车产品的使用寿命是指汽车产品投入使用到损坏报废所经历的时间，受汽车产品的自然属性和使用频率等因素影响。

（1）市场导入期

汽车产品的市场导入期是指汽车产品投入市场试销的初期阶段。在该阶段，汽车知名度还不高，消费者对汽车新产品不够了解，所以生产、销售量低。为打开市场，企业对该产品的促销宣传等费用较大，因此利润低，有时甚至亏损，企业通常无利可图。

（2）市场成长期

汽车产品的市场成长期是指汽车产品经过试销，汽车消费者对汽车新产品有所了解，汽车产品销路打开，销售量迅速增长的阶段。该阶段的标准是销售的快速增长。在该阶段，汽车产品定型，产品的知名度日益扩大，厂商大批量投入生产；分销途径已经疏通，销售增长率迅速增加，成本大幅度降低，利润增长。同时，竞争者也开始加入。

（3）市场成熟期

汽车产品的市场成熟期是指汽车产品的市场销售量已达饱和状态的阶段。该阶段持续的时间一般长于前两个阶段，并使营销管理者面临难度最大的挑战。在该阶段，销售量和利润额达到高峰后开始呈下降趋势，大部分销售额属于替换性购买；市场竞争加剧；产品成本和价格趋于下降，但在成熟期后期，营销费用开始渐增。大多数产品都处于生命周期的成熟阶段，因此大部分的营销管理层处理的正是这些成熟产品。

成熟阶段仍可分成三个期间：成长、稳定和衰退。第一期间是成长中的成熟，此时由于分销饱和而造成销售增长率开始下降。虽然一些落后的购买者还会进入市场，但已没有新的分销渠道可开辟了。第二期间是稳定中的成熟，由于市场已经饱和，销售量增长与人口增长呈同一水平。大多数潜在的消费者都已试用过该产品，而未来的销售正受到人口增长和重置需求的抑制。第三期间是衰退中的成熟，此时销售的绝对水平开始下降，顾客也开始转向其他产品和替代品。

（4）市场衰退期

汽车产品的市场衰退期是指汽车产品已经陈旧老化被市场淘汰，新产品逐渐取代老产品的阶段。在这个阶段，市场竞争激烈；销售增长率为负值，利润渐少，开始出现替代新产品，老产品最后因无利可图而退出市场。在该阶段中，企业因利润太少或无利可图而停止该产品的生产和经营，该产品的市场生命周期也就结束了。

产品生命周期是一种理论抽象，虽然各个阶段的转化一般没有具体的数量界限，难以非常具体地去描述，但它又是客观存在的，是可以感知的。通常根据产品销售量、销售增长率和利润等变化曲线的拐点去划分。不同产品的生命周期的长短，以及各个阶段时间的长短，都可能有较大的差别。但总的来说，随着科技进步的加快以及竞争的加剧，产品生命周期有缩短的趋势。

营销视野　汽车产品生命周期的不同形态

各种汽车产品虽有生命周期，其形状近似正态分布曲线，但这只是反映变化趋势的基本模式，并不是所有的汽车产品都一定要经过四个阶段。在现实生活中，具体产品的生命周期形态是多种多样的。例如，有的产品因预测失误，在导入期便夭折；有的产品在设计时虽然看来尽善尽美，但市场却不接受，销售增长十分缓慢；有的产品在成长期后可能没有成熟期而直接转入衰退期；有的产品可能在衰退期还能“起死回生”。如亨利·福特设计的T型车秉承福特千方百计降低成本的原则，从投入市场到停产一共经历了20年的时间；而福特公司1957年9月推出埃德塞尔车，1959年11月就被迫停产，其生命周期只有短短两年的时间。另外，随着企业在不同阶段采取的营销策略的不同，生命周期也会表现出不同的形态（见图5-4）。

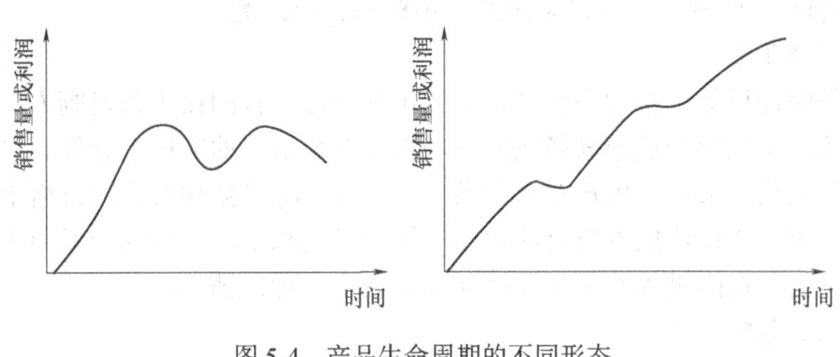

图5-4　产品生命周期的不同形态

对于企业来讲，理想的产品生命周期的形态应该是：导入期和成长期要短，投入要少，很快就达到销售的高峰，并持续很长的时间，企业可以获取最大的利润；而衰退期要缓慢，利润缓慢减少。企业应当通过实施正确的营销策略，尽量让产品的生命周期按理想的形态发展。

针对产品生命周期的规律，企业必须做到：第一，必须为其处于不同发展阶段的产品制订适当的营销策略，即产品的阶段营销策略；第二，必须不断地做好产品改进和新产品的开发工作，不断地向市场推出新产品，以取代那些处于衰退和即将衰退的产品。否则，企业就不可能持久地立足于市场。

5.3.2 汽车产品生命周期各阶段的营销策略

产品在不同的生命周期阶段具有不同的市场特点，需要制订不同的营销目标和营销策略。

1. 导入期营销策略

在这个阶段，为了建立新产品的知名度，企业需要大力促销，广泛宣传，引导和吸引潜在用户，争取打通分销渠道，并占领市扬。营销策略要突出一个“准”字，即市场定位和营销组合要准确无误，符合企业和市场的客观实际。若把价格与促销两个营销因素综合来考虑，各设高、低两档，则对处于导入期的汽车产品的营销策略有快速掠取策略、缓慢掠取策略、快速渗透策略和缓慢渗透策略四种（见图 5-5)，企业可以根据自己的情况灵活运用。

价格 \ 促销	高	低
高	快速掠取策略	缓慢掠取策略
低	快速渗透策略	缓慢渗透策略

图 5-5 四种导入期的营销策略

（1）快速掠取策略

快速掠取策略即以高价格和高促销推出新产品。实行高价是为了在单位销售额中获得最大的利润，高促销费用是为了引起目标市场的注意，加快市场渗透。成功实施这一策略可以尽快收回新产品开发的投资。它的适用条件是：①产品确有特点，有吸引力，但知名度还不高；②市场潜力很大，并且目标用户有较强的支付能力。国内外汽车公司在推出富有特色的中高级轿车时常采用这一策略。

（2）缓慢掠取策略

缓慢掠取策略即以高价格和低促销费用将新产品推入市场，目的是以尽可能低的促销费用取得最大限度的收益。这种策略的适用条件是：①市场规模有限；②产品已有一定的知名度；③目标用户愿支付高价；④潜在的竞争并不紧迫。东风汽车公司推出 EQ1141G（EQl53）和 EQ111B（EQl45）两种车型时，采用的营销策略就属此类。

（3）快速渗透策略

快速渗透策略即以低价格和高促销费用推出新产品，目的在于先发制人，以最快的速度打入市场。该策略可以给企业带来最快的市场渗透率和最高的市场占有率。这种策略的适用条件是：①市场规模很大，但用户对该产品还不了解；②多数购买者对价格十分敏感；③潜在竞争的威胁严重；④单位成本有可能随生产规模扩大和生产经验的积累而大幅度下降。日本、韩国的汽车公司在刚进入北美市场时便大量采用此种营销策略。

（4）缓慢渗透策略

缓慢渗透策略即企业以低价格和低促销费用推出新产品，促使市场迅速地接受新产品，低促销费用则可以实现更多的净利润。这种策略的适用条件是：①市场规模很大且消费者熟悉该产品；②市场对价格敏感。

营销视野　市场开拓者的优势

市场开拓者的优势如下：

1）如果消费者试用过并感到满意，就会偏好市场开拓者的品牌，产生消费偏好。

2）开拓者成为估价产品等级特征的标准。

3）能抓住更多的使用者。

4）开拓者具有规模经济、技术领先、拥有稀有资源和其他进入壁垒，从而获得开拓者优势。

2. 成长期营销策略

新产品上市后如果适合市场的需要，即进入成长期。成长阶段的标志是销售迅速增长，其营销策略的重点应放在一个“好”字上，即保持良好的产品质量和服务质量，切忌因产品销售形势好就急功近利，粗制滥造，片面追求产量和利润。在成长阶段，公司为了尽可能长地维持市场增长而采取下列策略：

1）根据用户需求和其他市场信息，公司改进产品质量并增加新产品的特色和式样。

2）积极开拓新的细分市场和增加新的分销渠道。

3）公司广告的重点从产品知名度转移到产品偏好上，并进一步创名牌。

4）公司在适当的时候降低价格，以吸引对价格敏感的用户，抑制竞争。

上述市场扩张策略可以加强企业的竞争地位，但同时也会增加营销费用，使利润减少。因此，对于处于成长期的产品，企业常面临两难抉择：是提高市场占有率，还是增加当期利润量？如果把大量的钱用在产品改进、促销和分销上，公司能获得一个优势地位，但要放弃获得最大的当前利润的机会，而这些利润公司有希望在下一阶段得到补偿。

3. 成熟期营销策略

产品进入成熟期的标志是销售增长率渐缓，市场趋于稳定，并持续较长时间。由于销售增长率降低，竞争日益加剧，名牌逐渐形成。这个阶段的营销策略，应突出一个“争”字，即争取稳定的市场份额，延长产品的市场寿命。

企业对处于这个阶段的产品不应满足于保持既得利益和地位，而要积极进取，进攻是最好的防御。该阶段可供选择的基本策略有以下三种：

（1）市场改进策略

市场改进策略即寻找新的细分市场和营销机会，特别是要提高产品的地区覆盖率，挖掘更多的新用户。

（2）产品改进策略

产品改进策略即企业可以通过改变产品特性，吸引顾客，扩大销售。它又包括两方面的策略，一是提高产品质量，主要是改善产品性能。如提高汽车的动力性、经济性、操纵稳定性、舒适性、制动性和可靠性等，创名牌、保名牌。此种策略适合于企业的产品质量有改善余地，而且多数买主期望提高质量的场合。二是增加产品的功能，即提高产品的使用功效。如提高轿车的观瞻性、舒适性、安全性和动力性等，都有利于增加产品品种，扩大用户选择的余地，使用户得到更多的效用。

(3)营销组合改进策略

营销组合改进策略是指通过改变定价、销售渠道及促销方式来尽可能地延长产品成熟期。

营销视野　营销组合改进的关键性问题

营销组合改进的关键性问题如下:

1)价格:降价会吸引新试用者和新用户吗?如果会,要不要降低目录标价?或者通过特价、数量上或先购者的折扣、免费运输、较容易的信贷条件等方法降价?或用提高价格来显示产品质量好?

2)分销:公司在现有的分销网点上能够获得比较多的产品支持和陈列吗?公司能够渗入比较多的销售网点吗?公司的产品能够进入某些新类型的分销渠道吗?

3)广告:广告费用应该增加吗?对广告语句或文稿应该修改吗?宣传媒介载体组合应该更换吗?宣传的时间、频率或规模应该变动吗?

4)促销:公司应该采用何种方法来加快促销——廉价销售、舍去零头、折扣、赠品和竞争?

5)人员推销:销售人员的数量和质量应该增加或提高吗?销售队伍专业化的基础应该变更吗?对销售区域应该重新划分吗?对销售队伍的奖励方法应该变更吗?销售访问计划需要改进吗?

6)服务:公司能够加快交货工作吗?公司能扩大对顾客的技术援助吗?公司能提供更多的信贷吗?

4. 衰退期营销策略

销售衰退的原因很多,其中包括技术进步、消费者口味的改变、国内外竞争的加剧。所有这些都会导致生产能力过剩、削价竞争增加和利润被侵蚀。这种销售衰退也许是缓慢的,也许很迅速;销售可能会下降到零,也可能僵持在一个低水平上持续多年。在这个阶段,营销策略应突出一个“转”字,即有计划、有步骤地转产新产品。根据汽车行业的相对吸引力和公司在本行业中是否具有一定的竞争实力,企业对处于衰退期的产品,可采取收割或放弃策略。

收割策略一方面要维持销售额,另一方面要从一种产品或一项业务中逐渐减少成本,如减少研发成本以及对工厂和设备的投资。公司也可能降低产品质量,撤销某些服务项目,减少用于广告的开支。许多成熟的产品都使用这种策略,在实行收割策略期间,只要销售量不暴跌,便可大大增加公司的现金流量。放弃让公司面临着进一步的抉择,是彻底停产放弃,还是把该品牌出卖给其他企业;是快速舍弃,还是渐进式淘汰。如果这种产品有强大的分销能力,并且声誉卓著,公司也许可以将它售给其他公司。如果公司找不到买方,就必须决定是迅速还是缓慢结束这个品牌。需要注意的是,企业的老产品停产后,应继续安排好其配件供应,为从前的顾客保留部件库存量和维修服务,以保证在用老产品的使用需要。否则,企业形象仍会受到损害。

综上所述,产品生命周期各阶段及相应的营销策略,见表5-4。

表5-4　产品生命周期各阶段的基本特点和营销策略

	导入期	成长期	成熟期	衰退期
销售额	低	迅速上升	达到顶峰	下降
单位成本	高	平均水平	低	低
利润	无	上升	高	下降
营销策略	建立知名度	抢占市场	争取利润最大	推出新产品

5.4 汽车品牌策略

成功的品牌具有高溢价并能引发很高的品牌忠诚度。目前，对于国内消费者来说，轿车不仅仅是代步的工具，还承载着身份和地位的象征功能，轿车仍然是高档耐用消费品。研究表明，中国消费者在购车决策时，除价格因素外，品牌有很重要的影响，特别是初次购车者，他们更重视品牌声誉这一外在属性。所以，在乘用车领域，汽车品牌是影响消费者的关键因素。对许多汽车企业而言，品牌是企业进入市场、占领市场的武器，甚至是企业的生命。现在品牌策略已经被越来越多的企业所重视。

5.4.1 品牌理论概述

每个品牌都是企业个性化的标志。它不仅代表企业的形象，代表企业过去的发展历程，还传播着企业的某些新信息，代表着一种生活方式。

1. 品牌的内涵

品牌的英文单词 Brand，源于古挪威文 Brandr，意思是“烧灼”。人们用这种方式来标记家畜等需要与其他人相区别的私有财产。到了中世纪的欧洲，手工艺匠人用这种打烙印的方法在自己的手工艺品上烙下标记，以便顾客识别产品的产地和生产者，保护他们自己和消费者，以预防劣质产品。这就产生了最初的商标。在最近几个世纪，品牌已经成为把不同制造者的商品区分开来的方法。在艺术方面，品牌是从艺术家在他们的作品上签字开始的。品牌当今扮演的是改进消费者的生活并且提高公司的金融价值的角色。

美国营销协会将品牌定义为：品牌是一种名称、术语、标记、符号或设计，或是它们的组合运用，其目的是借以辨认某个销售者或某群销售者的产品，并使之同竞争对手的产品区别开来。一个品牌就是在某些方式下，能将它和用于满足相同需求的其他产品区别开的一种产品的特性。这些差别可能是功能方面的、理性方面的或者有形的，这些与品牌的产品性能有关；它们也可能更具有象征性、感性或者是无形的，这些与品牌所代表的观念有关。

现在的品牌含义已大大地被拓展了，它已与企业的整体形象联系起来，是企业的“脸面”，即企业形象。一个好的品牌商品往往使人对生产该产品的企业产生好感，最终将使消费者对该企业的其他产品产生认同，从而能够提高企业的整体形象。因此，品牌策略实际上已演变成为企业为适应市场竞争而精心培养核心品牌产品，再利用核心产品创立企业品牌形象，最终提高企业整体形象的一种策略，是企业用来参与市场竞争的一种手段。

营销视野　品牌相关术语

品牌包括品牌名称、品牌标志、商标。

（1）品牌名称

品牌名称是指品牌中可以用文字表述的部分，如奇瑞、丰田、奔驰、奥迪等。

（2）品牌标志

品牌标志是指品牌中可以识别但不能用文字表述的部分。如 CHERY（奇瑞）、TOYOTA（丰田）、Mercedes-Benz（奔驰）、Audi（奥迪）。

（3）商标

商标是一个法律术语，是指受法律保护的一个品牌或品牌的一部分。

品牌仅仅是品牌，谁都可以使用，而获得国家商标局认可的商标是某个企业有专用权的品牌，受到法律保护，其他任何企业都不得仿效使用。

我国习惯上对一切品牌不论其注册与否，统称商标，而另有“注册商标”与“非注册商标”之分。《中华人民共和国商标法》规定，注册商标是指受法律保护、所有者享有专用权的商标。非注册商标是指未办理注册手续、不受法律保护的商标。

2. 品牌的属性

品牌之所以有价值，因为它是销售者向购买者提供的一组特定的利益和服务，好的品牌传达了质量的保证。一个品牌能表达出以下六层含义：

（1）属性

一个品牌首先给人带来特定的属性。例如，上海通用汽车有限公司的别克车表现出昂贵、优良制造、工艺精良、耐用、高声誉、快捷等。公司可以利用这些属性的一个或几个做广告宣传。许多年来，别克的宣传是其工程质量全世界一流，这就是为了显示该汽车的属性是精心设计的。

（2）利益

一个品牌不仅仅限于一组属性。顾客不是购买属性，他们是购买利益，属性需要转换成功能利益和情感利益。属性“耐用”可以转化为功能利益，如“这车帮助我体现了重要性，令人羡慕”；属性“优良制造”可以同时转化为功能利益和情感利益，如“万一出交通事故，我也是安全的”。

（3）价值

品牌体现了制造商的某些价值观。例如，别克车体现了高性能、安全等，该品牌营销者必须推测出在寻找这些价值的特定的汽车购买群体。

（4）文化

品牌可能附加象征了一定的文化。别克意味着美国文化——汽车的高效率和高品质以及个人身份的象征。

（5）个性

品牌代表了一定的个性，使得它所代表的产品区别于其他竞争者的产品。

（6）使用者

品牌还体现了购买或使用这种产品的是哪一种消费者。事实上，产品所表示的价值、文化和个性，均可反映在使用者的身上。

正是品牌所包含的丰富的内容，决定了品牌所具有的以下重要的作用。

3. 品牌在市场营销中的作用

（1）品牌对生产者的意义

品牌有助于产品的销售和占领市场；有利于订单处理和对产品的跟踪；有助于稳定产品的价格，减少价格弹性，增强对动态市场的适应性，减少未来的经营风险；有助于市场细分，进而进行市场定位；有助于开发新产品，节约新产品投入市场的成本；有助于企业保护产品的某些独特特征被竞争者模仿，从而抵御竞争者的产品竞争，保持竞争优势；有助于树立产品和企业形象，为吸引忠诚顾客提供了机会。

营销视野

品牌价值

品牌是一个企业长期经营、沉淀于市场和顾客心中的东西，其核心不是你的宣传广告有多好，而在于产品的品质有多么优良，品牌是企业的无形资产。根据有关权威部门评估，2009年国际和国内汽车公司品牌价值见表5-5、表5-6。

表5-5　2009年国际汽车品牌价值排行前10名

排　名	品牌名称	品牌中文名称	品牌价值（百万美元）
1	TOYOTA	丰田汽车公司	29907
2	BMW	宝马公司	23948
3	PORSCHE	德国保时捷汽车公司	17467
4	Mercedes	梅赛德斯	15499
5	HONDA	本田汽车公司	14571
6	NISSAN	日产汽车公司	10206
7	Ford	美国福特公司	7005
8	Volkswagen	德国大众	6484
9	Audi	德国奥迪	5010
10	Hyundai	韩国现代	4604

表5-6　2009年中国汽车最具价值品牌前10名

排　名	品牌名称	品牌拥有机构	品牌价值（亿元）
1	一汽	中国第一汽车集团公司	622.11
2	上汽	上海汽车工业（集团）总公司	302.01
3	福田汽车	北汽福田汽车股份有限公司	268.37
4	东风	东风汽车公司	181.43
5	长安	长安汽车（集团）有限责任公司	118.93
6	中大	中大工业集团公司	80.98
7	宇通	郑州宇通客车股份有限公司	78.96
8	金龙客车	厦门金龙联合汽车工业有限公司	77.36
9	海格	金龙联合汽车工业（苏州）有限公司	71.16
10	东南	东南（福建）汽车工业有限公司	71.13

（2）品牌对消费者的意义

品牌有助于消费者识别产品的来源或产品制造厂家；有助于消费者避免购买风险，降低消费者的购买成本；有利于消费者形成对某些品牌的偏好。

（3）品牌自身的意义在于其所具有的巨大的无形资产价值

正如可口可乐公司所说，即使其厂房被全部烧毁，只要“可口可乐”这个品牌在，消费市场就不会消失。汽车品牌是消费者因听到或看到某汽车产品的品牌名称或标志而产生的关于汽车产品、技术水平、企业实力、保障、承诺、企业文化等联想和认知印象的总和。例如，人们看到奔驰的标志，就会联想到奔驰的稳重、拥有者的事业成功。汽车品牌是汽车企业可持续发展的重要资源之一。

营销视野　汽车品牌的“牌格”

按照美国著名品牌管理权威 David A.Aaker 的理论，品牌和人一样有各种不同的认同和“牌格”。汽车的“牌格”就是汽车人格特征的描述，它是通过创始人赋予其品牌核心价值之后而形成的。汽车品牌人格化特征的形成需要经历一个相对持久的过程，而且这种“牌格”一旦形成就会沉淀为很深厚的品牌资产附着在产品上，通过市场传播和推广根深蒂固地留存在大众和目标消费者脑海里，进而转化为对汽车品牌的一种膜拜或魂牵梦绕的幻想。世界著名汽车品牌所具有的人格化魅力构成了吸引消费者永恒的力量，随着年代的久远，这种魅力与日俱增，结合各种社会与心理因素，人格化的汽车“牌格”异化为社会身份、地位、财富甚至职业的象征，并成为人在社会环境中存在的第二身份特征。例如，奔驰是出入上流社会的成功人士；土星汽车被车主视为忠实的好友；劳斯莱斯是身份显赫的贵族；福特则被认为是中规中矩的中产阶级白领。

汽车“同质化”的时代已经到来。目前，在我国市场出现的新车中，同等价位的汽车产品无论是性能还是技术含量都越来越接近。这对消费者来说，购买哪一个品牌的汽车，很大程度上取决于消费者对该汽车品牌的认知程度的高低。品牌能够带来忠诚的顾客群，能够带来稳定的市场份额，能够带来强大的竞争力，能够带来巨大的无形价值，能够使企业持续生存，品牌建设工作迫在眉睫。

营销视野　品牌与价格

在企业的发展过程中，品牌与企业产品价格有着十分密切的关系，产品价格始终影响到企业的销售收入及利润。而决定产品售价的除了产品的性能、技术含量、用途等之外，往往还存在一个无形的东西，那就是企业的品牌。1997 年，世界最有价值品牌销售收入增幅高达 40%，品牌销售规模从 1995 年的 23.59 亿美元上升到 1996 年的 34.39 亿美元，处于前 20 位品牌的销售额达到 172 亿美元。同时，这些品牌产品的利润率也远远高于一般品牌。同一种类型商品，名牌产品与普通商品的售价可相差数倍。由此不难看出，品牌作为企业的无形资产，是企业的一笔巨大财富。在贸易场上，商家挑选某牌子的产品，只要这种产品有优良的质量，只要这质量在消费者心中产生了信誉，这个品牌就有了价值，即使价格相对其他同类产品要高很多，消费者仍买它，并把它的高价作为一种高贵身份的象征。

5.4.2 汽车品牌策略

当前汽车市场生产力已经处于过剩状态，所有开放市场经济国家都不同程度地进入了买方市场，市场竞争的环境、手段与过去相比都发生了很大的变化。在这种情况下，企业取胜的主要手段已不再单纯以产品本身来竞争，还包括品牌的竞争。可以说，未来国际市场竞争的主要形式将是品牌的竞争，品牌策略的优劣将成为企业在市场竞争中出奇制胜的法宝。汽车产品的品牌策略主要有三种：产品线扩展策略、多品牌策略、合作品牌策略。

1. 汽车产品线扩展策略

所谓汽车产品线扩展策略是指汽车企业现有的产品线使用同一品牌，当增加该产品线的产品时，仍沿用原有的品牌。如上海大众，在普桑成功占领市场后推出桑塔纳2000。这种新产品往往都是现有产品的局部改进，如增加新的功能、包装、式样和风格等。通常厂家会在这些商品的包装上标明不同的规格，不同的功能特色或不同的使用者。

产品线扩展的原因是多方面的，如可以充分利用过剩的生产能力；满足新的消费者的需要；率先成为产品线全满的公司以填补市场的空隙，与竞争者推出的新产品竞争或为了得到更多的货架位置。采取产品线扩展可利用消费者对现有品牌的认知度和认可度，在较短的时间、较低的风险情况下占领市场。

2. 汽车多品牌策略

所谓汽车多品牌策略是指汽车企业对同一产品使用两个或两个以上的品牌的策略。例如，德国大众的奥迪品牌和大众品牌，奥迪品牌群包括奥迪（Audi）、西亚特（SEAT）和兰博基尼（Lamborghini）等品牌；大众品牌群包括大众客车、斯柯达（Skoda）、宾利（Bentley）和布加迪（Bugatti）等品牌，各个品牌均有其自己的标识，自主经营，产品从超经济的紧凑车型到豪华型小轿车应有尽有。各个品牌形象之间既有差别又有联系，不是大杂烩，蕴含着整体大于个别的意义。一个汽车企业实施多品牌策略，可以减少风险增加盈利的机会。采用该策略具有以下优势：

1）多品牌策略使企业有机会最大限度地覆盖市场。随着市场的成熟，消费者的需要逐渐细分化，一个品牌不可能保持其基本意义不变而同时满足几个目标。

2）多品牌策略有助于限制竞争者的扩展机会，使得竞争者感到在每一个细分市场的现有品牌都是进入的障碍。

3）多品牌策略有助于突出和保护核心品牌。领先品牌肩负着保证整个产品门类的盈利能力的重任，其地位必须得到捍卫；否则，一旦它的魅力下降，产品的单位利润就难以复升。当需要保护核心品牌的形象时，那些次要品牌成为前哨阵地，与此同时，核心品牌的领导地位则可毫发无损。

所以，多品牌策略有助于覆盖市场，降低营销成本，限制竞争对手和有力地回应零售商的挑战。

3. 合作品牌策略

合作品牌（也称为双重品牌）是两个或更多的品牌在一个产品上联合起来，每个品牌都期望另一个品牌能强化整体的形象或购买意愿。这是一种伴随着市场激烈竞争而出现的新型品牌策略，它体现了公司间的相互合作。一种产品同时使用企业合作的品牌是现代市场竞争的结果，也是企业品牌相互扩张的结果。

这种品牌策略在我国汽车行业很常见，如一汽大众、上海通用、东风雪铁龙。合作品牌策略的优点在于它结合了不同公司的优势，可提高自己品牌的知名度，从而扩大销量额，增强产品的竞争，同时节约了各自产品进入市场的时间和费用。

营销案例　著名汽车公司的多品牌战略

无论是居世界销量第一的通用汽车公司，老牌的大众汽车公司，还是后来居上的丰田汽车公司，都无一例外地采取了多种品牌的策略以抵御竞争对手，并扩大自己的市场占有率。

> 大众品牌一向被认为是中、低消费群选择的对象，众所周知的金龟车成为其品牌的代表。但是，近年来，大众却试图进入豪华车细分市场，与奔驰、宝马等高档车分一杯羹。大众推出帕萨特 V6 豪华车后，相应地采取了一系列品牌管理手段和分销策略，成功地将这一新品牌推荐给了目标消费群。
>
> 同样，从 20 世纪 90 年代开始，日本的汽车制造商也纷纷开始向原本不敢涉及的高档车市场进攻。1989 年，丰田汽车推出高价位车雷克萨斯，而日产汽车则推出英菲尼迪，本田则推出讴歌。这几款车的装备和豪华程度紧逼奔驰和宝马。最终，这几款车（特别是雷克萨斯）在美国的营销成功，打破了欧洲豪华车一统天下的格局，从而改变了美国人认为日本只能生产小型中档车的印象。

4. 品牌策略的误区

随着中国汽车市场的成熟以及消费者消费行为的理性，随着汽车产品以及服务日趋同质化，品牌越来越成为重要的差异化优势来源。有研究表明，汽车厂商的盈利能力与其销量中的溢价品牌销量所占比例具有较高的相关度。因此，塑造品牌或者构建怎样的品牌架构是目前中国合资企业、自主品牌企业、跨国公司，在惨烈的价格竞争中寻求突破的关键策略。但是，汽车企业在品牌策略的运用过程中，普遍存在以下几大误区。

（1）错把名牌当品牌

名牌产品是民族工业的精华和骄傲，是一个重要的无形资产，能创造出比同类非名牌产品更高的价值。无论是发达的经济强国，还是新崛起的工业化国家，无不把发展名牌事业作为一项至关重要的战略任务来抓。但名牌产品并一定是品牌产品，名牌产品更多地注重产品名气，而品牌在消费者心目中有优先提及性、丰富的联想性，还有排他性。因此，名牌如果没有抓好产品质量和技术创新，没有科学的、全面的、有效的市场营销策略，没有长时间的持续管理能力，就会徒劳无功或者事倍功半。

（2）品牌过度依赖广告

广告不能创造品牌，只能传播品牌。正是因为广告对于品牌建设的重要性，而且又是最直观的表现，所以掩盖了品牌建设中深层次的内涵，造成了企业在品牌建设过程中过度依赖甚至单纯依赖广告的情况，以致产生重形式、轻内容的炒作思维。

广告的作用在于表现品牌的外在特点，它能提高品牌的知名度和识别价值，树立品牌的外在形象。但是这些是不能直接促进销售的，只是一个铺垫。能真正实现品牌价值的是品牌的顾客忠诚度和顾客满意度，而这两个重要指标不是单靠广告就能建立的，更多的还是需要从品牌的内涵中去挖掘，包括产品品质、价格、购买便利程度、客户关系、售后服务、附加利益等众多方面。因此，品牌建设是存在于营销全过程的。著名的可口可乐公司自商标注册以来已经过了 100 多年。它能成为世界第一品牌，广告宣传只占其全部宣传的很小一部分，更多的是可口可乐公司的内在文化，独特文化是其他饮料公司无法复制的，也是长时间支撑品牌价值的灵魂。

（3）忽视持续经营能力对品牌的重要性

世界上真正能够成为长寿企业的并不多，据统计，世界五百强企业的平均寿命只有 40 岁，而我国 500 强企业的平均寿命仅有 11 岁，中小型企业的平均寿命仅有 1.5 岁。为什么众多企业短寿，是因为没有市场？产品落后？还是由于什么别的原则？从我国品牌的发展过程来看，不难发现在历史的过程中有很多曾经辉煌的企业，他们的衰败过程有着惊人的相似，那就是快速成长、快速衰败。破解企业长寿、短寿的秘密，对理解品牌建设的精髓有着重大意义。

在品牌持续经营过程中常出现两方面的问题：其一，表现在品牌生命周期上，也就是产品生命周期上，当产品生命周期进入衰退阶段时，品牌也步入了衰退期；其二，表现在品牌维护不佳上，企业往往认识到了品牌的重要性，因此通过电视等传播媒体进行一番狂轰滥炸，以后就认为可以坐享其成，缺乏持续的品牌形象维护，当意识到品牌对消费者的吸引力不及竞争品牌时，已经让竞争者占了上风。实际上，品牌是建立在消费者长期信任的基础上的，持续经营对品牌内涵建设具有重要的作用。

（4）经营观念忽视品牌内涵

对品牌内涵认识不深，表现在以产品观念或销售观念经营品牌。很多企业期望通过强烈的广告攻势获得市场的高份额，但是却只顾推销，未能满足消费者的真正需要而最终退出市场。品牌所包含的不仅在于产品品质以及品牌的知名度，品牌实质上是一个综合的系统，品牌的价值以系统的方式表现。如麦当劳的品牌内涵中包含了其产品品质、产品市场定位、品牌文化、产品标准化生产及品质保障机制、品牌形象推广、特许经营的市场扩张模式等。这个系统构成成为麦当劳品牌的内涵，缺乏内涵的单一品牌推广是无法奏效的。

（5）品牌定位错误

品牌目标市场定位错误，表现为进入了不正确的细分市场，市场规模不足以支援品牌成长。市场定位模糊是指在品牌经营时未明确产品目标市场，甚至期望产品老少皆宜、妇孺皆知。在产品推广时，未能形成针对某一特定目标市场的有效策略，从而造成品牌失败。

（6）品牌形象混乱

品牌形象混乱的主要表现是：1）品牌文化建设不足，品牌命名不符合消费文化以及品牌标识设计陈旧。一些企业在品牌命名时喜用洋名，却忽视了其所面对的消费群的文化特征，还有一些企业品牌标识未注重设计的品质感或未关注标识对于目标消费群的影响度，或一直沿用明显过时的符号，使品牌形象受损。2）一些品牌在经营时品牌形象不统一，造成品牌所面对的目标市场不一致。

（7）品牌延伸失误

多元化发展成了现代企业发展的主题，但在多元化发展过程中，企业也最容易走入品牌延伸的陷阱。一些品牌在获得了一定的市场知名度后，就想借机将品牌资产延伸到新的市场，但是在品牌延伸时却由于缺乏基本的市场研究，将品牌延伸到与原领域截然不同甚至有冲突的领域，造成品牌的衰退。例如，雪佛兰被定义为美国家用轿车品牌，如果有一天把雪佛兰这个品牌冠于货车或卡车上，消费者就会很难接受。

品牌延伸决策要考虑的因素有品牌的核心价值与个性，新老产品的关联度，行业与产品的特点，产品的市场容量，企业所处的市场环境，企业发展新产品的目的，市场竞争格局，企业的财力以及企业品牌的推广能力等。而上述因素中品牌的核心价值与个性又是最重要的，它是企业品牌的精髓。因此，品牌的延伸应以不与原有核心价值与个性相抵触为原则。

本章小结

1．产品策略决定着企业的生存和发展。产品决定着企业组合营销策略中的价格、渠道、促销等组合因素。

2．产品是指能够提供给市场以满足需要和欲望的任何东西，包括有形的与无形的实体商品、服务、体验事件、人物、地点、财产、组织、信息和观念等。

3．产品是一个包含多层次内容的整体概念，包含核心产品层、基础产品层、期望产品层、附加产品层和潜在产品层。产品的不同层次体现不同的顾客价值。1）汽车核心产品向汽车消费者提供能够满足其需要的基本效用或利益。2）汽车基础产品是核心产品借以实现的基本形式。3）汽车期望产品是汽车购买者购买汽车时希望和默认得到的与产品密切相关的一组属性和条件。4）汽车附加产品是汽车消费者购买汽车形式产品和汽车期望产品时所能得到的增加的汽车附加服务和利益。5）汽车潜在产品是现有产品可能的演变趋势和前景。

4．企业为了实现营销目标，充分有效地满足目标市场的需求，必须有一个优化的产品组合。汽车产品组合也称为产品品种配备，是指汽车企业生产和销售的所有汽车产品线和汽车产品品种的有机组合或搭配。产品组合包含宽度、长度、深度和一致性等四个变数。简单来说，1）产品组合的宽度是指公司产品线的条数；2）产品组合的长度是产品项目的总数；3）产品组合的深度是指产品线中的每一产品的品种数；4）产品组合的一致性是指各条产品线在最终用途、生产条件、分销渠道或者其他方面相互关联的程度。

5．公司要根据市场环境、企业能力和企业目标，对产品组合的宽度、深度和一致性进行不同的组合。常见的汽车产品组合策略有扩大汽车产品组合策略和缩减汽车产品组合策略。其中，扩大汽车产品组合策略包括产品线扩展策略（向下延伸、向上延伸和双向延伸）、加深汽车产品组合深度和加强汽车产品组合相容度三种。缩减汽车产品组合策略包括缩减汽车产品组合宽度、深度、相容度三种情况。

6．企业没有新产品开发就等于坐以待毙。汽车新产品是指在一定地域内从未试制生产过的，具有一定新质的产品。它包括四种类型：全新产品、革新产品、改进新产品和新牌号产品。

7．企业可以根据自身的特点和环境条件，从以下四种方式中选择新产品开发方式：1）企业完全依靠自己的科研、技术力量进行独立研制；2）企业通过与外商进行技术合作，引进先进技术、购买专利进行技术引进；3）企业把引进技术与本企业的开发研究结合起来进行研制与引进相结合；4）企业之间以及企业和科研、教学单位之间协作进行研制开发。

8．新产品开发是企业生存与发展的重要支柱，对企业具有十分重要的战略意义。新产品开发是企业发展的生命线；新产品开发是企业保持其市场竞争优势的重要条件；新产品开发是充分利用企业资源，增强企业活力的条件；新产品开发是提高企业经济效益的重要途径。

9．新产品开发是一项复杂的系统工程。从汽车市场营销观点出发，一个完整的汽车新产品的开发要经历提出创意、创意筛选、概念发展、商业分析、制订营销战略规划、产品研制、市场试销、商品化等八个阶段。汽车新产品的创意来源于消费者、竞争产品、销售者、科技人员。头脑风暴法由美国创造学家奥斯本于1939年首次提出，其目的在于广开言路，充分鼓励和激励职工动脑筋、想办法。创意筛选阶段应尽量避免误舍和误用。

10．产品生命周期与产品寿命周期是两个不同的概念，汽车产品生命周期是指从汽车产品试制成功进入市场开始，到最后被市场淘汰为止所经历的全部时间过程。从理论上分析，完整的汽车产品的生命周期分为四个阶段——市场导入期、市场成长期、市场成熟期和市场衰退期，每个阶段都有各自不同的特点，企业应当用不同的策略来对待它。

11．在汽车产品的市场导入期，汽车知名度不高。企业需要大力促销，可以采取快速掠取策略、缓慢掠取策略、快速渗透策略、缓慢渗透策略，实现一个“准”字。

12．在汽车产品的市场成长期，汽车产品销售量迅速增长，竞争者开始加入。企业应保持良好的产品质量和服务质量，实现一个“好”字。

13．在汽车产品的市场成熟期，汽车产品销售量和利润额达到高峰后开始呈下降趋势，市场竞争加剧，可以采取市场改进策略、产品改进策略、营销组合改进策略，争取稳定的市场份额，延长产品的市场寿命，突出一个“争”字。

14．在汽车产品的市场衰退期，汽车新产品逐渐取代老产品，可采取收割或放弃策略，有计划、有步骤地转产新产品，突出一个“转”字。

15．成功的品牌具有高溢价并能引发很高的品牌忠诚度。品牌是一种名称、术语、标记、符号或设计，或是它们的组合运用，可以通过品牌将产品与销售者或竞争者区别开来。品牌的价值传达了属性、利益、价值、文化、个性、使用者等六层含义。

16．未来国际市场竞争的主要形式将是品牌的竞争，汽车产品的品牌策略包括产品线扩展策略、多品牌策略、合作品牌策略。

17．在我国，品牌存在七大误区：1）错把名牌当品牌；2）品牌过度依赖广告；3）忽视持续经营能力对品牌的重要性；4）经营观念忽视品牌内涵；5）品牌定位错误；6）品牌形象混乱；7）品牌延伸失误。

复习思考题

1．解释并理解汽车产品的整体概念。

2．什么是产品组合？其类型有哪些？汽车产品组合策略的意义是什么？

3．对于汽车企业来说，如何确定一个最佳的汽车产品组合？

4．什么是产品的生命周期理论？在不同的产品周期，应采用何种营销策略？汽车产品生命周期研究对汽车营销的意义是什么？

5．什么叫汽车新产品？它包含有哪些类型？汽车新产品的开发策略有哪些？

6．试阐述新产品开发的过程。

7．品牌对汽车企业有什么实际作用？

营 销 实 务

试以某国产汽车企业的汽车产品为基础，分析其产品组合策略并提出品牌建立对策。

学习任务6 实施汽车产品价格策略

学习目标

知识目标

- 了解汽车产品定价的概念
- 理解影响汽车企业定价的主要因素
- 掌握汽车企业定价的基本方法
- 掌握汽车产品的定价策略
- 掌握汽车产品定价的程序
- 了解汽车产品价格调整时各方的反应
- 理解汽车产品价格调整的原因与对策

能力目标

- 能针对汽车企业的内外部环境进行汽车产品定价方法的选择
- 能灵活运用各种定价策略进行汽车产品的定价
- 能针对企业内外部营销环境进行企业产品价格调整策略的选择

引入案例　雅马哈摩托的定价策略

当日本第二大摩托车制造商的决策者们决定创造出世界上最快、最令人激动的摩托车时，他们清楚地知道，影响他们决策的是以后的销售和盈利状况。雅马哈公司在1982～1984年的摩托车市场衰退当中遭受了数十亿美元的损失。另外，高额关税也使雅马哈的产品竞争力减弱，如果新的决策是错误的话，将有使公司破产的危险。

新产品暂定名V-MAX，市场反馈表明，V-MAX的设计看起来很有气势，能给人们留下深刻的印象，使其具有气势是雅马哈的设计者们所一直追求的。V-MAX有99～103kW的发动机，是市场上动力最大的摩托车发动机。新摩托动力足，外观好，名字也动人，现在到了定价的时候了。

最初，雅马哈的助理生产经理约翰·鲍特认为，他们所面对的消费者希望得到速度最快的摩托，并且也准备为此付高价，他们愿意为此付出4 000～5 000美元。如果性能确实卓越，那么5500美元的价格也是合理的。

“通常情况下，消费者有他们自己的意愿价格，而这种意愿价格，通常比实际成本低25%。”雅马哈美国生产经理丹尼斯·斯德凡尼说：“一般情况下，我们一方面寻找降低成本的途径；另一方面使产品具有特点，令其更加吸引人，这样就有人愿意为此支付额外的钱。”

雅马哈的营销者考虑了许多影响定价的因素。除了消费者的预期心理外，他们还不得不考虑竞争产品的价格。如科达、卡瓦萨基、铃木和哈雷·达维顿（Harley Davidon）公司的产品。在美国的经营费用、经销广告费用也是一个影响定价的因素。此外，树立产品权威形象，也是影响定价的一个因素。

综合上述所有因素，雅马哈的营销者们决定把价格定为 5299 美元。这在当时虽不是最高，但已接近了市场的最高价。到 1987 年，雅马哈的零售价涨到 5899 美元，1988 年则达到 6000 美元。

精心设计的促销活动，主要是放在强调 V-MAX 和其他摩托车的不同之处上，正如广告部经理所说："V-MAX 有两个主要的特点：第一该产品的外观是独一无二的，第二它具有高超的性能。"

促销活动很成功，市场调研表明，消费者喜欢 V-MAX，认为它是非凡的外观和高性能的完美结合。大多数购买者认为产品定价是合理的，一家杂志写道"雅马哈值这个价"。尽管 V-MAX 第一年的销售额就超过了预期目标，但是来自哈雷・达维顿的竞争仍然是强烈的。助理生产经理约翰・鲍特说："因为开始的销售势头很高，有 5000 辆的订单，所以我们在第二天就扩大了生产。"到 1988 年，该公司决定以更高的价格向市场提供总数有限的新款式 V-MAX 摩托车 1500 辆。这种把有限供给和高价相结合的办法，意在进一步提高 V-MAX 的形象。正如鲍特所说："V-MAX 在市场上赢得了巨大的声誉，骑手们承认它确实是一种独特的创新产品。"

点评：

雅马哈新型摩托车的经营成功，除其设计者根据消费者的需要，设计出了"功率足，外观好，名字也动人"的车子以外，还源于经营者综合考虑了影响产品定价的一系列因素，制订了完整的价格体系，并辅以行之有效的促销手段。

问题与讨论：

1. 你认为雅马哈摩托车在定价时应着重考虑哪个因素？
2. 促销活动对企业实施的定价策略有何影响？

定价（Price）是市场营销组合中一个十分关键的组成部分。作为资源配置和调节供需的杠杆，价格从来都是一个十分敏感的话题。它是决定公司市场份额和盈利率的最重要因素之一。在市场营销活动中，汽车产品的价格不仅是汽车商品价值的货币表现形式，而且会随着市场需求、市场竞争状况的变化而变化。价格在市场营销活动中有着十分微妙的作用，成功的企业都善于巧妙地利用价格策略去吸引更多的顾客。在我国汽车市场竞争日益激烈的今天，价格策略已成为国内汽车企业重要的营销手段。本章将从汽车产品的定价内涵、影响汽车产品价格的主要因素、汽车产品的基本定价方法、汽车产品的价格策略等方面进行讨论。

6.1 汽车产品定价的概述及其主要的影响因素

6.1.1 汽车产品定价的概述

1. 汽车产品定价的概念

价格直接关系着市场对产品的接受程度，影响着市场需求量即产品销售量的大小和企业利润的多少，无论是生产者、顾客还是竞争对手，对产品的价格都十分关注。对于产品价格，从经济学和市场营销学的观点来看，其含义是不同的。

1）从经济学的观点来看，价格是严肃的，是不可随意变动的。价格是商品价值的货币表现形式，是由社会必要劳动时间决定的，价格总是与利润的实现紧密联系在一起的，即价格＝总成本+利润。因此，经济学所说的价格强调的是价格形成的物质基础，其产品定价是一门科学，是非常严格的。

2）从市场营销学的观点来看，价格是活泼的，是可以根据需要而改变的。产品的价格是在产品理论价格的基础上，从企业的角度结合不断变化的市场情况，在研究产品进入市场、占领市场、开拓市场的情况下的应变价格，是消费者的心理体验，属于“价值工程”的范畴，即心理、感觉上的投入与收入之比，也就是平常所说的“值”与“不值”。价格的制定必须以消费者能否接受为出发点，在客观经济规律允许的有限范围内自由定价，遵循客观的经济规律来进行定价决策和调节。因此，市场营销学所说的价格强调的是形成的主观因素。因此，定价不仅是一门科学，而且是一门艺术，企业应研究定价的技巧和策略，发挥市场价格的杠杆作用。

其实，在一定意义上说，经济学和市场营销学两者所说的价格并不是彼此对立，而是相互统一的。经济学着重研究产品的理论价格，它把各种具体的市场现象进行抽象，将产品价格定义为价值的货币表现，从根本上规定了价格形成的本质；而市场营销学研究的价格则是为了促进销售，获取利润，因而要求企业定价时，既要考虑成本的补偿，又要考虑消费者对价格的接受能力，从而使定价具有买卖双方决策的特征。将产品价格定义为消费者必须而又愿意支付的货币数量，则从根本上规定了价格形成的现象。将两者结合起来，无疑可以保证企业产品定价的科学性和艺术性。

营销视野　互联网以及定价对卖方和买方的影响

应用网站最多的是电子商务。然而，互联网绝不仅仅是一个新的“市场交易所”。以互联网为基础的技术实际上正改变着市场交易的规则。以下简单地展示了互联网怎样使买卖双方能够相互区别。

买方可以：

1）从成千上万的销售商那里随时得到价格比较。新技术使人们通过单击鼠标就能够获得价格比较。价格扫描网（www.pricescan.com）每天要吸引数千个访问者，其中大部分的买者都是公司。智能购物代理商（也被称为 bots）使价格比较又深入了一步，它们能从 2 000 个商人那儿挑选出产品、价格和评论。无论是否使用 bots，消费者现在都经常到网上查找价格，比较它们同当地商店的价格，同时也会看看其他国家的消费者的消费情况。消费者也可以通过相互之间的交流获得未经修饰的产品信息。例如，消费者想在互联网上购买数码相机，他可以先到附近的一家电器商场去感受一下实物，但并不急着购买，然后回家去利用搜索引擎找到最低的价格，最后再在网上购买自己中意的数码相机。

2）列出他们的价格并实现这个价格。在价格在线（www.priceline.com）网站上，消费者输入他期望的机票、旅店或者是出租汽车的价格，然后网站便会搜索是否有合适的价格的卖家。该网站通过聚集大量的消费者的订单来打压供应商，以期获得更多的折扣。

3）得到免费的产品。公开资源，这个由 Linux 发起的免费软件运动，将会侵蚀几乎所有软件公司的利润。公开资源软件现在在任何地方都能够看到。它在个人计算机、移动电话和机顶盒中被广泛使用。它运用于像亚马逊这样的世界级网站以及一些大的合作伙伴和政府系统中。现在，微软、甲骨文、IBM 和其他大软件开发公司面临的共同问题是：现在如何才能和免费的软件竞争？

卖方可以：

1）监视顾客的行为并根据各个顾客的不同需要提供相应的服务。虽然销售代理软件和进行价格比较的 Web 网站总会告诉顾客公开的价格，但是它们可能看不到某些特定的交易，而借助新技术的帮助它们就能够看到。GE 照明每年会得到 55 000 份订单，它用专门网络程序来评价 300 个与定价相关的因素，如过去的销售数据和折扣数据，这样就可以将评估时间从 30 天降到 6 个小时。

2）向特定的顾客提供特殊的价格。现代光碟（CDNOW）是一个音乐唱片的网上供应商，通过给特定的顾客发电子邮件，告诉他们一个特定 Web 网站的地址，在该网站上商品的价格较低。如果你不知道这个秘密地址，你就必须为你所购买的商品支付全部价款。企业营销人员已经在用外部网络将他们和供应商以及顾客联系在一起，以便能够准确地处置关于存货、成本和需求方面的问题，并随时调整价格。

卖方和买方都能够：

在网上拍卖和交易时进行价格谈判。想卖掉有轻微磨损的小器具吗？在 eBay 上贴一张销售广告。想以便宜的价格购买一副好的棒球吗？单击 www.baseballplanet.com 即可。

2. 汽车定价的意义

价格是供求关系的信号，与经营者和消费者的利益休戚相关，是影响交易成败的重要因素。企业定价是为了达到促进销售，获取利润的目标，这就要求企业既要考虑成本的补偿，又要考虑消费者对价格的接受能力，从而使定价策略具有买卖双方双向决策的特征。价格既是调节市场供需的杠杆，也是汽车进入市场的门槛。

（1）价格是调节供需的杠杆

在计划经济条件下，由于商品短缺，我们直接用政府的计划手段配置经济资源，而忽视了价格在调节供求关系上的作用。因为只有这“看得见的手”，才能“保障供给”，才能有效地把有限的经济资源集中用在“刀刃”上。但时过境迁，如今不是靠政府的定价来限制消费，在流通领域，更多的是经营者在绞尽脑汁用定价策略促销自己的产品，赢得市场。

据国家发展改革委员会价格监测中心对全国 36 个大中城市的监测，2009 年上半年乘用车价格持续走低，同比下降 3.38%；而来自国家信息中心的统计显示，2009 年上半年，排量在 1L 以下的乘用车零售增长率为 46.6%，1～1.6L 的车型增长了 52.7%，2.5L 以上车型下降 15%，2.0～2.5L 之间的车型下降了 1.8%。从价位上来看，10 万元以下的车型增长了 42.8%，10 万～15 万元的车型增长了 38.8%，25 万元以上的车型下降了 14.1%。

营销视野　汽车购置税政策与汽车销量

一石激起千层浪，随着经济社会的发展以及人们的收入和购买力水平的提高，汽车已渐入寻常百姓家。2009 年初，为了振兴汽车工业，国家出台的小排量汽车的减税措施，引起了人们的关注，减税政策也刺激了汽车市场的消费。国家出台的小排量汽车的减税措施规定：在 2009 年 1 月 20 日至 2009 年 12 月 31 日，对 1.6L 及以下的小排量乘用车暂减按 5%的税率征收车辆购置税。在此政策影响下，小排量汽车的市场份额大幅提高，如 2009 年 1.6L 及以下排量车型在佛山的市场份额接近 70%。

（2）价格是进入市场的壁垒

消费者是有价格意识的群体，价格低，市场的进入壁垒低，消费者多，市场占有率就高；反之，市场占有率就低。显然，产品价格与市场占有率之间存在着相当高的“反相关关系”。

营销案例　福特汽车公司

福特汽车公司的创始人亨利·福特于 1896 年制造出了自己的第一台汽车。自此以后，福特 A 型、B 型、C 型和 N 型车也相继问世。由于这些车价格昂贵，只能成为极少数有钱人的“宠物”。为了生产出大多数消费者也能消费得起的汽车，福特公司率先采用了“流水作业法”，于 1908 年春天推出了具有划时代意义的 T 型车。亨利·福特“毕生的愿望”是每分钟生产一辆汽车，并为此孜孜以求，到 1925 年，实现了每 10 秒钟就能生产一辆 T 型车。不但提高了生产效率，而且降低了生产成本，汽车价格也由每台 8 000 美元降到了 850 美元。“门槛”原为一尺，现在削了九寸，买主纷至沓来，产品供不应求。年产量高达 30 万辆，占据了美国汽车市场的 70.80%。福特放低“门槛”迎客来，不但登上了“汽车大王”的宝座，而且带动了美国和世界汽车工业的发展。

营销视野　价格—质量的关系推论

汽车的价格和质量认知是互相影响的。价格昂贵的汽车自然被认为具有优异的质量。质量优异的汽车也理所应当地被认为值较高的价格，尽管通常这些价格都高于它们的实际价值。表 6-1 显示出了消费者关于汽车的认知质量是如何脱离它们的实际情况的。当消费者可以获得其他关于质量的真实信息时，价格作为质量的指示器的作用便不那么明显了。当这信息无法获得的时候，价格就被当做质量的标志。

表 6-1　消费者对于汽车的认知价值和实际价值的比较

华尔街的摩根士丹利（Morgan Stanley）用了 J.D.Power2003 年汽车研究数据，通过三年多的跟踪调查，并同 CNW 市场研究公司进行认知质量的调查，找到了被高估和被低估的汽车品牌。	
被高估的品牌：认知质量超过实际质量的百分比	
路虎	75.3%
起亚	66.6%
大众	58.3%
沃尔沃	36.0%
梅赛德斯	34.2%
被低估的品牌：实际质量超过认知质量的百分比	
水银	42.3%
无限	34.1%
别克	29.7%
林肯	26.3%
克莱斯勒	20.8%

6.1.2　影响汽车产品定价的主要因素

价格是一个变量，受到企业、顾客、竞争者、营销环境等许多因素的影响。这些因素既包括内部因素，也包括外部因素，具体来说，主要包括企业的目标、产品的成本、消费者的需求、竞争对手。定价时必须首先对这些因素进行分析，认识它们与汽车产品价格的关系，再据此选择定价策略。

1．企业目标

所谓企业目标是指企业通过制定一定水平的价格，所要达到的预期目的。企业为产品定价时，首先必须有明确的企业目标。企业有很多的目标，不同的汽车企业在不同的时期有不同的目标。如果营销部门对公司目标有清晰的把握，那么包括确定价格在内的营销组合便是一件相对容易的事情。相反，如果定价与公司的目标相背离，可能花了很大精力，结果并不是公司想要的。企业目标一般可分为利润目标、市场占有率目标、维持企业生存目标、保持产品质量目标、稳定价格目标。

（1）利润目标

以利润为汽车定价目标是指汽车企业期望获取销售利润而确定的价格目标。利润目标是企业定价目标的重要组成部分，获取利润是企业生存和发展的必要条件，是企业经营的直接动力和最终目的。因此，利润目标被大多数企业采用。由于企业的经营哲学及营销总目标的不同，这一目标在实践中有以下三种形式：

1）争取利润最大化。以最大利润为汽车定价目标是指汽车企业期望获取尽可能大的销售利润。采用这种定价目标，必须要求被定价的产品市场信誉高，在目标市场上占有优势地位。因此，这种定价目标比较适合于具有竞争优势的中小汽车企业或处于成熟期的名牌汽车。

一般而言，企业追求的应该是长期的、全部产品的综合最大利润，企业通常都是通过提高市场占有率、扩大销售量、增强市场优势等方式来追求长期利润最大化的。这样，企业就可以拥有更好的发展前景。

营销视野　最大利润目标与高价

最大利润目标并不必然导致高价，价格太高，会导致销售量下降，利润总额可能因此而减少。有时，高额利润是通过采用低价策略，待占领市场后再逐步提价来获得的；有时，企业可以采用招徕定价艺术，对部分产品定低价，赔钱销售，以扩大影响，招徕顾客，带动其他产品的销售，进而谋取最大的整体效益。

2）获得目标利润。以目标利润定价就是在成本的基础上加上目标利润。根据实现目标利润的要求，汽车企业要估算汽车按什么价格销售、销量达到多少才能实现预期的目标利润。一般来说，在行业中具有较强的实力、竞争力比较强、处于领导地位的企业可以采用这种目标。

3）实现适度利润。以适度利润为汽车定价目标是指汽车企业在补偿社会平均成本的基础上，适当地加上一定量的利润作为汽车价格，以获取正常情况下合理利润的一种定价目标。以最大利润为目标，尽管从理论上讲十分完美，也十分诱人，但实际运用时常常会受到各种限制。所以，很多企业按适度原则确定利润水平，并以此为目标制定价格。采用适度利润目标有各种原因，如产品价格不会显得太高，从而可以阻止激烈的市场竞争；或可以协调投资者和消费者的关系，树立良好的企业形象。

适度利润目标是一种兼顾企业利益和社会利益的定价目标。它既可以使企业避免不必要的竞争，又能获得长期利润，而且由于价格适中，消费者愿意接受，还符合政府的价格指导方针，但适度利润的实现，必须充分考虑产销量、投资成本、竞争格局和市场接受程度等因素，否则适度利润只能是一句空话。适度利润定价目标多见于处于市场追随者地位的中小汽车企业。

（2）市场占有率目标

以市场占有率为汽车定价目标是指汽车企业以期望达到某一汽车销售额或市场占有率而确定的价格目标。市场占有率又称市场份额，是企业的销售量（额）占同行销售量（额）的百分比，是企业经营状况、产品竞争力的直接反映。企业的产品只有在市场上占有一定份额后才能有较强的市场控制力，享受到更大的规模经济效益，才有可能获得更高的长期利润。因此，市场占有率与利润的相关性很强，从长期来看，较高的市场占有率必然会带来高利润。

营销视野　市场占有率与投资收益率

美国市场营销战略影响利润系统的分析指出：当市场占有率在10%以下时，投资收益率大约为8%；市场占有率在10%～20%之间时，投资收益率在14%以上；市场占有率在20%～30%之间时，投资收益率约为22%；市场占有率在30%～40%之间时，投资收益率约为24%；市场占有率在40%以上时，投资收益率约为29%。因此，以市场占有率为定价目标具有获取长期较好利润的可能性。

市场占有率目标在运用时存在着保持和扩大两个互相递进的层次。保持市场占有率的定价目标的特征是根据竞争对手的价格水平不断调整价格，以保证足够的竞争优势，防止竞争对手占有自己的市场份额。扩大市场占有率的定价目标就是从竞争对手那里夺取市场份额，以达到扩大企业销售市场乃至控制整个市场的目的。采用此定价目标应具备以下三个条件：

1）企业有雄厚的经济实力，可以承受一段时间的低价所造成的经济损失，或者企业本身的生产成本本来就低于竞争对手。

2）企业对其竞争对手的情况有充分的了解，低价可以阻止现有的和可能出现的竞争者进入或者有从其手中夺取市场份额的绝对把握。否则，企业不仅不能达到目的，反而很有可能会受到损失。

3）产品的价格需求弹性较大，低价会增加销量。企业采用薄利多销策略，在总利润不低于企业最低利润的条件下，尽量降低价格，促进销售，扩大盈利。这样，降低价格而导致的损失可以由销量的增加而得到补偿。

在实践中，市场占有率目标被国内外许多企业所采用，其方法是以较长时间的低价策略来保持和扩大市场占有率，增强企业竞争力，最终获得最优利润。但是，价格只是提高市场占有率的一个重要但非决定性的因素，更多的情况下，市场占有率的增加要通过非价格因素的竞争才能实现。

营销视野　淘宝网的最高市场份额目标

企业通常在进入一个新的细分市场时将获取最高市场份额作为定价目标。例如，淘宝网的总裁马云当初为了应对易趣可能的挑战，进入C2C市场，通过多年的不断投入保证了淘宝网提供免费的交易平台。他考虑的是市场份额，尽管现阶段不赚钱，但是长远来看还是会赚钱的。

（3）维持企业生存目标

当汽车企业由于经营管理不善，或由于市场竞争激烈、顾客需求偏好突然变化而造成产品销路不畅、大量积压、资金周转不灵，甚至濒临破产时，企业要把维持生存作为自己的主要目标——生存比利润更重要。这时，企业只要能收回变动成本或部分固定成本即可，以求迅速出清存货，减少积压，收回资金。这种目标只能是企业面临困难时的短期目标，长期目标仍然是要获得发展，否则企业终将破产。

营销案例　大众

1982年，大众汽车进入中国市场，建了两个合资企业。当时他们面对的是一个没有竞争、产品供不应求的中国市场，取得了巨大的成功。仅桑塔纳一个型号就卖了十多年，一度国内市场份额达到50%以上。但是进入20世纪90年代，随着美国、日本和韩国公司陆续进入中国市场，面对更加激烈的竞争，大众汽车希望能保持它原有的市场份额，尽管采取了很多手段，但是始终无法改变份额下降的局面，现在已经跌到20%左右。

（4）保持产品质量目标

以保持产品质量为汽车定价目标是指汽车企业在市场上树立以质量领先的目标，从而在汽车价格上作出相应的安排。创造具有高感知质量、品位和地位的产品，是很多企业的追求。从完善的汽车市场体系来看，高价格的汽车自然代表或反映着汽车的高性能、高质量及其优质服务。如果企业的经营目标是以高质量的产品占领市场，这就需要实行“优质优价”策略，以高价来保证高质量产品的研究与开发成本以及生产服务成本。采取这一目标的汽车企业必须具备以下两个条件：一是拥有高性能、高质量的汽车，二是能够提供优质的服务。其产品都在消费者心目中享有一定声誉，企业可以利用消费者的求名心理，制订一个较高的产品价格。如奔驰汽车，通过产品本身的质量、品位和高价，赢得大量稳定忠诚的顾客群。要塑造这样一个品牌，关键在于通过营销和过硬的产品质量改变顾客对产品的认识，这可能需要一个十分漫长的过程。

（5）稳定价格目标

稳定的价格通常是大多数企业获得一定目标收益的必要条件，价格稳定可以有效地避免不必要的价格竞争。市场价格越稳定，经营风险也就越小。而价格波动太大且较频繁，则容易造成市场紊乱，从而使用户无所适从，损害产品乃至企业在用户心中的形象。这种定价目标比较适合在行业中占主导地位的大型企业，这些企业往往后备资源丰富，主要着眼于长远发展，需要一个稳定的市场。

总之，将定价目标分为利润目标、市场占有率目标、维持企业生存目标、保持产品质量目标、稳定价格目标，只是一种实践经验的总结。它既没有穷尽所有可能的定价目标，又没有限制每个汽车企业只能选用其中的一种。企业在制订自身的定价目标时，会遇到不同的情况和约束条件，企业应根据自身的性质和特点，在需要与可能的基础上，坚持全局观念，保持各目标间的一致性，具体情况具体分析，权衡各种定价目标的利弊，灵活确定自己的定价目标。为了提高企业定价的效果，企业决策者可以按照图6-1所示的决策图来确定产品的定价目标。

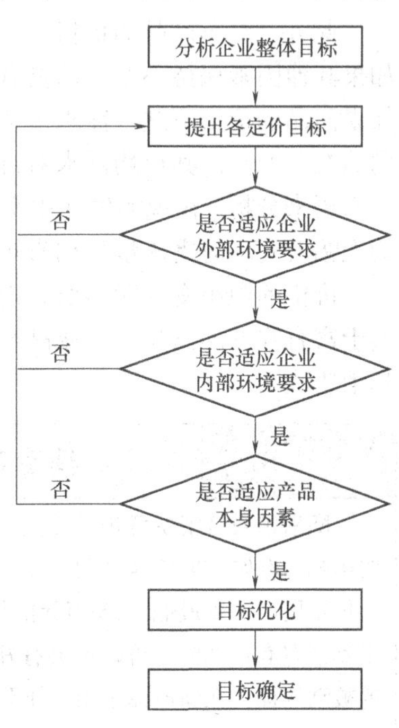

图6-1　企业定价目标决策图

2. 汽车产品的成本

成本分为两种，即固定成本和可变成本。固定成本是指在一定限度内不随产量和销售量的增减而变化，具有相对不变性质的各项成本费用，如固定资产的投资、折旧以及企业管理经费等，这些费用不论企业产量的多少都必须支出。变动成本是指随着产量或销售量的增减而变化的各项费用，如原材料消耗、储运费用、产品进价、进货费用、计件工资等，它们在一定范围内随着产品销售量的变化而成正比例变化。

汽车生产企业为了保证再生产的顺利实现，产品价格必须能够补偿产品生产、分销和促销的所有支出，并补偿企业为产品承担风险所付出的代价，同时也要保证一定的盈利。因而企业必须了解成本的变动情况，尽可能去掉产品的过剩功能，节省一切不必要的消耗，降低成本，降低价格，从而扩大销售，增加盈利，汽车产品的成本是企业能够为产品设定的底价。成本低是产品价格竞争力强的重要基础。

汽车成本是一个复杂的价值系统，它涉及规划、设计、工艺、制造、质量、采购、销售、财务、劳动等汽车制造的全过程和企业经营的各方面。努力降低成本是我国汽车企业当前的一个战略性行为，而不仅仅是战术性经营行为。

3. 消费者的需求

消费者的需求对汽车定价的影响，主要通过汽车消费者的需求能力、需求强度、需求层次反映出来。汽车定价首先要考虑汽车价格是否适应汽车消费者的需求能力，如果消费者的需求能力强，企业在定价时，可以定得高一些；反之，则应低一些。其次，要考虑消费者的需求强度，如果消费者对某品牌汽车的需求比较迫切，且对价格不敏感，企业在定价时，可以定得高一些；反之，则应低一些。另外，不同的需求层次对汽车定价也有影响，对于能满足较高层次需求的汽车，其价格可定得高一些；反之，则应低一些。

此外，汽车产品的价格也会影响消费者的购买需求。经济学的需求规律原理告诉我们，如果其他因素保持不变，消费者对某一商品需求量的变化与这一商品价格变化的方向相反，如果商品的价格下跌，需求量就上升；而商品的价格上涨时，需求量就相应下降。当然，不同的汽车产品，其市场需求对价格变动的反应是不一样的，在经济学中用需求的价格弹性这一术语来分析。在现实生活中常见的是缺乏弹性和富有弹性两种情况：1）缺乏弹性，即价格的大幅度变动对需求量变动影响不大，此时可以维持原价或提高价格；2）富有弹性，也就是说，价格的微小变动能够引起需求量的较大变动，此时可以适当调低价格，薄利多销。汽车属于富有弹性的商品，企业高管在适当的时候需考虑适当降价，以刺激需求，促进销售，增加销售收入。

营销案例　消费者决定汽车产品的定价正确与否

随着消费者消费意识的提高，消费者对价格期望和意见，对企业的定价策略，产生了越来越大的影响。例如，2002 年 4 月上市的 POLO 的定价，是在试价过程中采取了消费者普遍期望的 9 万元的价格区间，以最低 9.38 万元的价格满足消费者事先的预期，实现当月销量 3 041 辆的好成绩。得不到消费者认知的定价，不会有好的销售业绩，如北京现代的雅绅特定价一出就遇到了市场不接受的被动局面，在新产品上市后不到四个月的时间就大幅降低了产品的价格，并且因为价格的诚信危机惹来了官司。

4. 竞争对手

影响汽车企业定价决策的另一个重要因素是竞争对手，因为大多数情况下，市场上并非只有一家公司。汽车定价是一种挑战性行为，我们必须了解谁是我们的竞争对手，他们的战略是什么，优势是什么。任何一次汽车价格的制定与调整都会引起竞争对手的关注，并导致竞争对手采取相应的对策。在制定价格之前，应该对市场上竞争对手的产品价格、质量和各方面的性能有一个全面的了解，并以此为基础对自身的产品进行定位，才能使产品价格更有针对性和竞争力。在这种对抗中，竞争力强的汽车企业定价自由度较大；竞争力弱的汽车企业定价的自由度相对较小。

在现代市场竞争中，价格战容易导致两败俱伤，风险较大。所以，很多汽车企业往往会避开价格战，而在汽车质量、促销、分销和服务等方面下工夫，以巩固和扩大自己的汽车市场份额。

总之，影响汽车价格的因素比较多，其中企业的目标决定了汽车产品定价的方向，产品成本决定了汽车价格的最低基数，消费者的需求决定了汽车需求的价格弹性，竞争对手的价格提供了制定汽车价格的参照点。汽车市场的定价工作必须充分考虑各种因素的综合影响，采取正确的定价方法，才能保证定价的成功。

6.2 汽车产品的基本定价方法

汽车定价方法是指汽车企业为了在目标市场上实现定价目标，而给汽车产品制订一个基本价格或浮动范围的方法。在实际操作中，企业往往侧重于选择影响因素中的一个或几个因素来确定定价方法，而影响定价的三个最基本的因素是产品成本、消费者需求和市场竞争，由此产生了汽车成本导向定价法、汽车需求导向定价法和汽车竞争导向定价法三种汽车定价方法。

6.2.1 汽车成本导向定价法

顾名思义，汽车成本导向定价法是指以汽车生产成本为基础，加上一定的利润和应纳税金来制定汽车价格的方法，是一种主要以成本为依据的定价方法。它包括成本加成定价法、售价加成定价法和目标利润定价法三种具体方法。

（1）成本加成定价法

所谓成本加成定价法是指按照单位成本加上一定百分比的加成来制定产品销售价格。加成的含义就是一定比率的利润，这是成本导向定价法的基本形式。其计算公式为：

$$P=AC(1-a)$$

式中 P——单位产品价格；

AC——单位产品分摊的成本；

a——加成率。

（2）售价加成定价法

所谓售价加成定价法就是以产品的最后销售为基数，按销售价的一定百分率来计算加成率，最后得出产品售价。其计算公式为：

$$P=C/(1-R)$$

式中 P——单位产品价格；

C——单位产品成本；

R——加成率。

售价加成定价法多被商业部门，尤其是零售部门采用。这是因为对零售商来说，此种方法更容易计算商品销售的毛利率（毛利率即为加成率）；而对于消费者来说，在售价相同的情况下，用这种方法计算出来的加成率较低，更容易接受。

（3）目标利润定价法

所谓目标利润定价法是根据企业所要实现的目标利润来定价的一种方法，一般要利用盈亏平衡图来分析。其公式如下：

$$R=(P-AC_V)Q-C_f$$

$$P=AC_V+(R/C_f)/Q$$

式中 R——总利润或总亏损；

P——单位产品价格；

Q——销售量；

C_f——固定成本总额；

AC_V——单位产品可变成本。

在采用目标利润定价法定价时，首先应明确所要实现的目标利润是多少；然后再根据销售量的预测，确定出统计期的产品销售量 Q，再核算出单位产品的可变成本 AC_V，以及统计期内应回收的固定成本总额 C_f，从而完成定价工作。

成本导向定价方法反映了基本的价格原理，即只有当产品的平均价格水平高于总成本时，企业才能进行有效的再生产。它们的优点是简便、易行、易用：①对买方，企业“将本求利”，公平合理；②对同业者，可缓和价格竞争，减少矛盾。但这种方法也存在一些缺点，它只从卖方的角度考虑，容易忽视市场需求和竞争：①定价过程脱离市场“闭门造车”，所定价格要么高于市场可接受价格，面临滞销风险；要么低于市场可接受价格，面临市场抢购和机会损失风险。②定价过程使得企业有利可图，企业缺乏技术革新、主动控制和降低成本的动力和压力。

营销视野 **盈亏平衡图**

盈亏平衡图是一种总收益、总成本和总利润三者随着产销量的不同而变化的关系图，如图 6-2 所示。

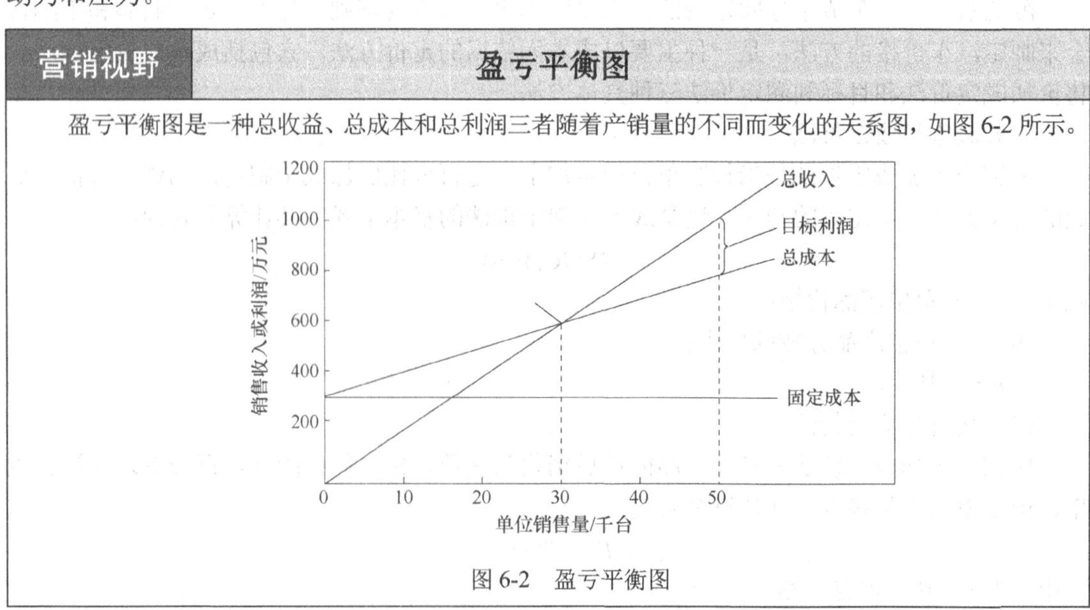

图 6-2 盈亏平衡图

6.2.2 市场需求导向定价法

市场需求导向定价法是以市场需求为中心，汽车企业依据消费者对汽车需求的差别和对汽车价值的感受或认知来定价的方法。采用这种方法，企业要做好以下两项关键的工作：1）找到比较准确的顾客感受价值。营销者要尽量将产品的价格定在与大多数用户感受价值相近的水平上，这样才可以获得定价的成功。要做到这一点，企业在定价前必须认真做好营销调研工作，对顾客的感受价值作出比较准确的估计。2）准确预测不同价格下的销售量。根据预测的各种汽车销量，测算各种价格相应的利润，以最大总利润对应的价格作为产品的定价，相应的需求量作为该种产品的生产量。

1. 对汽车需求的差别定价法

对汽车需求的差别法是指企业根据市场对汽车的需求差别来制定汽车的价格。这些需求的差别可能来自于目标消费者、汽车的花色与样式或者销售时间（季节）。

（1）按汽车的目标消费者制定价格

即使是同一商品，对于不同消费者，其需求弹性也不一样。有的消费者对价格敏感，适当给予优惠可诱其购买；有的消费者对价格则不敏感，可照价收款。

（2）按汽车的花色、样式确定价格

由于消费者对同一品牌、规格的汽车的不同花色、样式的偏好程度不同，需求量也不同，因此不同的价格可以吸引不同需求的消费者。

（3）按销售时间（季节）制定价格

同一种汽车因销售时间（季节）不同，市场需求量也不同。汽车企业可据此采取不同的价格，争取最大的销售量。

2. 对汽车价值的理解定价法

汽车价值的理解定价法是指汽车企业根据汽车消费者对汽车价值的感受或认知来制定汽车价格的方法。所谓感受价值或认知价值是指买方在观念上所认同的价值，而不是产品的实际价值。例如，一小瓶法国香水，其成本不过｜几法郎，而售价高达数百法郎，就因为它是名牌货，其他牌子的香水即使质量已赶上并超过该名牌货，如果名气不够，仍然卖不了那么高的价格。又如，在市场上，一罐可口可乐零售价格不过 3 元左右，而在高级饭店饮用要付 10 元甚至更多。这就是由于环境、气氛、服务等因素提高了产品的附加值，使顾客愿意支付那么高的价格。因此，卖方可以运用各种营销策略和手段（精美的装潢、优雅的环境、高质量的服务等），影响买方的感受，使之形成对卖方有利的价值观念，然后再根据产品在买方心目中的价值来定价。

由于该方法考虑了市场需求对产品价格的接受程度，因此如果运用得当，就会给企业带来额外好处，提高企业或产品的身价，增加企业的收益。例如，汽车生产企业可以生产质量优异、性能独特、内饰豪华的汽车，以此来增加用户的感受价值，提高产品身价，从而提高本企业产品在用户心目中的地位。但是，这种定价方法要正确地运用，关键是找到比较准确的感受价值，否则定价过高或过低都会给企业造成损失。如果定价高于顾客所感受的价值，产品就无人问津，企业销量就会减少；如果定价低于顾客所感受的价值，则会使企业减少收入，也有可能使消费者不屑一顾，产品卖不出去。这就要求企业在定价前认真做好营销调研工作，将自己的产品与竞争者的产品仔细比较，从而对感受价值作出准确估测。

6.2.3 汽车竞争导向定价法

汽车竞争导向法是一种根据竞争状况确定价格的定价方法，以市场上主要竞争者的汽车价格作为公司定价的基准，结合公司与竞争者之间的产品特色，制定具有竞争力的产品价格，并随时根据竞争者价格的变动进行调整。竞争导向法包括随行就市定价法和投标定价法两种。

营销视野	竞争导向定价法的优点和缺点

竞争导向定价法最大的优点在于考虑到了产品价格在市场上的竞争力。但该方法也有缺点，其主要缺点如下：

1）过分关注在价格上的竞争，容易忽略其他营销组合可能造成产品差异化的竞争优势。

2）容易引起竞争者报复，导致恶性的降价竞争，使公司毫无利润可言。

3）实际上竞争者的价格变化并不能被精确地估算。

（1）随行就市定价法

随行就市定价法，即以同类汽车产品的平均价格作为本企业定价的基础的定价方法。在以下几种情况下，汽车企业适合采取这种定价方法：

1）难以估算成本。

2）企业打算与同行和平共处。

3）如果另行定价，很难了解购买者和竞争者对本企业的价格的反应。

在实践中，随行就市定价都是同质产品市场的惯用定价方法。它可以较准确地体现汽车价值和供求情况，获得合理的利润。同时，也有利于协调同行业的步调，融洽与竞争者的关系。

（2）投标定价法

在汽车交易中，采用招标、投标的方式，由一个卖主（或买主）对两个或两个以上相互竞争的潜在买主（或卖主）出价（或要价）、择优成交的定价方法，称为竞争投标定价法。投标定价法是大多数通过投标争取业务的公司通常采取的竞争导向定价法。竞标的目的在于争取合同，因此公司考虑的重点是竞争者会报出何种价格，公司制定的价格应比竞争者的低，而不局限于成本或需求状况。当然，公司必须事先确定一个最低的获利标准来投标：价格低于成本将有损利益；价格高于成本虽然增加了利润但不利于中标。

竞争投标定价法的显著特点是招标方只有一个，处于相对垄断的地位，投标方有多个，处于相互竞争的地位。成交的关键在于投标者的出价能否战胜其他竞争对手而中标，中标者与卖方（买方）签约成交。该定价法主要在政府集中采购、处理走私、没收汽车以及企业处理库存产品时采用。如上海市对机动车牌照的竞拍就属于这种形式。

值得强调的是，企业在使用竞争导向定价法时，必须考虑竞争者可能针对本企业的价格所做出的反应。从根本上来说，企业使用竞争导向定价法是为了利用价格来为本企业的产品适当定位，同竞争者抗争。

6.3 汽车产品的价格策略

汽车价格策略是指汽车生产企业通过市场调研，对顾客的需求、企业的生产成本以及市场竞争状况进行分析，从而选择一种能吸引顾客、实现营销目标的价格对策。在激烈的市场竞争中，定价策略是企业争夺市场的重要武器，是企业营销组合策略的重要组成部分。价格决策必须根据产品的特点、市场需求、产品生命周期、消费者心理及竞争情况进行制订，并且与公司的营销战略、目标市场和品牌定位一致。定价策略有很多，常用的有以下几种。

营销案例	汽车的定价幅度
我国汽车企业通常会将汽车的价格划定为一个大致的范围——定价幅度。它的上限，是企业努力争取的目标，下限是企业尽力避免的结果。这样不但可以保证企业的经济效益，而且可以提高汽车定价的灵活性，产生既有利于生产厂家也有利于中间商的结果。在相当多的情况下，企业甚至采取“最低限价”的形式，即下有底线、上不封顶的形式来为汽车定价。例如，上汽集团汽车销售总公司在 1996 年，天汽集团汽车销售公司在 1997 年，东风集团汽车销售公司在 1998 年，都采取了基本原则为“自我约束、自我规范、平等竞争、相互监督”的“最低限价”的定价机制。此外，东风公司销售部还出台了六条限制措施，对低价抛售东风汽车者将张榜曝光、拒绝供车、取消年终奖励、取消年终评比资格、取消优惠开票资格和取消东风专营资格。	

6.3.1 新产品定价策略

新产品定价选用何种策略是一个十分重要的问题。在激烈的市场竞争中，企业开发的汽车新产品能否及时打开销路、占领市场和获得满意的利润，除了汽车新产品本身的性能、质量及必要的营销策略之外，还取决于汽车企业能否选择正确的定价策略。新产品上市时，消费者需求量较大而市场竞争者却很少，因而企业定价的自由度比较大。企业既可以把新产品价格定得高一些，尽快收回投资，也可以把新产品价格定得低一些，以利于扩大市场，限制竞争者的加入。新产品定价主要有以下三种策略可供企业选择。

1. 撇脂定价策略

撇脂定价策略是一种汽车高价保利策略，它利用人的求奇、求名、求新心理，在汽车新产品投放市场的初期，将汽车价格定得较高，以便在较短的时期内收回投资，并获得较高的利润。高价格维持一段时间后，随着竞争者的加入，供应产品的增加，企业再把产品价格降下来。这种策略如同从牛奶中提取奶油一样，首先只把牛奶中的精华部分取走，故称为撇脂定价策略。例如，北京现代雅绅特、东风本田思域采取的就是高价撇脂定价策略。

（1）撇脂定价策略的适用条件

撇脂定价策略一般适用于以下几种情况：

① 汽车企业研制、开发的产品技术新、难度大，开发周期长、成本高，新产品较难仿制，竞争性小，需求价格弹性相对不高，暂时难以立即降低价格，竞争者也难以迅速进入市场。

② 汽车产品的用途、质量、性能或款式等产品要素与高价格相符合。高价可以使汽车新产品一投入市场就树立起性能好、质量优的高档品牌形象。

③ 有足够多的顾客能接受这种高价并愿意购买，并且高价不会使用户产生牟取暴利的感觉。

（2）采用撇脂定价策略的好处

① 利用了新产品上市时用户求新、好奇的心理，以及竞争和替代品都很少的有利时机，通过高价在短时间内收回投资。

② 企业获得高额利润后，更能提高企业的竞争实力，进而可以有效地抑制竞争者的竞争。

③ 定价较高，为以后的降价留下了利润空间，便于在竞争者大量进入市场时主动降价，增强竞争能力，同时也符合顾客对价格由高到低的心理。

（3）采用撇脂定价策略的弊端

① 在汽车新产品尚未建立起声誉时，高价不利于打开市场，一旦销售不利，汽车新产品就有夭折的风险。

② 如果没有特殊的技术、资源等优势，高价格高利润会引来大量竞争对手，使高价格难以维持太久。

营销案例　本田“都市”的高价策略

1997 年 4 月 23 日，本田在泰国首都曼谷举行了“都市”新车发布会。尽管“都市”的价位早已被媒体炒上了云天，但是，人们还是感到“比预想的要贵”。其中，最廉价者也高达 39.8 万株，约合 170 万日元。对此，本田的松下课长解释说：“虽然贵了 2 万～3 万株，但为了让人感到社会地位，使该车具有高级感，用户也是可以接受的。”使汽车具有高级感，使车主具有地位感，这位课长说得多好啊!事实也确实如此，“都市”自投入市场以来，销售最快和销量最高者，还不是 39.8 万株的经济型，而是 44.8 万株的高档车。

2．渗透定价策略

渗透定价策略是一种与撇脂定价策略相反的策略。它利用人的求实、求廉心理，在汽车新产品投放市场时，将汽车价格定得较低，使汽车消费者易于接受，以期吸引大量用户，便于打开和占领市场，赢得较高的市场占有率。“薄利多销”即为此种策略的经营思想。例如，“骏捷”的市场定价就是低价渗透定价策略的出色代表。这款产品凭借低价优势，迅速形成了市场的热点，吸引了大量的客户。

（1）渗透定价策略的适用条件

渗透定价策略一般适用于以下几种情况：

① 新产品所采用的技术已经公开，或者易于仿制，竞争者容易进入该产品市场，利用低价可以排斥竞争者，占领市场。

② 本公司上市的汽车新产品在市场上已有同类产品，但是本公司比生产同类汽车产品的企业拥有较大的生产能力，并且该产品的规模效益显著，可以通过规模生产降低成本，提高效益。

③ 该类汽车产品市场供求基本平衡，新产品的价格需求弹性高，低价可以吸引顾客，扩大市场份额。

（2）渗透定价策略的优点

渗透定价策略的利弊与高价策略刚好相反，是一种着眼于企业长期发展的策略。

① 利用低价迅速打开新产品的市场销路，占领市场，从多销中增加利润。

② 低价可以阻止竞争者进入，有利于控制市场。

（3）渗透定价策略的弊端

① 投入资金大，回收慢，风险大，如果产品不能打开市场，或遇到强大的竞争对手，企业就会一败涂地。

② 低价可能影响产品的品牌形象和企业的声誉，因为广大消费者有低质低价的想法。

营销案例　通用的低价策略

1984 年，通用公司为了开拓欧洲市场便采用了低价策略，导致欧洲其他汽车公司竞相降价而形成了价格大战。通用公司在欧洲的市场占有率在提高到 12.2%的同时，却亏损了 2.9 亿美元，“雷诺”、“标致”等公司在 1984 年亏损超过 20 亿美元。这是因为当时汽车市场上各大汽车公司实力都很雄厚，谁都难以靠低价击垮对方，低价竞争的结果只能是两败俱伤。

营销视野　价格策略的选择标准

撇脂定价策略和渗透定价策略各有利弊，选择哪一种策略更为合适，应根据市场需求、竞争情况、市场潜力、生产能力和汽车成本等因素综合考虑。

汽车撇脂定价策略与渗透定价策略选择标准见表 6-2。

表 6-2　汽车撇脂定价策略与渗透定价策略选择标准

定价策略选择标准	撇脂定价策略	渗透定价策略
汽车市场需求水平	高	低
与同类竞争汽车产品的差别性	较大	不大
汽车价格需求弹性	小	大
汽车企业生产能力扩大的可能性	小	大
汽车消费者购买力水平	高	低
汽车产品目标市场潜力	不大	大
汽车产品仿制的难易程度	难	易
汽车企业投资回收期长短	较短	较长
汽车产品的质量	优	一般
汽车产品生命周期	短	长

3. 满意定价策略

满意定价策略是一种介于撇脂定价策略和渗透定价策略之间的汽车定价策略。这种汽车定价策略由于能使汽车生产者和消费者比较满意而得名。由于这种价格介于高价和低价之间，因而这种价格策略稳妥，风险小，一般会使企业收回成本和取得适当盈利。但这也是一种保守策略，可能失去了获得高利的机会。

6.3.2 产品组合定价策略

一个汽车企业往往不只生产一种产品，会有多个系列的多种产品同时生产和销售。这些汽车产品之间的需求和成本既相互联系，又存在一定程度的“自相竞争”。这时候的企业定价就不能只针对某一产品独立进行，而要结合相关联的一系列的产品，组合制定出一系列的价格，使整个产品组合的利润最大化。这种定价策略主要有以下两种情况：

（1）产品线定价策略

产品线定价策略就是要把一个企业生产的汽车产品线各系列产品作为一个产品组合来定价，这种策略可以充分发挥产品线内在关联性的积极效应。在其中确定某一车型采取渗透定价策略，以较低的车价吸引大量消费者，占领市场份额；同时又确定某一车型采取撇脂定价策略，让其在该系列汽车产品中充当品牌质量象征和收回投资的角色，以提高该系列汽车的品牌效应；再者，产品线中的其他产品也分别依据其在产品线中的角色不同，而制定不同的价格。这种策略更注重系列汽车产品作为产品组合的整体化，强调产品组合中各汽车产品的内在关联性，因此企业应根据市场状况，合理组合价格，使系列产品有利销售，以发挥企业多种产品整体组合效应。

运用产品线定价策略能形成本企业的价格差异和价格等级，使企业各类产品定位鲜明，且能服务于各种消费能力层次的用户，并能使用户确信本企业是按质论“档”定价，给市场一个“公平合理”的定价印象。这一策略比较适合于广大用户对企业，而不是对某个具体产品的信念较好的情况下采用。

（2）附带选装配置的汽车产品组合定价策略

附带选装配置的汽车产品组合定价策略就是将汽车产品的配置与汽车产品看做产品组合来进行定价。汽车企业首先要确定产品组合中应包含的可选装配置产品，再对汽车及选装配置产品进行统一合理的定价。如汽车价格相对较低，而选装配置的价格相对稍高一些，这样既可以吸引汽车消费者，又可以通过选装配置来弥补汽车的成本，增加企业利润。

附带选装配置的产品组合定价策略一般适用于有特殊、专用汽车附带选装配置的汽车，如汽车六碟 CD、暖风装置、车载电话等。一般而言，非必需附带品应另行计价，以让用户感到“合情合理”。

6.3.3 折扣和折让定价策略

在汽车市场营销中，企业为了竞争和实现经营战略，经常对汽车价格采取折扣和折让策略，直接或间接地降低汽车价格，以争取消费者，扩大市场份额。灵活运用折扣和折让策略是提高汽车企业经济效益的重要途径。具体来说，常见的折扣和折让策略有以下几种：

（1）数量折扣

数量折扣是指根据买方购买的汽车数量多少，分别给以不同的折扣。例如，顾客购买某种商品在 100 单位以下，每单位要付 10 元；购买在 100 单位以上，每单位只付 9 元，这就是数量折扣。

购买者购买的汽车的数量越多，折扣越大，因为大量购买能使企业降低生产、销售、储运、记账等环节的成本费用。现实生活中，几个老朋友看中同一店里的汽车而来店购买，得到一定的优惠就属于数量折扣。此外，团购也是为了得到一定的数量折扣，但数量折扣更多地出现在集团客户交易中。

数量折扣可以分为累计数量折扣和非累计数量折扣。前者规定购买者在一定时期内购买汽车达到一定数量或一定金额时，按总量给予一定折扣的优惠，目的在于使购买者与汽车企业保持长期的合作，维持汽车企业的市场占有率；后者是只按每次购买汽车的数量多少给予折扣的优惠，这可刺激购买者大量购买，减少库存和资金占用。这两种折扣价格都能有效地吸引购买者，使汽车企业能从大量的销售中获得较好的利润。

（2）现金折扣

现金折扣是对按约定日期提前付款或按期付款的购买者给予一定的折扣优惠价，其折扣直接与客户的货款支付情况挂钩，当场立即付清时得到的折扣最多，而在超过一定付款期后，不仅得不到折扣，反而还可能要交付一定的滞纳金。例如，顾客在 30 天内必须付清货款，如果 10 天内付清货款，则给予 2%的折扣。

因为折扣带来的回报率通常要比银行利率明显高一些，所以顾客一般都不会放弃这种折扣价格。采取现金折扣的目的是鼓励购买者尽早付款以利于资金周转，减少信用成本和呆账。

（3）功能折扣

功能折扣又称为贸易折扣、交易折扣，是指制造商根据中间商的不同类型和不同分销渠道所提供的不同营销功能（推销、储存、服务等）给予不同的折扣。例如，制造商报价："100 元，折扣 20%及 10%"，表示给零售商折扣 20%，即卖给零售商的价格是 80 元；给批发商则再折扣 10%，即卖给批发商的价格是 72 元。这是因为批发商和零售商功能不同的缘故。

（4）季节折扣

季节折扣是与时间有关的折扣，是指在汽车销售淡季时，给购买者一定的价格优惠。它可以在鼓励客户淡季购买汽车的同时使企业的生产和销售在一年四季保持相对稳定，加速资金周转、减少库存、节省管理费用。

（5）价格折让

价格折让也是一种减价形式，当客户或经销商为厂商带来其他价值时，厂商为回报这种价值而给予客户或经销商的一种利益实惠，即折让。例如，客户采取"以旧换新"方式购买新车时，只要付清新车价格与旧车价格间的差价即可。

在汽车消费者市场中，一般不采用打折的方法，而采用直接降价或赠送礼包的方式。此外，在企业采取折扣和折让定价的策略时，折扣的限度为多少，还要综合考虑市场上各方面的因素。如一旦实施折扣定价，就可能会遭到强大竞争对手的更大折扣反击，这样可能会形成竞相折价的局面：要么市场总价格水平下降，在本企业市场占有率没有得到扩大的情况下将利益转嫁给了消费者，和竞争对手两败俱伤；要么就会因与竞争对手实力的差距而被迫退出竞争市场。

因而，企业在实行折扣和折让定价策略时一定要考虑本企业的实力、竞争者的实力、折扣成本、企业流动资金成本、消费者的折扣心理等多方面的因素，才能有效地实现经销目标。

6.3.4　心理定价策略

如学习任务 4 所述，汽车消费者的心理需求是多方面的，求实、求廉、求名、求奢、求新、求美者都有。既然如此，汽车的价格也应考虑消费者的心理特点而采取心理定价策略。心理定价是指企业在定价时利用汽车消费者的心理因素，有意识地将汽车价格定得高或低，以满足消费者心理的、物质的和精神的多方面需求，通过消费者对汽车产品的偏爱或忠诚，引导消费者消费，扩大市场销售量（销售额），从而获得最大效益。常见的心理定价策略如下：

（1）整数定价策略

在高档汽车定价时，把汽车价格定成整数，不带尾数。凭借整数价格来给消费者造成高档消费品的印象，提高汽车品牌形象，满足汽车消费者某种心理需求。

整数定价策略适用于汽车档次较高，需求的价格弹性比较小，价格高低不会对需求产生较大影响的汽车产品。

（2）尾数定价策略

尾数定价策略是与整数定价策略相反的定价策略。它是指企业利用汽车消费者求廉的心理，在汽车定价时，不采用整数报价，而是采用带尾数的定价策略。带尾数的汽车价格从直观上给汽车消费者一种便宜的感觉，消费者还会认为企业是经过了认真的成本核算才制定的价格，可以提高消费者对该定价的信任度，从而激起消费者的购买欲望。

尾数定价策略一般适用于需求价格弹性较大的、档次较低的经济型汽车。

（3）声望定价策略

声望定价策略是指利用消费者的仰慕心理，根据汽车产品在消费者心目中的声望、信任度和社会地位来确定汽车价格的一种汽车定价策略。声望定价策略可以满足某些汽车消费者的特殊欲望，如地位、身份、财富、名望和自我形象等，还可以通过高价格显示汽车的名贵优质。

声望定价策略一般适用于知名度高、市场影响大的著名品牌的高档汽车，如“凯迪拉克”等“炫耀”性产品。但需要说明的是，名牌车在各种产品档次中都存在，所以并不一定都适合定高价，如福特T型车、大众公司的“甲壳虫”、“高尔夫”等汽车，其知名度之高，不能不属于名牌汽车，但它们都是以经济实惠而著名，都不属于高档汽车。因而企业对名牌产品进行定价时，应酌情考虑，而不能一概定高价。

（4）招徕定价法

招徕定价策略是指企业利用许多顾客有贪图价廉的心理，将某种汽车产品的价格定得非常高或非常低，以引起消费者的好奇心理和观望行为，吸引消费者，从而带动其他产品销售的汽车定价策略。如某些汽车企业利用某节假日推出某一款车型降价出售，过一段时期又利用季节更换推出另一种车型，吸引顾客时常关注该企业的汽车，促进降价产品的销售，同时也带动同品牌其他正常价格的汽车产品的销售。

招徕定价策略常被汽车超市、汽车专卖店采用。

（5）分级定价策略

分级定价策略是指在定价时，把同类汽车分为几个等级，不同等级的汽车，采用不同价格的一种汽车定价策略。这种定价策略能使消费者产生货真价实、按质论价的感觉，容易被消费者接受，并且这些不同等级的汽车若同时提价，对消费者的质价观冲击不会太大。企业在采用分级定价策略时应注意，产品等级的划分要适当，级差不能太大或太小，否则达不到应有的效果。

每一品牌的汽车都能满足汽车消费者某一方面的需求，汽车价值与消费者的心理感受有着很大的关系。这为汽车心理定价策略的运用提供了空间。

营销案例　一汽奔腾的“高质低价，上下通吃”的价格策略

一汽奔腾的定价采取了“高质低价，上下通吃”的价格策略，上打凯美瑞、雅阁、帕萨特；下压花冠、标致307，这种上下通吃的打法对整个中级车市场的价格产生了“灾难性”的杀伤力。

奔腾定价的成功主要体现在以下两个方面：

1）一汽先前“高举高打”的宣传策略大获全胜，让所有的业内人士和潜在消费者都认同了奔腾的中高级车型的“身份”定位；但是奔腾却以超低价入市，可谓超越期望，吸引了众多潜在用户的青睐。

2）打造出了奔腾轿车的高性价比，无论是超强的安全性还是各项领先技术的应用，都可圈可点。

6.4 汽车产品的定价程序

汽车企业将产品第一次投放市场或者首次进入某个全新的细分市场时，都必须给产品制定一个价格，以利于汽车企业营销目标的实现。由于价格涉及企业、竞争者与消费者三者的利益，因而为汽车定价既重要又困难。汽车企业要想确定出合理的价格，制定出有效的价格策略，必须遵循一定的科学程序。

所谓汽车企业的定价程序是指根据汽车企业的营销目标，确定适当的定价目标，综合考虑各种定价因素，选择适当的定价方法，具体确定企业产品价格的过程。一般来讲，汽车企业定价程序可以分为以下五个步骤：

1．确定目标市场和定价目标

（1）研究目标市场

定价时，首先要明确汽车目标市场。汽车目标市场是汽车企业产品所要进入的市场，也就是明确谁是本企业汽车的消费者，主要是确定潜在消费者以及购买该产品的原因。汽车目标市场不同，汽车定价的水平就不同。

分析汽车目标市场主要包括：①目标市场的需求状况，如需求目标、需求强度、需求潜力等；②与产品定价有关的内外部环境，如汽车市场消费者的基本特征、风俗习惯、购买力水平等；③产品在目标市场中的定位情况。

（2）确定定价目标

企业的定价目标首先要从企业的目标与战略出发，对商品供求状况、市场竞争状况以及定价策略和市场营销的其他因素综合考虑加以确定。如前所述，定价目标包括利润目标、市场占有率目标、维持企业生存目标、保持产品质量目标、稳定价格目标。定价目标是合理定价的关键，不同的汽车企业、不同的经营环境和不同的经营时期，其汽车定价目标是不同的。因此，企业在选择定价目标时，应权衡各种定价目标的因素和利弊，慎重地加以选择和确定。在某个时期，对汽车企业生存与发展影响最大的因素，通常会被作为汽车定价目标。

2．分析汽车产品成本

产品成本是企业核算盈亏的临界点，是制定产品价格的基础。产品定价必须考虑补偿成本，这是保证企业生存和发展的最基本条件。依照企业的产品成本与销售量的关系，成本可分为变动成本和固定成本两种。

汽车工业属于高投入项目，特别是我国汽车工业基础较薄弱，汽车生产技术主要依靠进口，构成产品成本的固定成本部分较高。此外，我国汽车企业虽然近年来生产规模不断扩大，但由于其规模生产能力致使其平均生产成本较大。企业获利的前提条件是价格不能低于平均成本费用。

3. 分析汽车竞争对手

产品的最高价格取决于该产品的市场需求，最低价格取决于该产品的成本费用，在产品最高价格和最低价格的变化幅度内，企业产品价格的高低程度又取决于竞争者同种商品价格水平的高低。对竞争对手的分析，既要分析现实的竞争对手，又要分析潜在的竞争对手；既要将竞争对手的产品价格与本企业产品的价格相比，又要将竞争对手的产品质量、性能、服务水准、信誉与本企业进行对比。

因此，企业就需要通过市场调查、收集竞争者价目表、听取客户意见等办法了解情况，尽可能地掌握影响竞争者的情况，特别是定价的全部情况，并估计其对本企业营销商品定价的影响，从而为本企业营销确定一个适当的市场地位。

4. 选择汽车定价方法

企业在分析和研究了产品的供求状况，明确了自己的定价目标、产品成本及竞争对手的具体情况的基础上，就可以根据自己掌握的这些信息，选择定价方法。

汽车定价方法是在特定的汽车定价目标指导下，根据对成本、供求等一系列基本因素的研究，运用价格决策理论，对汽车产品价格进行计算的具体方法。汽车定价方法一般有三种，即以成本为中心的汽车定价方法、以需求为中心的汽车定价方法和以竞争为中心的汽车定价方法。这三种方法能适应不同的汽车定价目标，汽车企业应根据实际情况择优使用。

5. 确定汽车产品价格

确定汽车价格要以汽车定价目标为指导，选择合理的汽车定价方法，同时也要考虑其他因素，如汽车消费者的心理因素、汽车产品的新老程度、汽车的分销方式、汽车的促销方式等。最后经分析、判断以及计算，为汽车产品确定合理的价格。最后的营销价格是面向消费者的价格。企业确定产品的基本价格后，有时需要使用一些定价策略和技巧来使产品的价格更有吸引力。

以上五个步骤，比较明确地界定了企业定价的有关因素。在这个定价过程中，企业考虑了消费者的心理，企业内部有关人员、经销商、供应商等对所定价格的意见，以及竞争对手对所定价格的反应等，这样可以使企业商品定价既能为消费者所接受，又能为企业带来利益，从而有利于企业营销战略的实现。

6.5 价格调整

在汽车生产经营过程中，企业和竞争者都会面对不断变化的环境而调整产品价格，并可能由此引发一系列的价格竞争。所谓价格调整是指企业在汽车销售的过程中，根据企业营销战略的发展变化和汽车销售市场的价格波动，以及市场竞争对手的价格特点，对已经确定下来的汽车价格进行的调整，从而有利于市场营销和汽车促销的价格策划。

企业到底应该在什么时候调整产品价格；顾客和竞争者会作出什么反应；竞争者为什么要调整产品价格；企业应该采取什么对策等，都是企业经常要考虑的问题。

营销视野　调价幅度

价格调整存在调价幅度问题。一般来说，调价幅度的上限应是升价调整的极限，超过了这个极限，消费者的购买动机就会消退；调价幅度的下限应是降价调整的极限，超过了这个极限，消费者也会视而不见。

例如，1997 年进口轿车关税下调了 20%，但是有关的调查发现，进口轿车的销售状况并没有因此而发生变化，其原因就是降价幅度太小。以本田雅阁为例，关税降低以前，价格为 39.5 万元，关税降低以后，价格为 38 万元。这样小的降低幅度难以吸引消费者。同时，无论是暴利还是倾销，调价幅度都会受到《价格法》的制约。

6.5.1 企业调价的原因

1. 降价的原因

在国外，降价曾经是汽车普及的推动力。美国汽车的普及要归功于福特的 T 型车，日本汽车的普及要归功于丰田在第二次世界大战后的不断降价。而在中国汽车市场发展过程中，伴随着众多降价行为，频繁的降价已使企业、消费者见怪不怪。降价是种常态，也是一种市场竞争行为，看似简单的降价行为，却隐含着复杂的降价原因。因为在它身上，不仅受着国家政策的限制，受着社会责任、行业责任的限制，受着历史包袱的限制，受着合资合作中外双方的关系磨合限制，也受着一些根深蒂固的思想限制。在这些组合因素的限制下，简单的降价行为变得不再单纯。

一般来说，企业降价的原因不外乎企业自身内部情况的需要以及企业外部环境发生变化。当然，企业的最终目的还是想通过制定降价策略来适应经济形势，照顾客户关系。企业之所以采用降价的方式是基于以下原因：

（1）企业自身需要

汽车企业降价是和企业自身资源、市场状况以及自身的企业战略紧紧结合在一起的，它们直接影响着降价策略和降价效果。

营销案例　新雅阁的降价

2003 年，在广本新雅阁下线之际，一次降价 4 万元。新雅阁的降价是和广本生产规模的提高、配套体系的建立、新产品推出、战略目的相结合的。

广本新雅阁降价让很多厂家始料未及，不但跟进的速度慢，而且降幅远远不如新雅阁，广本也因此赢得了市场份额，从而确定了稳固的市场领先地位，同时为持续发展奠定了基础。

影响企业采用降价策略的企业自身因素主要包括以下几个方面：

① 企业产能的提高。汽车行业规模效益特别明显，汽车生产规模的提高和产能的提高，能够有效地分担高额的产品研发成本，进一步降低生产成本；汽车企业产能的提高，能改变供求关系，打破短期的供求平衡，汽车企业通过降价、提高销量来保证市场上的产品有序地供应；汽车企业产能的提高，能降低采购成本，实现边际效益。

② 管理效率的提高。管理效率的提高带来生产效率、营销效率的提高，从而使企业成本有效降低。管理效率的提高是企业持续发展的基础。

③ 产品处于其生命周期。汽车产品在其生命周期发展过程中会由于市场其他各方面因素的存在，如新产品的加入、消费者习惯的改变等，造成市场上的供过于求，企业为了消化产能与库存而采取降价措施。

（2）竞争对手的压力

价格竞争是我国汽车产业现阶段常用的一种手段，是各大厂商扩大市场占有率，特别是提高品牌影响力的关键措施。汽车企业为应付竞争者的降价压力，采取“反价格”战，即制定比竞争者的价格更有竞争力的价格。因此，从竞争的角度考虑，企业降价的原因如下：

① 如果竞争对手对同一级别或者较为类似的产品施行降价策略，企业迫于竞争压力会进行跟进。

② 如果竞争对手在老产品的基础上对产品进行了改进或推出了新的汽车产品，则企业为了保持现有的市场占有率，也会对现有产品实施降价策略。

③ 如果竞争对手因企业自身经营问题而对产品进行降价处理，则这时企业也同样有可能为了保持一种平等的竞争势态而应战。通过降价，保持企业产品价格竞争力，同时也保证了企业的综合竞争力。

（3）市场需求不足导致降价

降价在一定程度是为了满足消费者低价格的需求，以及促进更多的需求。汽车消费需求的变化及影响消费需求因素的变化，都会对汽车厂家的价格策略产生一定的影响。从需求方面考虑，导致汽车厂家降价的原因有以下几点：

① 从宏观角度来看，汽车市场供求关系失衡。特别是由于种种原因，相当一部分的消费者受一定因素的影响短期内持币待购，从而造成了一定时间内的供求失去平衡，导致一部分汽车厂家进行降价，刺激消费。

② 从企业供求关系来看，企业多个产品或某个产品的供应大于消费者的需求，造成库存。汽车厂家会通过多个产品或某一个产品降价来刺激消费增长。

③ 从产品生命周期来看，进入衰退期的产品。由于消费者失去了消费兴趣，需求弹性变大、产品逐渐被市场淘汰，为了吸引对价格比较敏感的购买者和低收入需求者，维持一定的销量，降价可能是唯一的选择。

④ 从汽车消费环境来看，油价上升、汽车消费信贷受到抑制等因素，导致消费者在一段时间内的观望。在此种情况下，部分厂家极可能采取降价来促使消费者加速购买。

2. 提价的原因

一般来说，企业之所以进行提价调整，大都是因为成本上涨、通货膨胀、市场需求强劲和产品开发加快等几个方面的原因。除此以外，选装配件增加、豪华程度提高、技术含量增加、安全系数提高等也是价格上涨的原因。提价一般会引起顾客、中间商甚至企业推销人员的不满，但成功的提价决策会增加企业的利润。

营销视野 **价格上升与企业利润的关系**

麦肯锡公司（McKinsey&Company）1992 项的研究证明了定价对于利润的重要性。

通过对 2400 家公司的研究，麦肯锡得出结论：价格提升 1%会为公司创造 11.1%的利润。对比来看，可变成本、数量和固定成本分别提升 1%只能使利润分别产生 7.8%、3.3%和 2.3%的增长。

在以下两种情况下，企业必须考虑提价：

1）由于通货膨胀引起成本增加，企业无法在内部自我消化这部分成本，这时企业必须考虑提高产品价格。

2）企业的产品供不应求，无法满足所有顾客的需要，通过提价可将产品卖给需求强度最大的顾客，这样不但平衡了需求，而且也增加了收益。

企业决定提高产品价格时，还必须考虑到底是一次性大幅度提价，还是多次地小幅度提价，顾客对后一种方式比较容易接受。

6.5.2 各方对价格变化的反应

在汽车企业实行价格变化后，各方的反应不一。

1. 消费者的反应

衡量调价成功与否的重要标志是企业所确定的价格能否被消费者所接受，并能促使其接受产品。为此，企业必须重视顾客对企业调价的反应，并根据反应制订相应的策略。

（1）降价时的反应

当汽车降价时，消费者对企业降价作出的反应是多种多样的，有利的反应是认为企业让利于顾客，不利的反应有以下几种：

① 这种汽车是不是将被最新型号所替换。

② 这种汽车是不是有某些缺点，销售情况不好。

③ 这个汽车企业在财务方面是不是有些麻烦，它可能不会继续经营下去，那未来需要的零配件是否可以得到供应。

④ 这种汽车的价格是不是还会进一步下跌，等待观望应当是最合算的做法。

⑤ 这种汽车的价格降了，是不是它的质量也会下降或配置减少。

（2）提价时的反应

当汽车企业提价时也会出现各种反应。有利的反应是认为企业产品的质量提高，价格自然应该提高，或认为这种产品畅销，供不应求，因此提高了售价，而且价格还可能继续上升，不及时购买就可能买不到等；不利的反应是认为企业想通过提价获取更多的利润。顾客还可能作出对企业无害的反应，如认为提价是通货膨胀的自然结果。

正是因为顾客对企业调价有不同的反应，所以企业在进行调价前，必须慎重研究可能出现的顾客对调价行为的反应，特别是不利的反应，以便在进行调整的同时，加强与顾客的沟通，争取顾客的理解与支持。

2. 竞争者的反应

当一个汽车企业将其某产品进行调价时，竞争企业可以考虑下列问题：

1）为什么他们要变动这个价格？它是想悄悄地夺取市场，利用过剩的生产能力，适应成本的变动状况，还是要引领一个行业范围内的价格变动？

2）竞争者计划作这个价格变动是临时的措施，还是长期的措施？

3）如果本公司对此不作出反应，本公司的市场份额和利润将会发生什么样的情况？其他公司是否将作出反应？

由此，他们会作出跟进或不跟进的反应。

1）当一个汽车企业降价时，其他竞争汽车企业如果不跟进降价，大多数消费者会因为价格最低而到该企业购买产品，降价可以扩大市场份额，提高市场占有率。

2）当一个汽车企业降价时，竞争对手采取“反价格战”，降价幅度更大。在这种情况下，不仅会抵消汽车企业的降价效果，甚至会恶化汽车企业销售环境，使相关企业的利润都下降。

3）汽车企业调高价格后，如果竞争者并不提高价格，消费者可能会转而购买竞争者的汽车。这时，对调高价格的企业来说，原来供不应求的市场可能会变成供过于求的市场。

3. 本企业的反应

针对竞争对手的调价，汽车企业最好的反应需要根据情况而变化。汽车企业必须考虑产品所处生命周期的阶段，它在公司的产品业务组合中的重要地位、竞争者的意图和资源、市场对于价格和质量的敏感度、数量成本的关系和公司可供选择的各种机会。

竞争者降价总是经过精密的市场准备阶段，企业不可能在短时间内作出好的应对措施，要应对竞争者降价可以按如图 6-3 所示的程序应对。

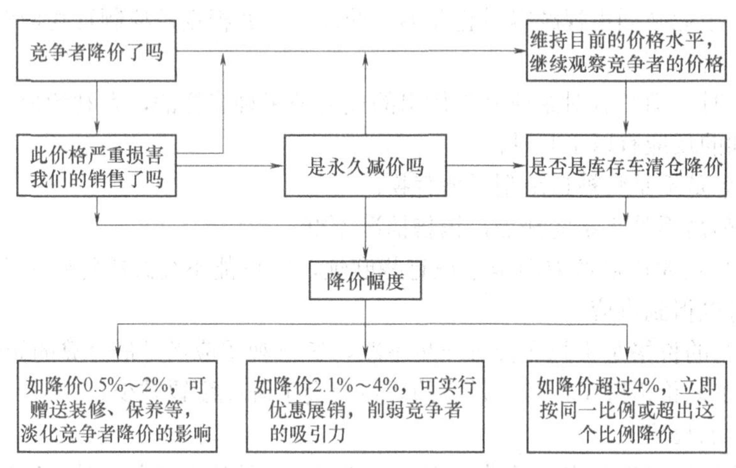

图 6-3　应对竞争者降价的价格反应程序

6.5.3　企业应对调价的对策

产品的基本价格制定后，企业还要依据市场需求和产销的具体情况以及竞争对手的情况，随时对产品价格进行调整，以达到营销目标。价格调整讲究适时、适度、规矩、主动四原则。所谓适时，即把握好降价调整的时机；所谓适度，即把握好降价调整的尺度；所谓规矩，即中规中矩，遵循一定的规律；所谓主动，即伺机而动。也就是说，调整价格并不是一种被动的防御策略，而是一种主动的进攻战术。

1. 提价

价格作为经营行为中最为敏感的环节，牵一发而动全身，一次提价行为必然牵涉到方方面面，通常消费者会对企业的降价保持正常的心理态度，但不降反升的反常规做法无疑会给市场一些议论。因此，企业要提价成功应注意以下几个方面：

（1）完善的企业提价基础

成功提价不仅可以提高企业的利润，增强企业的综合实力，同时也在很大程度上可以提升企业产品品牌的美誉度。企业提价的基础主要包括三个方面：第一，企业的产品具有相当的市场基础。企业产品的提价必然会在很大程度上导致产品销售量的下降，因此这时的企业提价策略不应是追求一个短期的增量，而应该是一个稳健的发展过程，如果没有深厚的基础，反而会使企业自身一蹶不振。第二，企业的品牌具有相当的认可度。消费者对企业品牌的认可度往往反映了一个企业的综合实力，这就好比是不同的人做同一件事，顾客总是情愿相信自己熟悉的、印象好的、有能力的一方。第三，拥有高忠诚度的消费者。高忠诚度体现在消费者实实在在地从产品中得到利益，并且发展为一种信任和依赖，只要消费者仍然觉得物有所值，他们就容易理解并接受企业提价。

（2）合适的提价时间

企业提价往往很容易减少企业产品的销售量，也就是说，在提价成功之前，企业在销售过程中，销售量会有一段下降的时间，找到合适的提价时间就是为了尽可能地减少由于提价而引起销售量下降的负面影响。例如，汽车在销售旺季中，由于销售量大，就不应该采用提价策略。反之，在汽车销售的淡季，由于销售量小，企业对汽车产品提价，不会对企业的销售量产生很大的冲击。

营销案例 **汽车销售中的价格调整**

各大汽车销售企业在进行价格调整时，采用了多种手段与形式。

1999 年，北京市曾经公布了新的环保标准。为了获得市场准入的资格，许多汽车厂家都对产品进行了更新换代，提高了技术含量，增加了新的配置，但是因此涨价者却寥寥无几。

2000 年 3 月 22 日，上汽集团与方正集团联手推出为期一个月的“121 行动”，凡购买一辆“时代超人”者可以获赠一台价值 5 000 元的方正卓越计算机，凡购买一辆普通桑塔纳者可以获赠一套价值 3 500 元的摩托罗拉声控免提通信系统。

2000 年 3 月 24 日，一汽大众在北京的 16 家特许经销商联合推出了“捷达轿车百日酬宾展销”活动，凡购买“都市先锋”和新捷达王者，均可获赠价值 3 000 元的“自选大礼”。

在让顾客承受涨价的时候，应该避免被认为是价格骗子，顾客的记忆会长久保持，在市场疲软时，他们会群起而反对价格骗子。所以，企业在实施沟通的时候，应该告诉顾客为什么要提价，并且获得谅解和支持。企业的推销人员应该帮助顾客寻找适当的途径，以实现经济性。

2. 降价

（1）把握降价的主动权

古语云：“先发制人，后发制于人。”降价的主动性是指降价行为是由谁起主导作用，率先发动价格战与被动地应付价格战之间存在很大的差异性。当行业处于一个价格敏感的时期，先发动价格战的企业会获得巨大收益，而应战者的收益会少得多。

先发动者可以在其他竞争对手没有进行有效反应或者跟进之前获得高于行业平均水平的收益率。这取决于先发动者所采用的是什么样的具体行动，同样竞争对手也会由于迫于竞争需要而进行反击。但竞争对手在采用策略之前，需要一定的时间去研究市场上是什么样的竞争态势、是否需要进行反击、采用什么方式反击，以及如何组织资源去实施反击等。于是，先发动者就有机会获得顾客的忠诚，从而为后来的跟进者制造感情障碍。通常这种先动的优势在开发新产品或者新的服务方面表现得更为明显。

另外，率先降价可以节约大量的广告费用，每当一个企业率先降价的时候，媒体都会有大量的报道，这种报道的影响力是巨大的。但跟进者的速度越快，就越能削弱先发动者的优势，跟进者模仿、学习和创新能力越强，先发动者能够保持的优势时间就越短。

（2）控制降价的幅度

所谓降价幅度是指降价前的产品价格与降价后的产品价格的差的大小。差越大，表示幅度越高；差越小，则表示幅度越低。价格战中的降价与例行的价格调整不一样，例行的价格调整幅度有高有低。但价格战中的调价幅度越高，对市场产生的作用越大；反之，调价幅度越小，对市场产生的影响也就越小。因此，价格战中的降价幅度很少会低于10%，如果低于这个幅度，则价格战的影响力就会大打折扣。

在企业的经营中，由于多种原因，企业经常会面临价格战，价格的变动非常剧烈，因为剧烈，所以才具有杀伤力，才会引起社会和消费者的关心，才能在短期内形成销售热潮。企业之所以要控制降价幅度，是因为降价幅度直接关系到降价策略能否成功。通常消费者会相信，在一个较大幅度的降价之后，不会再次大幅降价，所以企业的大幅降价会引发消费者的购买热情。而多次的小幅降价却无法达成这个效果，因为会有很多的消费者猜想后面是不是还有更大的降价行动。所以，小幅降价反而会造成汽车购买者观望。例如，2003～2004年，汽车价格频频降低，但是几乎都没有出现大幅降价而只是小幅下降，降价的幅度一般保持在5%～10%之内。虽然汽车销售非常良好，但是持币观望的消费者也越来越多。

（3）寻找合适的降价时机

降价时机的选择，可能决定着汽车产品的市场表现。企业在降价策略实施过程中，首先要知道什么时间是企业的降价时机，因为这个时机选择和竞争厂家是否有可能跟进、是否有实力跟进，以及竞争车型跟进的时间长短和车型多少有关，它直接影响着企业自己的降价效果。因此，汽车企业在选择降价时机时应注意以下几点：

① 在产品销售量增长时降价。这种策略的主要目的是主动出击，以价格换市场，在产品刚进入市场或市场销量低迷时，由于在产品品质一定或者相当的情况下，汽车价格低，降价幅度大，则销量高或者上升，反之汽车销量低或者下降。同样的道理，厂家在一种产品销量增长时主动降价，在同样的市场环境下产品的销量一定增长；而当产品销量下滑时，厂家被动降价，产品的销量则不一定增长。

北京现代认为，这些理由是当时他们决定主动“割肉”的原因，这种做法除了能抢到实惠之外，还能获得消费者良好的口碑，出乎竞争对手的意料，从而在争夺市场时比较容易占据主动。在同样的市场环境下，2004年9月的降价行动为北京现代进入汽车厂商中的第一阵营立下了汗马功劳。北京现代旗下全线产品平均降价10%，其中伊兰特降为11.28万～11.58万元。这样，最低售价在12万元以下，由此冲破消费者的心理底线，以更低的售价、更高的性价比来占据更多的市场份额。

② 竞争对手与其经销商签订大批销量合同时降价。当经销商与厂家签订完合同后，会形成大幅压货的情况，这时的汽车厂家一般是很难降价跟进的。因为按照厂家和经销商的汽车销售政策和合同，如果厂家在把汽车卖给经销商之后再调低汽车的市场指导价，厂家要赔偿旧价格与新价格的差额；如果合同另有约定，汽车厂家还需要另外向经销商支付违约金。如果厂家在此时降价就意味着，汽车厂家在约定的付款时段内不仅利润将大幅减少，同时还要向下游的经销商付款，这么多汽车的付款额度，将会让自己公司的财务难以承受。

③ 在竞争产品成长时降价。考虑在这个时机降价，一般来说是因为可以通过降价遏制新的竞争车型成长。由于在成长期的车型，消费者对该车还处于一个认知过程，并没有完全接受并形成品牌忠诚度，这时的降价策略的实施就可以在一定的程度上改变行为结构。如果等到新车型成长起来、消费者认可之后再去降价拼抢，就很难遏制新车型的增长势头了。例如，如果爱丽舍是在2003年第四季度降价，而不是在2004年降价，则该车型将非常具有竞争力，上海通用的凯越和北京现代的伊兰特可能就不会成长这么快。

另外，在企业选择降价时机时，还有一个相关的重要问题——降价周期如何把握？如果降价周期太短，容易打击消费者的信心，反而造成新一轮的持币待购；降价周期太长，产品销量有可能受到更大的抑制，等于是把市场拱手让给了竞争对手，而且容易错失降价的最好时机。所以，企业在降价过程中要正确把握降价的周期。

营销视野　市场领导者面对竞争者调价的选择

市场领导者常常面临由那些较小的企业为努力取得市场份额而进行的有挑战性的降价。如富士攻击柯达，毕克攻击吉列，速龙攻击英特尔。市场领导者在这方面有以下几种选择：

（1）维持原价

市场领导者可以维持原来的价格和利润幅度，因为他相信：1）如果降价，会失去很多利润；2）维持原价不会失去很多的市场份额；3）当必要时，会重新获得市场份额。领导者感到自己能抓住好的顾客，而放弃一些较差的顾客给竞争者。反对维持原价的理由是，当进攻者更自信时，市场领导者的推销人员会变得士气低落，市场领导者将会失去比预期更多的市场份额。这会使市场领导者恐慌，急忙降低价格去重新获得市场份额，但不久便发现这比预期更糟，代价更大。

（2）维持原价和增加产品价值

市场领导者可以改进其产品、服务和信息沟通。企业会发现，维持原价和花钱去改进它所提供的产品，比降价和以较低毛利来经营要合算得多。

（3）降价

市场领导者可以降低自己的价格，以达到竞争者价格的水平。他可以这样做是因为：1）他的成本将随着数量增加而下降；2）他将失去很多的市场份额，因为该市场对价格是敏感的；3）一旦他失去市场份额，他要使尽全力去重新获得市场份额。降价行动在短期内会减少企业的利润。

（4）提高价格的同时改进质量

市场领导者可以提价并引入一些新品牌去围攻那种对自己进行攻击的品牌。

（5）推出廉价产品线进行反击

在经营产品中增加廉价品种，或者另外创立一个廉价品牌。

总之，汽车企业会由于多种原因而引起价格调整，但无论是提价还是降价，它都可能影响到企业自身整个产品的战略部署，也极可能影响到整个汽车市场的价格格局，打破与竞争对手形成的价格和谐与默契，更重要的是极可能会打乱消费者的期望。所以，在企业采取价格调整策略之前，明确价格调整的真实原因，制定科学的目的，制定切实可行的调价策略，是目前我国汽车市场一项重要的任务。

本章小结

1. 定价策略是市场营销组合中一个十分关键的组成部分。它是决定公司市场份额和盈利率的最重要因素之一。

2. 经济学强调价格形成的物质基础，它认为价格是商品价值的货币表现形式；市场营销学认为它是消费者的心理体验，强调的是形成的主观因素，属于“价值工程”的范畴。

3. 汽车定价是为了达到促进销售，获取利润的目标。它是调节供需的杠杆，是进入市场的壁垒。

4. 价格是一个变量，受到企业的目标、产品的成本、消费者的需求、竞争对手的影响。企业目标可分为利润目标、市场占有率目标、维持企业生存目标、保持产品质量目标、稳定价格目标。汽车产品的成本分为固定成本和可变成本。固定成本是指在一定限度内不随产量和销售量的增减而变化，具有相对不变性质的各项成本费用。变动成本是指随着产量或销售量的增减而变化的各项费用。

5. 汽车定价方法是指汽车企业为了在目标市场上实现定价目标，而给汽车产品制订一个基本价格或浮动范围的方法。汽车定价方法包括汽车成本导向定价法、汽车需求导向定价法和汽车竞争导向定价法三种。其中，汽车成本导向定价法是指以汽车生产成本为基础，加上一定的利润和应纳税金来制定汽车价格的方法。它包括成本加成定价法、售价加成定价法和目标利润定价法三种具体方法。市场需求导向定价法是以市场需求为中心，汽车企业依据消费者对汽车需求的差别和对汽车价值的感受或认知来定价的方法。它包括对汽车需求的差别定价法和对汽车价值的理解定价法两种。汽车竞争导向法是一种根据竞争状况确定价格的定价方法，以市场上主要竞争者的汽车价格作为公司定价的基准，结合公司与竞争者之间的产品特色，制定具有竞争力的产品价格，并随时根据竞争者价格的变动进行调整。竞争导向法包括随行就市定价法和投标定价法两种。

6. 汽车价格策略是指汽车生产企业通过市场调研，对顾客的需求、企业的生产成本以及市场竞争状况进行分析，从而选择一种能吸引顾客、实现营销目标的价格对策。常用的汽车价格策略有新产品定价策略、汽车产品组合定价策略、折扣和折让定价策略和心理定价策略四种。其中，新产品定价策略包括撇脂定价策略、渗透定价策略、满意定价策略等；汽车产品组合定价策略包括产品线定价策略、附带选装配置的汽车产品组合定价策略等；折扣和折让定价策略包括数量折扣、现金折扣、功能折扣、季节折扣、价格折让等；心理定价策略包括整数定价策略、尾数定价策略、声望定价策略、招徕定价法、分级定价策略等。

7. 汽车企业的定价程序是指根据汽车企业的营销目标，确定适当的定价目标，综合考虑各种定价因素，选择适当的定价方法，具体确定企业产品价格的过程。一般来讲，汽车企业定价程序可分为五个步骤：确定目标市场和定价目标，分析汽车产品成本，分析汽车竞争对手，选择汽车定价方法，确定汽车产品价格。

8. 在汽车生产经营过程中，企业和竞争者都会面对不断变化的环境而调整产品价格。所谓价格调整是指企业在汽车销售的过程中，根据企业营销战略的发展变化和汽车销售市场的价格波动，以及市场竞争对手的价格特点，对已经确定下来的汽车价格进行的调整，从而有利于市场营销和汽车促销的价格策划。

9．不管是降价还是提价，企业调价都有一定的原因。降价的原因不外乎以下几点：1）企业自身的产能提高、管理效率提高以及产品的生命周期；2）竞争对手的压力；3）市场需求不足。提价更多的是因为通货膨胀引起成本增加，企业的产品供不应求。

10．针对企业的调价，消费者、竞争对手、本企业会有不同的反应。

11．在汽车企业进行提价时，应注意企业是否有完善的提价基础，要选择合适的提价时间；在选择降价策略时，应注意把握降价的主动权，控制降价的幅度，寻找合适的降价时机。

复习思考题

1．试述汽车定价的概念。
2．影响汽车定价的因素有哪些？
3．说明汽车新产品定价的方法。
4．试述消费者心理和汽车定价之间的关系。
5．汽车折扣和折让定价的种类有哪些？
6．简述汽车制造商为什么要进行价格调整？应对调价的对策有哪些？
7．举例说明某一具体车型的定价方法。

营 销 实 务

五一即将来临，请针对某汽车4S店的情况选择某一车型进行价格调整。

学习任务 7 实施汽车产品分销渠道策略

学习目标

知识目标

- 掌握产品分销渠道的内涵、特点及职能
- 掌握分销渠道的长度、宽度及其运用
- 了解汽车销售渠道中间商的作用及类型
- 掌握汽车分销渠道设计的影响因素、基本流程以及评估体系
- 了解我国乘用车销售体制的发展历史
- 掌握汽车 4S 店的优点、缺点及各部分的作用
- 明确渠道成员的选择及管理

能力目标

- 能识别分销渠道的各种类型以及汽车分销渠道的模式

引入案例	奇瑞的分网销售

2000 年，2 000 辆；2001 年，2.8 万辆；2002 年，5 万多辆……诞生于汽车工业一穷二白的安徽芜湖，“借腹生子”的奇瑞汽车把自己的头“三把火”烧得特别旺，刚出生不久便来了一个惊艳的销量三级跳。但是，2004 年，奇瑞在风云的基础上，增添了旗云、东方之子两大车型，但全年奇瑞汽车的销量仅为 8 万多辆，只是年初制订销售目标的一半，而且微型乘用车奇瑞 QQ 在总销量中占到了一半以上。

2005 年 3 月，现任奇瑞销售公司总经理的李峰来到了奇瑞，与李峰同时到来的还有来自其他汽车公司的一批营销高手。在经过近三个月的市场行动（“QQ 震撼降价行动”和订单管理）和调研之后，奇瑞正式推出了使其命运发生戏剧性转折的产品分网销售模式。

在分网体系下，经销商的势力被重新划分，压缩了势力范围，一家经销商最多只能总经销 1～2 款产品。如需要销售其他车型，需向区域内享有该车型总经销权的经销商提车。而作为二级代理商销售汽车，代理商仅能获取销售奖励提成，其销售业绩将被计入该车型一级代理商名下。不同网络的一级代理商之间互为二级代理商，这样就从体系上消除了竞价现象，大大提高了经销商的单店销量与利润。2005 年，奇瑞的销量奇迹般地达到了 18.9 万辆！2006 年，奇瑞的销量猛冲到 30.5 万辆，进入全国前四名。借助于分网模式，奇瑞培养和锻炼了一大批渠道代理商，为高速发展铺平了道路。

点评：

分网销售模式就是汽车厂家将旗下不同品牌或车型的汽车，授权给不同经销商进行独立销售的渠道模式，经销商可以更进一步地钻研市场、管理市场，进行消费者的维护工作。诞生于 20 世纪 90 年代末期的奇瑞汽车，虽然在市场上有很多可以借鉴的营销模式，但此时的中国汽车市场已经被列强们紧紧控制，简单的邯郸学步注定不能成功。只有创新分销模式，才能使企业真正盈利，并立足于中国汽车市场。

问题与讨论：

1. 汽车产品的分销模式有哪些？
2. 中间商的功能有哪些？

分销（Place）是企业营销组合要素中的一个重要方面。随着市场竞争的不断加剧，企业要在市场中立于不败之地，并不断发展壮大，分销管理就已经成为企业管理者一项不可忽视的内容。汽车分销渠道是将汽车产品实现其价值的重要环节。它包括科学地确定汽车销售路线，合理地规划汽车销售网络，认真地选择汽车经销商，高效地组织汽车储运，及时地将品质完好的汽车提供给顾客。汽车分销渠道策略是汽车企业经营管理的重要组成部分，是汽车市场营销组合中的一个关键因素。它的宗旨是加速汽车产品的流通和销售资金的周转，提高汽车企业和中间商的经济效益。

7.1 汽车产品的分销渠道

要成功地创造价值就需要成功地传递价值。全面营销者们正逐渐地完善他们的商业价值网络。汽车企业有了适销对路的产品和合理的价格，还必须通过适当的分销渠道，才能克服产品在厂商与用户之间存在着的时间、地点、数量和所有权等方面的差异和矛盾，实现产品从生产者到用户的流通，并不断增强企业抵御市场风险的能力。要实现这些目标，一个重要而复杂的前提就是企业必须建立一套既能发挥其产品优势，又能适应市场变化的分销体系。

7.1.1 分销渠道概述

1. 分销渠道的定义

分销渠道也称销售渠道、营销渠道或贸易渠道，是指在产品从汽车生产企业向最终消费者转移的过程中，取得产品所有权或帮助转移所有权的所有组织和个人，即由生产者到用户的流通过程中所经过的各个环节连接起来形成的通道。分销渠道的起点是制造商，终点是消费者或用户，中间环节包括批发商、零售商、代理商和经纪人。他们都成为分销渠道的成员，共同构筑起分销渠道，中间商在分销渠道中起到联结企业与消费者或用户桥梁的作用。分销渠道的结构，如图 7-1 所示。

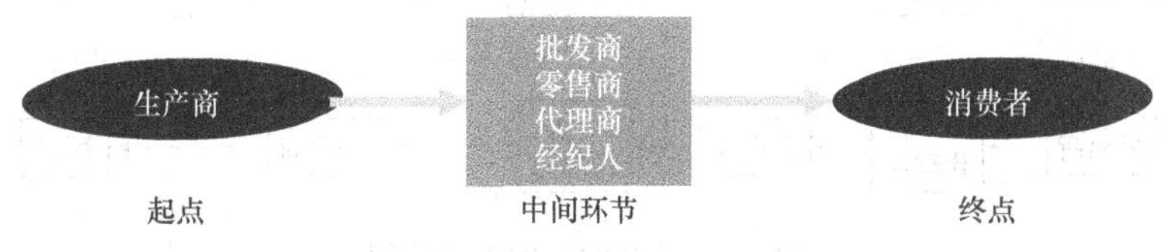

图 7-1 分销渠道结构图

2. 分销渠道的特点

（1）分销渠道是产品从起点到终点的通道

产品分销渠道不管是否经过中间环节，也不管经过几道中间环节，其起点是生产者，而终点是能最终实现产品价值的消费者或用户。完整的分销渠道是指产品这种自始至终的流通过程，而非产品流通过程中的某一阶段。

（2）分销渠道是一个由不同企业或人员构成的整体

分销渠道的组织是由产品流通过程中的渠道成员组成的。这些渠道成员是产品流转所经过通道中的各类中介机构，其中包括生产者自身的销售机构，以及中间代理商、批发商、零售商和承担实体分配的储运商。正是通过这些中介机构网络，产品才能上市行销。处于分销渠道两端的生产者和消费者及各种职能的中介组织被统称为渠道成员。渠道成员可以是企业，也可以是个人，它们共同的职责是帮助制造商转移产品的所有权。

（3）分销渠道的途径是由产品流转环节衔接的

分销渠道是产品从生产者转移到消费者的途径，而这一途径是由各流转环节所衔接的。如某一生产商的产品，厂商销售机构卖给批发商，批发商又卖给零售商，消费者又从零售商那里购得产品，这就是某一产品的分销途径。由此看来，当渠道成员间发生购销活动时，产品流转的环节就彼此连接成一体，推动产品由生产者到消费者的流动，从而形成了产品分销的通道。

（4）分销渠道的分布呈现网络形态

分销渠道是由承担不同职能的渠道成员所构成的，这些成员分布于各个区域范围内，形成星罗棋布的网络状态。所以，到 20 世纪 90 年代中期，人们就把这种网状的分销渠道称为分销网络。著名的未来学家斯托夫认为，未来的市场只不过是一个张开的网，谁掌握了网络，谁就掌握了市场。现代企业都十分重视分销网络建设，已经不是简单地从产品转移的通道去思考分销问题，而是从企业整个营销体系运作系统来构思渠道建设，如图 7-2 所示。分销渠道从实物流、所有权流、现金流、信息流、促销流来构思厂商与消费者（客户）之间的通道，从而提高企业的整体运作能力，达到提高企业竞争力的目的。

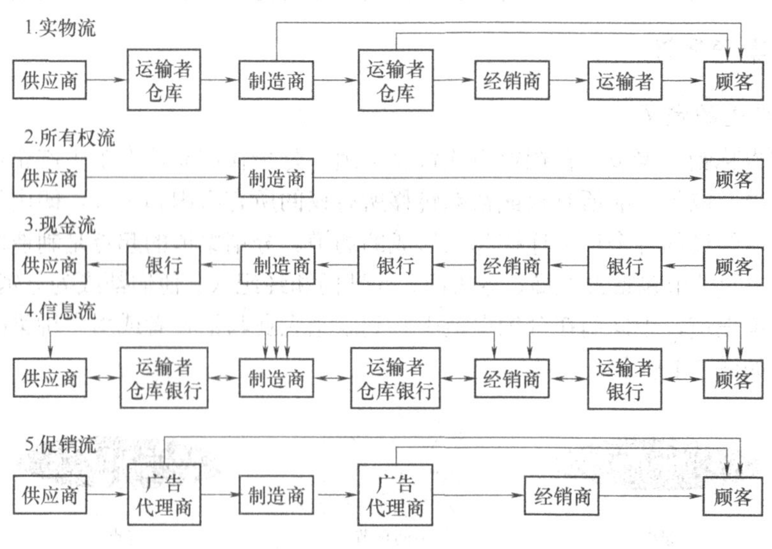

图 7-2　营销发生的五个流程

3. 分销渠道的职能

利用中间商的目的就在于他们能够更加有效地推动商品广泛地进入目标市场，弥补了产品、服务和其使用者之间的缺口。营销中间机构凭借自己的各种联系、经验、专业知识以及活动规模，将比生产企业自己干得更加出色。因此，汽车分销渠道的主要职能是实现产品所有权的转移，负责收集与反馈潜在顾客、竞争对手和其他参与者的信息，弥补制造商和顾客之间在时间、地点、所有权上的缺口等。具体来说，分销渠道具有以下职能：

（1）收集、提供信息

汽车分销渠道的中间商能直接接触市场和车辆消费者，最能了解市场的动向和消费者的实际状况。这些信息都是企业产品开发、促销等创造需求和经营必不可缺的。在信息化社会，由渠道系统承担的这一职能显得越来越重要。

（2）刺激需求，开拓市场

市场营销的本质在于创造需求。分销渠道系统通过其分销行为和各种促销活动来创造需求，扩展市场。分销渠道所采用的促销手段与制造商是相同的，主要包括人员推销、广告、营业推广、公共关系等。分销渠道协助、配合制造商或者独自开展促销活动。

（3）减少交易次数

中间商存在的理论根据之一就是，在分销过程中导入中间商可以减少卖方和买方之间的交易次数。

从图 7-3 中可以看出，市场 M1 卖方和买方直接交易，其次数为 20 次，而在市场 M2 介入中间商 I，一共只需 9 次便可完成交易。

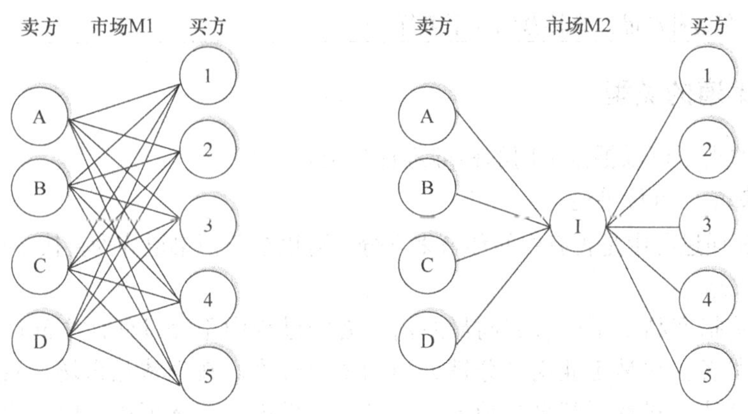

图 7-3 中间商的交易次数减少职能

（4）服务

现代社会要求销售者必须对消费者负责，同时服务质量也直接关系到企业在市场竞争中的命运，因而分销渠道必须为用户提供满意的服务，并体现企业形象。如汽车产品因其结构特点、使用特点和维修维护特点，要求分销渠道必须对用户提供良好的服务，而且有要求越来越高的趋势。

（5）资金结算与融通

为了加速资金周转，减少资金占用及相应的经济损失，生产厂家、中间商和用户之间必须及时进行资金清算，尽快回笼货款。此外，生产厂家与中间商、中间商与用户之间，还需要相互提供必要的资金融通和信用，共同解决可能的困难。

（6）风险承担

产品从生产领域到消费领域的转移过程中会面临许多不确定因素和物质实体的损耗，如市场需求变动、不可抗拒的天灾人祸、运输和存储及装卸过程中的商品破损等。这些风险均要由分销渠道成员承担。

需说明的是，分销渠道的以上功能并不意味着所有的中间商都必须具备，中间商的具体功能可以只是其中的一部分，这与中间商的类型和作用有关。通常对从事乘用车分销业务的中间商，基本的功能要求主要集中在整车销售、配件供应、维修服务、信息反馈等方面（称为“四位一体”）。当然，随着汽车市场的发展，汽车中间商的功能也会变化，如增加履行车辆置换、旧车回收、二手车交易、汽车租赁等业务职能。

营销视野　汽车生产商选择中间商的理由

汽车生产者选择分销渠道意味着将部分销售工作委托给中间机构，而这种委托意味着放弃对于如何推销产品和销售给谁等方面的某些控制，同时也会丧失一部分利润。汽车生产者愿意这样做的理由如下：

1）汽车生产者选择中间商可以减少资金压力。例如，通用汽车公司在北美通过 8 000 多个独立经销商出售它的汽车。要知道，买断这些经销商，即使是通用汽车公司也很难筹集到这笔现金。

2）将建立自己的销售渠道的能力运用到增加主要业务的投资可以获得更大的利益。有资料表明，如果一个公司在制造业上的投资回报率是 20%，而零售业务的投资回报率只有 10%。

3）对于汽车这种产品，直接营销并不可行。

7.1.2　分销渠道的类型

分销渠道的类型可以根据不同的标准进行分类。

1. 直接渠道与间接渠道

按产品在流通过程中是否有中间环节来划分，可以把分销渠道分为直接渠道与间接渠道。

（1）直接渠道

直接渠道是指产品从生产者流向最终消费者的过程中不经过任何中间商转手，直接把产品销售给消费者。它是工业用品分销渠道的主要类型。在消费品市场，直接渠道也有扩大优势。它的具体形式有厂商直接销售、派员上门推销、邮寄销售、电话销售、电视销售和网上销售。它的优点是销售及时，直接了解市场，便于产销沟通，提供售后服务，有利于控制价格。它的不足是销售费用高，销售范围受到较大的限制。

（2）间接渠道

间接渠道是指产品从生产领域转移到消费者或用户手中需要经过若干中间商的分销渠道。这是一种多层次的分销。它是消费品分销渠道的主要类型，有些工业品也采用间接渠道。它的优点是使交易次数减少，节约流通领域的时间和费用，使企业集中精力搞好生产，可以扩大销售范围。它的不足是中间商的介入，使生产者和消费者不能直接沟通信息，不易准确地掌握消费者的需求，消费者也不易了解企业的情况。

2. 长渠道与短渠道

长渠道与短渠道是根据产品从生产者向消费者转移的过程中，所经过的中间环节的多少来划分的。

（1）长渠道

长渠道是指生产者利用两个或两个以上的中间商把产品销售给消费者或用户。一般销售量较大、销售范围广的产品宜采用长渠道。长渠道可以充分利用各类中间商的职能，发挥他们各自的优势，扩大销售。它的缺点是流通费用增加，不利于减轻消费者的价格负担。

（2）短渠道

短渠道是指生产者利用一个中间环节或自己销售产品。一般销售批量大，市场比较集中或产品本身技术复杂、价格较高的宜采用短渠道。短渠道可以使商品迅速到达消费者手中，减少商品使用价值的损失，有利于开展售后服务，降低产品价格。它的不足是生产者承担的商业职能多，不利于集中精力搞好生产。

3. 宽渠道和窄渠道

宽渠道与窄渠道是根据生产商在某一区域目标市场选择中间商数目的多少来划分的。

（1）宽渠道

宽渠道是指生产商在某一区域目标市场上尽可能多地选择中间商来销售自己的产品。它的优点是分销面广，可以使消费者随时随地买到产品，促使中间商展开竞争，使生产者有一定的选择余地，提高产品的销售效率。它的不足之处在于各个中间商推销商品不专一，不愿意花费更多的促销精力；生产者与中间商是一种松散关系，不利于合作。

（2）窄渠道

窄渠道是指生产商在某一区域目标市场上只选择少数几个中间商来销售自己的产品。它的优点是被选择的中间商在当地市场有一定的地位和声誉，容易合作；有利于借助的中间商的信誉和形象提高产品的销售业绩。它的不足之处在于中间商要求的折扣较大，生产商开拓市场的费用比一般要高。

（3）最窄渠道

最窄渠道又称为独家分销，是指厂商在某一区域目标市场上只选择一家中间商销售其产品。所选择的中间商一般在当地极有声望，居于市场领先地位。它的优点是独家分销使厂商与中间商的关系紧密，厂商对中间商给予促销支持，中间商会通力合作，业务手续大为简化，便于产品销售，也便于信息反馈。它的不足是产品销售面狭窄，市场占有率低，不便于消费者购买。

4. 现代分销渠道系统

现代分销渠道系统是按照分销的组织形式来划分的。随着市场经济的发展和企业在竞争中逐渐成熟，促使了新的分销组织形式的不断出现。

（1）垂直分销系统

垂直分销系统是指由生产企业、批发商、零售商根据纵向一体化的原理组成的渠道销售系统。垂直分销系统可称为纵向联合，分为契约型产销结合和紧密型产销一体化。在垂直分销系统中，其中某一环节的渠道成员占主导地位，称为渠道领袖。它可凭借优势地位，联合或支配渠道其他成员共同开拓某种产品的产销通道；可以控制渠道中其他成员的行为，减少分销渠道的冲突，更好地协调产品流通。

（2）水平分销系统

水平分销系统是指由两个以上的生产商联合开发共同的分销渠道所建立的分销系统。水平分销系统可称为横向联合，分为松散型联合和固定型联合。该系统可以较好地集中各有关企业在分销方面的相对优势，有利开展分销活动，扩大各企业的市场覆盖面，减少各企业在分销渠道方面的投资，提高分销活动的整体效益。

（3）集团分销系统

集团分销系统是指以企业集团的形式，结合企业组织形式的总体改造来促使企业分销渠道的发展和改革。企业集团中的销售机构和物流机构同时可以为集团内的各生产企业承担产品分销业务。它是一种比较高级的联合形式，能集商流、物流、信息流于一体，分销功能比较齐全，系统控制能力和综合协调能力都比较强，对分销活动能进行比较周密的系统策划，并能建立起高效的运行机制，从而促使分销活动的整体效益有更大的提高。

7.1.3 汽车分销渠道的模式

汽车是一种昂贵的消费品，汽车制造商一般不与顾客直接进行交易，而是采用间接的分销渠道。我国由于地域广阔，经济发展不平衡，汽车销售渠道具有多重性，不适宜采用全国统一的渠道模式，制造商会根据目标市场的具体情况，使用多重渠道的销售模式。不同的汽车企业，从自身的特点出发，采取了不同的汽车销售渠道模式。例如，低档的家用乘用车宜采用密集型宽渠道，以方便顾客的购买；中档家用乘用车一般可采用选择性宽渠道，以保持品牌塑造功能，减少渠道冲突；高档家用乘用车一般可采用独家代理渠道，以保持品牌的高贵品质。整体来说，汽车销售渠道的模式可以分成如图 7-4 所示的五种类型：

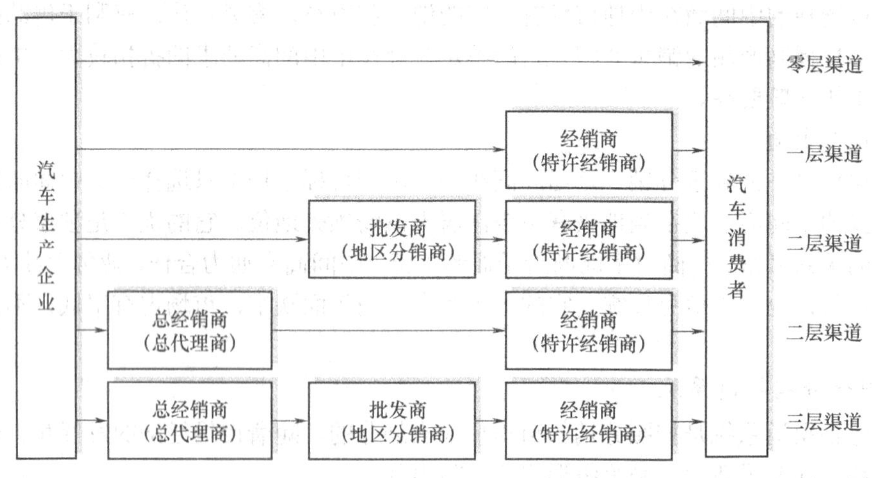

图 7-4　汽车销售渠道模式

（1）由汽车生产企业直售型（零层渠道模式）

汽车生产企业不通过任何中间环节，直接将汽车销售给消费者。这是最简单、最直接、最短的销售渠道。它的主要优点是，能缩短产品的流通时间，使其迅速转移到消费者或用户；减少中间环节，降低产品损耗；制造商拥有控制产品价格的主动权，有利于稳定价格；产需直接见面，便于了解市场，掌握市场信息，迅速开发与投放满足消费者需求的汽车产品。但这种销售模式需要生产企业自设销售机构，因而不利于专业化分工，难以广泛分销，不利于企业拓展市场。

（2）由生产企业转经销商直售型（一层渠道模式）

汽车生产企业先将汽车卖给经销商，再由经销商直接销售给消费者。这是经过一道中间环节的渠道模式，其特点是中间环节少、渠道短，有利于生产企业充分利用经销商的力量，扩大汽车销路，提高经济效益。我国许多专用汽车生产企业和重型车生产企业都采用这种分销方式。

（3）由生产企业经批发商转经销商直售型（二层渠道模式）

汽车生产企业先把汽车批发销售给批发商（或地区分销商），由其转卖给经销商，最后由经销商将汽车直接销售给消费者。这是经过两道中间环节的渠道模式，也是销售渠道中的传统模式。它的特点是中间环节较多，渠道较长：一方面，有利于生产企业大批量生产，节省销售费用；另一方面，也有利于经销商节约进货时间和费用。这种分销渠道在我国的大、中型汽车生产企业的市场营销中较常见。

（4）由生产企业经总经销商转经销商直售型（二层渠道模式）

汽车生产企业先委托并把汽车提供给总经销商（或总代理商），由其销售给经销商，最后由经销商将汽车直接销售给消费者。这也是经过两道中间环节的渠道模式。它的特点是中间环节较多，但由于总经销商（或总代理商）不需承担经营风险，易调动其积极性，有利于开拓市场，打开销路。

（5）由生产企业经总经销商与批发商后转经销商直售型（三层渠道模式）

汽车生产企业先委托并把汽车提供给总经销商（或总代理商），由其向批发商（或地区分销商）销售汽车，批发商（或地区分销商）再转卖给经销商，最后由经销商将汽车直接销售给消费者。这是经过三道中间环节的渠道模式，其特点是总经销商（或总代理商）为生产企业销售汽车，有利于了解市场环境，打开销路，降低费用，增加效益；缺点是中间环节多，流通时间长。

目前，我国汽车流通渠道以一层渠道、二层渠道为主。在我国乘用车销售一般以一层窄渠道为主，货车销售一般以多层宽渠道为主。

7.2 汽车销售渠道中的中间商分析

汽车销售渠道中的中间商是指介于汽车生产企业与消费者之间，参与汽车流通、交易业务，促使汽车买卖行为发生和实现的经济组织和个人。中间商是分销渠道的主体，企业的产品绝大部分是通过中间商转卖给用户的。它一头连着汽车生产企业，另一头连着汽车的最终消费者，具有平衡市场需求、集中和扩散汽车产品的功能，在汽车销售渠道中起着十分重要的作用。

7.2.1 汽车销售渠道中间商的功能

汽车销售渠道中的中间商的基本功能有两个方面。第一，调节汽车生产企业与最终消费者之间在汽车供需数量上的差异。这种差异是指汽车生产企业所生产的汽车数量与最终消费者所需要的汽车数量之间的差别。第二，调整汽车生产企业和最终消费者之间在汽车品种、规格和等级方面的差异。中间商的具体功能有以下几个方面：

（1）简化销售过程，提高销售效率

中间商的介入，简化了销售过程，提高了销售效率，节约了销售费用。由于供需双方在地域、时间、信息沟通等方面存在着差距，供需双方自行完成汽车交易有一定的困难。而中间商的积极工作，可以消除上述差异，促成汽车交易，并且由于中间商的存在，减少了交易次数，提高了效率，节约了费用。

（2）产品集中、平衡和扩散

中间商在生产者和消费者之间发挥着产品集中、平衡和扩散的作用。集中就是将生产者的产品，通过订货、采购集中起来；平衡就是将集中起来的产品，从品种、数量和时间上平衡产需关系；扩散就是把产品销售给消费者。

（3）为生产者带来经济效益

中间商能为生产者带来经济效益。中间商能代替汽车企业执行所有的市场营销职能，如进行市场调查、刊登汽车广告、安排汽车储运、开展汽车销售以及做好售后服务工作。同时，中间商还能为生产企业提供商业信贷，催收债款，帮助汽车生产企业在消费者中树立信誉，拓宽产品市场。生产者可以集中人力、财力、物力等用于生产业务，为生产者带来经济效益。

（4）为消费者提供购物方便

中间商可以为消费者提供购物方便。如果没有中间商，消费者购买汽车，就要去寻找生产厂家，购买过程就困难复杂得多。有了中间商，消费者就会很方便地从中间商那里买到自己所需的汽车。

7.2.2 汽车销售渠道中间商的类型

汽车销售渠道中的中间商，按其在汽车流通、交易业务过程中所起的作用，可以分为总经销商（或总代理商）、批发商（或地区分销商）和经销商（或特许经销商）。

1. 总经销商（或总代理商）

总经销商是指受汽车生产企业的委托，从事汽车总经销业务，并拥有汽车所有权的中间商。而总代理商是指受汽车生产企业的委托，从事汽车总代理销售业务，但不拥有汽车所有权的中间商。

2. 批发商（或地区分销商）

批发商是指处于汽车流通的中间阶段，实现汽车的批量转移，使经销商达到销售目的的中间商。它一头连着生产企业或总经销商（总代理商），另一头连着经销商，并不直接服务于最终消费者。它是使汽车实现批量转移，使经销商达到销售目的的中间商。通过批发商的转销汽车的交易行为，汽车生产企业或总经销商（总代理商）能够迅速、大量地转售出汽车，减少汽车库存，加速资金周转。地区分销商处于某地区汽车流通的中间阶段，它帮助生产企业或总经销商（总代理商）在某地区促销汽车，提供地区汽车市场信息，承担地区汽车的转销业务。

根据批发商（或地区分销商）是否拥有商品的所有权，批发商可以分为三种类型：独立批发商、商品代理商、制造商的分销机构和销售办事处。

（1）独立批发商

独立批发商是指批量购进并批量销售的中间商。它拥有商品的所有权并以获取批发利润为目的，其购进对象通常是生产者或其他批发商，售出对象则多数为零售商。例如，我国目前汽车分销中的汽车贸易公司、机电公司中的汽车批发部门等都属于此类。

（2）商品代理商

商品代理商是指接受委托人的委托替委托人推销商品的中间商。他们不拥有商品的所有权，以取得佣金为目的，促进买卖的实现。在汽车分销中主要有以下两类商品代理商：

① 销售代理商即委托人的独家全权销售代理商。他们是生产厂家的全权代理，负责推销厂家的全部产品，不受地区限制，并且有一定的定价权。同时，生产厂家有销售代理商后，不得再委托他人代销产品或自销产品。例如，在一汽大众建设的前五年，产品由一汽集团公司包销。一汽大众组织产品促销、售后服务和备件供应。

② 厂家代理商即制造商的代理商。他们按照生产企业规定的销售价格或价格幅度和其他销售条件推销产品，安排储运，并向生产厂家提供市场信息、产品设计及定价建议等。这类代理商一般都与厂家签订长期代理合同，并受代理销售地区限制。不论是国内，还是国外，厂家代理商这类中间商在汽车销售中都比较常见，如美国汽车制造商的国外汽车销售形式大都采用这种形式。在我国一汽大众、上海大众、长安铃木等一大批汽车制造企业也采用厂家代理商来推销产品。

（3）制造商的分销机构和销售办事处

制造商的分销机构和销售办事处隶属于制造商，是制造商专门的独立商业机构。例如，美国汽车企业国内汽车销售的地区管理分公司，韩国汽车生产厂的销售店，我国汽车制造企业自建的销售公司和各地的分销中心（如神龙汽车公司组成的神龙汽车销售总公司等），以及国外汽车制造商在我国设立的销售办事处等都属于此类中间商。

3. 经销商（或特许经销商）

经销商在汽车流通领域中处于最后阶段，它是直接将汽车销售给最终消费者的中间商。它的基本任务是直接为最终消费者服务，使汽车直接、顺利并最终到达消费者手中。它是联系汽车生产企业、总经销商、批发商与消费者之间的桥梁，在汽车销售渠道中具有突出的作用。特许经销商（也称受许人）是从特许人（一般是总经销商）处获得授权在某一特定区域内直接将特定品牌汽车销售给最终消费者的中间商，按照特许经营合同，受许人可以享用特许人的商誉和品牌，获得其支持和帮助，参与统一运行，分享规模效益。这是一种新型的汽车销售渠道模式。上海大众通过建立遍布全国的特许经销商网络，进一步提高了渠道服务水平，大大促进了汽车的市场销售。

7.3 汽车分销渠道的设计与管理

销售渠道设计要围绕公司的营销目标和公司的中长期发展目标进行，要有利于提高企业产品的竞争力和市场占有率，要有效覆盖市场和满足用户需求，还要有利于企业抵御市场风险。在此基础上形成能够充分履行渠道功能，长期稳固而又能适应市场变化的渠道系统或销售网络，不断地为企业开辟稳定的用户或区域市场。若分销渠道不能适应市场的特性，则应及时调整。

7.3.1 汽车分销渠道设计的影响因素

影响分销渠道选择的因素十分复杂。厂商在渠道选择中，要综合考虑渠道目标和各种限制因素或影响因素。销售渠道设计要在企业经营目标的指导下，在充分评价影响因素的基础上作出最佳设计。一般来说，影响渠道设计的主要因素如下。

（1）企业特性

不同的汽车企业在规模、声誉、经济实力和产品特点等方面存在差异，即企业特性不一，这对中间商具有不同的吸引力和凝聚力，因而企业在设计销售渠道时，应结合企业特性选择中间商的类型和数量，决策企业销售渠道模式。对于实力（主要包括人力、物力、财力）较强的制造商，可以建立自己的分销网络，实行直接销售；反之，应选择中间商推销其汽车产品。如果制造商的管理能力强，又有丰富的营销经验，可以选择直接销售渠道；反之，应采用中间商。如果制造商为了有效地控制分销渠道，可以选择短渠道；如果制造商不希望控制渠道，可以选择长渠道。

（2）产品特性

汽车产品由于重量大、价值大、运输不便、储运费用高、技术服务专业性强等原因，对中间商的设施条件、技术服务能力和管理水平要求较高，而其生产在时间或地理上比较集中，而使用分散，其销售渠道一般应有中间环节，不宜采用直接环节。汽车产品的销售渠道宜采取短而宽的销售渠道类型。但不同企业的汽车产品特性不一，各企业在组建销售渠道系统时应充分考虑本企业的产品特性。

（3）市场特性

不同企业的不同汽车产品，其市场特性也是不一样的。市场因素主要包括目标市场的大小。如果目标市场范围大，渠道则较长；反之，渠道就短些。对于高档轿车，其目标市场往往较小，因此宜选择短渠道；而对于经济型轿车，由于目标市场基本覆盖了各个层次的消费者，因此宜选择长渠道，提高市场的覆盖范围。

（4）竞争特性

企业设计销售渠道时，应充分研究竞争对手的渠道状况，分析本企业的销售渠道是否比竞争者更具活力。

（5）政策特性

企业在选择中间商或建立自销网点时，应充分考虑国家和当地的政策特点，选择合法的、有诚意并能够分担风险的中间商。

（6）中间商特性

各中间商实力、特点不同，诸如广告、运输、储存、信用、送货频率等方面也具有不同的特点，从而影响汽车制造商对分销渠道的选择。

7.3.2 汽车分销渠道设计的基本流程

销售渠道设计主要包括确定渠道长度、宽度和规定渠道成员彼此的权利、责任和义务三方面的内容。

1. 审视公司现状

通过对公司以往的销售渠道分析，了解公司以前进入市场的步骤；各步骤之间的逻辑联系及后勤、销售职能；公司与外部组织的职能分工；现有渠道的经济性，包括成本、收益和边际利润。

2. 消费者市场调研

通过对客户偏好的调查，了解客户最喜欢通过什么渠道购买产品，以及将来通过什么渠道购买产品。

3. 对渠道和分销商的调研

在市场调研的基础上，对渠道和分销商的调研是企业市场研究的重要内容，是渠道选择的起点。对渠道和分销商的调研包括走访观察、了解当地竞争同行的情况，这样可以帮助企业分析产品的销售渠道的利润水平，其主要目的是帮助厂商选择最有效的、最容易获得利润的营销渠道。

4. 对渠道和分销商的分析

对渠道和分销商的分析包括建立完整的营销渠道调查表，通过销售业务员、代理商、零售网点、网上销售等渠道获得基本信息，从而筛选可行的营销渠道；对各营销渠道的竞争性分析，是企业选择销售渠道的最佳策略；分析各渠道市场渗透率、利润率和竞争对手销售渠道经营效率。

5. 渠道设计

厂商选择了适合自己的渠道后，就可以根据自己的目的对所选的渠道进行设计。销售渠道设计主要包括确定渠道的长度、宽度，渠道组织成员的选择以及规定渠道成员彼此的权利、责任和义务三方面的内容。渠道成员的权利和义务包括对不同类型的中间商给予不同的价格，还要规定交货和结算条件，以及规定彼此为对方提供的义务。

对于渠道设计，通常有以下三种策略可供选择：

（1）开放型策略

开放型策略是指只要企业信得过，不管是哪一类型的中间商都不限制其数量，都可以经营本企业的产品，这种策略较适应卖方市场，而且费用比较少。但其缺陷是渠道多而混乱，企业对整体渠道系统难以控制，难以同较有实力的中间商形成长期合作关系。

（2）封密性策略

封密性策略即独家经销或排他性策略。它要求生产企业和中间商之间用协议方法或组建营销全资、控股子公司等办法，规定中间商只能在指定地方销售本企业的产品，而不能销售其他厂家的产品，尤其是不能销售竞争对手的产品。

（3）选择性分销策略

选择性分销策略是指在每个地区选择一定数量的具备一定条件的批发商或零销售商经销生产企业的产品。被选中的中间商不仅经营本企业的产品，还允许自由地经营其他企业的产品。这一策略的优点是，企业可以选择经营规模大、资金雄厚、经营效率高、容易协作的中间商作为渠道成员。这一策略所选的中间商数目比开放型策略少，企业也便于对渠道成员进行控制、指导和管理。

营销视野	分销渠道封密性策略的优缺点
对企业而言	对中间商而言
优点	
1）由于只能经销一个企业的产品，中间商必须成为企业的有力支持者，必然关心企业的产品改进，洞察市场行情和周到地为用户服务。 2）企业可以集中精力管理和控制好销售渠道，便于企业贯彻营销策略，限制渠道系统内的“无政府”行为。 3）企业只同少数中间商打交道，有利于降低营销费用，也便于在中间商处建立产品中转分流站，提高中间商的规模经济效果。 4）容易保证渠道系统的信息畅通，便于企业及时掌握市场行情和销售动态。	1）有生产企业作坚强的后盾，可以提高中间商在当地的地位和影响力。 2）易得到生产企业强有力的支持，如包括投资的直接支持和企业所做广告等的间接支持。
缺点	
1）企业对中间商依赖性较大，如果中间商工作不力，企业容易失去一部分市场。 2）不利于更宽地扩大市场覆盖面，容易出现市场盲点。 3）企业必须要有足够多的品种、规格和数量供应，否则中间商会因业务量过少，能力闲置而积极性不高。	中间商失去了独立性，生产企业如有政策变化而选择另一中间商，则原中间商可能会陷入不利局面。

按照选择性分销策略，企业在选择中间商时应考虑其经营范围、经营规模、经济实力、支付能力、管理水平、存储设施、服务能力、用户声誉、价格态度、用户群特征、当地影响力等，选择其中的优秀者作为企业销售渠道成员。

7.3.3 汽车分销渠道的评估

企业在渠道设计方案确定后，必须对方案进行评估，以保证方案的科学性和合理性，尽量有利于企业的长远目标的实现。评估主要从三个方面来进行：一是渠道的经济效益；二是企业对渠道的控制能力；三是渠道对市场的适应性。

（1）渠道经济效益的评估

渠道经济效益的评估主要是考虑每一渠道的销售额与成本的关系。企业一方面要考虑自销和利用中间商哪种方式销售量大；另一方面还要比较两者的成本。一般来说，利用中间商的成本比企业自销要小，但当销售额超过一定水平时，利用中间商的成本则越来越高，因为中间商通常要收取较大固定比例的价格折扣，而企业自销只需支付自己的销售员工资加部分奖励。因此，规模较小的企业或大企业在销售量不大的地区或产量较小的产品品种，利用中间商较合算，当销售量达到一定规模后，则宜设立自己的分销机构。国外各大汽车公司都有独立的实力雄厚的自销体系，对我国大型汽车公司而言，要具有强有力的市场营销能力，长远的目标必须建立自销体系。

（2）渠道控制力的评估

一般来说，自销渠道比利用中间商更有利于企业对于渠道系统的控制。因为中间商是独立的商业组织，他们必须关心自己的经济效益，而不仅是生产企业的利益，只有那些能为中间商带来持久利润的产品和营销政策才使他们感兴趣。在通常情况下，实力雄厚、产品畅销的大型企业对中间商的控制力要强一些，价格折扣和付款期限等优惠政策也可稍小一些，双方都乐意建立持久的合作关系；而那些实力不强的中小企业对中间商的控制力就要弱得多，价格折扣必须较大才能持久地维持双方的业务合作。

（3）渠道适应性的评估

企业与中间商在签订长期合约时要慎重，因为在签约期间，企业不能根据需要随时调整渠道成员，这会使企业的渠道失去灵活性和适应性。所以，涉及长期承诺的渠道方案，只有在经济效益和控制力方面十分优越的条件下，企业才可能考虑。一般来说，对于实力雄厚、销售能力强、企业同其业务关系历史较长、双方已经建立信任感的中间商，企业宜与之签订较长期的合约。如果中间商不是如此，而且对企业产品的销售业绩较差，企业不仅不可与之签订长期合约，而且应保留在某些情况下撤销该中间商权利。

7.3.4 汽车分销渠道成员的选择与管理

1. 汽车分销渠道成员的选择

汽车制造商需要在要开拓的市场有重点、有步骤地招募渠道成员，筛选的依据主要包括经销商的信誉度、资金实力、经营管理能力、公共关系能力、行业背景以及企业文化等各方面，符合条件的经销商必须履行相应的渠道加盟程序，投入部分硬件、软件建设。

营销案例	分销渠道成员的选择

2006 年，某汽车品牌在江浙沪地区的月均销量为 500 辆左右。2007 年，他们经过市场调研想继续提高销量，在渠道方面的结论是：增加渠道数量和库存深度。至 2007 年年底在该地区新增 6 家经销商，库存在原有的基础上增加 200 辆。但结果是：2008 年月均销量降至 230 辆。这是一个对渠道没有进行科学和系统分析，仅凭“市场经验”（此经验在其他区域可能有效）进行渠道管理从而导致失败的典型案例。他们没有科学、系统地搞清该区域渠道存在的真正问题，因此也就不能提出准确的渠道改善措施。

（1）合法经营资格

必须对中间商的各种合法证件认真审核，检查其是否具有国家（或该地区）准许的经营范围和项目，将中间商持有的证件经销登记、复印以备案。

（2）销售能力

中间商的市场占有率或覆盖程度要与生产商的既定营销目标相符合。若中间商的市场覆盖能力小于生产商的要求，则达不到预期目标；反之，如覆盖面太大，可能对其他经销商造成威胁，容易出现矛盾。另外，还需考虑中间商是否具有稳定的、高效的销售队伍，健全的销售机构，完善的销售网络，足够的推销费用和良好的广告媒体环境。

（3）服务水平

现代市场营销要求一体化服务，要求运输、安装、调试、保养、维修和技术培训等各项售后服务相结合。中间商是否具有懂专业技术的人员，以便为消费者提供良好的服务，更是一个重要条件。

（4）储运能力

储运能力的大小直接关系到中间商的业务量大小，可以对生产商的产品起到稳定、发展和延伸的作用，并可调节产品生产销售的淡旺季。生产商要求中间商具有能更多地担负产品实体的储藏、运输任务的能力，这也是选择中间商的重要条件。

（5）财务状况

中间商的财务状况是重要的选择条件，这对于经销汽车这种需要有相当资金支持的产品尤为重要。中间商财务状况需要考虑的是固定资产量、流动资产量、银行贷存款、企业间的收欠资金等情况，这关系到中间商能否按期付款，甚至预付款等问题。

除以上几个方面外，还应考虑中间商的声望和信誉、中间商的经营历史及经销绩效、对生产商的合作态度及其经营的积极性、中间商的未来发展状况估计等。

2. 分销渠道管理策略

（1）明确渠道成员的权利和义务

明确渠道成员的权利和义务是妥善处理生产商与中间商业务关系，建立高效渠道的基本策略。

① 产品的价格。价格直接涉及各个成员企业的经济利益，是个敏感的问题，生产商必须慎重。

② 支付条件及保证。生产商应对支付条件及销货保证作出明确的规定并严格履行。为鼓励渠道成员提早付款，不拖欠，要给予一定的付款折扣。对某些原因造成的产品降价，生产企业应该设“降价保证”。

③ 给予地域权利。生产商必须给予渠道成员一定的地域（区）权利。

④ 产品的供货。生产商应在产品的数量、质量、品种、交货时间等方面尽可能满足中间商的要求。

⑤ 信息互通。生产商与中间商之间应及时传递本企业的产品生产或销售的信息以及所获得的其他市场信息，不能相互搞假信息或封锁消息，以便各方能按需组织生产和经营销售。

（2）督促与鼓励中间商

鼓励分销渠道成员，使其最大限度地发挥销售积极性，是管理分销渠道的重要一环。

① 建立良好的客情关系。客情关系是指生产商与中间商在诚信合作和沟通交流的过程中形成的人与人之间的情感关系。企业应加强客情关系的培养，提高分销渠道运作的效率和效益。

② 建立相互培训机制。相互培训机制是密切渠道成员关系，提高分销效率的重要举措。生产商培训终端销售人员，提高他们顾问式销售的能力；中间商给企业营销、技术人员提供培训，提高市场适应能力。

③ 对渠道成员的激励。激励中间商的方式主要有：提供促销费用、价格折扣、年终返利、实施奖励、陈列津贴。

（3）正确评价渠道成员的销售绩效

定期考核渠道成员的绩效，以此为依据实行分销渠道的有效控制。一定时期内各中间商达到的销售额是一项重要的评价指标，但要对中间商的销售业绩采用科学的方法进行客观评价。评价渠道成员销售绩效的方法如下：

① 纵向比较法。将每一中间商的销售额与上期的绩效进行比较，并以整个群体在某一地区市场的升降百分比作为评价标准。对于低于该群体的平均水平以下的中间商，找出其主

要原因，帮助整改。

② 横向比较法。将各个中间商的实际销售额与其潜在销售额的比率进行对比分析，按先后名次进行排列，对于那些比例极低的中间商，分析其绩效不佳的原因，必要时要予以取消。

(4) 分销渠道的及时调整

① 增减渠道成员，即决定增减分销渠道中的个别中间商。既要考虑增或减对某个中间商企业的盈利方面的直接影响，也要考虑可能引起的间接反应，即渠道其他成员的反应。

② 增减一条渠道。在某种情况下，各方面变化常常使企业感到只变动渠道中的成员是不够的，必须变动一条渠道才能解决问题，否则就会有失去这一目标市场的威胁。

③ 调整分销渠道模式，即在以往的分销渠道作通盘调整。这种调整策略的实施难度较大，因为要改变生产商的整个分销渠道，而不是在原有基础上修修补补。

(5) 渠道窜货管理

所谓窜货是指分销成员为了牟取非正常利润或者获取制造商的返利，超越经销权限向非辖区或者下级分销渠道低价倾销货物。企业必须对窜货现象采取有效措施。

① 明确渠道销售政策。明确分销成员的销售区域和销售权限，明确产品价格政策，明确界定每个销售区域的商品外包装的条码，便于检查。

② 制订窜货处理政策。为防患于未然，事先必须制定窜货处理政策，因窜货对其他分销成员和制造商造成的损失由窜货方全权负责，按比例扣除窜货方的年终返利，减少给其的促销费用，降低客户等级和经销权限。

③ 成立销售管理小组。成立销售管理小组，派专人负责管理，建立畅通的信息反馈渠道，经常抽查，听取中间商的意见反馈，发现有窜货现象及时处理解决。

7.4 我国乘用车销售体制分析

从 1953 年第一汽车制造厂的诞生至今，我国的乘用车销售体制经历了物资部门统购包销、计划内与计划外销售、指令性和指导性途径销售，以及今天的完全由市场导向的销售，销售体制变化完全被打上了历史的烙印。

7.4.1 我国乘用车销售体制的发展

我国乘用车销售体制的发展可以分为以下三个阶段：

(1) 严格计划控制下的汽车分配体制

1979 年以前严格计划控制下的汽车分配体制，汽车从生产到消费，均列为国家统配物资，经历了中央统一控制，中央管理为主、地方管理为辅，中央和地方两级管理三个时期。中央统一控制时期，汽车为国家统一分配的物资，由国家物资部门统一销售、统一供应、统一中转仓储、统一资金管理。中央管理为主、地方管理为辅时期，实行国家统一计划下的地区平衡、差额调拨、品种调剂、保证上交的办法，地方可支配的汽车资源占全国的近 1/4。中央和地方两级管理时期，中央安排的汽车生产计划由中央解决原材料，产品由中央分配；地方安排的汽车生产计划由地方解决原材料，产品由地方分配。

生产、投资、分配都是直接的计划安排，成为这个时期汽车产品流通体制的核心。汽车生产厂家只负责按国家计划组织生产，厂家根本无自主经营销售权，自然也无自己的汽车销售体系。

（2）计划分配体制的松动和汽车生产企业自主营销体系的建立

1978 年党的十一届三中全会后，我国传统的严格的计划分配体制开始松动。最明显的特点是国家指令性计划安排的汽车所占比例，已由 1980 年的 92.7%下降到 1984 年的 58.3%，1989 年下降到 22.2%，1992 年下降到 15%。汽车生产企业系统的汽车销售量，在 1993 年时已占全国总销量的一半。另一个特点是汽车销售渠道、销售途径出现可喜的变化。一方面当时称为主渠道的华北、华东、东北、中南、西南和西北等六个汽车贸易中心，主要负责国家指令性计划的执行和进口汽车的市场投放，1988 年成立中国汽车贸易总公司后，六个汽车贸易中心改为中国汽车贸易总公司的分公司，并增设了天津、广州两个分公司，下辖 1 000 多家网点；1992 年，中国汽车贸易总公司内原中汽总公司的销售服务公司回归中国汽车贸易总公司，成立中国汽车工业销售总公司。另一方面汽车生产企业自身的销售系统逐步组建并开始发展起来，一汽贸易公司、东风汽车贸易公司、跃进汽车贸易公司等中央企业的销售公司相继成立，地方汽车企业如上海汽车工业销售总公司、天津汽车工业销售有限公司、北京汽车工业供销公司等也陆续组建。汽车生产企业的销售公司以各种形式与各地经销商合作，组建联营公司或合资销售公司。这个时期，计划内汽车产品流通体制和计划外汽车产品流通体制“双轨制”运行，可视为汽车销售的过渡性体制。

（3）汽车生产企业为主导的销售体系的发展和完善

1994 年 2 月，国务院颁布的《汽车工业产业政策》是汽车生产企业发展和完善以自身为主导的销售流通体系的理论和政策标志。在该产业政策的“消费与价格政策”中，明确提出“鼓励汽车工业企业按照国际上通行的原则和模式自行建立产品销售系统和售后服务系统”。这既是对生产企业自建销售系统的总结和肯定，也为汽车生产企业销售流通的建设指明了方向。从此以后，汽车生产企业的销售流通体系逐渐发展壮大，并成为我国汽车销售流通的主渠道，品牌专营、普通经销和汽车交易市场等多种销售模式同时存在，其中以品牌专营为主。

7.4.2 我国乘用车现有的分销模式特点

目前，中国具有轿车经营权的企业达到 7 000 多家，包括连锁店及特许经营的零售店铺在内可达到 2 万～3 万家，而其中品牌专营店大约有 2 000 多家。

（1）品牌专营是轿车市场的主流渠道模式

品牌专营是指汽车生产企业通过合同授权汽车经销商在一定的区域从事特定品牌汽车的销售活动。国内的主要轿车制造商都已经或正在构建品牌专营的渠道模式。其中，广州本田拥有专卖店 454 家，上海通用有 694 家，一汽大众奥迪拥有 152 家。

现今国内的品牌专营模式几乎普遍按照国际通用的汽车分销标准模式建设，采用“三位一体”（3S）制式或“四位一体”（4S）制式：以汽车制造企业的营销部门为中心，以区域管理中心为依托，以特许或特约经销商为基点，集新车销售、零配件供应、维修服务、信息反馈和处理于一体，受控于制造商的分销渠道模式。品牌专营已迅速发展成乘用车市场的主流营销模式之一，具体表现为汽车生产企业通过经销商投资设立品牌专卖店，建立统一的企业标识、统一的品牌形象和统一的服务标准，以达到汽车生产企业营销体系的统一运营，实现规模效应和品牌效应。

我国的品牌专卖店一般多由经销商买断产品、自投自建、自担风险，前期投入相当大，如开一家 4S 专卖店至少需要资金几百万元至上千万元。单一的品牌专卖店虽然具有多位一体的服务优势，但其“排他性”的特点却给经销商带来很大风险，目前，很多大经销商都代理了多个品牌。多家品牌专卖店的销售集团初露端倪。在销售组织和公司组织上，各家专卖店都是独立核算的公司，但这些公司基本属于同一投资人，甚至使用同一个销售品牌，如上海永达、南京朗驰、湖南申湘等。

多品牌专卖销售集团可以通过发挥渠道网络布局的优势有效降低成本。虽然每个品牌专卖店内部禁止销售其他品牌，但为集团销售网络中其他销售网点提供了选择空间，完全可以协调满足不同顾客的需求。在售后服务上，多个品牌共用一个维修站，一方面节约了投资，另一方面发挥了多品牌维修服务的规模效应。因此，这种多品牌专卖销售集团是品牌专卖与中国国情相结合的产物，将成为未来品牌营销模式的主要形式之一。品牌专卖店多偏重于销售乘用车等车型较小的车，体形较大的如重型载货汽车一般不在其考虑范围之内。

营销视野　广州本田 4S 店

广州本田是国内公认较为成功的品牌专营模式。它直接采用日本本田公司的品牌专营模式，是国内首家采用“四位一体”制专营店分销网络的汽车制造商。目前，广州本田已拥有 120 多家品牌专卖店，在专卖店的后面就是售后服务中心。品牌专营店在外观形象和内部布局上，统一规范、统一标识，给人强烈的视觉冲击，有助于提升品牌形象魅力；实行以直销为主的终极用户销售；将汽车销售与售后服务融为一体，从而赢得客户的信赖。但同时，品牌专卖店的运营成本较高，特许经营带来的垄断使终端服务很难尽如人意，导致品牌短期利益和长期利益难以平衡，这是目前品牌专营亟须解决的问题。

（2）集约式汽车交易市场是用户购买汽车产品的主要场所

汽车市场集中了国内外各种品牌、价格、档次的汽车，由多个代理经销商分销，形成了集中的多样化交易场所，使购车人在同一地点即可比较选择各种品牌的车辆。据统计，目前国内汽车交易市场有 400～500 家，其中形成一定规模的有 100 余家，年交易额超过 20 亿元的有 10 家左右。就总体水平来看，北京、上海等大型城市的汽车交易市场发展得较为完善，并且各具特色。汽车交易市场极大地适应了私人购车的需要，并且将汽车销售过程中涉及的十几个部门的监督管理服务集中到一地，方便了消费者；通过交易市场规模优势，可以形成汽车销售、配件供应、维修保养、信息反馈四位一体，从而形成综合的社会效益，并有利于维护消费者的合法权益。

从经营模式上看，汽车交易市场主要有三种类型：一是以管理服务为主。管理者不参与经营销售活动，而是由经销商进场经营销售，交易市场只负责作好硬件建设及完善管理。北京亚运村汽车交易市场就是这一模式的典型代表。由于市场内汽车品种齐全，交易规范，吸引了全国各地的顾客到交易市场购车。特别是政府有关综合部门直接驻场，不仅有力地规范了市场交易秩序，同时方便办理一系列的交易手续。在市场外购车需要经过 13 道手续，在亚运村汽车交易市场只需 11 道手续，非常方便、简捷。二是以自营为主，其他进场经销商非常少，即市场管理者同时也是主要的汽车销售者。该类型的汽车交易市场约占有形市场的80%～90%。三是从销量上看，自营与进场经销商各占50%。

传统的汽车交易市场大多只是各种品牌汽车的集中展厅，硬件和软件条件都无法满足消费者日益增长的需求，而且同一品牌的汽车在市场内又往往因为恶性竞争导致价格混乱。

（3）汽车工业园区是有形市场新的发展方向

汽车工业园区是将国外几种渠道模式有机结合，并且结合中国市场“既集中又分散”的特点形成的集约式汽车交易市场，但它绝不是汽车交易市场简单的平移和规模扩张。汽车园区相对于汽车交易市场和品牌专卖店的最大优势就是功能的多元化。汽车园区具有全方位的服务集成功能，把传统的集约型融入现代专卖的渠道模式，以4S店集群为主要形式；在规划和筹建上力求与国际接轨，并适度超前。例如，北京国际汽车贸易服务园区设计了九大功能园区：国际汽车贸易区、汽车试车区、二手车贸易区、汽车特约维修区、国际汽车检测中心、汽车物流配送中心、北京国际汽车保税区、休闲娱乐区、汽车解体厂，在某种程度上诠释了汽车园区的功能内涵。实现现金交易、信贷交易、租赁交易三种方式集成，并且具有销售、融资、办理手续一站式的服务功能，成为国际汽车交易中心、售后服务中心、展览信息交流中心和国内外汽车厂商咨询服务中心。

（4）汽车连锁销售业已开始发展

汽车连锁销售是指通过与制造商建立品牌专卖或买断资源的经营方式，建立全国性的统一服务网络，利用连锁的规模为用户提供服务。各地的汽车连锁店本着优势互补、互惠互利、共同发展的原则，实施汽车品牌、技术、模式、经验的特许经营，分店参加连锁经营后，严格按照“统一管理、统一定货、统一价格、统一配送、统一服务”的“五统一”规定运作，分店不能自行独立进货从事小汽车销售。连锁企业集汽车信贷、以旧换新、汽车租赁、租购、二手车交易、汽车服务为一体，由总店、分店使用统一商号构成连锁体系。

汽车销售连锁店有许多优势：1）每一个加盟店都有品牌的支持和服务，由于获得了总店统一的品牌、统一的CI等无形资产的使用权，可以迅速提升企业知名度，打开当地市场；2）利用由总店提供的成熟经营管理技术、管理优势、企业文化，无论加盟前是否从事过汽车经营，都能高点起从事汽车经营业务，可以帮助加盟店的管理快速迈上一个新台阶；3）利用总店的品牌价值获得金融支持，可以帮助各分店迅速进入汽车信贷领域，分享这块诱人的“蛋糕”，总店成熟的汽车信贷技术和信用管理经验可以帮助各加盟店在不熟悉的领域里规避风险；4）利用信息网络技术，获得知识、信息、媒体等方面的资源共享，具备的大网络背景使各地加盟店的资源可以向其他分店配送，增加了销售量，网络提供的低成本资源又可以帮助开拓新的市场面；5）加盟后由总店统一组织专业知识和技能培训，提供统一的经营策划活动，能持久地维持竞争能力和创利水平；6）统一的物流配送体系，可以大大节约经营成本。

但是，在实际的运作过程中，汽车连锁经营也存在很多的问题：中国早期的汽车销售连锁模式是在特定的供求关系和产业环境下形成的，有先天的不足。小汽车经营权使中国的汽车连锁发展成一种“畸形”的连锁。加盟者大多是为了获得小汽车经营权而来，几家连锁总店靠着兜售小汽车经营权而赚得盆满钵满，而获得小汽车经营权的加盟者并没有像宣传中的那样财源滚滚，多数连投资成本都没收回，更别说盈利了。

7.4.3 汽车4S营销模式

1. 汽车4S店的实质

汽车4S专卖模式在1999年由欧洲传入我国以后，逐步得到了我国市场和消费者的认可，目前开始步入飞速发展时期，被认为是我国汽车销售模式与国际接轨的标志。它是品牌专卖店发展到20世纪90年代的产物，是以汽车厂家的品牌专项经营为主体，以整车销售（Sale）、配件供应（Sparepart）、维修服务（Service）和信息反馈（Survey）“四位一体”为特色的综合性汽车营销模式。

汽车4S店的实质就是一套完善的汽车营销服务体系，包括销售制度、服务系统、零部件供应等，贯穿汽车销售售前、售中和售后的全过程，其独特的功能让顾客感觉到买车也是一种享受。从汽车生产厂家来讲，统一的店面格局及标准、统一的整车销售价格、高质量的维修、人性化的服务、协调一致的广告推广、迅速的信息反馈以及索赔、召回措施等，使顾客产生了对品牌的认可和信任，增加了购买汽车的安全感，为汽车厂家树立品牌形象起到了不可替代的作用。从经销商来讲，品牌的形象、标准化的服务及作业、及时的零件供应、技术资料的提供、技术培训及专业设备的支援，为经销商在当地树立自己的品牌形象、扩大销售、增加稳定的顾客资源、增加经济效益等方面，也起到了保障作用。同时，先进的服务理念和服务程序，技术的不断进步，设备的完善，现代化企业管理的导入，也使经销商自身素质得到了提高，从而推动了全行业水平的提高。从消费者来讲，购买到高质量的品牌汽车，在精神上得到满足，完备的售后服务，加上免费保养、索赔及跟踪服务，不仅使顾客有买车的安全感，也使顾客满意度进一步提升。

营销案例　海南马自达的4S店

以占地12亩的海南马自达4S店为例，该店拥有快速检车仪、四轮定位仪、大型烤漆房等在内的专业设备。每年该店都会举办包括试乘试驾、大型公益活动巡游，以及车友参与性极强的野外露营、自驾游等各种活动，让顾客在购买汽车中获得更大的增值服务。而在4S店休息室，消费者可以看背投电视，喝上清香的绿茶或香浓的咖啡，可以上网冲浪。该店还24小时提供热水，跑长途的车主可以在这里洗上舒服的热水澡。这些让消费者也确确实实享受到了国际化、标准化的服务，使顾客满意度进一步提升。

2. 汽车4S店的优势

（1）厂商的利益一致

由于专卖店是特许经营，不经销其他产品，这使厂家和经销商的关系稳定，双方的利益一致。它划定市场范围，实行区域性销售，便于厂家统一销售政策。它实行以直销为主的终极用户销售，一改层层推销、层层加价的弊端，减少了中间环节，有利于营销的推广。厂商和经销商之间的利润也保持在一个高效、合理的范围内，有利于销售网络在全国的建设、布控，避免了恶意竞争。

（2）高质量的销售和管理

通过“4S”的引入，经销商已经接受了卖车要同时修车的理念，这个理念的背后是经营时间从售前、售中扩大到售后，即一辆车从“生”到“死”全过程，竞争办法从单纯价格竞争扩展到服务竞争等一系列的变革。同时，通过“4S”的引入使人们认识到优胜劣汰的残酷性对制造商来说，品牌专卖最大限度地革新了中国汽车销售模式。品牌专卖店在外观形象和内部布局上，统一规范、统一标识，给人强烈的视觉冲击，有助于提升企业、品牌形象。从硬件设施来看，中国4S汽车品牌专卖店可以说在全世界都是有名的。

（3）信息反馈及时，终端控制有效

由于4S品牌专卖店建立完备的信息反馈系统和客户管理系统，使厂商及时跟踪用户的使用情况，改进产品设计。它将汽车销售与售后服务融为一体，可以为用户提供终身服务。汽车企业可以非常有效地控制物流和终端，信息的反馈快速有效，能够较好地根据市场销量和需求变化，进行生产调整，同时为车型改良和新产品的开发等提供丰富的市场依据。

3. 汽车4S店的劣势

（1）要求高，投资大，风险大

目前，中国的汽车经销商获得品牌专卖权市场是一个典型的卖方市场。厂家要求高、可选择的对象多。4S店的固定资产投资动辄在1 000万元人民币以上，流动资金也要求在1 000万元人民币以上，经销商投资过大，导致终端在面临市场竞争激烈时捉襟见肘，特别是市场行为不规范，也使得经销商争夺代理权时对生产企业分销部门行贿受贿。而在投资建店的过程中，厂家不承担任何风险。

（2）经销商营运成本高

一个普通的4S店一年的运营费用为500万～600万元，而一旦没有消费者购车，在保有量不够大的情况下，每个4S店却都要保证配备齐全的昂贵检测维修设备和具备高技术水平的技工，这样动辄几千万元的成本投入对于销售商来说，无疑是非常巨大的负担，它一天就会亏损近2万元的成本。一旦车市持续低迷，在得不到足够的汽车销量和维修量支撑之后，对车价没有绝对控制力的经销商就只好“吃老本”。一旦将老本吃完，即面临被淘汰出局的危险。成都西汽集团旗下的几家品牌汽车一级代理包括上海大众、一汽大众、天津一汽、长安铃木、红旗轿车等就因不能度过2004年汽车市场的低迷而断了资金链，成为汽车零售业洗牌的牺牲品。

（3）排他性

目前，国内的4S品牌专卖店只能销售某一厂商的产品，甚至只能销售某一厂商的某一特定品牌，如中国吉利集团的吉利、美日、华普和吉利美人豹在四川的4S代理就分属不同的经销商。如果经销商要销售多个厂商的产品，他就必须在不同地点设立由不同的管理者经营的多个独立销售实体。4S模式的排他性，必然导致车型品种单一、网点分散，无法满足消费者多样化的选择和比较的需要，给消费者在购车时的选择比较带来极大的不便，尤其对于喜欢“货比三家”的消费者，如果要在各种车型之间进行比较，就必须奔波于分散的不同品牌的4S店之间。

（4）厂商地位不平等

汽车制造厂和4S店的地位，可以说从车商蜂拥争抢4S店的代理权开始，本应平衡的厂商关系就已经倾斜了。在车市持续升温的2001～2003年，众多资本潮水般涌入汽车品牌专卖，造就了一个个“4S神话”，几乎每一个品牌汽车推出建4S店的计划都会引来一阵哄抢。国产宝马在全国挑选24家经销商，让3 000多个投资者挤破了头；2003年，北京现代准备建造

100 多家 4S 店的计划一出，报名竞标者达到了 2 300 多家；即使在车市极端低迷的 2004 年，东风标致在全国建造 80 家“蓝盒子”的构想一出台，也很快招来 800 多家的竞标者。然而，在渠道建设中，厂家并不承担任何风险，却拥有整个网络，车商独自承受着资金投入的风险和压力，还得在市场低迷时按厂家指令吞下压库和亏损销售的苦果。经过前几年的连续降价，一些车型的水分已挤得差不多了，但消费者仍持观望态度，厂家也无可奈何，就要求车商让利销售，打价格战的事由 4S 店来完成。

（5）消费者负担重，对品牌的忠诚度低

4S 店的零配件和维修费贵，几乎每个消费者都深有体会。曾有消费者在 4S 店换一根捷达车保险杠花了 1 700 元，换一个制动片花了 1 300 元。经销商明明可以到汽车厂的配套件厂进货，价格会低得多，如前面提到的保险杠和制动片，配套件厂的出厂价也就 100 多元，然而汽车厂要求经销商必须在整车生产厂进货，美其名曰：“为了保证零部件的纯正性”。由于 4S 店的维修服务及零部件价格远高于一般修理店，消费者往往不愿到专卖店修车，“保修期内专卖店，保修期外路边店”成为许多消费者无奈的选择。现阶段国人购车绝大多数是家里的第一辆车，当其在某一品牌车型上受伤害后，如果其向朋友推荐车型或其欲再购车时，往往容易转换品牌。

4. 汽车 4S 店的组织结构

汽车 4S 店的组织结构按照四位一体的特色，分为以下部分：

（1）整车销售

整车销售是汽车营销工作的核心，是汽车 4S 店的基本职责。整车销售一般包括：进货、验车、运输、储存、促销、销售等环节。

① 进货。进货是指汽车销售公司通过某种渠道获得销售所需的商品汽车。一般来讲，第一手货源，也就是直接从生产厂或生产厂主管的汽车销售公司进货，进价较低。因此，最好要减少商品车的中间流通环节，把从工厂直接进货作为主渠道。除从生产厂进货外，也可发展横向联系，从各地的汽车销售公司进货，这就是第二手货源或第三手货源。商品转手的次数越多，一般而言价格就越高，但这要根据本公司的具体情况具体分析，如地理位置、运输成本、与厂家和其他进货商的合作关系等，其原则就是要控制商品车的进货价格。

另外，销售部门必须在头一年年底或当年年初，由整车销售部根据市场信息和顾客的需求编制“汽车年度销售计划”，经总经理批准后进行采购。同时，每月根据年度计划和实际情况制订下个月的订车计划单。

进货订货时，供应和销售双方在充分协商的基础上，最后签订供货合同。双方应履行合同条款的各项规定，按合同办事。

② 验车。销售公司根据合同票据规定的时间，计算车辆到达的时间，做好接车的准备工作。

新车的运输如果是专业运输商负责运到本公司，销售部在接车过程中要严格按照相应“车辆发运交接单”的内容进行检查，运输商确认，双方在“车辆发运交接单”上签字。检查出的在运输过程中产生的问题应由运输商负责修复或承担全部费用。

销售公司对供货方所提供的商品车进行检查和验收的工作，一般要由服务部门完成。因为服务部门的专门人员熟悉汽车技术，有经验。验收的核心问题是：对于第一手货源，检查质量是否有问题；对于第二手货源或第三手货源，主要辨别是真货还是假货，是新车还是旧车，质量有无问题，防止上当受骗。商品车主要做好以下各项验收工作：

- 核对发动机号、底盘号与合格证是否一致。
- 检查备胎、随车工具是否齐全。
- 检查随车附件、文件是否相符齐全。
- 检查全车漆面是否有损伤。
- 检查四门及前后玻璃是否完好。
- 检查各种灯罩是否完好。
- 检查轮胎、轮辋是否完好、统一、紧固。

现在世界各国的汽车公司生产的汽车大都使用了车辆识别代号编码（Vehicle Identification Number，VIN）。车辆识别代号编码由一组英文字母和阿拉伯数字组成，共 17 位，所以又称为 17 位识别代号编码。它是识别一辆汽车不可缺少的工具。按照识别代号编码的顺序，从 VIN 中可以识别出该车的生产国别、制造公司或生产厂家、车的类型、品牌名称、车型系列、车身形式、发动机型号、车型年款、安全防护装置的型号、检验数字、装配工厂名称和出厂顺序号码等在汽车验收时要特别注意。

另外，还应核对说明书、维修卡等文档材料。若从第二货源或第三货源进货，还应逐车验收，验车应严格按有关手续进行，检查合格后，将商品车入库保管，填写相关商品车交接验收单据，并请发运人员签字。

③ 运输。汽车在从货源地运到销售公司所在地即为车辆的运输。用到的方法根据路途远近和具体情况可以委托生产厂订铁路运输的车皮，并帮助发货，也有委托当地储运公司把商品车提出后，由储运公司订车皮，发货。此外，还有由生产厂派驾驶人或自雇驾驶人通过公路长途运送。还可以用汽车专用运输车辆，一次可装运 4～6 辆整车，经公路运抵目的地。无论采用哪种方式运输都要上保险，以防在运送途中出现问题，造成不必要的损失。

④ 储存。在储存移送车辆时，注意采用合适的方法搬运移动，防止因振动、磕碰、划伤而造成车辆损坏，销售部接车后负责将车辆清洗干净，由仓库保管员将待售商品车驶入规定的区域有序停放。商品车入库后，售出前的这一段时间为仓储保管期，这一期间应精心保管，防止意外情况的发生。储存时，要做好维护保养工作，避免风吹、日晒和雨淋。定期检查，防止蓄电池失效。若保存期较长，则对某些部件还要作防锈养护。冬天要注意防水、防冻。定期整备商品车，保证商品车处于最佳状态，可随时提出进行销售；在移动商品车的过程中，应保证两人参与，确保商品车不受损伤；商品车按“先入先出”的原则排列有序，钥匙按次序放好，以便准确、及时地开启调出车辆。

在汽车销售过程中，发现汽车的质量问题，经验证确实需要索赔时，应积极按照相关索赔管理的规定程序进行索赔。

要及时、准确编制商品车入库单。自己无储运仓库，则要租借储运仓库储存，事先要签订好储存合同，防止以旧换新、以假乱真，或用商品车跑运输赚钱，或搞其他运输工作。

⑤ 销售。汽车销售有批发交易和零售交易两种。零售交易多为个人购车，要凭个人居民身份证购买，并要作一些项目的登记，以便联系。零售交易也有单位购车的，要凭单位介绍信购买，并留下作凭证。单位购车一般使用汇票，本市可使用支票。用支票一般都要交银行查验，并在划拨车款后，才能提车，以防支票有假或为废票。

批发交易，客户必须要有汽车营销许可证，应查验客户的营业执照，要签订好合同，在合同中明确交易的车型、数量、价格、交货期、交货方式、付款方式等有关内容。这里要坚守一条，收款后方可交车，以避免不轨行为和“三角债”。

销售公司实施分期付款的方式销售车辆的初期，由于保障制度、手续等方面还不很严密，个别不法之徒就钻了空子，把车提走后转手销售，携款潜逃，使销售公司蒙受损失。目前，这种销售汽车的方式已有了规范的制度和保障措施，已在全国各地开展，为汽车销售创造了很好的条件。通过分期付款的方式销售车辆，已经成为汽车销售领域一项重要的销售形式和手段。它能够促使潜在客户转变为现实客户，提高销售量，为公司创造更大的经济效益。对需要分期付款购车的客户，销售顾问要为其详细讲解有关分期购车的利与弊，为其计算首付款、月还款。解释有关保证保险、律师费、验车费等全部费用的缴纳情况。客户在销售部认可报价并选定车辆后，由销售顾问带其到客户服务部办理后续贷款手续。

（2）零配件供应

零配件供应是搞好售后服务的物质基础。首先应保证汽车保质期内的零、部件供应。其次，应保证修理用件。生产厂对零、部件的生产量要超出整车生产量的20%，以满足各维修部及配件商店的供应。配件定价要合理，按物价部门的规定定价，不得在配件供应紧张时涨价，从客户身上获取不义之财。

（3）售后服务

售后服务包括两大部分：一是客户付清车款之后销售服务店帮助办理上路之前各种手续的有偿或无偿服务；另一个就是汽车在使用中的维修和维护保养服务。4S中的售后服务更侧重于后者。因为汽车除价位较高外，还是一种高技术性产品，一般人较难全面了解和掌握。所以，售后服务就成了汽车营销过程中的一个重要环节，也是4S汽车销售服务店利润的主要来源。

汽车是一种高附加手续费用的商品。客户付清车款之后到上路之前还要经过一定时间办理各种手续，如工商验证、办理移动证、缴纳附加税、上保险、验车、领取车牌照、交纳养路费、领取正式行车执照、交纳车（船）使用税共九项。这使绝大多数客户深感繁琐，所以各汽车销售服务公司实行所谓的“一条龙”服务，代办各种手续，从中也可以合理收取一定的费用。4S汽车销售服务店应该做好提车后的各种代办服务，使客户乘兴而来，满意而归。

客户在汽车使用过程中，还会出现这样那样的问题或故障，4S汽车销售服务店售后服务着重在维修服务的任务上。维修服务不仅要在质量保证期内做好服务，而且还应在质量保证期外做好维修工作。当客户需要时，迅速到达服务现场为客户解决问题。主动走访客户，跟踪服务。现在很多4S汽车销售服务店开展了救援服务，一旦客户的车辆坏在路上，一个电话维修救援人员就会尽快赶到，解顾客之所急。这样的售后服务更能体现出人文关怀，也只有这样周到的服务才能够培养出忠实的客户，才能获取源源不断的利润。

4S汽车销售服务店的销售顾问在车辆售出后，要将客户车辆第一次进行维护保养的预约情况通知售后服务部，以编制首保计划。销售顾问还要协助接待首保的顾客，及时将客户档案资料移交售后服务部门，以便提供后续服务。

（4）信息反馈

信息反馈主要是指4S汽车销售服务店的工作人员向汽车制造企业反馈汽车各方面的信息。因为汽车整车销售、零配件供应、售后服务人员整天与客户打交道，了解车辆的实际情况，对汽车投放市场后的质量、性能、价位、客户评价和满意程度，与其他车辆对比的优势与劣势等都了如指掌。搜集这些信息并及时反馈给制造企业的产品设计部门、质量管理部门、制造工艺的设计部门以及企业的决策领导层，对提高产品质量、开发适销对路的新产品、提高市场占有率等都有重要意义。

此外，4S 汽车销售服务店的工作人员作为桥梁，要将汽车制造企业和销售公司、本品牌车辆的最新信息、促销和活动开展等情况反馈给消费者。这对提高服务质量，进一步拓展市场是十分有用的。

5. 汽车 4S 店的发展趋势

（1）创汽车服务品牌 4S 店

4S 只是一个框架，它所经营的汽车品牌质量与服务质量有形结合，才会使之成为一个有血有肉的整体。在整个市场不断的优胜劣汰中，车商给消费者灌输“4S”概念，使消费者对其有一个清晰的轮廓，从而将品牌优势集中提高。但大多数 4S 店经销商没有鲜明的、自身的企业品牌形象，有的只是代理产品的品牌形象。消费者购车时只能记得车的品牌而无法记得店的品牌。

企业品牌形象是建立在有形的产品和服务上的，是一项复杂的系统工程，体现在售前、售中和售后服务的每个环节。现在的汽车专营店所要打造的品牌主要有两个：一个是自己所经营产品的品牌；另一个是自己提供服务的品牌，即“专营店服务品牌”，这包括它们提供的售前、售中、售后服务，任何环节出现问题都会直接对服务品牌造成影响，影响服务价值链的完整。服务品牌是专营店可持续发展最重要的资源之一，只有消费者信赖专营店服务品牌，才能最终体现“4S 店”经营理念。

（2）走集团化之路

随着车市竞争的加剧，各个汽车品牌在市场的表现也参差不齐，有的品牌甚至走向消失的边缘，造出车就能卖出去的时代永远不会重现。多品牌集团化经营后，最大的好处是经验的积累。当代理商为一个品牌建起 4S 店以后，便会得到厂家源源不断的技术和管理支持，厂家先进的管理经验和标准化服务流程会带着经销商一起成长，经营着多个 4S 店的集团公司由此获益匪浅，最初可能是被动接受，时间一长便会变成主动行为。取多家之长于一身的公司当然容易在市场竞争中表现出强势，同时有着多个品牌的集团，如果其中某个品牌出现疲软或阶段性调整时，对整个公司的影响是有限的。一般集团化管理有三种模式：营运管控模式、战略管控模式和财务管控模式。汽车 4S 店集团化管理要解决的问题很明确，第一，要解决集团本身的投资和发展的战略问题；第二，要解决本集团品牌和企业文化建设问题；第三，要解决集团核心团队打造的问题；第四，要解决社会资源效率整合和发挥的问题；第五，要解决 4S 店营运效率问题；第六，要解决 4S 店营运纪律问题。

（3）强强携手组建联合舰队

从整体趋势来看，不同品牌代理商在固守原有阵地的同时，腾出手来联合扩张，既扩大了规模，又分散了投资风险，还能共享两家企业的资源。因此，今后可能还会有更多的企业走上强强联合的第三条道路。同时，同一品牌的代理商也将出现联手行动的局面，这种现象可望出现在同品牌的 4S 店相互竞争分出胜负之后。弱势的代理商无奈之下，为了生存不得不投靠到强势代理商门下。而厂商到那时为了稳定区域市场，也有可能使用手中的权力，诱导弱势经销商与强势经销商之间的合并。

（4）开拓新的业务领域

① 旧车交易。在国外是二手车的销售带动新车的销售。而我国的二手车销售还处于起步阶段，这是一块很大的蛋糕，市场前景非常看好。2004 年，国内的几家主力品牌汽车生产厂家已相继开展了以厂家为依托的二手车交易。那么品牌 4S 店做二手车交易到底有什么好处呢？一是，可以以旧换新，带动新车的销售；二是，二手车的交易能带动 4S 店的人气，人气旺了企业也就旺了；三是，4S 店对那些收的比较多而且车况比较好的车可以再利用，如可用做客户的代步用车、公司的公务用车，如果做得比较大还可以供开展汽车租赁业务使用；四是，4S 店可以以自身的优势为销售出去的二手车提供完善的售后跟踪服务，这样不但为消费者解除了购买二手的后顾之忧，而且也使自己本来“吃不饱”的维修站产值大增。

② 开设个性化的汽车改装和汽车美容、养护业务。目前，我国的汽车改装和汽车美容、养护市场，劣质产品泛滥，相关的服务也跟不上，但消费者对车辆的个性化需求却越来越强烈。所以，由 4S 店来做汽车改装和汽车美容、养护会更专业一点，消费者也会更信任一点。

③ 做好俱乐部工作。一个有远见的汽车经销商，不应只是销售及售后服务的优异者，还应是兼具社会责任感，并能够帮助人们拓展更加美好而宽广生活的开路者。通过对客户关系的培育，加强与消费者、与社会的沟通，让更多人理解：汽车不仅仅是代步工具，也应是生活娱乐的部分。作为移动的载体，它可以提高我们的生活质量，丰富我们的生活内容。另外，通过车友俱乐部与车主之间充分的沟通，也能挽回公司在销售及售后服务上的失误及不足，为公司争取到新的客户并保住老客户。同时，做好俱乐部工作也能大大提升企业在社会及消费者心目中的良好形象。总之，现在的品牌 4S 店要想不被市场所淘汰，就必须将与汽车有关的所有项目有机地进行整合，同时进行全方位、系统化、科学化的营销。这样，才能使自己永远立于不败之地。

营销视野

当前主要发达国家汽车销售模式

（1）美国

在美国，汽车生产商直接销售车辆是违法的，因此直销方式在美国是不存在的。专营代理，即品牌专卖是美国最普遍采用的销售方式，这里说的品牌既可能是大品牌的概念，也可能是分品牌。例如，一家规模较大的专卖店取得了通用公司所有子品牌的代理权，就可以专卖通用公司所有品牌的汽车，而一家规模较小的专卖店只取得了通用雪佛兰的代理权，就只能专卖雪佛兰汽车。

美国汽车销售业非常发达，已经形成了一种买和卖都非常便利的“街区大卖场”模式，就是众多的汽车专卖店都集中在一条街道上或一个街区内，周围又有零部件、维修以及其他商业设施，形成一个巨大的汽车卖场，为买卖双方都提供了良好的环境和氛围。这些专卖店往往是新车和旧车一起卖，而且旧车的销量比新车还高。另外，在我国还处于雏形的租赁销售方式（用户按月付租金，租赁期满后可选择买下此车或另租新车）在美国很流行。

（2）欧盟

欧盟各国不仅是汽车工业强国，也是汽车消费大国，汽车对欧洲的政治、经济、人民生活有着不可估量的影响，汽车销售作为流通的重要环节也因此受到各方密切关注。

专卖店是欧盟大多数国家普遍采用的销售模式，这些专卖店不是一个个孤立地存在的，而是以集群形式出现的，在交通干道上、加油站旁边或高速公路出入口处，少则十几个扎堆，多则几十上百个聚在一起。专卖店标志醒目、特色简单、实用，绝大多数是 4S 性质，而且一般新车、二手车同场销售。目前，大多数欧洲汽车经销商都只销售某一厂商的产品，这些产品可能是一个大品牌，也可能有几个不同的子品牌。如果经销商要销售多个厂商的产品，他就必须在不同地点设立由不同的管理者经营的多个独立销售实体。事实上，有关法律规定已经在很大程度上限制了多品牌销售。

从2002年10月份开始，欧盟汽车销售服务新法规已正式实施，但旧法规有12个月的过渡期，期间，新旧法规相互共存。新法规的主要内容有：汽车销售商可以选择采用区域销售（独家分销方式）或品牌代理（选择性分销方式）。区域销售（独家分销方式）是指特许经销商应在指定营业区域内经营，不得在营业区域外从事主动销售业务，但被动销售是允许的；允许向汽车超市、互联网、其他独立经销商等转售产品；允许将售后服务业务转包。品牌代理（选择性分销方式）是指特许经销商可以在整个欧盟范围内设立二级销售网点，允许向所有最终用户进行主动销售，但不允许从事转售业务；允许从事多品牌销售业务，但必须设立单独品牌的展厅。汽车厂商可以在质量和数量上采取限制措施。在售后服务方面，对于授权维修商，汽车制造商不得限制其数量，不得限制经营地点；对于独立维修商，汽车制造商应提供所有相关的技术信息和培训，并允许使用所有备件用于维修和保养。在备件供应方面，允许维修企业使用质量相当的备件修理汽车。新法规对欧盟汽车大市场形成了巨大的冲击。

（3）日本、韩国

日本和韩国由于国土面积都不大，汽车销售方式有相似的地方，直销方式在两国最普遍，都具有汽车生产商直接开设销售分店和销售员上门推销两大特点。在日本，这种销售员上门推销的方式还被称为“独立大队式”。当然，两国也有专门从事汽车经销的销售商，但数量不多，其销售方式也以销售人员上门推销为主。

日本和韩国的这种直销、上门推销方式是与其国情息息相关的，这种国情一是其国土面积小；二是国人对国产品牌非常信任、忠诚度高；三是其汽车社会化程度相当高，汽车在两国仅是普通消费品而已。这三条缺一不可，别的国家大概很难学习这种销售方式。

本章小结

1．汽车销售渠道是指在汽车产品从汽车生产企业向最终消费者转移的过程中，取得产品所有权或帮助转移所有权的所有组织和个人。分销渠道的起点是制造商，终点是消费者或用户，中间环节包括批发商、零售商、代理商和经纪人。他们都成为分销渠道的成员，共同构筑起分销渠道。

2．汽车分销渠道的职能包括：1）收集、提供信息；2）刺激需求，开拓市场；3）减少交易次数；4）服务；5）资金结算与融通；6）风险承担；7）管理。

3．汽车销售渠道的长度是指汽车从制造商流向顾客的整个过程中，所经过的中间层次。中间层次越多，渠道长度越长。汽车销售渠道的宽度是指组成销售渠道的每个层次中经销商的数量。同一层次的经销商越多，销售渠道就越宽。

4．汽车销售渠道的模式可以分成五种类型：1）由汽车生产企业直售型（零层渠道模式）；2）由生产企业转经销商直售型（一层渠道模式）；3）由生产企业经批发商转经销商直售型（二层渠道模式）；4）由生产企业经总经销商转经销商直售型（二层渠道模式）；5）由生产企业经总经销商与批发商后转经销商直售型（三层渠道模式）。目前，我国汽车流通渠道以一层渠道、二层渠道为主。

5. 中间商是分销渠道的主体，企业的产品绝大部分是通过中间商转卖给用户的。汽车销售渠道中的中间商按其在汽车流通、交易业务过程中所起的作用，可以分为总经销商（或总代理商）、批发商（或地区分销商）和经销商（或特许经销商）。

6. 我国乘用车销售体制的发展可以分为个阶段：1）严格计划控制下的汽车分配体制；2）计划分配体制的松动和汽车生产企业自主营销体系的建立；3）汽车生产企业为主导的销售体系的发展和完善。

7. 汽车4S店的实质就是一套完善的汽车营销服务体系，包括销售制度、服务系统、零部件供应等，贯穿汽车销售售前、售中、售后的全过程。它是以汽车厂家的品牌专项经营为主体，以整车销售（Sale）、配件供应（Sparepart）、维修服务（Service）和信息反馈（Survey）“四位一体”为特色的综合性汽车营销模式。

8. 汽车4S品牌专卖店的优势：1）厂商的利益一致；2）高质量的销售和管理；3）信息反馈及时，终端控制有效。汽车4S品牌专卖店的劣势：1）要求高，投资大，风险大；2）经销商营运成本高；3）排他性；4）厂商地位不平等；5）消费者负担重，对品牌的忠诚度低。

复习思考题

1. 什么是汽车分销渠道？
2. 汽车分销渠道有哪些主要职能？
3. 汽车分销渠道有哪些类型？
4. 汽车销售渠道中间商有哪些？
5. 汽车4S店的优点、缺点分别是什么？如何理解？

营销实务

1. 实地调查你所在地区乘用车的市场分销渠道情况，以小组为单位写出调查报告。
2. 以小组为单位实地了解某汽车品牌的基本情况，为其设计合适的分销渠道并提出管理建议，写出调查建议报告。

学习任务 8 实施汽车产品促销策略

学习目标

知识目标

- 掌握促销的含义，理解促销的核心、目的和方式
- 理解汽车产品促销的作用
- 掌握影响汽车整合促销的因素
- 了解人员推销的特点、作用、基本形式、汽车促销人员的管理，掌握汽车人员推销的流程、基本策略和推销技巧
- 了解广告的特点、作用，掌握汽车广告媒体的种类以及各广告媒体的适用条件
- 掌握选择广告媒体时应考虑的因素及广告策略
- 掌握广告设计的原则以及如何进行广告效果评价
- 了解营业推广的特点、作用，掌握营业推广策略以及营业推广设计中的注意事项
- 了解公共关系的内涵、特征、职能，掌握汽车企业公共关系的执行原则和主要策略以及如何进行公共关系促销决策

能力目标

- 根据汽车企业的实际情况选择促销方式，进行促销整合决策
- 能根据不同的客户进行汽车推销技巧的运用
- 能针对企业的实际情况进行合适的公共关系促销决策

引入案例　福特的“零利率贷款”促销活动

2001 年“9・11”事件后，为了应对汽车销售大幅下滑，激活汽车市场，美国通用汽车公司推出“零利率贷款”促销活动，福特、戴姆勒・克莱斯勒公司也相继推行。

2001 年“9・11”之前，美国汽车产业的产销与国家 GDP 同步发展。1999～2000 年美国经济处于稳定发展之中，2000 年下半年开始，能源危机后美国整个经济发生了变化，2000 年 GDP 还微弱增长 0.8%，2001 年第一季度下降 0.6%、第二季度下降 1.6%、第三季度下降 0.3%、但第四季度则上升 2.7%，2002 年第一季度反弹到 5.0%，第二季度回落到 1.1%。“9.11”后，美国股市暴跌，经济严重波动，但其车市不仅没有崩溃，而且呈现明显增长，2001 年销售汽车 1720 万辆，2002 年 1～8 月销量达 1166 万辆。汽车再一次成为美国经济发展的重要支柱，这同通用汽车公司及时地推出“零利率贷款”策略促销不无关系。

“9・11”恐怖袭击当天，包括 CEO 瓦格纳在内的多位通用汽车公司高官不在底特律，由于美

国机场正处于全面禁飞状态，他们又一时难于回到总部。2001年9月13日，通用汽车召开地区销售代表会议所提供的信息显示，“9·11”后的纽约连一辆车都未销售出去，整个通用汽车销量锐减40%。2001年9月17日，通过了启动汽车市场，推动美国经济的一大行动计划，即在通用北美区总裁RonZarrella的主持下正式出台的“推广零利率贷款购车活动”，尽管此种促销手段此前一直限定在特定区域和部分车型，但这次破例对所有车型均实施这一销售政策。由于这项计划涉及通用汽车公司的财政问题，所以必须提请公司董事会批准，2001年9月18日董事会以最快的速度批准该项促销计划。

通用汽车公司利用“零利率”贷款促销，使其销售迅速恢复到“9·11”前的水平。后来福特汽车公司的经销商也随之跟进，甚至经营本田车的华人汽车商也跟进，大众品牌经销将贷款利率降至0.9%。这样的促销手段效果出奇的好，在美国形成了新一轮购买汽车的高潮。

此项促销活动已于2002年年初相继期满。但是，2002年7月3日美国通用汽车公司又重新宣布恢复零利率贷款促销，对2002年款的45种车型提供36个月、48个月和60个月的零利率贷款；福特汽车公司随后跟进，对部分2002年款车型提供36个月和60个月的零利率贷款；戴姆勒·克莱斯勒公司也不甘落后，对大部分道奇、克莱斯勒和吉普车型提供60个月的零利率贷款。自此，新一轮的零利率汽车促销大战轰轰烈烈地展开了。

美国汽车商重新恢复零利率贷款效果如何呢？应当说，确实在一定程度上刺激了消费者的购车愿望，给美国车市带来了活力。据业内人士估算，一辆售价2万美元的轿车，如果获得36个月的零利率贷款，消费者就可以节省1903美元，这具有相当大的吸引力。由于推行零利率贷款促销活动的刺激，2002年7月份美国车市十分火爆，创下了几乎破纪录的销量，比2001年同期增长9%。其中，通用汽车销量为46.32万辆，比去年同期增长29.2%；福特汽车销量为31.95万辆，同比增长5.7%；克莱斯勒的汽车销量为20.86万辆，同比增长0.4%，其吉普车销量则同比上升了23%。

点评：

尽管“9·11”事件后美国经济下滑、失业大幅增加，使消费者信心大跌，但在汽车企业采取的零利率贷款促销手段的强力刺激下，美国的汽车销量上升到了创纪录的水平。可见，“零利率”贷款确实是让消费者无法抵抗的促销利器。企业的促销活动形式多样，各具特点，在不同的营销环境中，企业要采取不同的促销方式，刺激消费，扩大销售，获得高度的客户满意率。

问题与讨论：

1. 促销的含义、核心、目的？
2. 零利率贷款促销属于哪种促销手段？分析其利弊？

8.1 促销及促销组合的概念

8.1.1 促销的含义和作用

1. 促销的含义

促销（Promotion）是促进产品销售的简称。从市场营销的角度来看，促销是企业通过人员和非人员的方式，沟通企业与消费者之间的信息，引发、刺激消费者的消费欲望和兴趣，使其产生购买行为的活动。现代市场营销理论认为，企业不仅要有适销对路的产品、合理的价格和便于消费者购买的营销渠道，而且还必须重视促销工作，它是当代企业经营成功的一个前提条件。促销包括促销的核心、目的、方式等几个方面的含义，如图 8-1 所示。

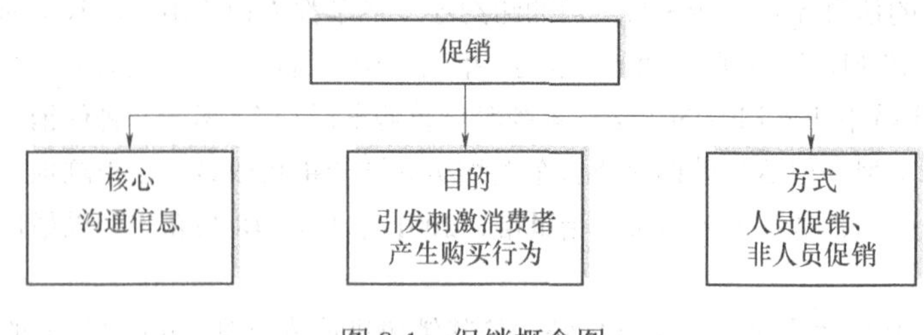

图 8-1　促销概念图

（1）促销的核心

沟通是促销活动的精髓。从核心和实质上来看，促销就是沟通和传递信息。在市场经济条件下，社会化的商品生产和商品流通决定了生产者、经营者与消费者之间客观上存在着信息的分离，企业生产和经营的商品性能、特点顾客不一定知晓，同时消费者对商品的需求企业也不知道。通过各种各样的促销手段和方式，企业将有关商品和服务的存在及其性能特征等信息，通过声音、文字、图像或实物传播给顾客，增进顾客对其商品及服务的了解，引起顾客的注意和兴趣，帮助顾客认识商品或服务所能带给他们的利益，激发他们的购买欲望，为顾客最终作出购买决定提供依据，这是企业向消费者的信息传递。同时在促销过程中，作为买方的消费者，又把对企业及产品、劳务的认识和需求动向反馈到企业，引导企业根据市场需求进行生产，这是消费者向企业的信息传递。可见，促销的实质是生产者或经营者与消费者之间互相沟通信息的过程，这种沟通是卖方与买方之间的双向沟通。

营销工作者需要了解有效传播的基本要素。图 8-2 展示了信息沟通模型中牵涉到的九个要素和五个要解决的问题。九个要素：两个要素表示传播的主要参与者——发送者和接收者，另两个表示传播的主要工具——信息和媒体，还有四个表示传播的主要职能——编码、解码、反应和反馈，以及最后一个要素表示系统中的噪声（如随机的和竞争的信息，它们也许会干扰计划中的传播）；五个问题，即谁说，说什么，通过什么说，对谁说，如何反应。

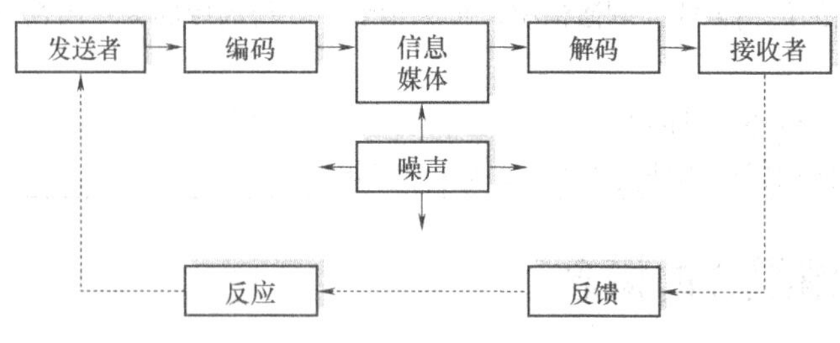

图 8-2　信息沟通的模式图

营销视野	信息沟通模式的九个组成部分

信息沟通模式中的九个组成部分各有内涵与作用：

① 发送者也称信息源或沟通者，在促销活动中，信息发送者是卖方企业。

② 编码是指将要传递的信息转换成可供传播的信号或形式的过程或系统，如设计广告等。

③ 信息，即发送者要传递的内容，经编码的整套信号。

④ 媒体是指信息从发送者到接收者所经过的渠道或途径，即信息的载体，如报纸、广播、电视等。

⑤ 解码是指信息接收者对发送者所传信号进行破译和理解的过程或系统。

⑥ 接收者，即接收信息的一方，也称目标受众。有关产品信息的接收者则主要是指目标市场上的现实和潜在的顾客。

⑦ 反应是指接收者在受该信息影响后采取的有关行动。例如，目标顾客看到广告以后，决定购买某种产品。

⑧ 反馈是指信息接收者将其反应返回发送者的过程，是接收者对发送者的反向沟通。例如，顾客向企业提出对产品的意见和要求，或者信息发送企业通过市场调研收集到的顾客反应。

⑨ 噪声是指在信息沟通过程中发生的意外干扰和失真，或接收者的误解等，导致接收者收到的信息与发送者发出的信息不一样。

九个要素中，发送者和接收者是信息沟通的两个主要方面，发送者是信息传递的主体，接收者是信息沟通的对象，并且两者可互相转换；媒体和信息是沟通的手段。为达到有效沟通的目的，发送者必须清楚他们打算将信息传给谁，他们希望得到什么反应；在编码的时候，他们必须考虑到目标受众通常会如何解码，以免两者不相吻合；他们还须熟悉通过何种媒体可使信息顺利到达目标受众；最后，他们还要广开反馈渠道，才能尽可能多地了解接收者对信息的反应。

这个模型强调了有效传播的关键因素。发送者必须知道要把信息传播给什么样的受众，以及要获得什么样的反应。他们必须将信息编码，以便目标受众能够将信息解码。他们必须通过能触及目标受众的有效媒体传播信息，并建立反馈渠道，以便能够了解接收者对信息的反应。发送者与接收者的经验领域的相交部分越多，信息就可能越有效。

营销视野

消费者的三种认知过程

在营销中，消费者的认知比真实更重要。消费者会对同一刺激物产生三种认知过程：选择性注意、选择性扭曲和选择性保留过程。

（1）选择性注意

消费者在日常生活中面对众多刺激物，平均每人每天要接触到1500个以上的商业信息。一个人不可能对所有刺激物都加以注意，其中多半被筛选掉，这个过程称为选择性注意。为获得消费者的选择性注意，企业在登广告时可以通过音乐、粗体的标题，如“怎样获得100万”，来吸引受众的注意。

（2）选择性扭曲

即使是消费者注意的刺激物，也并不一定会与传播者预期的方式相吻合。选择性扭曲就是人们将信息加以扭曲，使之合乎自己意思的倾向。消费者常常会对一些优先的品牌和信任的产品产生信息的误解。信息接收者只想听到符合他们信念的信息。结果，接收者往往给信息加上原来没有的内容（扩大），而不注意原信息的其他方面（扯平）。信息传播者的任务是力争使信息简明、清楚、有趣和多次反复，使信息的要点得以传递。

（3）选择性保留

消费者会忘记他们知道的许多信息，但他们倾向于保留那些能够支持其态度和信念的信息。由于存在选择性保留，所以我们很可能记住一个产品的优点，而忘记了其竞争对手同类产品的优点。选择性保留对强势品牌很有用。

（2）促销的目的

促销的目的是引发、刺激消费者产生购买欲望直至发生购买行为。在消费者可支配收入的既定条件下，消费者是否产生购买行为主要取决于消费者的购买欲望，而消费者购买欲望又与外界的刺激、诱导密不可分。促销就是利用这一特点，激发用户的购买兴趣，强化购买欲望，甚至创造需求来实现最终目的。

（3）促销的方式

促销的方式主要有人员促销和非人员促销两类，具体分为人员促销、营业推广、广告宣传、公共关系四种方式。

1）人员促销也称直接促销，是指企业派出推销人员，与消费者进行面对面的直接沟通，说服顾客购买商品或劳务的一种促销活动。人员促销包括人员推销和营业推广。人员促销是一种传统的推广方式，也是一种最普遍、最基本的促销方法。它主要适合于在消费者数量少、比较集中的情况下实行，其针对性强，但影响面较窄，成本比较昂贵，而且优秀的推销人员并不是随处可觅的。

① 人员推销。人员推销又称为人员促销，是指企业派出推销人员或委托推销人员直接与消费者接触，向目标顾客进行产品介绍、推广，促进销售的沟通活动。人员推销可以是面对面的交谈，也可以通过电话、信函交流。这种方法灵活，针对性强，信息反馈快，是一种“量体裁衣”式的消息传递方式。

② 营业推广。营业推广是指企业为刺激消费者购买，由一系列具有短期诱导性的营业方法组成的沟通活动，一般只作为人员销售和广告的补充措施。它刺激性强，吸引力大。诸如样品、奖券、赠券、展览、陈列等，都属于营业推广的范围。与人员促销和广告宣传相比，营业推广活动不是连续进行的，而是只有一些临时性的措施。

2）非人员促销又称间接促销，是指企业通过一定的媒体传递产品或劳务等有关信息，以促使消费者产生购买欲望、发生购买行为的一系列促销活动，包括广告宣传、公共关系和营业推广等。非人员促销是一种间接的促销途径，它主要适合于消费者数量多、比较分散的情况，其针对性较差，但影响面较宽。

① 广告宣传。广告宣传是企业按照一定的预算方式，支付一定数额的费用，通过不同的媒体对产品进行广泛宣传，促进产品销售的传播活动。广告宣传可以同时将信息传递给成千上万的消费者，节约人力，而且可以很好地控制广告稿件，但是广告效果的反馈非常缓慢而且困难。

② 公共关系。公共关系简称公关，是指企业有计划地、持续不断地运用各种沟通手段，争取内、外公众谅解、协作与支持，建立和维护良好形象的一种现代促销活动。良好的公共关系可以达到维护和提高汽车企业的声誉，获得社会信任的目的，从而间接地促进汽车产品的销售。公共关系与广告宣传都具有大众传播的性质，但不同的是，公共关系培植起来的信任感享有公正的声望，公共关系不易被企业操纵或控制，不能为金钱所收买，还可以接触到那些不注意广告的顾客。

汽车促销时，只有将两者有机结合并加以运用，才能发挥其理想的促销作用。各种促销方式优缺点比较分析，见表 8-1。

表 8-1 各种促销方式优缺点比较分析

促销方式	优点	缺点
人员促销	直接沟通信息，反馈及时，可当面促成交易	占用人员多，费用高，接触面窄
广告宣传	传播面广，形象生动，节省人力	只能对一般消费者，难以立即促成交易
公共关系	影响面广，信任程度高，可提高企业知名度和声誉	花费力量较大，效果难以控制
营业推广	吸引力大，容易激发购买欲望，可促使消费者当即采取购买行动	接触面窄，有局限性，有时会降低商品身份

2. 促销的作用

促销的作用主要表现在以下几个方面：

（1）有助于传递信息

促销有助于传递信息，消除生产者和消费者之间由时空和信息分离引起的矛盾。现代市场营销是以市场为中心，研究引导消费者需求，刺激消费者购买欲望的一种市场运作，其首要问题是企业将产品信息传递给消费者。无论是产品进入市场前还是进入市场后，企业都要积极、及时地向市场介绍其产品，使消费者了解产品的性能、特点、用途、价格、使用方法、保管知识及企业可能提供的服务等，以寻求需要与供给的最佳结合点，唯有如此才能刺激消费者，激发消费者的购买欲望。以前那种“酒香不怕巷子深”的观念正在被市场修正，“酒”不仅要香，而且要让消费者知道，并便于购买。现代市场营销的丰富实践表明：一个企业即使开发出优良的产品，但如果不能将产品的信息有效传递给消费者，那么企业的一切努力都无用。只有时时刻刻注意与消费者的沟通，进行有效的信息传递，才能引导和刺激消费，促进产品的销售，进而占领市场，为企业的生存赢得空间。因此，沟通信息是争取顾客的重要环节，也是密切营销企业与生产者、经营者、顾客之间的关系，强化分销渠道中各个环节之间的协作，加速商品流通的重要途径。

（2）有助于诱导需求

消费者需求具有可诱导性，有效的促销活动能够诱导和激发需求。在市场上同类产品竞争激烈，但有时产品相互之间只有细微的差别，消费者往往不易觉察。企业通过人员促销、广告宣传、公共关系和营业推广等促销活动，宣传本企业产品区别于其他竞争者产品的特点，就能使消费者认识到本企业产品给消费者带来的特殊利益，从而激发消费者产生购买本企业产品的欲望。当企业营销的某种商品处于低需求时，促销可以招徕更多的消费者，扩大需求；当需求处于潜伏状态时，促销可以起催化作用，实现需求；当需求波动时，促销可以起到导向作用，平衡需求；当需求衰退、销售量下降时，促销可以使需求得到一定程度的恢复。

成功的促销活动不仅能刺激消费者的消费激情，而且能在一定条件下创造需求，延长产品的市场寿命，使市场需求朝着有利于企业产品销售的方向发展。正如被誉为汽车销售之神的神谷正太郎所说：“汽车的需要是创造出来的”。而这种创造本身所依靠的手段就是促销。

（3）有助于突出特色

在激烈的市场竞争中，企业的生存与发展越来越需要强化自身的经济特色。与众不同、独树一帜，是多数企业成功的秘诀，而市场经济的快速发展又使商品质量、花色品种向雷同化方向发展，许多同类商品仅有细微的差别。为了争取用户的青睐，其主要手段之一就是突出产品的特点，宣传其消费的价值和能给用户带来的独特利益，有助于加深消费者对本企业商品的了解，树立起该产品在市场上的形象，促使用户对其的偏爱，进一步加强企业在市场中的地位，为企业发展创造有利条件。

（4）有助于稳定销售

追求稳定的市场份额是企业营销的重要目标之一。但由于心理、时尚、宣传、服务、竞争等因素的作用，市场的起伏波动性很大，企业的市场份额呈现不稳定状态。通过促销活动，能够突出宣传企业的优势和产品特点，强调其带给购买者的独特利益，使消费者对企业的产品产生偏爱，提高企业在消费者心目中的地位和影响，扩大营销商品的知名度，使消费者增加购买企业商品的信心。特别是在竞争激烈的情况下，企业的促销活动可以抵御和击败竞争者的促销活动，使消费者增加购买本企业商品的信心，稳定销售形势。

总之，促销的作用就是花钱买市场。但汽车企业在整合营销决策时，应有针对性地选择好各种促销方式的搭配，兼顾促销效果与促销成本的关系。

8.1.2 促销组合策略

促销组合是指企业根据产品特点和经营目标的要求，对各种促销方式进行的适当选择和综合运用。由于各种汽车促销方式分别具有不同的特点、使用范围和效果，在选择采取哪一种或几种促销方式时，要确定合理的促销策略，即把广告宣传、营业推广、人员促销和公共关系等各种不同的促销方式有目的、有计划地结合起来，取长补短、相互协调、综合运用，从而更好地突出汽车产品的特点，以较低的费用达到较好的效果，实现企业的促销目标，增强汽车企业在市场中的竞争力。

营销案例　宝马

著名的宝马品牌，公司总部设在慕尼黑，以生产高级轿车为主，并生产飞机发动机、越野车、摩托车和汽车发动机。透过分布在全球的120个国家的行销公司，宝马公司所建立的顾客群达千万人之众，奠定了宝马名列全球十二大生产交通运输工具集团之一的地位。宝马成功的第一步是认真研究自己的消费者，找准自己的目标市场，锁定高端市场。在传播中，宝马用核心价值统帅一切营销传播，成功地把“最完美的驾驶工具”的品牌精髓印在了消费者的大脑深处。当和顾客接触时，他们无时无刻不忘传达宝马与生俱来的实力——创新、动力、美感。宝马总是不遗余力地提升汽车的操控性能，使驾驶汽车成为一种乐趣、一种享受。

1. 促销组合的基本策略

从策略角度来看，整合促销包括推式策略和拉式策略。它们对整合营销设计影响很大，同时往往决定促销手段和沟通媒体的选择。

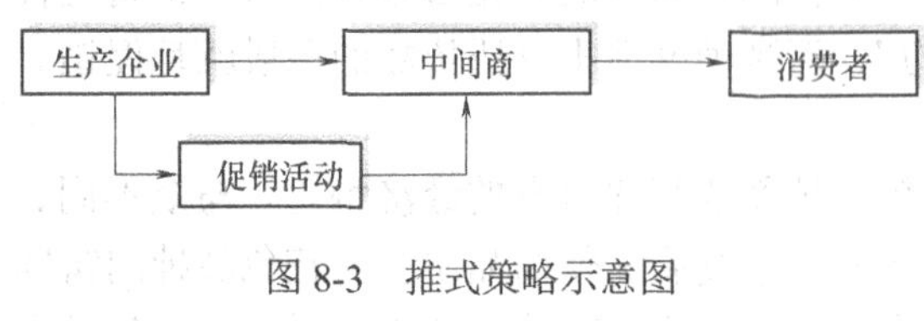

图8-3　推式策略示意图

所谓推式策略是指将产品沿着分销渠道垂直地向下推销，即以中间商为主要的促销对象，再由中间商向消费者推销而使他们购买企业的产品，是一种传统的策略。推式策略示意图，如图8-3所示。促销方式中的人员促销与营业推广就属于推式策略。推式策略一般适合于具有以下特征的产品：单位价值较高的产品，性能复杂、需要做示范的产品，根据用户需求特点设计的产品，流通环节较少、流通渠道较短的产品，市场比较集中的产品等。

相反，拉式策略则是以市场为导向，企业（或中间商）针对最终消费者，利用广告宣传、公共关系等促销方式，激发消费需求，经过反复强烈的刺激，促使它们主动向中间商询问这种产品，并且督促中间商向生产企业订购产品，从而达到企业的销售目标。这种策略更多的是针对最终消费者展开促销攻势。拉式策略示意图，如图8-4所示。对单位价值较低的日常用品，流通环节较多以及流通渠道较长、市场范围较广且市场需求较大的产品，常采用拉式策略。

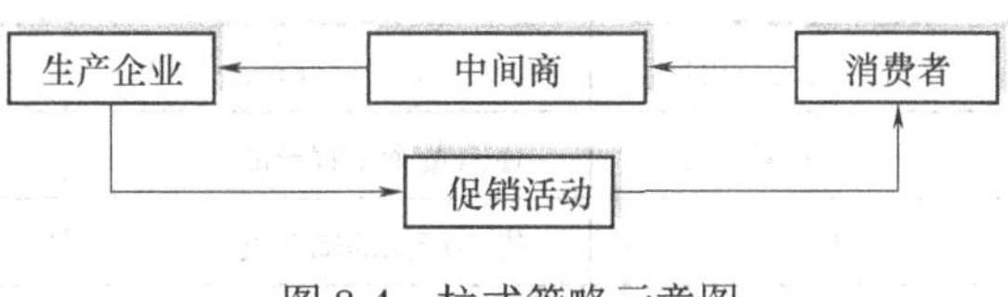

图8-4 拉式策略示意图

在促销实践中，企业究竟是实行推式策略，还是实行拉式策略，还是将两者混合使用，要根据具体情况而定。一般说来，应当二者兼顾，各有侧重。企业应有计划地将各种促销方式有机地结合起来，适当选择、编配和运用，使之互相配合。人员推销必须借助广告宣传介绍，才能引导更多的潜在消费者；广告宣传最终也要通过人的推销活动，才能实现销售产品的目的。因此，促销组合实质上是综合运用四种促销方式，使之成为一个有机整体，发挥其整体功能。

2. 影响汽车整合促销的因素

组合促销的目的在于将汽车企业的产品或服务告知客户、说服客户，并催促消费者购买。整合营销的运用还要考虑汽车产品的属性与特殊性。这就要求营销人员在运用整合营销时，需要充分考虑不同汽车产品、不同环境、不同客户或消费对象，灵活调配，合理组合。在制订汽车整合营销时应考虑以下因素：

（1）汽车促销目标

促销目标是影响促销组合决策的首要因素。汽车促销目标不同，应有不同的汽车整合营销。每种促销方式都有各自独有的特性和成本。营销人员必须根据具体的促销目标选择合适的促销工具组合。如果汽车促销目标是为了提高汽车产品的知名度，那么汽车整合营销重点应放在广告宣传和营业推广上，辅之以公共关系宣传；如果汽车促销目标是为了让消费者了解汽车产品的性能和使用方法，那么汽车整合营销应采用适量的广告宣传、大量的人员促销和某些营业推广；如果汽车促销目标是立即取得某种汽车产品的销售效果，那么重点应该是营业推广、人员促销，并安排一些广告宣传。

（2）产品生命周期的阶段

在产品生命周期的各个阶段，消费者对产品的了解和熟悉程度不同，因此企业的促销目标和重点也不一样，企业要适当地选择相应的促销方式和促销组合策略，获得不同的效益。当产品处于导入期时，企业的促销目标就是让消费者认识和了解产品，需要进行广泛的宣传，以提高知名度，因而广告的效果最佳，辅之人员促销和营业推广，导入CIS策略；当产品处于成长期时，销售量迅速增长，企业的促销目标是进一步引起消费者的购买兴趣，激发其购买行为，因此应着重宣传产品特点，以改变消费者使用产品的习惯，逐渐对产品产生偏好，广告宣传和公共关系仍需加强，营业推广则可相对地减少；产品进入成熟期时，企业的促销目标主要是巩固老主顾，增加消费者对产品的信任感，保持市场占有率，因此应增加营业推广和人员推销，尽可能多地运用公共关系宣传，削弱广告宣传；产品进入衰退期时，企业的促销目标主要是使一些老用户继续信任本企业的产品，坚持购买，因此促销方式应以营业推广为主，辅之以公共关系和广告宣传。产品市场生命周期不同阶段的促销组合与目标重点，见表 8-2。

表 8-2　产品市场生命周期不同阶段的促销组合与目标重点

产品市场生命周期	促销目标重点	促销组合
导入期	使消费者了解产品	各种介绍性广告宣传、人员促销、导入 CIS 策略
成长期	提高产品的知名度	改变广告形式（如形象广告）
成熟期	增加产品的信誉度	改变广告形式（如形象广告）
衰退期	维持信任、偏爱	营业推广为主，提醒性广告
整个周期阶段	消除顾客的不满意感	利用公共关系

（3）整合营销预算

任何汽车企业用于促销的费用总是有限的，企业在考虑促销组合时，必须从企业自身的能力出发，以能否支持某一促销方式的顺利进行为标准。因此，汽车企业在选择整合营销时，首先要根据本企业的财力及其他情况进行促销预算；其次要对各种促销方式进行比较，以尽可能低的费用取得尽可能好的促销效果。一般来说，广告宣传的费用较高，人员促销次之，营业推广花费较小，公共关系的费用最少，但它们在不同时期的促销效果是不同的，最后还要考虑到整合营销费用的分摊。

（4）汽车市场性质

不同的汽车市场，由于其规模、类型、潜在消费者数量不同，应该采用不同的整合营销策略。规模大、地域广阔的汽车市场，多以广告为主，辅之以公共关系宣传；反之，则应该以人员促销为主。汽车消费者众多，却又零星分散的汽车市场，应以广告为主，辅之以营业推广、公共关系宣传；汽车消费者少、购买量大的汽车市场，则应以人员促销为主，辅之以营业推广、广告宣传和公共关系宣传。潜在汽车消费者数量多的汽车市场，应采用广告宣传，有利于开发需求；反之，则应采用人员促销，有利于深入接触汽车消费者，促成交易。

（5）汽车产品档次

不同档次的汽车产品，其消费者在信息的需求、购买行为和购买习惯等方面是不相同的，需要采用不同的促销方式和组合策略。一般说来，广告宣传一直是各种档次汽车市场营销的主要促销方式；人员促销是中、低档汽车的主要促销方式。

总的来说，任何一种促销方式都有其固有的优点和缺陷。例如，人员促销可与用户建立牢固的业务关系，成交速度快，能详细周到地进行个别服务，但缺点是传递信息速度慢、面积小，需要人员多；广告宣传虽然传递信息速度快，但费用高，可信度低。因此，企业在考虑商品促销时，应注意使各种促销方式扬长避短，优化组合，对其综合运用，以期达到最佳的促销效果。

8.2 人员推销

8.2.1 人员推销概述

1. 人员推销的定义

人员推销是指企业的销售人员与有可能成为本企业产品的购买者进行交谈，作口头宣传，以达到推销产品、实现企业营销目标的一种直接销售方法。人员推销是最古老的销售方法，也是现代汽车企业重要的销售手段。

2. 人员推销的特点

由于汽车具有技术含量高、价值较大等特点，人员推销在汽车销售中占有很重要的地位。它具有与其他促销手段不同的显著特点。

（1）针对性

人员推销是在两个或更多的人之间，在一种生动的、直接的和相互影响的关系中进行的，是一种面对面的接触。促销人员可以针对消费者的需求和特征，依据顾客的愿望、要求、反应，设计具体的推销策略，并适时地采取必要的调整，不仅能向顾客直接介绍，还可以进行示范表演，对顾客提出的问题及时交换意见，消除顾客因对产品不够了解而产生的各种疑虑，诱发购买欲望，促成购买。

（2）选择性

推销人员在每次推销之前，可以选择有较大购买潜力的顾客，有针对性地进行推销，并可事先对未来顾客做一番调查研究，确定具体推销方案、推销目标和推销策略等，以强化推销效果，提高推销的成功率。

（3）完整性

人员推销过程从市场调查开始，经过选择目标顾客，当面洽谈，说服顾客购买，提供服务，最后促成交易，反馈顾客对产品及企业提出的意见等信息，这就是企业产品销售的完整过程。人员推销的完整性是其他促销方式所不具备的，因此人员推销在收集、传递、反馈市场信息，指导市场营销，开拓新的市场领域等方面具有特殊的地位和作用。

（4）有效性

人员推销可以提供产品实证，营销人员通过展示产品，解答质疑，为顾客提供各种信息，帮助顾客了解产品性能，指导顾客产品使用方法，使目标顾客能当面接触产品，从而确信产品的性能和特点等，而且还能听到消费者的意见，并及时反馈给企业，易于引发消费者的购买行为。

（5）情感性

推销员在推销产品的过程中与顾客直接接触，可以“一回生，二回熟”，彼此在买卖关系的基础上进行情感交流，增进了解，产生信赖，建立深厚的友谊。而感情的培养与建立必然会使顾客产生惠顾动机，从而确立稳定的购销关系，促进商品销售。

（6）高成本性

随着社会的发展，人力资源的成本有不断上升的趋势。当市场广阔而又分散的时候，需要的推销人员较多，费用大。为了提高推销人员的素质，还需要增加培训费用的支出。

由于人员推销具有上述特点，其在汽车促销中尤为适用。

3. 人员推销的作用

（1）挖掘和培养新顾客

人员推销不仅要进行产品现场说明并提供产品，满足消费者重复购买的要求，更重要的是在市场中寻找机会，不间断地寻找企业的新顾客，包括寻找潜在顾客和吸引竞争者的顾客，积聚更多的顾客资源，这是企业市场开拓的基础。

（2）培育忠实顾客

营销人员应该通过努力与老顾客建立莫逆之交的关系，使企业始终保持一批忠实顾客，这是企业市场稳定的基石。

（3）推销产品、提供服务

推销人员通过与消费者的直接接触，运用销售技巧，可以有效地分析顾客的需求及其所期望的最大利益，根据不同情况向他们提供各种奖励、折扣、优惠和服务等，从物质上和精神上满足对方的需求，诱导其实现购买。营销人员努力的最终成果是源源不断地给企业带来订货单，把企业的产品销售出去，实现企业的销售目标。

此外，推销人员应该在售前、售中、售后为顾客提供咨询、技术指导、迅速安全交货、售后回访、售后系列服务等，以服务来赢得顾客的信任。提供服务的过程是企业推销零配件和其他产品的良好机会，有利于提高产品的市场占有率。

（4）信息沟通

推销人员在推销过程中可以及时将企业提供的产品和服务信息传递给顾客，为顾客提供资料，引起顾客的购买欲望，作出相应的购买决策。企业所需要的营销信息很大一部分源于顾客，而推销人员活跃于企业与顾客之间。在推销产品的过程中，推销人员应进行调查研究，与顾客保持经常联系，收集市场情报资料、反馈信息，及时向有关部门反映，为改进营销措施、制订营销决策提供依据。

4. 人员推销的基本形式

人员推销主要有以下三种形式：

（1）上门推销

上门推销是最常见的人员推销形式，是指由汽车推销人员携带汽车产品的说明书、广告传单和订单等走访顾客，推销产品。这种形式是一种积极主动的推销形式，其好处是推销员可以根据各个用户的具体兴趣特点，有针对性地介绍有关情况，提供有效的服务，方便顾客，并容易立即成交。

（2）店面推销

店面推销是指汽车销售企业在适当地点开设固定门店，由销售顾问接待进入门店的顾客，推销汽车产品。店面推销与上门推销正好相反，其是等客上门式的推销方式。由于店面里的产品种类齐全，顾客能亲眼看到实体产品，能满足顾客多方面的购买要求，为顾客提供较多的购买方便，并且可以保证汽车产品完好无损，所以顾客比较乐于接受这种方式。

（3）会议促销

会议促销是指利用各种会议向与会人员宣传和介绍产品，开展推销活动。例如，在订货会、交易会、展览会、物资交流会等会议上推销产品。会议推销具有群体推销、接触面广、推销集中，可以同时向多个推销对象推销产品等特点，而且企业可以在会内、会外“开小会”，同与会客户充分接触。只要有客户带头订货，形成订货气候，就容易实现大批量交易。我国汽车公司经常采用会议方式促销。近年来，国内各大城市先后推出的汽车博览会就属于这种推销方式。汽车博览会现在已不仅是推销汽车的极好形式，而且已成为各大城市提高城市知名度、带动消费和吸引商机的极好形式。例如，杭州从2000年开始的每年一度的“西湖博览会”期间，汽车展是重头戏之一。

8.2.2 汽车人员推销的流程

如今，汽车行业的人员推销过程都是以客户需求为导向的，形成了如图8-5所示的汽车销售流程。汽车人员推销的流程从客户开发一直到最后的售后跟踪服务，一共有九个环节。下面将对汽车人员推销的各个流程一一作简单介绍。

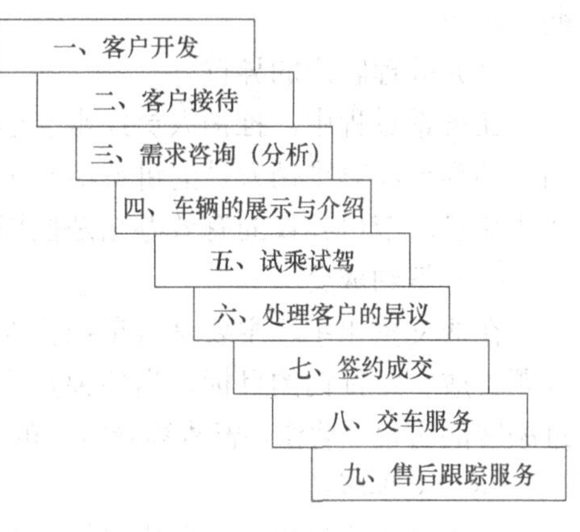

图8-5 汽车销售流程

（1）客户开发

客户开发是汽车销售的第一个环节，该环节主要是关于如何去寻找客户？在寻找客户的过程当中应该注意哪些问题？顾客在哪里？自己要向哪种类型的人推销产品？如果这一推销对象的问题没有搞清楚，哪怕是再周密详尽的推销计划都有可能失败。所以，在客户开发过程中准确寻找和识别顾客是推销人员的基本功。

营销视野　寻找顾客

寻找顾客就是营销人员寻找产品或服务的最理想的潜在顾客。

推销人员要本着MAN原则——拥有购买力（Money）的人、购买决定权（Authority）的人、购买需求（Need）的人，来寻找顾客。不要在无购买能力、无购买需求、无购买决定权的人身上花费太多的时间。

（2）客户接待

在客户接待环节，首要的任务就是打消顾客的顾虑，消除顾客的防备心理，给顾客一个好的第一印象，因此该做的事情就是怎样有效地接待客户，怎样找到与顾客的共鸣点，怎样获得客户的资料，怎样把客户引导到下一环节中去。

（3）需求咨询（分析）

需求咨询也叫需求分析。在需求分析里，我们将以客户为中心，以客户的需求为导向，对客户的需求进行分析，全面了解潜在顾客的有关情况，以便制订推销方案，为客户介绍和提供一款符合客户实际需要的汽车产品做好准备。

（4）车辆的展示与介绍

在对目标顾客已有充分了解的基础上，推销人员可以直接向目标顾客进行产品介绍，甚至主动地进行一些产品的使用示范，以增强目标顾客对产品的信心。因此，这一阶段将进行六方位绕车介绍。

在绕车介绍中，我们将紧扣汽车这个产品，对整车的各个部位进行互动式的介绍，将产品的亮点通过适当的方法和技巧进行介绍，向客户展示能够带给他哪些利益，通过介绍引起顾客对汽车或服务的兴趣，产生对汽车或服务的需求欲望，以便顺理成章地进入到下一个环节。

（5）试乘试驾

试乘试驾是对第四个环节的延伸，客户可以通过试乘试驾的亲身体验和感受以及对产品感兴趣的地方进行逐一的确认。这样可以充分地了解该款汽车的优良性能，从而增加客户的购买欲望。

（6）处理客户的异议

在推销过程中，推销人员经常会遇到顾客的异议。顾客的异议是成交的障碍，但它也表明了顾客已经对推销人员的讲解给予了关注，对产品产生了兴趣，只要克服了异议，就能够达成交易。应付异议的有效办法是把握产生异议的原因，对症下药。

（7）签约成交

在成交资讯中，主要是汽车销售人员在即将成交的这个环节上所面临的“临门一脚”的问题。成交是推销的目标，当各种异议被排除之后，要密切注意顾客发出的成交信号，即通过顾客的言语、动作、表情等表露出的购买意向，并抓住这一成交的良好机会及时达成交易。

（8）交车服务

交车是指成交以后，要安排把新车交给客户。交易达成并不意味着推销工作的结束，而应将其看做是新的推销工作的开始。因此，交车服务环节必须及时跟上，这个工作的妥善处理，不仅有利于企业同目标顾客建立长期稳固的购销关系，而且可以吸引新的顾客。

（9）售后跟踪服务

最后一个环节是售后跟踪服务。售后跟踪服务就是营销人员在售后与顾客保持接触，这样不仅可以减少顾客忧虑，而且还可以与顾客建立长期的、良好的关系，从而达到让客户替你宣传、替你介绍新的意向客户来看车、购车的目的。跟踪服务是人员推销的最后环节，也是推销工作的终点。跟踪服务可以加深顾客对企业和商品的信赖，促使顾客重复购买或为其宣传。同时，通过跟踪服务可以获得反馈信息，为企业决策提供依据，也为推销员积累经验，从而为开展新的推销提供广泛而有效的途径。

8.2.3 促销人员的管理

1. 招聘和挑选

促销工作要获得成功，关键在于选择高效率的促销人员。好的促销人员可以从企业内招聘，也可以从社会上招聘。促销人员作为企业与顾客间的纽带与桥梁，肩负着为企业销售商品或劳务、为顾客提供服务的双重任务。企业的营销离不开促销人员，顾客的购买也离不开促销人员。促销人员素质的高低不仅决定着个人促销的绩效，而且关系到企业的效益。

营销视野　汽车销售人员的素质

推销人员的素质是指推销人员在汽车销售过程中，其品质、作风、知识结构、性格等内在因素有机结合所表现出来的各种能力。一个合格的汽车销售顾问应具备以下素质：

1）要有强烈的责任感和使命感，这是做好销售工作的前提条件。销售人员首先要对自己从事的工作有正确的认识，要以企业的发展为重，意识到自己的责任和使命。丰田汽车公司之所以在销售方面能取得巨大的成绩，不但因为他们的销售员人数多，而且他们都坚决相信丰田汽车公司的汽车是最好的。其次，要有踏实的工作作风，持之以恒的热情和信心。一名丰田汽车公司的销售人员在发现一位潜在用户时，两星期之内拜访达20次，最终使他变成了丰田汽车的用户。此外，要遵纪守法，讲究职业道德。

2）强烈的服务意识。服务可以产生出价值，为客户提供满意的服务是推销人员的准则。服务不再是产品与品牌的附庸，也不再是经营活动的副产品，而是产品制造商、品牌制造商和经销活动的本身。

3）良好的专业素质，这是销售工作的基本条件。一名合格的汽车销售人员一般应具备产品知识、市场知识和竞争知识。销售人员要不断提高各方面的素质，才能胜任本职工作，适应社会发展的需要，才能走向光辉的顶点。

4）丰富的知识修养。推销人员经常与各种各样的顾客打交道，需要具备较广的知识面。知识面宽广与否，在一定程度上制约着推销人员的推销能力，所以推销人员应有旺盛的求知欲，善于学习并掌握多方面的知识，这样运用起来才会游刃有余。一般来讲，一个优秀的推销人员应该懂得政治法律知识，懂得经济学、市场营销学和推销业务知识，懂得社会学、心理学等多方面的知识。

2. 推销人员的培训

人员推销的效果取决于推销人员的素质状况，而精良的推销队伍来自于教育培训。企业不仅要对遴选确定后的推销人员进行认真的培训，而且对原有的推销人员也要定期组织集训，以适应市场形势发展的需要。

（1）培训时考虑的问题

培训推销人员时，应考虑下列问题：培训计划的目标、培训的内容、由谁来主持培训、培训的时间、培训的地点、培训的方法、培训的效果评价。培训计划的制订要具有针对性，即根据继续培训、主管人员培训、新进人员培训等不同类型的培训，确定不同的培训内容和培训方法。

（2）培训方法

推销人员的培训方法有集体培训和个别培训两种。集体培训的方法有专题讲座、模拟演示、分组讨论、岗位练兵等。个别培训的方法有在职函授、业余进修、以老带新、采用工作手册或其他书面资料教育等。

（3）培训内容

对推销人员的培训内容应包括以下方面：

① 企业知识，包括公司的历史、经营目标、组织机构设置、财务状况等公司各方面的情况。

② 产品知识，包括公司汽车产品的型号、性能、制造过程、技术工艺特点、产品配置

等汽车产品情况。

③ 市场知识，包括本企业目标顾客的分布、需求特点、购买力水平、购买动机、购买行为、消费习惯，以及市场情况、本企业的市场地位、竞争者商品的市场地位和营销措施。

④ 推销流程与技巧，包括推销原则和推销策略、推销人员的工作程序和责任、良好的个性、处理公众关系和人际关系的能力等。

3. 激励

公司采取适当的激励措施，会更好地调动大多数促销人员的工作积极性，激发他们的工作潜力。激励措施包括报酬激励措施和辅助激励措施两种。

报酬激励措施有：促销员的薪金和佣金，以及一些其他的福利，如带薪假期、无偿用车等。

辅助激励措施有：定期的销售会议为销售人员提供了一个社交场所；一次摆脱日常例行性工作的休息，是一个重要的沟通和激励方法；销售竞赛提供旅游、现金等奖品，激励促销人员比平常更努力地工作。

4. 考核与评估

公司必须对促销人员的工作业绩加以考核和评价，以作为激励促销人员的标准，也可为企业制订营销策略提供必要的依据。另外，公司应及时向促销人员反馈对其评价的标准和结果，以使他们能尽力按照公司的目标和要求去改进工作。

（1）评估资料的来源

这些资料来自于推销工作报告、推销实绩、主管人员考察、顾客和其他推销员意见等。

（2）绩效评估

绩效评估有三个方面：一是横向评估，即在推销人员间进行比较；二是纵向评估，即对推销员现在绩效与过去绩效进行对比；三是工作评价，包括对企业、产品、顾客、竞争者、本身职责的了解程度，也包括推销员的言谈举止、修养等个性特征。

营销案例　10 分钟

有一位成功的推销员，每次去登门推销总是随身带着闹钟，会谈一开始，他便说：“我打扰您 10 分钟。”然后将闹钟调到 10 分钟的时间，时间一到闹钟便自动发出声响，这时他便起身告辞：“对不起，10 分钟时间到了，我该告辞了。”如果双方商谈顺利，对方会建议继续谈下去，那么他便说：“那好，我再打扰您 10 分钟。”于是闹钟又被调了 10 分钟。

大部分顾客第一次听到闹钟的声音很是惊讶，他便和气地解释：“对不起，是闹钟声，我说好只打扰您 10 分钟，现在时间到了。”而顾客对此的反应是因人而异，仁者见仁，智者见智。绝大部分人会说：“嗯，你这人真守信。”也有人说：“咳，你这人真死脑筋，再谈会儿吧。”

推销人员重要的是要赢得顾客的信赖，然而不管采用何种方法达到此目的，都离不开从一些微不足道的小事做起，守时只是其中一个小例子，这是用小小的信用来赢得顾客对推销人员的大信用。因为你开始答应会谈 10 分钟，到点便告辞，就表示你百分之百地信守诺言。

推销人员赢得顾客的技巧不妨新奇，但无需过于好做惊人之举，好出惊人之语，否则会适得其反。只有在平凡的小事中表现出不平凡，才是真正伟大的推销员。

8.2.4 人员推销的策略与技巧

1. 人员推销的基本策略

推销人员应根据不同的推销气氛和推销对象审时度势，巧妙而灵活地采用不同的方法和技巧，吸引用户，促其做出购买决定，达成交易。人员推销一般采用以下三种基本策略：

（1）试探性策略

试探性策略也称为“刺激—反应”策略。这种策略是在不了解顾客的情况下，事先准备好要说的话，运用刺激性手段，对客户进行试探，引起客户的兴趣，刺激客户的购买欲望，投石问路，然后根据其反应再采取具体的推销措施，引发顾客产生购买行为的策略。推销要重点宣传产品的功能、风格、声望、感情价值和拥有后的惬意等。

（2）针对性策略

针对性策略也称为“配方—成交”策略，是指推销人员在基本了解顾客某些情况的前提下，事先设计好针对性较强、投其所好的推销语言和措施，有的放矢地宣传、展示和介绍产品，使客户感到推销员的确是自己的好参谋，真心地为自己服务，以引起顾客的兴趣和好感，进而产生强烈的信任感，从而达到成交的目的。

（3）诱导性策略

诱导性策略也称为“诱发—满足”策略，这是一种创造性的推销策略。推销员要能唤起客户的潜在需求，要先设计出鼓动性、诱惑性强的购买建议（但不是欺骗），诱发客户产生某方面的需求，并激起客户迫切要求实现这种需求的强烈动机，然后抓住时机向客户介绍产品的效用，说明所推销的产品正好能满足这种需求，从而诱导客户购买。如果不能立即促成交易，而能改变买者的态度并形成购买意向，为今后的推销创造条件，也是一种成功。

2. 汽车推销技巧

人员推销的技巧是指推销人员在实施推销过程中，针对不同的推销对象，为达到推销目标所运用的方式、方法、技能、谋略等综合举措。推销技巧的运用是一项实践性很强的活动，贯穿于整个推销过程之中。推销技巧的运用是否恰当、得体和成功，标志着推销人员的素质观念、业务水平等能力的高低，关系到推销活动的成败。

（1）准备阶段技巧分析

接待客户前，作为一个合格的销售顾问首先要有充分的准备，信心、信任和心态是首先要具备的。

① 信心。信心是来源于扎实的专业知识和沟通技巧，作为一名汽车销售人员，汽车和市场营销的专业知识是必不可少的。如果客户对你所推荐的车型提出异议并举例你公司暂没销售或不愿销售的车型时，你必须用有力的证据向客户证明你推荐的车是如何的优于其他车型，而这有力的证据，就是建立于你对汽车行业的熟悉和沟通技巧。

② 信任。学过营销的人都知道，有一种流行很久的“GSM吉姆模式”，即作为一个销售顾问要“相信你的公司，相信你销售的产品，相信你的能力”。它的关键词是“相信”，也就是这里所说的“信任”。当一个销售顾问在工作中对自己销售的车型的安全性能都不放心，对自己的公司实力担忧不已甚至怀疑公司能否按时发工资，那么他是几乎没有可能将车推销出去的。

③ 心态。良好的工作心态包含了三个方面：诚实之心、敬业之心，坦然之心。一名优秀的汽车销售人员应该认识到，站在你面前的，无论是何种人士，你只能把他当做一类人——你尊敬的顾客。而你的心态，绝没有高低贵贱之分。

（2）接待技巧分析

① 自我介绍的技巧。推销有句名言：推销产品之前要先推销自己。推销自己简单地讲，就是在与顾客初见面时，尽量消除顾客的紧张感和恐惧感，建立与顾客之间的亲密感和信任感，树立良好的第一印象，因此推销人员应特别重视与顾客的第一次见面。

与顾客第一次见面，推销人员推销自己的方式除了从仪表、举止上迎合顾客的情感之外，还要有切中顾客的口味的自我介绍。此时应当注意以下几点：

- 态度诚恳、热情。
- 保持亲切的微笑。
- 步履轻盈、快捷，正面走近顾客。
- 在与顾客握手问候时，语调热情洋溢、精神饱满、音量适中。
- 在自我介绍时掌握分寸，态度谦虚，先从自己的姓名、单位、身份开始，辅之恭敬地递上自己的名片。若顾客有兴趣或有耐心，再进一步介绍企业或产品，这样很有利于顾客迅速、准确地知晓自己的情况，加深印象，从而加快交往的过程。

② 电话接听技巧。接听电话虽然不是面对面与客户交流，但是客户从你的声音、声调中可以判断出你的态度与心情，因此要注意电话交谈的方法和电话交谈时最大的禁忌。

- 电话交谈方法。若是准顾客致电展厅，销售或接待人员必须在三声或四声铃声响完前接听电话，接听的人员必须报上经销商店号，或加上汽车品牌名称及自己的姓名；尽量询问对方的姓名和基本需求。若是销售人员致电给准客户作初次接触，除报上经销商店号、汽车品牌名称、姓名外，简单的问候和寒暄是必需的，但因人因环境而异，不可太长。迅速地报上致电的理由（这个理由最好有吸引力或说服性）而取得对方的信任。
- 电话交谈时最大的禁忌。电话交谈时最大的禁忌是企图在电话中销售汽车，基本上成功的可能性很低。电话接触的目的在于“销售”见面的机会。如果是第一次来电客户，重点是吸引他到展厅来看车，电话里买车是谈不出结果的，可以用预约试驾或是来店有礼来吸引他。尽量用礼貌寒暄打开谈话局面，留下客户信息，以便日后跟进。

③ 来店接待技巧。客户来店时不要和客户一开始就直入主题。你所做的一切，当然是为了把车销出去，可是你不能把目标暴露得太明显，这样会让客户感觉到你的企图心太强了，从而心中的抵触情绪就会更加明显。交易最初的关键要与客户建立初步的互信关系，同时逐渐消除客户的抵触心理。

交易开始还有一个关键之事，就是充分判断。你要在最短的时间内判断客户的身份：是特意来看车？有明确目的性？或者根本就是随便转转，意在吹吹空调然后走人？同时，你要分辨出客户中哪个人才是决策人物，而他又最受谁的影响？这样你就知道了你的话重心要朝谁。如果在交易之初，你们就交换了名片，那么你必须在最短的时间内记住名片上的重要元素：姓名、地址、行业、职位，甚至电话号是移动还是联通，尾数是什么？如果你能在之后的交流中，很自然地将客户的名片上的元素都穿插在话题中，客户会有备受尊重的感觉。

（3）分析客户需求技巧

通过需求分析，来评定应该如何接待客户以满足他的需求，达成销售目标。首先必须肯定其购买的动机、立场、偏好以及对品牌认识的深度，尤其是使用汽车的用途与购买决定的关键点。有时顾客的期望比需要更为重要，要了解顾客的需求与真正的期望，就等于要在短短的数分钟内了解一个人的经济状况、社会地位、性格特点。因为需求有显性需求和隐性需求之分，显性需求可以用一般的科学方法调查得知，但隐性需求就只能用经验去感悟。具体技巧如下：

① 交谈的技巧。客户来到陌生的汽车销售店面，由于对环境不熟悉，因此有很强的紧张感和恐惧感，当推销人员与顾客交谈时必须要抓住对方的心，引起对方的共鸣，从而消除对方的紧张感和恐惧感。言行举止要文明、懂礼貌、有修养，做到稳重而不呆板、活泼而不轻浮、谦逊而不自卑、直率而不鲁莽、敏捷而不冒失。在开始洽谈时，推销人员应巧妙地把谈话转入正题，做到自然、轻松、适时。可采取以关心、赞誉、请教、炫耀、探讨等方式入题，顺利地提出洽谈的内容，以引起客户的注意和兴趣。遇到障碍时，要细心分析，耐心说服，排除疑虑，争取推销成功。在交谈中，语言要客观、全面，既要说明优点所在，也要如实反映缺点，切忌高谈阔论、"王婆卖瓜"，让客户反感或不信任。洽谈成功后，推销人员切忌匆忙离去，这样做会让对方误以为上当受骗了，从而使客户反悔违约。应该用友好的态度和巧妙的方法祝贺客户做了笔好生意，并指导对方做好合约中的重要细节和其他一些注意事项。总之，与顾客谈话，应以引起顾客注意为目的，以顾客为中心，以尊敬、重视顾客为准则，这样才能消除顾客心中的紧张与恐惧，才能为下一步商谈奠定良好的基础。

② 聆听的技巧。每一种销售都必须平等，在平等的前提下才有交流，在交流的基础上才能理解，在理解的条件里才能帮助。在洽谈过程中，推销人员应谦虚谨言，注意让客户多说话，认真倾听，表示关注与兴趣，并做出积极的反应。在聆听时，学会用顾客的语言探究其内心，这就是顾客分析。

营销视野　应付顾客拒绝的技巧

推销人员推销产品如果遭到拒绝，首先要明确，消费者不是拒绝你，而是拒绝所有与他接触的推销人员，当你明确了这一点后，你当然可以心平气和地面对顾客的拒绝。所以，无论顾客以什么方式拒绝，都不能有丝毫的失望神态，而要采取积极的态度，分析原因，寻找应付顾客拒绝的技巧。应付顾客拒绝的技巧有以下几种：

① 附和法，即推销人员在遭到顾客因对产品某一方面不满而拒绝时附和顾客的看法，抓住某一方面的关键词，加以其他意义上的变化的阐释，从而直攻对方不满，消除其顾虑。

② 转折法，即顾客阐述了自己的看法后提出拒绝，不管其理由多么不充分，推销人员都不采取否定回答，而附和顾客的看法，然后通过转折词语，再提出自己的看法。

③ 抹煞法，即对顾客的拒绝避而不谈，悬而不论，用笑声或一些轻快的语句把话题引开，这样不仅可以缓和顾客拒绝而造成的紧张和尴尬，而且可以显示出推销人员的大度和宽容。

④ 发问法，即顾客提出拒绝自有其道理，为探问其原因，通过发问，推销人员的位置和态度就会发生转移，即由原来的守方变成了主动发问的攻方。这样，就为顾客的倾诉提供了机会，同样推销人员也了解并把握住了顾客反馈回来的信息。如果及时对症下药，消除顾客的顾虑，那么推销成功就为时不远了。

⑤ 否定法，即作为推销人员来讲，对顾客的诉说和要求，一般不要做出否定的回答，但是在适当的情况下，做出否定回答也是必要的。这样既可保持公司的形象，又可维护自身的荣誉。但是，在做否定回答时，推销人员应注意语气和分寸，不能过于强硬，需增添适当的幽默加以调节，否则就会得罪顾客。

⑥ 举例法，即顾客的拒绝有时是由于缺乏自信，因为对产品认识的可信度不高所致，这时推销人员就需用此法，亦即举出类似顾客的例子，用以加强说明。如果有以前顾客对该产品称赞的实物证明就可以有力地阻止顾客的拒绝。

⑦ 转换法，即顾客的拒绝往往源于自己的主观印象，因此推销人员应抓住时机，将自己的主观说明转化为客观实在之物，即可出示有关产品的资料说明、获奖情况或产品实物、演示等。这样，就可把主观的拒绝转换成实物的诱导，让顾客看得见、摸得着，甚至亲自操作试用，既可引起顾客的兴趣和欲望，又可有效地抵制顾客的拒绝。

（4）试乘试驾技巧分析

理论上说，试驾是最好的方式。在试驾过程中把自己销售的车辆的优点适当地体现出来，又把竞争对手的缺点无意中透露出来，对顾客的成交会很有好处。

（5）报价签约技巧分析

作为销售代表，巧妙的谈判将会产生事半功倍的效果，当我们和客户谈判时，我们应该怎么做呢？首先不要把所有的问题一下子提出来，要逐一与客户探讨；其次就是先提出一些意见分歧不大的问题，而暂缓商议那些难度较高的问题，待会谈进展至一定阶段，双方都对谈判过程感到顺利时，再针对难度较高的部分，寻求解决途径。

①“三明治”报价法：总结出你认为最能激发出顾客热情的针对顾客的益处，这些益处应该能够满足顾客主要的购买动机；清楚地报出价格；如果客户还有异议，强调一些你相信能超过顾客期望值的针对顾客的益处，如再赠送东西，或是在客户感兴趣的配置之外还有超出客户想象的其他配置，让客户觉得物有所值，成交就更简单了。

② 先扬后抑法，这种方法着重强调车的性价比。客户对车还有疑问，还看过别的车，感觉买自己的车还不太值的时候，就可以拿竞品车来说。你可以先说车的优点，然后再把竞品车的缺点无意中带出，这样会让客户潜意识里偏向卖方的车。

（6）排除顾客异议的技巧

在推销过程中，完全没有异议或者拒绝的情况是极少的（有关调查资料表明，没有异议的推销成功率为15%），异议表明了顾客对推销人员的推销给予了关注，对产品产生了兴趣，排除顾客异议是顺利推销和达成交易的必备条件。有效地排除顾客异议，除了需要推销人员采取不躲避顾客异议、不轻视顾客异议的态度，有倾听顾客异议的气度，不与顾客争议、不为自己辩白、尊重顾客的立场之外，还要主动询问顾客的异议，分析顾客产生异议的原因，商量解决顾客异议的方案和对策。与此同时，必须选择有利于排除顾客异议的技巧，具体可采取以下方法：

① 反驳处理法，即推销人员根据事实和道理来直接否定顾客异议的一种处理技巧。一般来说，在排除顾客异议时，推销人员应尽量避免与顾客发生直接冲突，尽量避免针锋相对的反驳，但在一定的条件下，推销人员也可以使用反驳处理法。

②“但是”处理法，即推销人员根据事实和道理来间接否定顾客异议的方法。在实际推

销面谈过程中，顾客往往会提出许多无效异议，直接妨碍成交，推销人员应该根据有关的事实和理由来否定各种无效的顾客异议。

③ 利用处理法，即推销人员利用顾客的异议来处理异议的一种方法。推销人员利用顾客异议的特点来处理顾客异议，即肯定其正确的一面，否定其错误的一面，利用其积极的因素，克服其消极的因素，排除成交障碍，有效地促成交易。

④ 补偿处理法，即推销人员利用异议以外的优点来补偿或抵消顾客异议的一种方法，可以使顾客达到一定程度的心理平衡，有利于排除障碍，促成交易。

⑤ 询问处理法，即推销人员利用异议来反问顾客的一种处理技巧。推销人员在处理各种顾客异议时，应该认真分析有关顾客异议，找出产生异议的原因。但在实际工作中，推销人员又往往不清楚顾客异议产生的根源，可以通过询问来了解和掌握顾客产生异议的原因及性质，以便于处理。

⑥ 不理睬处理法，即推销人员有意不理睬顾客异议的一种方法。

（7）成交的技巧

在实际推销工作中，顾客往往不愿主动地提出成交，即使心里想成交，为了杀价或保证实现自己所提出的交易条件，顾客也不会首先提出成交，好在成交的意向总会以各种方式表露出来，如在顾客接待推销人员的态度逐渐好转时、在顾客主动提出更换面谈场所时、在顾客主动介绍其他相关人员时、在顾客的疑问和异议一个接一个时都可能是成交意向的表示。推销人员要不失时机地运用成交技巧，促成交易。其技巧方法如下：

① 请求成交法，即推销人员直接要求顾客购买商品的一种技巧。这种技巧要求推销人员利用各种成交机会，积极提示，主动向顾客提出成交要求，努力促成交易。

② 假定成交法，即推销人员假定顾客已接受推销建议而要求顾客实现成交的技巧。假定成交法是一种基本的成交技巧，在整个推销面谈过程中，推销人员随时都可以假定顾客已经接受推销建议。假定成交法的力量来自于推销人员的自信心，而推销人员的自信心又可以增强顾客的信心，以彼此互相影响促成交易。

③ 选择成交法，即推销人员为顾客提供几种购买决策方案，并且要求顾客立即购买的一种成交技巧。

④ 细节成交法。时刻注意顾客的表现，注重他发出的每一个信号。当论及颜色、内饰、并作肯定答复，论及交车时间、售后服务、订金、合同细节以及出现一些肯定表情时，就是顾客愿意成交的信号。你必须就此打住，与顾客达成初步意向。

⑤ 从众成交法，即推销人员利用顾客的从众心理来促使其立即购买商品的一种技巧。消费心理学认为，人的购买行为既是一种个别行为，又是一种从众行为。顾客在购买商品时不仅考虑自己的需要和问题，也要考虑符合社会的需要和规范。从众成交法正是利用了顾客的从众心理，创造一定的购买情境和购买气氛，说服这一部分顾客去影响另一部分顾客，从而促成交易。

⑥ 机会成交法，即推销人员向顾客提示有利的机会促使成交的一种技巧。购买机会也是一种财富，也具有一定的经济价值，失去购买机会本身就是一种损失，有时还得支付一定的机会成本。机会成本原理是机会成交法的理论基础，推销人员可以利用这个基本原理，针对顾客害怕错过购买机会的心理动机，向顾客提示成交机会，限制顾客的购买选择权和成交

条件，施加一定的机会成交压力，促使顾客购买推销品，达成交易。

⑦ 保证成交法，即推销人员向顾客提供成交的保证条件来促成交易的一种技巧。推销心理学认为，顾客在成交时存在着害怕错误成交而拒绝成交的心理。推销人员针对顾客的这种心理，可以向顾客提供一定的成交保证，消除顾客的成交心理障碍，以增加顾客成交的信心而促成交易。

⑧ 异议成交法，即推销人员利用处理顾客异议时的时机直接向顾客提出成交要求的一种成交技巧。顾客异议既是成交的直接障碍，又是成交的明显信号。一般来说，只要推销人员能够成功地处理有关的顾客异议，就可以有效地促成交易，促使顾客立即购买推销品。

⑨ 使用旁证。你的证明和说辞很难起到证明的作用，因为顾客对你的防范是很严的。有位女顾客看上了一款跑车，可销售员怎么说都不能让她决定购买。这时，经理过来对销售员说："小张，×××（一位名人）的×××车（与客户看中的车同一品牌）该保养了，您给她打个电话通知一下"，这位顾客当即决定购买。

不管你流程技巧怎么好，归根结底还是服务，没有服务，所有的一切都是纸上谈兵，不起作用。在汽车行业中，销售员被冠名以"顾问"，首要的是实现"顾问"的角色，以丰富的专业知识技巧，给以较为客观的专业咨询，通过由浅入深的交流与沟通，博得客户的青睐，逐渐建立相对稳定的客商或私人关系，源源不断地促进业务达成，而不仅仅为了销售一台新车。

8.3 广告

8.3.1 广告概述

1. 广告的概念

广告一词源于拉丁语 Adventure，有"注意"、"诱导"、"大喊大叫"和"广而告之"之意。广告作为一种传递信息的活动，它是企业在促销中普遍重视的应用最广的促销方式。市场营销学中的广告是指企业按照一定的预算方式，支付一定数额的费用，通过不同的媒体对产品进行广泛宣传，促进产品销售的传播活动。

营销视野　不同组织对广告的不同定义

在现代广告业十分发达的美国，其颇具权威性的民间机构——美国市场营销协会（AMA）曾给广告下了这样一个定义：广告是有特定的广告主以付费的方式通过多种传播媒介对商品、服务或观念等信息进行介绍和推广的活动。

《中华人民共和国广告法》将广告定义为：广告是广告主支付一定的费用，有计划地通过一定的媒介和形式，直接或间接地宣传自己的商品或服务，并说服消费者购买的信息传播活动。尽管对广告的定义多种多样，但归根结底其目的都是为了推销和兜售某种商品、服务或观念。

2. 广告的特点

在企业的市场营销活动中，广告是促进销售的一种手段，是企业营销活动的有机组成部分。同人员促销、公共关系和营业推广三种促销方式相比，广告宣传有自己的特点。

（1）公众性

广告是一种高度大众化的信息传递活动，是把商品或劳务信息向非特定的广大消费者作公开宣传，以说服其购买的传播技术。其信息接受者是一个范围广泛的群体，它不仅包括现实的顾客，而且包括潜在的顾客，从而必然增强促销信息的传播效果。尽管一次支付的广告宣传费用可能是很高的，但接受促销信息的人均费用要比人员推销费用低得多。因此，适宜于广告宣传促销的产品利用这种方式促销，是最符合经济效益原则的。

（2）滞后性

广告传递信息的目的是刺激需求、促成购买，但广告宣传与购买行为在时间上是分离的。多数消费者都是在接受广告促销信息后加深印象，记住广告宣传的企业名称、产品品牌、生产厂家、价格等，为以后购买提供依据。因此，广告的促销效用具有一定的滞后性，即广告对消费者态度和购买行为的影响不是立即见效的，而是延续一段时间。

（3）辅助性

各种促销形式往往是相互补充、相互促进的。广告宣传对于人员促销的补充和促进效果就很明显。广告介绍了产品的基本知识，指导消费者选购、使用、保养和维修产品，这就激发了顾客对产品的兴趣。当推销人员与顾客面对面地洽谈时，由于有了广告宣传的促销基础，不仅能缩短介绍过程，而且能强化说服力，促其迅速达成交易。

（4）表现性

商业广告集经济、科学、艺术和文化于一身，借助文字、音响以及色彩的艺术化应用，通过一定的媒体，广告不仅生动形象地表现出产品的特性，而且富有感染力。

营销视野　　广告的目标

广告目标是指在一个特定时期对某个特定的公众所要完成的特定传播任务，这些目标必须服从目标市场、市场定位和营销组合等决策。汽车广告按其目标可分为通知性、说服性和提醒性广告三种。

（1）通知性广告

通知性广告主要用于汽车新产品上市的开拓阶段，旨在为汽车产品建立市场需求。日本丰田汽车公司在进入中国市场时，打出“车到山前必有路，有路必有丰田车”的广告，震撼人心。

（2）说服性广告

说服性广告主要用于竞争阶段，目的在于建立对其某一特定汽车品牌的选择性需求。在用这类广告时，应确信能证明自己处于优势的宣传，并且不会遭到更强大的其他汽车品牌产品反击。例如，“三星骏马快!优!新!”的广告，突出了该汽车产品的优势，朗朗上口。

（3）提醒性广告

提醒性广告用于汽车产品的成熟期，目的是保持消费者对该汽车产品的记忆。例如，上海大众仍经常为已经处于成熟期的桑塔纳轿车做广告，提醒消费者对桑塔纳轿车的注意。

3. 汽车广告的作用

汽车工业的崛起，让汽车广告来到了这个世界上。1895 年，美国杜里埃兄弟在汽车杂志《无马时代》的创刊号上发布了第一篇汽车广告，距今已有 100 多年。在现代经济生活中，广告作为一种促销手段和一种经济现象，更是无处不在，无处不有。它扮演着重要的角色，发挥着重要的作用。汽车广告的作用如下：

（1）介绍产品，传递信息

通过广告，可以向目标消费者有效地传递新车的外观、性能、使用等方面的信息，引发他们对汽车的好感和信任，激发其进一步了解汽车的兴趣。因此，汽车广告有助于潜在消费者根据广告信息选择符合自身要求的产品。

（2）刺激消费，扩大产品销路

广告通过各种传播媒体向顾客广泛介绍产品的信息，不仅能提高顾客对产品的认识程度，诱发其需求和购买欲望，而且能够起到强化顾客对产品的印象，刺激需求的作用。例如，潜在消费者已经了解这款新的车型，但还未准备购买，通过广告对汽车信息的有效传播，向顾客介绍产品的品牌、商标、性能、规格、用途、特点、价格，以及如何使用、维护和各项商业服务等措施，这实际上是帮助顾客在提高对该产品的认识程度，激发消费者购买汽车的欲望，指导顾客如何购买汽车。

（3）树立企业形象，维持或扩大企业产品的市场占有率

对于汽车这样一种高档的耐用消费品，消费者在购买时，企业的形象（包括信誉、名称、商标等）往往是选择的重要依据之一。通过精心设计的广告，宣传企业的产品、企业的价值观与企业文化，能使企业形象深入消费者心中，有利于提高企业及企业产品的社会知名度，保持企业在市场竞争中的优势地位。因此，企业能否在消费者心目中树立起良好的形象，直接关系到产品的销售，影响企业产品的市场份额。

（4）美化人民生活

一则思想性和艺术性较强的广告，可以使人得到美的享受，陶冶人们的情操，提高人们的思想修养，从而起到美化人民生活，促进社会主义精神文明建设的作用。

总之，广告的作用是多方面的，企业在市场经营活动中应切实加以利用。

营销视野　广告的局限性

广告对顾客了解产品、企业扩大销售有重大作用，但它也有自身的局限性。

① 广告无法独立完成促销任务，它的作用必须依赖于其他方面的措施。

② 广告的使用必然会增加企业产品的生产成本。

③ 由于市场容量有限，广告刺激消费的作用受到抑制。

因此，只有正确地认识广告的作用，并充分利用它，广告才能为企业产品的营销发挥其应有的价值和作用。

8.3.2　广告媒体的选择

广告媒体繁多，其功能各有千秋，要使公众接受广告者的观点，不仅要有优秀的广告设计，而且要选择合适的宣传媒体。只有这样，才能使企业以最低的成本、最佳的宣传效果向公众传达预期的广告信息，这也是广告能否起到作用的关键因素之一，企业在选择广告媒体时应当综合考虑。

1. 汽车广告媒体的种类及特点

广告媒体是广告者向广告对象传递信息的载体，各种广告媒体都能从不同侧面向人们传

递商品信息，但不同的广告媒体传递信息的时间与范围不同，广告效果各异。其中，报纸、杂志、电视、广播、互联网被称为五大最佳媒体，也是目前我国主要的汽车广告载体。

（1）报纸广告

报纸是进行广告宣传的最早的大众传播媒介，是最有效、应用最广泛的工具，也是我国和世界许多国家目前选用的主要广告媒体之一。报纸广告的优点：发行量大，传播面广，渗透力强；购买、携带、阅读方便，不受太多时间和空间的限制；制作简便，价格低廉。报纸广告的缺点：时效较短、内容庞杂、容易分散读者的注意力。制作和印刷欠精细、美感不强，缺乏对商品款式、色彩等外观品质的生动表现，从而影响了广告效果。报纸广告多用于汽车广告，能比较全面地介绍汽车的主要性能指标，给读者以整体了解。

（2）杂志媒体

杂志也较早用做广告宣传，是仅次于报纸的第二大广告媒体。杂志与报纸同属印刷型媒体。杂志媒体的优点：对象明确，针对性强；保存期长，信息能充分利用；印刷精致，图文并茂。杂志媒体的缺点：制作复杂、价格昂贵；定期发行，时效性差，信息反馈迟缓；传递范围窄。汽车广告一般选用专业性杂志，如《世界汽车》、《汽车与配件》、《轿车》、《大众汽车》等。

（3）电视广告

电视以独特的技巧，集听觉形象和视觉形象于一身，融图像、声音、色彩、动作和文字等于一炉，是一种影响力最大的广告媒体，有“爆炸性媒体”之称。电视广告的优点：覆盖面广，收视率高；可有情节、有故事，能够充分、真实且艺术性地反映商品的全貌，表现力和诉求力都很强，效果好。电视广告的缺点：制作复杂，费用昂贵；目标不具体，适应性不强，尤其对专业性强、目标市场集中的汽车商品来说传播面太宽，一般只能进行品牌宣传，难以给观众以具体的介绍。

（4）广播广告

广播用做广告媒体虽比报纸、杂志晚，却在短短的几十年间遍及全球、风靡世界。广播通过电波传递各种信息，是一种广为利用的听觉媒体。广播广告的优点：传播迅速，次数多，范围广；及时性强、方便灵活；制作简便、收费低廉；广播中的热线电话答疑形式可邀请专家、顾问答疑解惑，收到互动交流的效果。广播广告的缺点：有声无形、印象不深、难以保存；盲目性大，选择性差。用于汽车广告主要适用于对中间商的宣传。

（5）互联网

近些年来，互联网作为广告媒体，以超强的增长速度，独特的诉求方式，受到世人瞩目。网络广告的表现手法以图像、色彩、文字相结合，具有形象、直观、生动的特点；网络广告不像电视、广播广告那样被动地接受，且图像、声音转瞬即逝，网络广告可随时检索、查阅，能保留较长时间；网络广告可有效地进行顾客研究，可在网站或网页中准确记录来访者数量和访问次数，甚至可记录访问者的情况，以获得双向的广告效果信息；互联网是由遍及世界各地大大小小的网络，按照统一的通信协议组成的一个全球性信息的传输网络，因此网络广告可以把广告信息全天候不间断地传播到世界各个地方，且信息量不受限制。在不久的将来，互联网可能会成为最重要的广告媒体。

除了上述五大媒体外，其他广告媒体还有很多，如路牌广告、霓虹灯广告、橱窗广告、招贴广告、车厢广告和包装广告等。无论哪一种媒体，都具有自己独有的特征。了解它们的优势和不足之处，是正确选用媒体的基础。

2. 选择广告媒体

不同的广告媒体，其特点和作用各有不同。在选择广告媒体时，应根据以下因素全面权衡，充分考虑各种媒体的优缺点，力求扬长避短。

（1）产品的性能和特点

产品本身的性能和特点不同，其使用方法、消费对象、销售方式千差万别，这种差别决定着广告媒体的选择。对汽车来说，消费者既需要形象的外观、漂亮的造型，还需要了解具体的技术参数，如最高车速、油耗、发动机功率等。因此，汽车广告都以电视、广播宣传品牌形象，以报纸、杂志介绍其技术指标，以多种媒体相结合的方式来宣传汽车产品，只是各种汽车在选用媒体时，各有其侧重。

（2）消费者的媒体选择习惯

广告可以通过不同媒体传播到不同的市场，但恰好传播到目标市场而又不造成浪费的广告媒体，才算是最有效的媒体。企业应将广告刊登在目标消费群体经常接触的媒体上，以提高视听率。例如，购买跑车的大多数消费者是中青年的成功人士，所以汽车杂志、电视节目、交通广播频道就是宣传跑车最有效的广告媒体。

（3）企业对信息传播的要求

企业在确定宣传媒体时，要考虑媒体的覆盖面、频率和影响。覆盖面广、频率高、影响大的媒体是各企业在广告宣传时的首选媒体，但是这类媒体的收费往往很高。因此，企业在做广告时，一定要量力而行，既可选择覆盖全国，影响大的宣传媒体，如中央电视台、各大报纸，也可以选择覆盖面较小，但产品用户比较集中的地区或专业性宣传媒体，如《中国交通报》、《交通安全报》、交通信息台等。

（4）媒体的费用

在选择宣传媒体时，不仅要考虑到媒体自身的特点，还要考虑到宣传成本；既要使广告达到理想的效果，又要考虑企业的负担能力。具体来说，就是要考虑广告信息触及成本，即单位广告触及人数所需要的费用。这一指标对于衡量媒体宣传效果，合理选择媒体，具有一定的指导意义。一般而言，电视广告费用非常昂贵，以播出时间长短和播放时段来计费，而报纸广告相比而言则稍便宜。

（5）竞争对手的广告策略

企业在进行产品宣传、选择媒体时，不仅要考虑以上几个方面的影响，而且要注意竞争对手的广告策略，因为竞争对手的广告策略往往具有很强的针对性和对抗性，只有充分了解竞争对手的广告策略，才能充分发挥自己的优势，克服劣势，最终取得良好的宣传效果。

3. 汽车广告策略

汽车广告策略是企业在广告活动中为取得更大的效果而运用的各种对策和建议。它涉及汽车企业广告活动的全过程，是企业实现广告目标的各种手段和方法的总称。

（1）产品分类广告策略

对于产品项目众多的企业来说，不同的产品在企业中占有不同的地位，具有不同的作用。因此，广告也不能平均地使用力量，应该综合权衡，重点突出，使企业的总销售量稳步提高。

为了抓住关键，形成整体力量，便于企业广告规划，企业利用美国波士顿咨询公司提出的按产品市场占有率和销售增长率来对产品进行评价的方法，将企业产品进行科学分类，形成了明星产品、金牛产品、问题产品和瘦狗产品四大类，然后制订分类广告规划，以便采用不同的策略。

① 明星产品。明星产品市场占有率和销售增长率都很高，很有发展前途。这类产品是企业重点发展的产品，因此在广告投入上是最高的。要通过广告创造名牌印象，建立消费者的偏爱，广告要有较大的攻势和影响力。特别要注意竞争对手的攻势和广告策略，及时采用相应的广告竞争手段。总之，对这类产品，企业的广告是一刻也不能放松，市场上的细微变化都要引起企业的高度重视。

② 金牛产品。它是企业的饭碗产品，能够给企业带来稳定的收入来源，支撑企业其他新产品的发展。因此，稳定销售，扩大市场领域是企业的主要经营目标。在广告策略上，要注意宣传产品的特点和对消费者的利益，不断变换花样，扩大产品的服务范围。同时，要抓住机会，扩大和延伸市场。在广告宣传上应采取多样化刺激，并且注意与其他销售手段相互配合。

③ 问题产品是市场占有率低，销售增长率高的产品。这类产品似乎很有前途，但是由于存在很多不确定因素，所以并不能对前景作肯定和乐观的估计。市场占有率低，有可能是企业实力问题，也可能是竞争问题，还有可能是消费者认识的问题，而销售增长率高也并不代表前途就非常好，其中包含了许多偶然的因素。因此，对待这类产品，企业要特别小心谨慎，不要轻易下结论，要集中力量找到问题之所在，不能确定的问题要做试验性发展。当然，这样做也可能会失去机会，这要看企业领导者的风险意识以及权衡风险大小和回报率的关系。但不管如何，广告是不可缺少的，在拿不准的情况下，广告策略可以根据竞争对手的广告攻势而定，在一定程度上压倒对手或走对手空隙的路子。这样，在广告投入上不至于冒太大的风险。如果问题已经明确，广告策略就比较好定。例如，市场占有率低是因为本企业的产品分销存在问题，中间商不得力，原来与之商定的中间商的广告投入并没有实现。这样，企业就应该重新考虑与中间商的合作和自身广告投入问题。如果问题出在促销上，广告策略就应该加大投入，策动强有力的广告攻势，以争取市场地位。但是，广告的具体策略要根据产品的具体情况而定，包括预告目标、广告信息构造、广告诉求方式、媒体计划都要视具体品牌的特点和市场相对情况而定。

④ 瘦狗类产品，企业的首要目标是在不影响正常业务的同时，尽早地淘汰这种产品。淘汰应该按计划、分品种地进行。在广告策略上要注意广告促销与企业声誉之间的关系，注意短期利益和长期利益的关系。这一类产品中，可能有失败的新产品，也可能是处于衰退期的产品，对于这两种情况，在广告策略处理上是不同的。降价广告、转让广告和公关性质的广告等是这类产品的主要广告形式。

（2）产品生命周期策略

任何有生命力的企业，其产品组合总是分布于市场生命周期的不同阶段，不断地有产品淘汰，同时也不断地有新产品进入市场，企业处于这样的动态发展过程。随着产品在市场上生命周期的变化，企业的广告目标和广告策略也应随之而变化。只有这样，广告才能发挥应有的作用，创造更好的广告效果。对处于导入期和成长期的产品，广告的重点应放在介绍产品知识，灌输某种观念，提高知名度和可信度上，以获得目标用户的认同，激发购买欲望。对处于成熟期的产品，重点则应放在创名牌、提高声誉上，指导目标用户的选择，说服用户，争夺市场。对处于衰退期的产品，广告要以维持用户的需要为主，企业应适当压缩广告的作用。

（3）广告定位策略

产品定位是对消费者心智的占领，要实现这个目标，要使企业产品真正进入人的心中，一方面要针对消费者的心理空间，塑造产品形象；另一方面要用有效的途径传达到这块领域，使消费者产生心理共鸣。广告以它特有的形式，在产品定位策略中扮演了无人替代的角色。

① 争当第一的策略。历史经验表明，最早进入人的心智的品牌，比第二的品牌在市场占有率上高出一倍，这个事实已经被许多人所发现。营销学家们称之为“第一的巨大优势”。新产品具有占据第一的产品基础，广告决不能放过这个机会。企业要在顾客刚刚意识到，或者还没有清醒地认识到的时候，第一个把你的产品形象推到他们的面前。产品形象就是顾客的概念，是从顾客那里发展起来的。当你用广告把这种形象推到消费者面前时，他们会说：“这种新的东西正是我们需要的”。广告就是这样在人们的心智上产生影响的。

② 跟随者的定位策略。如果消费者的心智已经被第一位的品牌占领，那么跟进者要取得成功必须另辟蹊径，也就是要在消费者的心智空间寻找一个新的空位。这就需要“打破常规，反其道而行之”。只有如此，才能捕捉到常人不能捕捉到的东西。

具体来说，可以从以下几个方面实施跟随者定位策略。

- 大与小的变换。事物是辩证的，大有大的好处，小有小的优点。在广告策略上，反其道而行之，可能会收到意想不到的收获。
- 性别空隙。奠定一种产品的性别形象是稳定销售的一种好方法。但这并不等于说，在广告宣传手法上也应该完全地性别化。诉求的对象也并非完全是使用对象，有时由于两性之间的互相吸引，异性吸引宣传策略可能是十分有效的。在一些性别类产品中，广告策略要特别注意区分使用者、购买者和建议者的关系，诉求的方式要抓住产品的性别空隙。
- 年龄空隙。有些产品，不要试图让所有的人购买，即使所有的人都可以用，也不要这样做。产品形象的建立和发展，需要有一个时间过程。如奇瑞 QQ 车已明确地把目标对准了 20～30 岁的年轻新购车一族，收到了很好的效果。

营销案例　金龟车的小

美国的小汽车市场上，进口金龟车的市场定位策略成为反其道行之的广告经典范例。在底特律的厂家们正在极力宣扬其车子更长、更流线、更舒适、更高级的时候（他们的车子确实具有这些优势），金龟车并没有盲目地跟随其后，而是从人的心智出发，让人们想一想小的好处。他们的著名广告用语是：“Think small（想想小的好处）！”

该广告策略和诉求方式，产生了积极的反响。并不是金龟车上市之前，市场上没有小型汽车，小型汽车早已就有，但是他们却没有直截了当地大胆说出这种定位，而是试图把小说成大，与大型车直接相撞。

8.3.3 广告的设计与效果评价

1. 广告设计的基本原则

广告是商品经济发展的产物，生产的社会化、商品化程度越高，越离不开广告来沟通信息，广告已成为当今社会经济生活的重要组成部分。广告效果不仅取决于广告媒体的选择，还取决于广告设计的质量。高质量的广告必须遵循以下原则来设计：

（1）真实性原则

广告的生命在于真实。企业进行广告宣传，必须实事求是地向消费者介绍产品的特点和使用价值，切不可采取欺骗的手段，损害消费者的利益。虚伪、欺骗性的广告，必然会丧失企业的信誉。

（2）思想性原则

广告在传播经济信息的同时，也传播了一定的思想意识，必然会潜移默化地影响社会文化、社会风气。从一定意义上说，广告不仅是一种促销形式，而且是一种具有鲜明思想性的社会意识形态。因此，广告的语言编写和图画的绘制，必须符合党和国家的方针、政策、法律法规，反映社会主义的时代特色和道德风貌，成为精神文明的传播者。

（3）大众性原则

广告不是产品说明书，它受播放时间和刊登篇幅的限制，不允许有太长的解说。这就要求广告的文字、图画以及其他部分，都必须统一在特定的主题下，用最通俗和最鲜明的方式协调和谐地表达出来，力求文字简洁、语言精练、词语易记、图画清晰易懂，使消费者一听就懂、一目了然，并能在看后留下深刻的印象。另外，广告一切要围绕大众，为大众着想，站在大众的立场上去思考和行动。最后，广告必须向大众普及知识。

广告的大众性是广告产生社会效应的要求。广告不仅仅是广告制作人员或主创人员创意灵感的表现，而必须是将广告置于大众的评价系统氛围中，以社会上大多数或目标市场大多数的接受度来评价广告的优与劣。

（4）科学性原则

广告是随着社会、经济和传播技术的发展而产生和发展的，基于市场经济的规律和传播的科学规律而存在。广告工作者必须遵照科学的原理、手段、技术与方法对广告活动进行经营与管理，同时还必须充分运用现代的科学技术与手段，对广告从宏观和微观角度上进行定性与定量的科学研究，才会使广告事业产生应有的社会效益与经济效益。

（5）针对性原则

广告的构思必须富有创造性，在内容和形式上必须多样化，其总体应独具特色、吸引力强。切忌抄袭沿用，千篇一律，陈词滥调。对不同的商品、不同的目标市场要有不同的内容，采取不同的表现手法。只有设计美观新奇、构思精巧、具有特色、有针对性的广告才符合消费者的心理要求，从而吸引人们的注意力，促使其产生购买行为。

（6）艺术性原则

广告是一门科学，也是一门艺术。广告要运用新的科学技术，吸收文学、电影、戏剧、音乐、美术等艺术特点，精心设计、制作，把真实的、富有思想性、针对性的广告内容通过完善的艺术形式表现出来。广告的艺术性、真实性和思想性附加以价值，赋予生命力。广告的艺术形象越鲜明、越具有创造力，就越会感染社会公众，产生更大的广告效益。

只有符合上述要求的广告才能加大对消费者的心理刺激，取得尽可能好的广告效果。

营销视野　广告中的黄金白银法则

所谓黄金法则即3B法则，是指Beauty——美女，Beast——动物，Baby——婴儿；而白银法则则是指名人效应。

3B法则中运用最多的无疑为Beauty。

Beauty——爱美之心人皆有之，且美女广告利于操作，又最能引发人们的注意，吸引住眼球就等于成功了一半。你只要稍加注意就能发现，广告中50%以上都是美女的面孔。

Beast——基于人对大自然的亲近渴望，由动物来做广告容易消除受众与广告诉求之间的隔阂，让人产生亲近感，进而加强沟通，达到预期的效果。动物的活泼可爱通常能让消费者开心一笑，记住它最后就买它。

Baby——世界上最伟大的爱就是母爱，而广告人也抓住了这一点，让母爱的伟大也延伸到了商品上。

名人效应不仅是时尚，而且是古已有之。《战国策》记载古有一卖马商人，一马立于市，三天无人问津。后请伯乐看了一眼，马不仅立刻卖了，而且价格比原来高十倍，都是同一匹马呀，可见名人效应之大。广告中运用了艺术学、美学、逻辑学、行为科学、商品学等，但运用最多的是心理学。名人效应打的就是心理战，利用消费者对名人之名的信赖或是大众对名人的崇拜，对名人生活方式的向往，从而被名人的广告说服而购买。

2. 广告效果评价

在将广告信息传递给公众之后，广告工作的全程并没有结束。因为企业的宣传目的是否达到，效果如何，影响怎样，所支出的广告费用是否物有所值等都是未知数。因此，企业还需要对广告效果进行评价，以修正和改进广告目标和预算。

广告效果是指广告信息经由媒体向大众传播之后对社会的各个方面以及个人的心理及行动所产生的即时的或者是长期的综合性影响。它既包含着广告主所希望的经济效果、品牌传播效果等能够对企业效益提高的结果，也有对社会文化、语言、生活习惯的改变等连带的社会效果。广告效果可以表现为传播效果、销售效果和心理效果三个层面。

（1）传播效果

传播效果又称为“广告本身效果”，是指广告作品自身被消费者接触和认可的程度。传播效果的好坏可以直接体现广告作品的水平，也是检测广告效果的一个重要内容，影响传播效果的因素有很多。例如，广告定位是否准确、主题是否鲜明、语言是否具有感染力、表现手法是否得当、媒体组合是否合理等。传播效果是销售效果的前提。企业通过广告传播为产品制造、传播各种极具吸引力的概念，改变人们旧有的不利于产品销售的观念，或者传播企业经营理念，强化品牌形象，最终起到促进销售的作用。

（2）销售效果

销售效果是指广告活动促进商品（服务）销售额的提高，是对广告主来说最直接的效果，也是广告主开展广告运动的最终目标。广告的销售效果是企业广告活动最基本、最重要的效果，是广告效果测量的最客观的指标之一。广告销售效果在某些特定情况下也能反作用于广告的传播效果。例如，当某些产品进入了成熟期，取得了较大的市场占有率时，即使其广告费用适当减弱，传播效果也不会随之降低，因为产品本身也是一种传播媒介，当更多的产品被消费者购买之后，消费者自然会对该产品更加熟悉。

营销视野　广告销售效果的测定方法

企业在实施广告促销决策之后，会产生一定的销售效果，其销售效果测定方法有以下两种：

（1）销售额衡量法

这种方法就是实际调查广告活动前后的销售情况，以事前与事后的销售额之差作为衡量广告效果的指数，其计算公式为：

$$R=\frac{S_2-S_1}{A}$$

式中　R——每元广告效益；

S_2，S_1——广告发布后的平均销售额和广告发布前的平均销售额；

A——广告费用。

这种方法比较简便易行，但是如何除去广告效果以外的其他因素致使销售额增加的部分却相当困难。

为了弥补该法的缺陷，在实际销售效果测定中往往参照广告费比率和广告效率比率进行综合测定。

广告费比率=广告费/销售额×100%

广告效率比率=销售额增加率/广告费增加率×100%

（2）小组比较法

小组比较法是指将相同性质的被检测者分为三组，其中两组分别看两种不同的广告，一组未看广告，然后比较看过广告的两组效果之差，并和未看过广告的一组加以比较。通常将检测的数字结果用频数分配技术来计算广告效果指数，其计算公式为：

$$\mathrm{AEI}=\frac{1}{n}[a-(a+c)\frac{b}{b+a}]\times 100\%$$

式中　a——看过广告又购买该产品的人数；

b——看过广告未购买该产品的人数；

c——未看过广告但购买了该产品的人数；

n——被检测的总人数；

AEI——广告效果指数。

（3）心理效果

心理效果是指广告活动在消费者心目中所产生的影响程度，表现为广告活动对消费者的认知和心理方面的改变和影响。广告活动能够激发消费者对于产品的需求，唤起他们的购买欲望，使其产生行动，并且培养其对于品牌的信任和偏好。

广告对销售的促进不是一蹴而就的，而是通过消费者的认知、理解、购买逐步实现的。尽管企业关注最多的可能是广告的销售效果，但是缺少了对其他两个阶段的研究，广告的销售效果也是很难实现的。根据测试时间的不同，广告心理效果的测评可以分为事前测评、事中测评及事后测评三个阶段。广告活动实施前对广告心理效果的预先测评，是为了便于根据广告心理效果来调整作品和广告实施计划；广告活动进行过程中对广告效果的检测是为了便于尽早发现问题，并及时加以解决；广告活动实施后对于广告效果的评估，是为了便于考察整体广告活动是否达到了最初设定的目标。这三个部分构成了广告心理效果评估的三部曲。

营销视野　广告的心理效果四段论

目前，流行的广告的心理效果划分方法是四个阶段：广告到达效果、广告注意效果、广告态度效果和广告行动效果。

（1）广告到达效果

广告到达效果是指广告媒体与消费者的接触效果。通常以广告媒体的发行量和收视率、覆盖面等指标来评析。广告到达效果的评析可以为广告媒体的选择提供参考。

（2）广告注意效果

广告注意效果是指消费者收听、收看、阅读广告的程度。通常以广告的收听率、收视率、阅读率以及影响的范围等指标来评析。它也是衡量广告效果的标准之一。

（3）广告态度效果

广告态度效果是指消费者受广告影响所引起的对企业商品（服务）的情感和态度的变化。态度的变化是注意和行动的中间环节，是属于承上启下的关键环节，因此广告态度效果的评析是一项极受关注的内容。

（4）广告行动效果

广告行动效果是指消费者受广告影响所采取的购买行为。通常以销售额为评析指标，因此行动效果与销售效果在某种程度上是相同的。

3. 经典的汽车广告语

业内前辈曾做过这样的精辟论断：当今的汽车要开始闯荡市场，首先要备好三件东西：一副好身板，一个好名字，一条好广告语。这可谓当今汽车三宝。

世界标准。（凯迪拉克）

请空出车库等新车，1983 年型福特全垒打即将和你见面，买车请稍待。（福特）

一部足以改变您汽车价值观的新车。（福特）

生命中，有许多美好的事情值得追忆——福特天王星愿与您共同前进。（福特）

道奇，一场革命。（克莱斯勒道奇汽车）

如有能耐，与之较量。（克莱斯勒普利茅斯汽车）

路遥知马力，日久见丰田。（丰田）

宽敞、宁静、舒适……不但是完美的房车，更是理想的跑车。（丰田皇冠）

客从远方来，喜乘三菱牌。（三菱）

突破标准，新颖出众。（本田雅阁）

没看见日产车，千万别买车呀。（日产）

甲壳虫汽车每加仑汽油只能跑 30 公里，真不好意思，我们正在努力使其达到 40 公里。（大众甲壳虫）

如果有人发现奔驰牌汽车因发生故障而被修理车拖走的话，本公司将奉送一万美元。（奔驰）

当劳斯莱斯轿车以每小时60英里的速度行驶时，车内最大的声音来自于里面的电子钟。（劳斯莱斯）

身在雷诺，日行千里，仍不失法国人独有的浪漫胸怀。（雷诺）

不会使车主失去个性的私家车。（宝马）

菲亚特，革新驾驶之道。（菲亚特）

拥有法拉利车，圆企业家之梦。（法拉利）

无限动力，飞越纪元。（三星）

乘金杯客车，行金色旅程。（金杯）

开上小解放，潇洒走四方。（一汽）

扑向大地的自然之子。（奥迪）

优秀的车配优秀的你。（广州标致）

与您同途，为您效劳。（雪铁龙）

江铃江铃，车中精灵（江铃）

城乡路万千，路路有航天。（航天）

拥有桑塔纳，走遍天下都不怕。（上海桑塔纳）

奥拓，百姓车。（奥拓）

万事皆具备，成功靠东风。（中国东风）

走富康路，坐富康车。（富康）

走中国道路，坐奥迪汽车。（奥迪）

任它岁月悠悠，好车永远风流!（劳斯莱斯）

车到山前必有路，有路必有丰田车。（丰田汽车在中国的销售广告）

古有千里马，今有日产车。（日产）

8.4 营业推广

8.4.1 营业推广概述

1. 营业推广的概念

营业推广是指汽车企业运用各种短期诱因鼓励消费者和中间商购买、经销或代理企业产品或服务的促销活动。营业推广可有效地加速新产品进入市场的过程，有效地抵御和击败竞争者，有效地刺激购买者和向购买者灌输对本企业有利的信念，有效地影响中间商的购买活动。

2. 营业推广的主要特点

营业推广是刺激消费者迅速购买商品而采取的营业性促销措施，是配合一定的营销任务而采取的特种推销方式。它具有以下特点：

（1）方式灵活多样

营业推广活动根据针对的对象不同，可以分为两大类：第一类是面向消费者的，如赠品、奖券等；第二类是面向中间商的，如折扣、销售竞赛等。可以说，营业推广的方式多种多样，企业可根据具体产品的性能、顾客心理和市场状况等进行设计和调整。

（2）针对性强，效果明显

企业可根据需要有针对性地开展针对消费者、中间商、推销员的营业推广活动，调动相关人员的积极性。营业推广以“机不可失，时不再来”的较强吸引力，给顾客提供了一个特殊的购买机会，打破顾客购买某一产品的惰性，营业推广能以较小的花费，很快地、明显地在局部市场上收到增加销量的效果。它不像广告宣传和公共关系手段一样需要一个较长的时期才能见效。

（3）临时性和辅助性

营业推广虽然能在短期内取得明显的促销效果，但是它一般不能单独使用，常常要与其他促销手段相配合。销售促进方式的运用能使与其配合的促销方式更好地发挥作用。因此对企业来讲，人员推销、广告宣传属于常规性的促销方式，而营业推广则是一种非常规性的促销方式，它具有临时性和辅助性的特点，所以营业推广并不适合于形成产品的长期品牌偏好。

（4）容易引起顾客的反感

营业推广的一些做法常常会使顾客认为卖者有急于抛售的意图，过分渲染或长期频繁使用营业推广，容易使顾客对卖者产生疑虑，反而对产品或价格的真实性产生怀疑。因此，企业在开展营业推广活动时，要注意选择恰当的方式和时机，不然效果将适得其反。

由上可知，营业推广适用于一定时期、一定产品，而且推广手法需要审慎选择，否则就会失去营业推广的意义。

3. 营业推广的作用

（1）可以吸引消费者购买

这是营业推广的首要目的，尤其是在推出新产品或吸引新顾客方面，由于营业推广的刺激比较强，较易吸引顾客的注意力，使顾客在了解产品的基础上采取购买行为，也可能使顾客追求某些方面的优惠而使用产品。

（2）可以奖励品牌忠实者

因为营业推广的很多手段，如销售奖励、赠券等通常都附带价格上的让步，其直接受惠者大多是经常使用本品牌产品的顾客，从而使他们更乐于购买和使用本企业产品，以巩固企业的市场占有率。

（3）可以实现企业的营销目标

这是企业的最终目的。营业推广实际上是企业让利于购买者。它可以使广告宣传的效果得到有力的增强，破坏消费者对其他企业产品的品牌忠实度，从而达到本企业产品销售的目的。

8.4.2 营业推广策略

营业推广包括对消费者进行营业推广、对中间商进行营业推广、对推销人员进行营业推广三种策略，每种策略又有多种形式。企业在营销活动中应根据市场情况、政策、法规、企业性质、产品特点、销售情况等选择适当的营业推广策略。

1. 面向消费者的营业推广策略

（1）店堂促销

店堂促销是汽车营业推广的基本形式。对于消费者来说，销售店堂作为外在的环境刺激，必然会引起他们的心理和行为反应。显然，营业场所的外在形象和内在设施等，如同汽车的造型和颜色等，也是非常“文雅的劝说者”，具有微弱而强劲的促销作用。市场营销学的研究发现：消费者的购买决策，2/3 以上是在购买现场临时做出的。其中，40%以上的人是受了商品陈列的影响。可见，销售环境是影响产品销售的因素。对此，有人曾经提出了店堂经营的“十大原则”，如地利原则、经济原则、方便原则、快乐原则、效率原则等。仅从销售环境的角度来看，产品陈列、店堂色彩、店堂音响、服务设施等，都是影响产品销售的因素。视觉心理学的研究发现，人们的视觉感受不但与视角有关，而且会受到空间结构的影响。对于不同的结构形式，人们往往会产生大小、高低、宽窄、远近等不同的感觉。同时，感觉心理学的研究还发现，各种色彩的光波不同，人们的生理和心理感受也会不同，从而使不同的色彩搭配产生不同的情绪反应。

营销案例　大众汽车公司在德国的营业推广

大众汽车公司在德国的 4000 多个经销店和服务站，都可以随时接受用户订车。宽敞明亮的展厅、醒目的指示牌、齐全的产品样本和价目表、布置得体的洽谈室以及考虑周到的停车场，为顾客创造了良好的购车环境。在那里，顾客不仅可以喝上可口的咖啡、热茶，而且顾客的小孩还可以到展厅的游戏角去尽情玩耍。经销商给用户提供全方位的服务，服务项目包括旧车回收、二手车交易、维修服务、提供备件、附件销售、车辆租赁、代办银行贷款、代办保险、车辆废气测试、顾客紧急营救等。经销商的销售业务有现货即期和远期交易两种。对于现货购买，用户一般在两三天内即可得到汽车，而且注册牌照等手续也代为办妥，对于想购买装有各种特殊装备的顾客，经销商通过计算机订货系统查询后，向顾客提供价格、交货期等详细情况，一切购车手续在几分钟之内即可完成。用户在合同上签字后，经销商即向大众公司订货，安排生产交货期一般为六周，客户订的车辆在生产线上一直被监控着，经销商随时可查看该车的生产进度。

（2）服务促销

通过周到优质的服务，使客户得到实惠，在相互信任的基础上开展交易是国内外汽车公司普遍推行的做法。对于汽车产品，因其特殊性，客户对优质服务的要求也就越高。在产品同质的情况下，客户往往选择能提供优质服务的商家。

营销案例　宝马的服务促销

宝马（BMW）汽车公司在世界各地的销售商都必须就 BMW 车的买卖、选型、运转功能、成本、保险甚至车用移动电话等特殊装备的细节问题，向用户进行内容广泛而深入的答疑和咨询服务。BMW 公司十分重视对中间商就用户的特殊服务和全面服务进行培训。除了境内众多的培训中心外，BMW 在近东、远东以及拉美都建有培训点。由于销售商直接与用户接触，BMW 认为销售商就是 BMW 的形象代表，经常对用户展开有奖调查，以发现销售商是否符合 BMW 的要求。BMW 还设有 24 小时巡回服务，行驶在世界各地的 BMW 车，一旦出现故障，只要一个电话，就近的巡回车就会赶到现场迅速排除故障。BMW 还对用户报废车进行回收，建有拆卸旧车试验场，既为用户带来了好处，又符合环保要求。

(3) 有奖销售

有奖销售是指通过抽奖、赠送奖品的形式销售产品。企业希望利用这种形式能有效地刺激购买欲望，提高产品销量。例如，长沙某汽车 4S 店，推出了“购车送导航仪”的促销活动，即每购一辆车送一台导航仪，还有机会抽到彩电、手机等奖品，售车数量激增。

(4) 分期付款与低息贷款

针对用户购车资金不足，除租赁租借销售方式外，分期付款和低息贷款也是汽车促销的重要方式。分期付款是用户先支付一部分购车款，余下部分则在一定时间内分期分批支付给销售部门并最终买断汽车产权；而低息贷款则是用户购车前先去信贷公司贷足购车款，然后再购车。用户的贷款由用户与信贷公司结算，汽车销售部门则在用户购车时一次收清全部购车款。信贷业务与汽车销售业务相互独立。信贷公司既可以由企业、中间商或银行分别兴办，也可以由他们联合兴办。

(5) 价格折扣与保证策略

价格折扣促销是指在一些特殊的时间（如淡季、重大节假日等）给购车者一定的价格优惠，或给一些特殊的客户以一定的价格优惠。例如，给一次付清购车款的客户 2%或更多的优惠等，其目的是刺激客户的购买欲望。

营销案例　克莱斯勒公司折价促销

克莱斯勒公司曾经采用折价促销的方法取得了非常好的效果。

克莱斯勒公司印制了烫金边的精美礼券寄给 40 万名经过筛选的老克莱斯勒用户，并附加由该公司总裁署名的一封信。为感谢他们在该公司黑暗时期鼎力相助购买克莱斯勒汽车，特赠礼券一张，凡购克莱斯勒任何车种的汽车，均可抵 500 美元。该公司发言人称：此次促销活动极为成功。仅几个月内，销售量较前一年同期增长 30%，据估计共有 13 万辆克莱斯勒汽车受此次促销活动影响而顺利售出。

价格保证则是针对购买者持币待购，处于观望心理而推行的促销方法。公司对购买者发放“价格保证卡”，如果公司的产品在保证期限内出现了降价，那么客户可持卡去公司领取当时价格与购买价格的差额。这样就可以消除客户持币待购的现象，打破销售的沉闷局面。

(6) 订货会与车展促销

订货会是促销的一种有效形式，可以由一家企业举办，也可以由多家企业联办，或者由行业及其他组织者举办。订货会的主要交易方式有：现货交易（含远期交易），样品订购交易，以及进出口交易中的易货交易、以进代出贸易、补偿贸易等。

车展也是营业推广的有效形式，通过车展可起到“以新带旧”、“以畅带滞”的作用。同时，企业在车展期间，一般给予购买者优惠，短期促销效果很明显。

(7) 以旧换新

以旧换新销售方法在汽车业发达国家十分流行。这种方法是汽车公司销售网点收购用户手中的旧车（不管何种品牌），然后将公司的新车再卖给用户，两笔业务分别结算。公司将收来的旧车经整修后，再售给那些买二手车的顾客。此种销售方法能满足用户追求新异的心理，又能保证车辆的完好技术状况，有较好的经济和社会效益。

营销案例　丰田汽车驾驶学校

对汽车最终用户的促销方式还有多种，尤其值得一提的是，汽车营销者应注重培育潜在市场和挖掘潜在需求，即创造需求，不断地为企业开辟更广阔的市场。例如，神谷正太郎针对 20 世纪 80 年代很多日本人不会开车的事实，在丰田销售公司创办了汽车驾驶学校，任何人都可以去那里免费学习汽车驾驶技术，这一举措吸引了不少的驾驶技术学习者。凡来参加学习的人员，不仅很快学会了驾驶技术，而且培育了驾驶乐趣和爱好，强化了他们的汽车理论和占有欲望，不断地为丰田汽车培养了忠诚的客户。

2. 面向中间商的营业推广方式

上述对最终用户的促销方式，有些方式也可用于对中间商促销，如会议、展销、价格保证等促销方式。从总体上讲，生产企业对中间商的促销一般应围绕给予中间商长远的和现实的利益进行，具体方式还有以下几种。

（1）现金折扣

现金折扣是指如果中间商提前付款，可以按原批发折扣再给予一定折扣。如按规定，中间商应在一个月内付清货款。如果中间商在 10 天内付清款项，再给予 2%的折扣；如在 20 天内付清款项，则只给予 1%的折扣；如超过 20 天，则不再给予另外折扣。显然，这种促销方式有利于企业尽快回收资金。

（2）数量折扣

数量折扣是指对于大量购买的中间商给予的一定折扣优惠。购买量越大，折扣率越高。数量折扣可以按每次购买量计算，也可以按一定时间内的累计购买量计算。在我国，通常称为“批量差价”。有些汽车公司还根据中间商的合作程度给予不同折扣，如我国某汽车公司曾与经销商和用户建立了一种利润共享、风险均担的机制。

（3）折让

企业提供折让，以此作为中间商以某种方式突出宣传其产品的补偿。广告折让用以补偿为企业的产品做广告宣传的中间商；陈列折让则用以补偿对产品进行特殊陈列的中间商。例如，一汽大众对其产品的专营公司免费提供广告宣传资料，以成本价提供捷达工作用车，优先培训等。

（4）交易会或博览会

企业可以通过举办或参加交易会或博览会的方式来向中间商推销自己的产品。由于交易会或博览会能集中大量的优质产品，并能形成对促销有利的现场环境效应，对中间商有很大的吸引力，所以它们能成为企业很好的营业推广机会和有效的促销方式。

（5）竞赛与演示促销

企业在同一个市场上通过多家中间商来销售本企业的产品，并定期在中间商之间开展销售竞赛，在事先控制好的促销预算约束下，对销售业绩优胜的中间商给予一定的奖励，如现金奖励、实物奖励或给予较大的数量折扣。开展销售竞争有利于鼓励中间商加倍努力完成规定的销售任务。演示促销可以提供现场证明，增强客户的信任感，激发购买欲望等。还可以用汽车产品举办汽车拉力赛，将竞赛与演示结合起来。企业可以利用这些比赛充分展示企业产品的性能、质量和企业实力，以建立和保持产品形象和企业形象。

3. 面向推销人员的推销方式

面向推销人员的推销方式主要有鼓励购买“自家车”。国外汽车公司普遍对自己的职员优惠售车，他们将此种方式称为购买“自家车”，并以此唤起职工对本公司的热爱感，激发职工的责任感和荣誉感，较好地将汽车销售与企业文化建设结合起来。例如，大众公司规定本公司职工每隔九个月可以享受优惠购买一辆本公司的轿车，每年大众公司以此种方式销售的汽车近 10 万辆。近年来，我国部分轿车公司也在推进这种销售方式，加快轿车进入家庭的进程。

总之，企业无论对哪种对象展开促销活动，都应根据具体情况，综合运用各种促销组合策略，并在实践中不断地创造有效的促销方式，为企业的市场营销增添新的特色和内容。

8.4.3 营业推广设计应注意的事项

营业推广是一种促销效果比较显著的促销方式，但倘若使用不当，不但不能达到促销的目的，反而会影响产品销售，甚至损害企业的形象。因此，在营业推广的设计过程中应注意以下问题：

（1）确定适合的推广目标

汽车企业在利用营业推广手段时，应根据企业的营销目标来确定营业推广的目标，如争取新顾客，扩大市场份额，或是鼓励消费者多购，扩大产品销量，或是推销落后产品，延长产品生命周期。同时，营业推广的目标要与整合营销的其他方面结合起来考虑，相互协调配合，然后依据推广目标制订周密的计划。

（2）确定合适的推广费用

营业推广是企业重要的促销形式。通过营业推广可以使销售额增加，但同时也增加了费用。企业要权衡推销费用与营业收益的得失，把握好费用与收益的正确比值，从而确定促销的规模和程度。

（3）选择适当的推广方式

营业推广的方式很多，且各种方式都有其各自的适应性。选择好的营业推广方式是促销获得成功的关键。一般来说，在选择营业推广方式时，应考虑产品的性质，各种方式的特点以及推广对象的接受习惯等因素。

（4）确定合理的推广期限

汽车产品的需求具有明显的季节性，企业的营业推广活动应安排在汽车销售的旺季。营业推广时间安排须符合整体营销战略，与其他活动相协调，应利用最佳市场机会，确定适当的推广期限。时间过短，可能遗漏许多潜在顾客；时间过长，开支的费用过大，还会引起消费者对产品质量、价格的怀疑，降低品牌吸引力或品牌形象，从而削弱推广的效果。

（5）选择合理的推广地点

开展营业推广应尽可能选目标消费者常去或聚集的地方，以使更多的目标消费者参与到企业推广活动中来。

（6）进行营业推广评价

营业推广的效果体现了营业推广的目的。每次营业推广后，企业应及时总结，对实施效果进行评估，总结推广经验。评价推广效果的一般方法有：比较法（即比较推广前后销售额的变动情况)、顾客调查法、实验法等。企业可以通过这些方法取得营业推广的成果资料，并与推广目标和计划进行分析比较，肯定成绩，找出问题，以便控制和调整营业推广过程，实现推广目标。

8.5 公共关系

良好的企业形象是企业的宝贵财富，汽车企业作为一种社会组织，可以利用公共关系协调企业与社会公众的关系，给企业和产品塑造出颇具魅力的形象，以引起顾客的好感，提高经营管理水平和决策能力，为自己创造有利的营销环境。

8.5.1 公共关系概述

公共关系是一门研究如何建立信誉，从而使企业获得成功的学问。

1. 公共关系的概念

公共关系简称公关，是指企业有计划地、持续不断地运用各种沟通手段，争取内、外公众谅解、协作与支持，建立和维护良好形象的一种现代促销活动。可从以下几个方面来理解公共关系的丰富内涵：

（1）公共关系是一种关系状态

企业是一种社会组织，不可能离开社会而独立存在，不可避免地要与社会各界发生各种交往关系。汽车企业要想生存与发展，就必须采取有计划的行动和策略处理好这些纵横交错的关系，以赢得社会公众的理解、好感和喜爱。创造良好的公共关系状态，防止公共关系状态的恶化，是每个组织公共关系的任务。

（2）公共关系是一种观念

公共关系观念是一种影响和制约着组织的政策和行为的经营观念和管理哲学。它渗透在管理者日常工作的各个方面，成为引导组织行为的一种准则和价值观，指导各项工作健康的发展。

（3）公共关系是一种传播手段

公共关系不是一种一般意义上的工作或活动，而是一种以传播为手段的工作或活动，是一种运用传播手段使组织与公众互相适应的活动。公共关系的发展是和传播技术的发展紧密相连的。

（4）公共关系是一种活动

从动态来看，公共关系是一种活动。即一个企业为了创造良好的社会环境，争取公众支持，建立和维护良好形象而开展的公共关系活动。当汽车企业发现公共关系的客观存在，这种公共关系的状态优劣关系到企业的生存和发展时，便会有意识地、自觉地、有计划地采取各种手段开展公共关系活动，改善公共关系状态，充分发挥公共关系在成就事业方面的积极作用。公共关系只有在活动中才能体现出来，组织之间、成员之间也只有在相互交往的活动中才能体现出彼此之间的关系。

（5）公共关系是一种艺术

公共关系是一门帮助组织建立良好信誉、塑造美好形象的艺术，是一种如何通过人的创造性工作去求得组织内外“人和”的艺术。讲求艺术性和技巧是公共关系的生命力所在。

营销视野　国外学界对公共关系的定义

“公共关系”一词来自英语 Public Relations，简称 PR。它由 Public 和 Relations 两个英语单词组成，包含着两层意思：Public 意为公众的、公共的、公立的、公众事务的；Relations 为名词，意为关系、交往等。关系被复数所限定，表明它只能是在复杂的交往中体现出来的多种关系。这种关系可能是直接关系，也可能是间接关系；可能是单向关系，也可能是双向乃至多向关系。关系被定语 Public 所限定，表明它只能是组织在复杂的社会交往中与各类公众及公众群体之间所建立起来的非个体、非秘密、非私人的关系，这种关系具有公众性、公开性、社会性等特点。Public Relations 译为“公众关系”较为贴切，因为它是站在一个固定的角度——组织，来分析其所面临的各种关系的。不同的组织，由于其生产、经营及服务的特点不同，拥有不同的公众对象，从而形成不同的公众关系。但在中国译为“公共关系”已约定俗成并广为流传了。公共关系作为一种社会关系和社会现象有着悠久的历史。它主要是一种人与人之间的关系，并具有双向配合性，表现为公共关系主体为了自身的根本利益或特定利益而追求沟通、理解和支持、建立人与人之间良好关系的过程。随着社会的不断发展，人们对公共关系的作用日益重视，到了 20 世纪中叶，国际上成立了国际公共关系协会，公共关系逐步为企业界所接受，成为一种促销手段。

1）1976 年，美国公共关系研究和教育基金会资助莱克斯·哈罗博士（Rex Harlow）在收集和分析了 472 种定义后对公共关系所下的定义是：“公共关系是一种特殊的管理职能。它帮助一个组织建立并保持与公众之间的交流、理解、认可与合作；它参与处理各种问题和事件；它帮助管理部门了解民意，并对之作出反应；它确定并强调企业为公众利益服务的责任；它作为社会趋势的监测者，帮助企业保持与社会同步；它使用有效的传播技能和研究方法作为基本工具。”作为一条功能性的定义具有一定的代表性，它比较详细地说明了公共关系的主要功能和作用。

2）美国学者卡特利普和森特（Scott M.Cutlip 和 Allen H.Center）认为：“公共关系是这样一种管理职能：它确定、建立和维持一个组织与决定其成败的各类公众之间的互益关系。”

3）英国著名公关学家弗兰克·杰夫金斯认为：“公共关系就是一个组织为了达到与它的公众之间相互了解的确定目标，而有计划地采用一切由内核向外传播的沟通方式的总和。”

4）国际公共关系协会 1978 年发表的《墨西哥宣言》称：“公共关系是一门艺术和社会科学。它分析趋势、预测后果，向机构领导人提供意见，履行一系列有计划的活动，以服务于本机构和公众的共同利益。”

5）美国普林斯顿大学的资深公关教授蔡尔兹（H.L.Chils）认为：“公共关系是我们所从事的各种活动、所发生的各种关系的统称。这些活动与关系都是公众性的，并且都有其社会意义。”

2. 公共关系的特征

（1）形象至上

在公众中塑造、建立和维护组织的良好形象是公共关系活动的根本目的，这种形象既与组织的总体有关，也与公众的状态和变化趋势直接相连。这就要求组织必须有合理的经营决策机制、正确的经营理念和创新精神，并根据公众、社会的需要及其变化，及时调整和修正自己的行为，不断改进产品和服务，以便在公众面前树立良好的形象。可以说，良好的形象是组织最大的财富，是组织生存和发展的出发点和归宿，企业的一切工作都是为了顾客展开，失去了社会公众的支持和理解，组织也就没有存在的必要了。

（2）沟通为本

在现代社会，社会组织与公众打交道，实际上是通过信息双向交流和沟通来实现的。正是通过这种双向交流和信息共享过程，才形成了组织与公众之间的共同利益和互动关系。这是公共关系区别于法律、道德和制度等意识形态的地方。在这里，组织和公众之间可以进行平等自愿的、充分的信息交流和反馈，没有任何强制力量，双方都可畅所欲言，因而能最大限度地降低不良的副作用。

（3）互惠互利

利益从来都是相互的，没有一厢情愿的。对社会组织而言，只有在互惠互利的情况下，才能真正达到自身利益的最大化。组织的公共关系工作之所以有成效、之所以必要，恰恰在于它能协调双方的利益。通过公共关系，可以实现双方利益的最大化，这也是具备公关意识的组织和不具备公关意识的组织的最大区别。

（4）真实真诚

追求真实是现代公共关系工作的基本原则，自从“现代公关之父”美国人艾维·李提出讲真话的原则以来，告诉公众真相便一直是公关工作的不二信条。尤其是现代社会，信息及传媒手段空前发达，这使得任何组织都无法长期封锁消息、控制消息，以隐瞒真相、欺骗公众。公关人员应该实事求是地向公众提供真实信息，以取得公众的信任和理解。

（5）长远观点

由于公共关系是通过协调沟通、树立组织形象、建立互惠互利关系的过程，这个过程既包括向公众传递信息的过程，也包括影响并改变公众态度的过程，甚至还包括组织转型，如改变现有形象、塑造新的形象的过程。这种过程不是一朝一夕就能完成的，必须经过长期艰苦的努力。因此，在公共关系工作中，公共关系组织和公关人员不应计较一城一池的得失，而要着眼于长远利益，只要持续不断地努力，付出总有回报。

3. 公共关系的职能

公共关系与广告宣传、营业推广的基本职能都在于传递信息，都要利用传播媒介和传播技术进行信息沟通。但是，公共关系又与其他促销手段有所不同，并且其职能也不仅局限于促销。

（1）树立形象，争取信任

塑造良好的组织形象是公共关系的第一个基本职能。组织形象是一个组织向社会介绍自己的名片，是社会公众对一个组织在各种环境下的行为的总体评价，是一个组织信誉和声誉的延伸。有一篇文章曾写道：“在一个富足的社会里，人们都已不太斤斤计较价格，产品的相似之处又多于不同之处。因此，商标和公司形象变得比产品的价格更为重要。”一个组织（或企业），一旦在公众的心目中树立起了良好形象，就能得到公众的信任和支持，增强组织的发展能力和竞争能力，就会给它带来旺盛的生命力。

营销案例　上海通用汽车的公共关系活动

通用很善于利用公共关系活动塑造企业形象。2001 年 2 月，全国人民都在关注国际奥委会考察团来北京，别克被选用为考察团的专用车。那个时候在北京，只要看到一队别克车开过来，就知道国际奥委会的考察团来了。通用希望在情感诉求的层面上，让别克更多地和人们关注的一些事件能更紧密地结合在一起。此后，通用再接再厉组织了一系列公共活动，如800辆别克车服务APEC会议；以“演绎动感梦想，体验先锋艺术”为主题的“别克2001艺术车绘”等。上海通用成为国内汽车行业的“优秀企业公民”，不仅赞助了中国奥委会、北京奥申委、第九届全运会等，还为西部捐资兴建了12所希望小学。

上海通用精益生产体系五大原则之一——“质量是制造出来的”。在这里，强调的是对过程的重视，通过保证每个环节的质量来保证最终的质量，而不是最后通过检验找出缺陷。在上海通用，人人都会背诵质量“三不主义”，即“不接受、不制造、不传递”缺陷。工人有权力拒收有问题的零部件，而没权力把工作中的缺陷传递到下道工序。另一条更为紧密的小“客户链”在内部流动：各个工位之间互为客户和供应商的关系，作为客户，可以不接受自己供应商即上一道工序的缺陷产品；同时，作为下一道工序的供应商，必须提供质量合格的产品。

通用认为，售后服务是品牌形象的重要组成部分，也是产品性价比的有机组成部分。在越来越成熟的汽车市场，消费者意识到售后服务所代表的使用成本、使用便利成本等指标将会成为性价比中的重要参数。通用的售后服务体系中有一点引人注目：每季度都委托第三方咨询公司对全国的售后服务中心进行用户满意度调查，每季公开，同时派专人团队分析用户服务中心的差距，并根据调查报告制订一个反映计划，然后辅导售后服务中心，以用户满意为标准进行整改。

（2）促进联系，协调发展

公共关系作为社会组织与公众之间的交流工具和手段，其重要目的就是要在社会组织与公众之间建立联系，并使这种联系得以巩固。通过这种紧密联系达到沟通组织与公众之间的信息交换，达到增进组织与公众之间相互了解的目的。

公共关系是沟通组织内外关系的桥梁，是协调组织内外关系的润滑剂。“内求团结、外求发展”这八个字较好地概括了公共关系协调内外关系的职能。“内求团结”就是要通过公关工作，创造团结和谐的组织条件和内部气氛，使所有员工互相协作、共同奋斗；“外求发展”就是通过公关工作，积极开展对外活动，促进组织与其外部关系的协调，促进组织与外部公众的密切联系和广泛合作，为组织各项事业的发展创造一个良好的外部环境。

（3）采集信息，了解变化

信息是一种战略资源，是一种竞争力。公共关系通过调查研究，了解社会环境、政策方针、公众舆论，对组织形象的变化做到心中有数，为有关组织生存、发展、决策的制订提供科学、准确、及时的参考依据。公共关系是一个社会组织（或企业）决策的信息源。只有通过公共关系，及时不断地收集各种内外信息，才能使组织和公众之间更好地沟通、协调，才能使组织的决策者在决策之前充分了解和掌握各方面的情况和变化，使组织的各项决策更加具有科学性。

（4）排忧解难，沟通畅导

公共关系的任务和职能从争取公众的理解和支持这一角度来看，有两方面的含义：一是指预防组织与公众之间发生摩擦和纠纷；二是指一旦发生了公共关系纠纷，就通过公共关系功能，经过与公众充分的交流、沟通，使组织与公众之间相互理解，化解矛盾，减少摩擦，并使组织得到公众更广泛、更真诚的支持。公共关系纠纷，一害组织，二害公众，三害社会。作为一个社会组织，妥善防范和及时解决这些纠纷是与其命运攸关的事情。随着社会和经济的发展，现代组织（或企业）面临的各种社会关系不仅日趋复杂，而且处于不断变化之中，这就难免会出现影响甚至损害组织形象的这样或那样的问题。问题发生以后，面对社会公众的误解和埋怨，面对组织声誉蒙受的损失，如果能及时通过公共关系沟通畅导，就能使组织挽回形象，化险为夷，转危为安。因此，作为公共关系的一个重要职能，就是要想方设法地为组织解除各种矛盾纠纷，处理各种危机事件，挽回组织形象。

汽车企业作为一种社会组织，不仅可以利用公共关系手段协调企业与社会公众的关系，为自己创造有利的营销环境，而且还可以以公共关系为手段，直接帮助塑造企业及其产品的形象，以刺激顾客对企业产品的需求，达到促进产品销售的目的。

8.5.2 公共关系的执行原则

（1）真实性原则

公共关系的真实性原则是指汽车企业开展公共关系工作时，要以事实为基础，据实、客观、公正、全面地传递信息，沟通情况。因为汽车企业公共关系旨在沟通企业与社会公众之间的联系，其职能之一是通过信息传播和交流来树立良好的企业形象。因此，信息的真实、准确就成为企业公共关系工作获得成功的基本前提。

（2）平等互利原则

平等互利原则是指企业与公众平等相处，共同发展，利益兼顾。企业公共关系是为企业既定目标和任务服务的，但这种服务要以一定的道德责任为前提，以利他的方式“利己”，只有“利他”才能“利己”。公共关系强调主体与客体的平等权利和义务，尊重双方的共同利益和各自的独立利益，信守企业与公众共同发展、平等互利的坚定信念。如果企业在相互交往中损人利己，为满足自身的眼前利益而损害公众利益，不顾信誉，不顾形象，就毫无公共关系可言。

（3）整体一致原则

公共关系的整体一致原则是指企业从社会全局、企业全局的角度，审视公共关系工作，评价其经济效益，明确自身的责任和义务，迎合公众的长远利益和根本利益。

一个企业要保证自己的长远利益，求得自己的稳定发展，就必须顾及社会整体利益。只有取得公众和其他社会组织的支持与合作，才能取得利润、获得发展，并在竞争中取胜。注重社会整体利益也是公共关系职业道德的基本要求。这一原则对企业公共关系工作的指导集中体现在对公众负责、对社会负责上。所谓对社会负责是指企业不仅要考虑本身的经济效益，而且要站在全社会的高度考虑社会的整体利益。因为每个企业都是社会的一个成员，离开了社会就无法生存，所以企业应该担负起社会责任，履行其社会义务。

（4）全员公关原则

全员公关是指企业的公共关系工作不仅依靠公关专门机构和专职人员的努力，还要依靠企业各个部门的密切配合和全体员工的共同关心和参与。企业必须强调全员公关原则，即要求全体成员都要树立公关意识，共同关注和参与公共关系工作，并做出贡献，共同推动企业公共关系目标的实现。

树立企业形象不是企业哪一个员工的事，也不是某一个部门能够完成的工作。企业形象是通过企业所有人员的集体行为表现出来的，是企业内个人形象的总和。每一名企业员工与外界交往时，都是企业形象的一个载体。他们的活动都体现了企业的整体形象和风貌，因此企业的每位成员在对外交往时，都必须注意自己的形象，从而维护企业的整体形象。

8.5.3 公共关系活动的策略

公共关系从实质上来说，就是运用各种传播手段，来沟通企业与社会公众之间的信息联系，求得公众的了解、理解、支持与合作，以履行公共关系职能，实现公共关系塑造企业形象、促进商品销售的目标。现代企业公共关系活动的开展可谓丰富多彩，其具体活动策略主要有以下几种：

（1）创造和利用新闻

通过新闻媒介向社会公众介绍企业及产品，不仅可以节约广告费用，而且由于新闻媒体的权威性和对象的广泛性，使它比单纯的产品广告的宣传效果更为有效。企业公共关系部门可以编写企业的有关重要事件、产品等方面的新闻，或举办活动，或举行记者招待会创造机会以吸引新闻界和公众的注意，扩大影响，提高知名度。例如，日本丰田汽车公司每年举办“丰田杯”足球赛，对提高丰田公司在全世界的知名度有很大的作用。

营销视野　创造和利用新闻的主要方式

创造和利用新闻的主要方式如下：

① 撰写新闻稿件。由新闻传播媒体报道企业具有新闻价值的政策、背景活动和事件等，如每天在《中国交通报》、《中国汽车报》等各类报刊上出现的各类介绍、宣传企业及产品的文章都属于此类。比较典型的有“反败为胜的艾柯卡”、“奔驰汽车的故事”、“一汽汽车质量万里行”等。

② 举办记者招待会。这是搞好与新闻媒体关系的重要手段，也是借助于新闻工作者之手传播企业各类信息，争取新闻界客观报道的重要途径。

③ 邀请记者或其他知名人士参观企业，加深他们对企业及产品的印象，并进行评述。例如，丰田汽车公司在推出丰田2号新型车时就采用了此类方法。

④ 制造新闻事件。许多著名的企业不仅重视发现新闻，而且善于制造新闻。有目的地制造出来的新闻，常常能在新闻界引起轰动，而且能引起公众的强烈反应。

⑤ 编写影视剧本，参与影视剧的制作。通过与影视界的合作，将企业的过程编写成影视剧本，可以提高企业的社会形象，加深社会公众的了解，如一汽的“解放”、江铃的“红泥河”等。

（2）开展各项活动

这是以改善形象为目的的公共关系活动。作为社会的一员，企业有义务在正常的范围内参与社会公益事业和赞助活动。通过各种有意义的赞助活动，可以树立企业关心社会公益事业的良好形象，培养与有关公众的友好感情，从而增强企业的吸引力和影响力。例如，一些汽车公司给灾区人民、“希望工程”和老少边地区捐赠汽车等活动。此外，还可以举办产品和技术方面的展览会、研讨会、交流会、企业峰会、演讲会、有奖比赛、纪念会、开幕式或闭幕式等，引起广大公众对企业和产品的注意，提高企业及产品声誉。现在许多世界著名的汽车公司，十分注重在中国的公共关系工作。例如，在中国举办的多次汽车展览会上，许多大型国际汽车公司都展现了他们的优良汽车产品和技术实力，对提高他们的产品和企业在中国的声誉有着巨大的作用。

营销案例　社会公益活动和社会福利活动

企业通过参与各种社会公益活动和社会福利活动，能协调、改善与社会公众的关系，树立“好公民”的形象，这是一种日益流行的公关活动，如向贫困地区捐献车辆，为某项社会活动提供交通工具，资助各种社会慈善事业、教育事业和重要节日等。这类活动的效果虽然具有间断性，但它的宣传效果却很好，不仅能赢得受益者的好感，而且能引起新闻界的关注，制造新闻热点。例如，丰田汽车公司为了改善美国人对日本汽车大量涌入的不满情绪，利用各种机会向美国各类消费者组织、社会福利机构捐赠，还为13位美国中学生提供在日本学习的奖学金。丰田公司这一做法，有助于消除美国人对日本汽车的反感，改善相互关系。

（3）编写和制作各种宣传材料

宣传材料包括公众喜闻乐见的与企业有关的刊物（小册子、画片、传单、年报等）或介绍企业和产品的业务通信、录像带、幻灯片或电影等。这些资料精美华丽、图文并茂，在适当的时机可以向目标顾客及有关社会团体、社会公众散发，可以吸引他们认识和了解企业，扩大企业的影响。但这种形式受宣传资料散发或影响的范围限制。

（4）借助公关广告

通过公关广告介绍，宣传企业，树立企业形象。公关广告的形式和内容可以概括为五类：①致意性广告，即向公众表示节日欢庆、感谢或道歉等，这类广告在每年的公众节日里最为常见；②倡导性广告，即企业首先发起某种社会活动或提出某种新观念；③解释性广告，即企业就某方面的情况向公众介绍、宣传或解释；④赞助性广告，即企业通过赞助某项社会活动，以扩大企业的影响和知名度，如每年一度的“丰田杯”等；⑤服务性广告，即企业通过有计划、有组织地为用户提供服务，来引起公众对企业及其产品的兴趣和关心，如“xx汽车服务月活动”等。

8.5.4　公共关系促销决策的过程

在考虑如何和何时使用公共关系时，管理层应当制订公共关系目标，选择公共关系主题及载体，实施公共关系计划，评估公共关系结果。

（1）确定公共关系促销目标

营销人员应为每一项公共关系活动制订特定的目标，如建立知名度，建立信誉，激励推销人员和经销商，降低促销成本等。一般来说，公共关系费用要比广告费用低，公共关系越有成效，越能节省广告费用和人员推销费用。

（2）选择公共关系信息和公共关系方法

目标确定后，公共关系人员就要鉴别或拟定有趣的题材来宣传。公共关系主题要服从企业的整体营销和宣传策略。公共关系宣传词要与企业的广告、人员推销、直销和其他宣传工具相结合。公共关系的方法要服务于企业的整体营销目标。

（3）实施公共关系促销计划

实施公共关系计划要求有认真谨慎的态度，当公共宣传包括了各种层次的特别事件（如纪念性宴会、记者招待会、全国性竞赛等）时，就需要格外认真。公共宣传人员需要有细致认真的态度、灵活处理各种可能情况的能力。

（4）评估公共关系活动的效果

公共关系对于促进销售的效应不像其他促销手段那样容易立竿见影，但是一旦产生效应，其作用将是持久和深远的，对于企业营销环境的根本改善能发挥特殊的效应，是企业促销策略组合中不可忽视的重要策略。由于公共关系常与其他促销工具一起使用，故其使用效果很难衡量。

营销视野　公共关系的效果衡量

汽车市场营销公共关系的效果常通过展露度、公众理解和态度情况、销售额和利润贡献三个方面来衡量。

① 展露度。展露度是指计算出现在媒体上的展露次数和时间，可以了解宣传报道的影响范围。这种方法简单易行，但无法真正衡量出到底有多少人接受了这一信息及对他们购买行为的影响。

② 公众理解和态度情况。这是指由于公共宣传活动而引起公众对汽车产品的品牌理解、态度方面的前后变化水平。

③ 销售额和利润贡献。公共关系通过刺激市场、同消费者建立联系，把满意的消费者转变成品牌忠诚者，提高了销售额和利润。计算销售额和利润贡献率是衡量公共关系效果最科学的方法。

但是，公共关系活动往往与其他促销活动是同时进行的，因此任何方法都很难准确地评估公共关系的效果，只能是一个估计数字而已。

总之，企业公共关系活动是现代社会化大生产的产物，企业应善于利用之，以更好地服务于企业的各项生产经营活动。

营销案例　“奥迪 A4”应用公共关系营销

浓缩了先进技术与设计理念的“奥迪 A4”与世界四大经典音乐剧之一的《猫》，表面上风马牛不相及，但两者于 2003 年 4 月 8 日新品下线发布会当天，在世人面前，彼此相得益彰的和谐与完美，不能不令与会者对于此次“奥迪 A4”的公关策划，叹为观止。

文化记者出身的罗德公关公司的一位副总裁负责策划了此次公关活动。他凭借早年职业的敏感与直觉认为，“奥迪 A4”不仅是科学的精品，更是一件无与伦比的艺术杰作。而当得知欧美历史上最成功、影响力最大的音乐剧《猫》将来华演出时，这种模糊的认识逐渐清晰起来，找到了两者的结合点，即两者都是浓缩艺术精华的经典之作，两者都兼具动感、时尚和尊贵的艺术内涵，两者有共同的目标受众和消费群体：追求生活品质、充满健康活力的成功一族。

这样，在内含丰富的“奥迪 A4”市场定位中，罗德公关公司也富有创新意识地从艺术的角度理解了“奥迪 A4”，并在众多艺术领域与艺术精品中，找到了最具时尚气息，又对国内人士来说较生疏的《猫》剧，作为“奥迪 A4”生动形象的“艺术代言人”，与“奥迪 A4”相得益彰，不仅全面、贴切地诠释了“奥迪 A4”的文化内涵，更让所有出席发布会的业内外人士理解、感受，并最终记忆了“奥迪 A4”，达到了预期的公关效果。

其实，艺术的创意只是“奥迪 A4”发布会成功的因素之一，而在本质上，罗德与客户之间不断加深了解和信任，才是其合作成功的根本保证。

本章小结

1．促销是促进产品销售的简称。促销是企业通过人员和非人员的方式，沟通企业与消费者之间的信息，引发、刺激消费者的消费欲望和兴趣，使其产生购买行为的活动。促销的核心就是沟通和传递信息；促销的目的是引发、刺激消费者产生购买欲望直至发生购买行为。促销的方式主要有人员促销和非人员促销两类。其中，人员促销包括人员推销和营业推广，非人员促销包括广告宣传和公共关系。

2．有效传播的基本要素包括发送者、接收者、信息、媒体、编码、解码、反应、反馈、噪声；在有效传播中要解决的五个问题是谁说，说什么，通过什么说，对谁说，如何反应。

3．促销的作用主要表现在：1）有助于传递信息；2）有助于诱导需求；3）有助于突出特色；4）有助于稳定销售。

4．促销组合是指企业根据产品特点和经营目标的要求，对各种促销方式进行的适当选择和综合运用。即把广告宣传、营业推广、人员促销和公共关系等各种不同的促销方式有目的、有计划地结合起来，取长补短、相互协调、综合运用，从而更好地突出汽车产品的特点，以较低的费用达到较好的效果，实现企业的促销目标，增强汽车企业在市场中的竞争力。

5．促销组合的基本策略包括推式策略和拉式策略。所谓推式策略是指将产品沿着分销渠道垂直地向下推销，即以中间商为主要的促销对象，再由中间商向消费者推销而使他们购买企业的产品，是一种传统的策略。拉式策略则是以市场为导向，企业（或中间商）针对最终消费者，利用广告宣传、公共关系等促销方式，激发消费需求，经过反复强烈的刺激，促使它们主动向中间商询问这种产品，并且督促中间商向生产企业订购产品，从而达到企业的销售目标。

6．影响汽车整合促销的因素包括汽车促销目标、产品生命周期的阶段、整合营销预算、汽车市场性质和汽车产品档次等。

7．人员推销是指企业的销售人员与有可能成为本企业产品的购买者进行交谈，进行口头宣传，以达到推销产品、实现企业营销目标的一种直接销售方法。人员推销是最古老的销售方法，也是现代汽车企业重要的销售手段。人员推销具有针对性、选择性、完整性、有效性、情感性和高成本性等特点。人员推销在促销中可以起到挖掘和培养新顾客，培育忠实顾客，推销产品和提供服务、信息沟通的作用。人员推销的基本形式包括上门推销、店面推销和会议促销。

8．汽车人员推销过程都是以客户需求为导向的，形成了从客户开发一直到最后的售后跟踪服务的九个环节：客户开发、客户接待、需求咨询（分析）、车辆的展示与介绍、试乘试驾、处理客户的异议、签约成交、交车服务、售后跟踪服务。

9．促销人员的管理包括招聘和挑选、推销人员的培训、激励、考核与评估等几个方面。促销工作要获得成功，关键在于选择高效率的促销人员。好的促销人员可以从企业内招聘，也可以从社会上招聘。不管是通过哪种途径招聘到的人员，都要进行企业知识、产品知识、市场知识、推销流程与技巧等方面的培训。

10．人员推销的基本策略包括三种：试探性策略，也称为“刺激—反应”策略；针对性策略，也称“配方—成交”策略；诱导性策略，也称“诱发—满足”策略。

11. 汽车推销技巧贯穿于整个推销过程之中。在准备阶段，作为一个合格的销售顾问要有信心、信任和心态三方面的充分准备；在接待阶段，要讲究自我介绍的技巧、电话接听技巧、来店接待技巧；在客户需求分析阶段，要讲究交谈的技巧、聆听的技巧；在试乘试驾阶段，要特别关注客户的感受；在报价签约阶段可以采用“三明治”报价法和先扬后抑法进行报价；在排除顾客异议阶段，可以采用反驳处理法、“但是”处理法、利用处理法、补偿处理法、询问处理法、不理睬处理法等很好地处理顾客异议，使其顺理成章进入成交阶段；在成交阶段，要特别注意顾客的异议等成交意向，运用请求成交法、假定成交法、选择成交法、细节成交法、从众成交法、机会成交法、保证成交法、异议成交法、使用旁证等方法促成交易。

12. 广告是企业按照一定的预算方式，支付一定数额的费用，通过不同的媒体对产品进行广泛宣传，促进产品销售的传播活动。广告具有公众性、滞后性、辅助性、表现性等特点。汽车广告的作用表现在：1）介绍产品，传递信息；2）刺激消费，扩大产品销路；3）树立企业形象，维持或扩大企业产品的市场占有率；4）美化人民生活。

13. 广告媒体繁多，其功能各有千秋，企业在选择广告媒体时应当综合考虑以下因素：产品的性能和特点、消费者的媒体选择习惯、企业对信息传播的要求、媒体的费用、竞争对手的广告策略。

14. 汽车广告策略是企业在广告活动中为取得更大的效果而运用的各种对策和建议。它涉及汽车企业广告活动的全过程，是企业实现广告目标的各种手段和方法的总称。常用的汽车广告策略有产品分类广告策略、产品生命周期策略和广告定位策略。

15. 高质量的广告必须遵循真实性、思想性、大众性、科学性、针对性和艺术性等原则来设计广告。广告的效果可以表现为传播效果、销售效果和心理效果三个层面。

16. 营业推广是指汽车企业运用各种短期诱因鼓励消费者和中间商购买、经销或代理企业产品或服务的促销活动。营业推广具有以下特点：1）方式灵活多样；2）针对性强，效果明显；3）临时性和辅助性；4）容易引起顾客的反感。当然，营业推广也可以吸引消费者购买，可以奖励品牌忠实者，可以实现企业营销目标。

17. 面向消费者的营业推广策略包括店堂促销、服务促销、有奖销售、分期付款与低息贷款、价格折扣与保证策略、订货会与车展促销、以旧换新等。面向中间商的营业推广方式有现金折扣、数量折扣、折让、交易会或博览会、竞赛与演示促销。面向推销人员的推销方式主要有鼓励购买“自家车”。

18. 在营业推广的设计过程中应注意以下问题：1）确定适合的推广目标；2）确定合适的推广费用；3）选择适当的推广方式；4）确定合理的推广期限；5）选择合理的推广地点；6）进行营业推广评价。

19. 公共关系简称公关，是指企业有计划地、持续不断地运用各种沟通手段，争取内、外公众谅解、协作与支持，建立和维护良好形象的一种现代促销活动。公共关系具有形象至上、沟通为本、互惠互利、真实真诚、长远观点等特征。它的职能包括 1）树立形象，争取信任；2）促进联系，协调发展；3）采集信息，了解变化；4）排忧解难，沟通畅导。

20. 执行公共关系时应遵循真实性原则、平等互利原则、整体一致原则、全员公关原则。

21．现代企业公共关系活动的策略是丰富多彩，其具体活动主要有以下几种：1）创造和利用新闻；2）开展各项活动；3）编写和制作各种宣传材料；4）借助公关广告。

22．在考虑如何和何时使用公共关系时，管理层应当制订公共关系促销目标，选择公共关系主题及载体，实施公共关系计划，评估公共关系结果。

复习思考题

1．什么是产品的促销？产品促销的目的、方式、核心、作用、特点分别是什么？

2．影响产品营销组合制订的因素是什么？

3．人员推销适合在什么条件下适用？

4．选择广告媒体时应考虑哪些因素？针对某一汽车产品进行广告媒体选择。

5．面对最终客户，汽车企业如何采用营业推广策略进行促销？

6．公共关系的执行原则是什么？试评说丰田汽车公司“召回门”事件的处理过程。

营 销 实 务

某汽车产品即将上市，请设计此产品的上市促销企划。

参 考 文 献

[1] 菲利普·科特勒. 营销管理[M]. 13 版. 上海：上海人民出版社，2009.

[2] 沈小雨·POLO 用色彩开拓时尚消费[J]. 成功营销，2004(7).

[3] 刘雅杰. 汽车市场营销[M]. 北京：中国人民大学出版社，2010.

[4] 王世铮，高犇. 汽车营销[M]. 北京：北京理工大学出版社，2009.

[5] 李文义. 现代市场营销[M]. 北京：人民交通出版社，2004.

[6] 苑玉凤. 汽车营销[M]. 北京：机械工业出版社，2006.

[7] 陈文华、叶志斌. 汽车营销案例教程[M]. 北京：机械工业出版社，2007.

[8] 王梅，常兴华. 汽车营销实务[M]. 北京：机械工业出版社，2009.

[9] 方光罗. 市场营销[M]. 沈阳：东北财经大学出版社，2009.

[10] 王怡民. 汽车营销技术[M]. 北京：人民交通出版社，2002.

[11] 张洪源. 汽车商务[M]. 北京：人民交通出版社，2004.

[12] 张国方. 汽车营销学[M]. 北京：人民交通出版社，2008.

[13] 赵培全. 汽车贸易[M]. 北京：人民交通出版社，2007.

[14] 何宝文. 汽车营销学[M]. 北京：机械工业出版社，2006.

[15] 武文胜. 经营顾客心——汽车销售成功秘笈[M]. 北京：机械工业出版社，2005.

[16] 吴文彩. 汽车营销[M]. 北京：北京邮电大学出版社，2006.

[17] 朱华，窦坤芳. 市场营销案例精选精析[M]. 北京：经济管理出版社，2003.

[18] 何瑛，征小梅. 汽车营销策划[M]. 北京：北京理工大学出版社，2007.

[19] 段钟礼，张搢桄. 汽车营销实用教程[M]. 北京：机械工业出版社，2006.

[20] 孙路弘. 汽车销售的第一本书[M]. 北京：中国人民大学出版社，2008.

[21] 高云龙，吴小卫，杭忠东. 汽车营销[M]. 北京：社会科学文献出版社，2008.

[22] 韩宏伟. 汽车销售实务（销售流程篇）[M]. 北京：北京大学出版社，2006.

[23] 朱辉金. 汽车营销百事通[M]. 北京：电子工业出版社，2008.

[24] 韦佩珊. 广告中的黄金白银法则［J］. 市场营销，2002. (11).

[25] 栾志强，陈红华. 汽车营销师[M]. 北京：北京理工大学出版社，2007.